Jürgen Cain Külbel • **MORDAKTE HARIRI**

W0324760

MORDAKTE HARIRI – UNTERDRÜCKTE SPUREN

Jürgen Cain Külbel

KAI HOMILIUS VERLAG, 2006
Edition Zeitgeschichte Band 34

Für Serafina, Nelly, Mirella, Ronny und Michael

Für ihre fleißige und sorgfältige Mitarbeit bei der technischen Umsetzung dieses Buches danke ich ganz besonders Jessika und Saskia.

Kai Homilius

IMPRESSUM

© Kai Homilius Verlag 2006
Alle Rechte vorbehalten. Ohne ausdrückliche Genehmigung des Verlages ist es nicht gestattet, dieses Werk oder Teile daraus auf fotomechanischem Wege (Fotokopie, Mikrokopie) zu vervielfältigen oder in Datenbanken aufzunehmen.

Kai Homilius Verlag
Christburger Strasse 4, 10405 Berlin
Tel.: 030 28 38 85 10 / Fax: 030 28 38 85 18
www.kai-homilius-verlag.de
Email: home@kai-homilius-verlag.de

Autor: Jürgen Cain Külbel
Cover: Joachim Geißler
Satz: KM Design, Berlin
Druck: Ueberreuter Tschechien
ISBN: 3-89706-860-5
Preis: € 18,00

Die Deutsche Bibliothek-CIP-Einheitsaufnahme

Jürgen Cain Külbel
Mordakte Hariri – Unterdrückte Spuren;
Külbel, Jürgen Cain – Berlin:
Kai Homilius Verlag, 2006

ISBN 3-89706-860-5 Ne: GT

INHALTSVERZEICHNIS

Vorwort

Die Aufdeckung und Untersuchung von Straftaten geht unter normalen Bedingungen mit der Zielstellung einher, die objektive Wahrheit zu erfahren, um zu erreichen, dass jeder Schuldige, aber kein Unschuldiger, strafrechtlich zur Verantwortung gezogen wird.

Im Mordfall Rafiq Hariri ist die Objektivität der Untersuchung von Beginn an durch einseitige Parteinahme verletzt und verstößt gegen die grundlegende Regel, das Verbrechen allseitig und umfassend aufzuklären. Gewöhnlich erfolgt die Aufdeckung und Untersuchung von Straftaten auf dem Wege des Suchens, Sammelns und der Würdigung von möglichst vielen Indizien; kurzum über eine exakte Beweisführung. Die zur Untersuchung des politisch motivierten Mordes an Rafiq Hariri eingesetzten UNO-Kommissionen, die seit nunmehr einem Jahr an der Aufklärung des Falles arbeiten, verletzen den Prozess der Objektivität, weil sie einseitig und in Absprache mit UNO-Generalsekretär Kofi Annan allein der „Spur Syrien“ nachgehen und ausschließlich Beweise sammeln, suchen und würdigen, welche die Regierung in Damaskus als Drahtzieher des Verbrechens zu entlarven haben. Allein das Ergebnis der monatelangen Arbeit der UNO-Kommission um den deutschen Oberstaatsanwalt Detlev Mehlis hatte im Dezember 2005 aufgezeigt, auf welch tönernen Füßen derartige, offenbar politisch motivierte, Beweis-Konstrukte hernach stehen. Die wichtigsten „Hauptbelastungszeugen“ distanzierten sich von ihren Aussagen, da sie bestochen und/oder genötigt worden waren. Allein das ist genug Hinweis auf den unseriösen Untersuchungsprozess.

Zudem ist nicht zu erkennen, ob die Kommissionen neben der von der UNO vorgegebenen „Spur Syrien“ anderen Untersuchungsrichtungen nachgegangen sind, um die Ermittlungen allseitiger und objektiver voranzutreiben. Weder UNO-Generalsekretär Kofi Annan noch Libanons amtierender Präsident Émile Lahoud wollten sich im Dezember 2005 auf die Anfrage des Autors äußern, ob denn die Ermittlungen neben der Hauptstoßrichtung Syrien auch noch andere Täterversionen umfasst und bedient haben. Das Buch soll nun wenigstens eine Lücke schließen, indem es eine von vielen weiteren möglichen Ermittlungsrichtungen, welche die UNO-Kommissionen offenbar in ihrer einseitigen Fokussierung auf den Wunschtäter Syrien unterschlagen haben, anschneidet. Es ist in Form einer Ansammlung von Hinweisen, Tatsachen und Fakten gestaltet, die der geneigte Leser letztendlich selbst zu werten hat. Dem Autor obliegt es nicht, einen endgültigen Schluss zu ziehen oder gar seine Untersuchungsversion als einzig gültig oder gar objektive Wahrheit darzustellen. Vielmehr ist eine Untersuchung wie im Mordfall Hariri normalerweise um ein Vielfaches komplexer und müsste neben der „Spur Syrien" und anderen Versionen auch die in diesem Buch angeschnittene Problematik beachten und verwenden. Da die UNO offenbar nicht in andere Richtungen untersuchen lässt, so ist es Aufgabe des investigativen Journalismus, wenigstens etwas Licht ins Dunkel zu bringen.

Ein jeder Autor, der sich gegen diesen Malstrom bewegt, läuft Gefahr, auch wenn er in gewissen Punkten Recht haben sollte, vermöge konzertierter Aktion von Politik und ihr dienender Medien als Verschwörungstheoretiker verunglimpft zu werden, weil sich seine „Entdeckungen" nicht in das offizielle politische Bild einfügen lassen. Es war noch kein Kapitel zu Ende geschrieben, da meldeten sich im November 2005 bereits die ersten „Ungläubigen" aus dem Libanon: „Ich weiß nicht, wie viel man Ihnen bezahlt, denn aus Überzeugung kann kein Mensch so viel Schwachsinn von sich geben. Sollten Sie nicht bezahlt werden, muss ich leider denken, dass Sie es machen, weil Sie die Juden hassen und den Zweiten-Weltkriegs-Komplex nicht überwunden haben. Mein Brief sollte für Sie ein Ansporn sein, Ihre Berichterstattung zu überdenken, sollten Sie noch etwas Menschliches besitzen, sollten Sie ein Gewissen haben."

Das setzte sich im Dezember 2005 fort, als ein Anonymus einen Interviewpartner des Autors schriftlich warnte und vorgab, zu wissen, „dieser Spinner … ist definitiv gefährlich. Er … wird von einigen Arabern im Irak bezahlt. Der Bursche ist aggressiv und ein guter Autor. Er versucht, mit einer Verschwörungstheorie berühmt zu werden à la Ian Fleming usw. Es gibt einige Informationen über diesen Burschen im Internet und seine Verbindungen zu irakischen Baathisten, obwohl er behauptet, ein Kommunist zu sein. Er hat einen großen Hass gegen die Christen im Libanon und sein Buch würde darüber handeln, Israel zu brandmarken und es in den Tod von Hariri zu verwickeln; ebenso die Phalange und … die Neocons. Er hat zu viele Informationen und verleitet viele Libanesen, ihm Informationen zu geben."

Nun, rechne man dem Verfasser der Zeilen zugute, er sei betrunken gewesen beim Formulieren dieses Märchens aus Tausendundeiner Nacht. Die Interviewpartner zeigten allerdings manchmal auch Muskeln; Ziad K. Abdelnour, ein Geschäftsmann aus New York und Begründer eines Komitees zur Befreiung des Libanon, reagierte zwischendurch ziemlich pikiert; er fühlte sich erwischt und drohte: „Wie auch immer, mein Freund, ich habe einen sehr langen Arm, und wenn ich sehe, dass mich irgendjemand verleumdet, weiß ich, was zu tun ist. Seien Sie versichert, er wird kein glücklicher Mann sein. Ich habe es bereits getan und die Menschen sitzen jetzt im Gefängnis."

Stunden vor der Drucklegung reagierte der durch Funk und Fernsehen bekannte und in Jerusalem ansässige Nahostkorrespondent Ulrich W. Sahm wie der Teufel auf das Weihwasser, indem er allein anhand der Presseinformation über die baldige Herausgabe des Buches den Inhalt als „völlig daneben" beschrieb: „Inzwischen habe ich die Mitteilung erhalten, dass Sie ein Buch veröffentlicht hätten, Theorien über den Mord an Hariri, den angeblich die USA und Israel verübt hätten. Schade, dass Sie sich nicht vorher bei mir gemeldet haben. Ich hätte Ihnen dazu die Information liefern können, dass der Mossad auch am Tsunami in Asien und an einem Schneesturm im Libanon vor einigen Jahren einwandfrei schuldig war. Die Aids-Epidemie in der Welt und jetzt neuerdings die Vogelgrippe sind einwandfrei ein Werk des Mossad, wobei die Israelis ein Virus entwickelt haben, das nur Araber und keine Juden trifft. Die gescheiterte Tomatenernte in Marokko ist ebenfalls das Werk des Mossad wie natürlich die Attacke vom 11.9. Und selbstverständlich sind sämtliche Selbstmordattentate in Israel vom Mossad organisiert, weil sie Israel als Vorwand für Angriffe auf die Palästinenser dienen. Ohne diese Selbstmordattentate hätten die Israelis nicht angreifen könnten. Selbstverständlich hat Israel auch Arafat mit Aids infiziert.
Sie brauchen sich bei mir nur zu melden, ich kann Ihnen saftigen Stoff für Ihr nächstes Buch liefern. Lauter Verschwörungstheorien, wo noch der Mossad alles tätig war, vom 11.9. bis hin zu allen ande-

ren Naturkatastrophen, Pandemien und weiteren Ereignissen mit vielen Toten.
Ich halte es für sehr ehrenwert, dass Sie das linksgerichtete, fortschrittliche, alle Menschenrechte achtende, aufgeklärte und absolut freiheitliche, demokratische Regime in Syrien in Schutz nehmen. Der Libanon ist ein ebenso diktatorisches, undemokratisches und letztlich illegitimes Gebilde wie etwa die Bundesrepublik, die den Ermittler Mehlis geschickt hat, den Hariri-Fall aufzuklären. Mir ist da völlig klar, dass unter diesen Umständen die Israelis und Amerikaner, beide höchst revanchistisch und rechtsgerichtet, ein Interesse hatten, den ebenso kapitalistischen wie revanchistischen Hariri zu ermorden, um das fortschrittliche Regime in Syrien völlig sinnlos unter Druck zu setzen."

Sollte das Buch den einen oder anderen Leser zu einer weniger einseitigen, somit objektiveren Annäherung an die möglichen Hintergründe im Mordfall Hariri führen, wäre sein Zweck erreicht.

Berlin, im März 2006

ES GIBT KEINEN FRIEDEN IN BEIRUT

Wie der libanesische Ministerpräsident Rafiq Hariri vom Leben zum Tode befördert wurde. Ein Umstand, der ihm unglücklicherweise erst post mortem eine riesige Schar von Bewunderern bescherte, die wiederum, nicht auf den Kopf gefallen und prompt handelnd, dem Leichnam zum Nachruhm und den kondolierenden Vereinigten Staaten von Amerika zur Anerkennung, die fällige Totenmesse in die „Zedernrevolution" reformierten. Als Zugabe ein kleiner aber notwendiger Pitaval über libanesische Barbarei.

Im Labyrinth des Grauens

Vom hoffnungslosen Unterfangen, einen toten Milliardär zu retten · Wie moderne Kopfjäger ihr Opfer schinden

Abermals schießen Stichflammen aus der nackten Leiche. Die Minute zuvor hatten die herbeigeeilten Helfer die brennenden Kleider des Leichnams gelöscht, das Feuer mit einer Decke erstickt. Doch nun brennt die linke Körperseite des Toten, der abscheulich zugerichtet auf dem Asphalt liegt, wieder lichterloh. Just in dem Moment, als die lodernden Flammen an den Rippen nagen, schlägt ein bärtiger Mann couragiert mit seiner blauen Jeansjacke auf den leblosen Körper ein. Die erstarrte Leiche wippt im Rhythmus seiner Hiebe mit der Jacke; der goldene Ring an der linken Hand des Toten blitzt für den Bruchteil einer Sekunde im Feuerschein, den sein Träger wirft, auf. Dem Bärtigen gelingt es, den neu entfachten Brand endgültig zu löschen: Doch es ist ein sinnloses Unterfangen. Weißer stinkender Rauch steigt aus dem Leichnam auf und hüllt die fünf Männer, die sich seit Minuten um den Mann bemühen, in einen ekligen Brodem. Sie zerren den Toten hinfort, schleifen ihn an seinen Händen und Füßen weg von dem Brandgeruch, dem widerwärtig süßlichen Gestank nach gebratenem Menschenfleisch, der ihnen den Atem versetzt. Einer der Helfer, der den Leichnam am Unterschenkel gefasst hatte, bleibt stehen und blickt entgeis-

tert in die Innenfläche seiner rechten Hand; irgendetwas ist haften geblieben.
Barmherzige Hände verhüllen die sterblichen Überreste des übel Zugerichteten nun endlich mit jener rot, gelb, grün gestreiften, blau und grau karierten Fransendecke, die zum Ersticken des Feuers benutzt worden war. Der Mann war erst vor wenigen Minuten bei einer gewaltigen Explosion ums Leben gekommen. Sein Gesicht ist bis zur Unkenntlichkeit entstellt, und über der blutigen Masse, die einst sein Antlitz bildete, hat ihm das Feuer sämtliche Kopfhaare abgebrannt; sogar Augenbrauen und Wimpern sind fast völlig verschwunden. Auch von seiner Kleidung ist kaum noch etwas übrig; die dunklen Socken, ein Schuh vielleicht, die Reste eines vormals weißen Hemdkragens, darunter Fragmente des Schlipses thronen um den Hals, und um die rechte Schulter und Achsel windet sich noch ein Fetzen vom Ärmel eines Jacketts; beinahe alle Kleidung, die er trug, ist ihm am Körper verbrannt.

Die hohen Temperaturen während der Explosion und beim nachfolgenden Verbrennen haben den Leichnam in die so genannte „Fechterstellung" gezwungen. „Dabei wird die Hitzekontraktur durch die Muskulatur der Beuger und Strecker in einen Mittelzustand (‚equilibrium musculare') gebracht. Die Beuger als stärkere Muskelgruppe überwiegen gewöhnlich und bestimmen die Stellung der Gelenke."[1] Das ist der Grund, warum die Beine des Leichnams, der mit dem Rücken auf dem Asphalt liegt, angewinkelt sind und beide Arme, insbesondere der linke, im Ellenbogengelenk gebeugt und nach außen gestreckt sind. Die Haut des Toten, so sie nicht in Fetzen herab hängt oder großflächige Unterblutungen aufweist, ist größtenteils gelblich bis lehmfarben. Für den Gerichtsmediziner das untrügliche Anzeichen für koaguliertes, d.h. geronnenes menschliches Eiweiß. An manchen Stellen, wie dem linken Unterarm, dem Oberarm und der Schulter ist die Haut sogar schwarzgrau oder bereits ganz und gar verkohlt; der Fachmann würde in dem Falle sagen, es habe eine Karbonisation, eine Verbrennung vierten Grades, stattgefunden.

Der Unglückliche, von dem hier die Rede ist, war einem präzise geplanten und exakt ausgeführten Attentat, realiter, einem politi-

1 – Prokop, Otto / Göhler, Werner: Forensische Medizin, VEB Verlag Volk und Gesundheit, Berlin, 1975, S. 147

schen Mord zum Opfer gefallen. Am 14. Februar 2005, exakt um 12:56:26 Uhr, wurde der Mann mit extrem brachialer Gewalt vom Leben in den Tod befördert. Das Opfer des von Unbekannten ausgeheckten und durchgeführten Mordkomplottes, jener Mensch, der da verbrannt im Dreck liegt, war Libanons ehemaliger Ministerpräsident Rafiq Hariri.

Sein Leichnam wurde später von Anverwandten und Politikern im Leichenschauhaus des Hospitals der *American University* von Beirut identifiziert; die Untersuchung der Körpermerkmale und des Zahnstatus der Leiche unter Hinzuziehung von Röntgenbildern bestätigten die Identität des Toten. Eigentliche Todesursache war, so die Mediziner, eine schwere Gehirnverletzung mit plötzlichem Herzstillstand.

Die Hölle von Beirut

Ein fast perfekter Mord · Kriegsschauplatz Corniche · Augenzeugen berichten · CNN-Korrespondent Sadler hat eine leise Ahnung

An jenem 14. Februar, dem Valentinstag, verließ der Politiker Rafiq Hariri gegen 12:30 Uhr das Parlamentsgebäude im Zentrum von Beirut und begab sich zu Fuß in ein etwa 70 Meter entferntes Café am Place de l'Etoile. Dort traf er sich mit einigen Leuten, blieb aber nur zwanzig Minuten und verließ die Lokalität gemeinsam mit dem Parlamentsmitglied und ehemaligen Minister Bassil Fleihan. Hariri lief schnurstracks zu seinem aus sechs Fahrzeugen bestehenden Sicherheitskonvoi: Voran ein Jeep, das Führungsfahrzeug mit vier Beiruter Polizisten, dem ein schwarzer Mercedes mit drei privaten Sicherheitsleuten folgte. Dahinter, im dritten Fahrzeug, einem schwarzen gepanzerten Mercedes, nahmen Hariri und Fleihan Platz. Ihnen folgten zwei schwarze Mercedes und ein schwarzer Jeep (Krankenwagen) mit jeweils drei privaten Leibwächtern; sämtlich mit Schusswaffen ausgerüstet und gut trainiert. Drei der Mercedes-Fahrzeuge waren mit Störsendern (4 GHz) ausgerüstet, die auch bis zuletzt in Betrieb waren.

Die Fahrtroute an jenem Tag, die Hariri innerhalb der letzten drei Monate vor seinem Tod nur sechs Mal benutzt hatte, wurde dem Führungsfahrzeug erst mitgeteilt, als die Beteiligten das Café verlassen hatten. Der Konvoi fuhr hernach vom Nejmeh Square in die Ahdab Street, später die Fosh Street entlang, ehe er auf die Küstenstraße nach Ain M'reisa und Richtung *St. Georges Hotel* abbog.[2] „Die Straße, die Rafiq Hariris Autokolonne auf dem Rückweg aus der Innenstadt bevorzugte, ist die Verbindung mit dem westlichen Teil der Stadt. Der Ausgang, oder Eingang, wird beiderseits flankiert von 4- und 5-Sterne-Hotels für die reichen Touristen. Auch am Montag, dem 14. Februar 2005, entschied man sich wieder, diesen Rückweg von einem Treffen im Parlament zu nehmen, der zwischen teuren Restaurants im Herzen der Stadt liegt. Das Zentrum von Beirut ist besser bekannt als *Solidere*, das milliardenschwere Unternehmen, das teilweise Hariri gehört. Dem Unternehmen gehört das ganze Zentrum: die Häuser, Straßen, Versorgungseinrichtungen, Sicherheitsdienste, Cafés, Hotels, Büros, Wohnblocks, Bürgersteige, Parks und sogar die Stadtverwaltung von Beirut. Mit einer Ausnahme: dem *St. Georges Hotel*. Sein Besitzer weigert sich, es aufzugeben, und unterstützt sogar eine Kampagne gegen *Solidere*."[3]

Exakt um 12:56:26 Uhr Ortszeit Beirut passierte der Konvoi das *St. Georges Hotel*, als eine wuchtige Explosion, die noch in weiter Ferne, in den Bergen östlich der Stadt zu hören war, die Corniche, die dem Mittelmeer zugewandte Seefront Beiruts, erschütterte.

Unbekannte Verbrecher hatten vor dem 5-Sterne-Hotel *St. Georges* und dem *Phoenicia-Intercontinental*, mitten in einem Geschäftsbereich voller Banken und Hotels, eine Bombe mit einer Sprengkraft von sage und schreibe eine Tonne Trinitrotoluol (TNT) in die Luft gejagt. Die Ganoven wollten offenbar ganz sicher gehen, dass Hariri dem Inferno nicht lebendig entrinnen kann. Normalerweise genügen 200 Gramm von dem Teufelszeug, um einen Menschen zu töten.[4] Und zum Vergleich: „Die Sprengkraft der gegen Hiroshima eingesetzten Atombombe betrug in etwa 20.000 Tonnen Trinitrotoluol (20 kt TNT) und tötete 80.000 Menschen sofort und 200.000 durch die erlittenen Schädigungen."[5]

2 – Report of the Fact-Finding Mission to Lebanon inquiring into the causes, circumstances and consequences of the assassination of former Prime Minister Rafiq Hariri, 25 February – 24 March 2005

3 – Ghassan: Ist die libanesische Opposition eine Alternative?, 29.4.2005; http://www.graswurzel.net/298/libanon.shtml

4 – http://www.atomwaffena-z.info/glossar.php?alpha=D&auswahl=Detonationswert

So war es auch kein Wunder, dass mehrere Fahrzeuge des Sicherheitskonvois infolge des massiven Sprengstoffeinsatzes und ungeachtet ihrer starken Panzerung einfach auseinander gerissen wurden und ausbrannten. Zusammen mit Hariri wurden sieben seiner Sicherheitsleute und zwölf unbeteiligte Zivilisten in den Tod gerissen; Fleihan lebte noch 64 Tage, erlag aber hernach seinen schweren Verbrennungen in einem Pariser Hospital. Insgesamt wurden über 220 Menschen zum Teil schwer verletzt, und die gewaltige Explosion hatte einen fünf Meter tiefen Krater in der Straße hinterlassen; die nähere Umgebung war über und über mit Staub und Asche bedeckt. Selbst die Fenster in 1,6 Kilometern Entfernung gingen zu Bruch, und wie zur Mahnung stieg eine dicke schwarze Rauchwolke über Beirut, jenem Ort, an dem die Phönizier einst das Geld erfunden hatten, auf.

Robert Fisk, Korrespondent des Londoner *Independent*, der nahe dem Tatort lebt und arbeitet und 15 Minuten vor Ankunft der Armee vor Ort war und das Grauen besichtigte, schilderte seine Eindrücke gegenüber dem amerikanischen Nachrichtensender *CNN*: „Es ist die Szenerie eines großen Massakers. Ich sah einige brennende Körper in Autos. Ich kletterte in den Krater, der mindestens 15 Fuß tief war; es war eine sehr große Explosion. Mindestens 22 Autos brannten: eines davon wurde in den dritten Stock des Anbaus eines noch nicht eröffneten Hotels geschleudert … Wasser aus geborstenen Leitungen lief über die Straßen, und als die Feuerwehr ankam, mussten sie ihre Schläuche an den Leichen vorbei schleppen, um die starken Brände auszumachen. Als wir dort waren, explodierten die Kraftstofftanks der Autos noch immer und sprühten Feuer über die Straße. Es war schwierig zu erkennen, wie viele gestorben waren … Zweifellos gab es eine Menge Körperteile, aber es gab mindestens fünf Körper, die ich als Menschen identifizieren konnte, die noch brannten … Die Leute speisten draußen in den Gaststätten und viele waren mit Blut bedeckt, nachdem sie von Glas getroffen worden waren. Andere Menschen stehen noch immer unter Schock.“[6]

---

5 – Woit, Ernst: Atomarer Massenmord, http://www.uni-kassel.de/fb5/frieden/themen/Atomwaffen/woit.html

6 – Eyewitness describes blast horror, 14.2.2005, CNN; http://www.cnn.com/2005/WORLD/meast/02/14/beirut.fisk/

Der Amerikaner Brent Sadler, der als Korrespondent für *CNN* arbeitet und zufällig nahe der Szenerie war, als das Attentat geschah, lieferte seinem Sender folgenden Live-Bericht: „Ich habe in Beirut nichts in dieser Größenordnung seit den dunklen Tagen des Bürgerkrieges gesehen. Es geschah am frühen Nachmittag, und das ist eine Hauptroute, eine, die ich jeden einzelnen Tag meines Lebens benutze, um zum Büro und in die Stadt und wieder zurück zu kommen. Diese Route ist der einzige Weg, um von einem Teil der Stadt in den anderen zu gelangen. Das ist der *nobelste Bereich* von Beirut ... Wir kennen noch nicht die Ursache dieses Knalles, aber es ist eine sehr, sehr wuchtige Explosion gewesen. Ich habe in meinem Leben viele Explosionen erlebt, und die gehört zu einer der stärksten; und was ich an Kollateralschäden sehe, wie man so sagt, das ist die Beschädigung des 5-Sterne-Hotels *Continental* ... Ich spreche hier in der Vorhalle, überall ist Glas um mich herum, eingefallene Wände, überall Staub; das Hotel wird evakuiert, das Personal ist auf der Straße und Hunderte – wenn nicht Tausende – Libanesen, rennen in alle Richtungen."[7]

Sadler gehörte zu den so genannten *embedded journalists*, den „quasi-Live-Berichterstattern" während des letzten Irak-Feldzuges und geriet bei *Reporter ohne Grenzen* unter Beschuss, die mit Recht und Besorgnis hinterfragten, „ob es journalistisch noch vertretbar ist, Kollegen quasi als Vorhut den kämpfenden Truppen vorauszuschicken und diese Aktion dann live zu übertragen – und zwar auch dann noch, wenn das Team unter Beschuss gerät und der Mann vor Ort Gefahr läuft, live zu sterben. So geschehen im Falle von *CNN*-Korrespondent Brent Sadler, der auf dem Weg nach Tikrit unter Beschuss geriet. Was diesen Fall besonders brisant macht: Sadler hatte Bodyguards dabei, die das Feuer erwiderten. Damit hat Sadler – wenn auch indirekt – gegen den Grundsatz verstoßen, wonach Journalisten keine Waffen tragen dürfen, jedenfalls nicht, wenn sie nach Artikel 79 des Ersten Zusatzprotokolls der Genfer Konvention als Zivilisten behandelt werden wollen. Es ist durchaus möglich, dass Sadler vermittels seiner schießenden Bodyguards einen Präzedenzfall mit tödlichen Folgen geschaffen hat: Wenn näm-

7 – Sadler: Worst scenes since civil war, 14.2.2005, *CNN*; ww.cnn.com/2005/WORLD/meast/02/14/otsc.brent.sadler/

lich nicht mehr generell davon auszugehen ist, dass Journalisten – und deren Begleiter – unbewaffnet sind, dann kann in Zukunft auf Journalisten geschossen werden, ohne dass das sofort als Kriegsverbrechen gilt. Weil die Angreifer ja immer damit argumentieren können, dass manche Journalisten – bzw. deren Bodyguards – durchaus bewaffnet sind und deshalb nicht mehr wie Zivilisten behandelt werden müssen. Aus diesem Grund verurteilte schon Séverin Cazes von der Pariser Zentrale der *Reporters Sans Frontières* (Reporter ohne Grenzen) das Vorgehen von Brent Sadler."[8]

Sadler, diesmal Vorhut ohne schießende Bodyguards, gab dann auch gleich mal im Interview auf *CNN* die Richtung an:

MONITA RAJPAL: Gab es eine Warnung, irgendwelche Spekulationen, irgendwelche Ängste oder Sorgen, dass es eine terroristische Attacke sein könnte?

BRENT SADLER: Die Libanesen befinden sich in den Geburtswehen einer heftigen politischen Schlacht über Syriens Einmischung in die politischen und militärischen Angelegenheiten des Libanon. Es gibt im Moment eine Menge internationalen Druck auf Syrien, die Einmischung in die Angelegenheiten des Libanons zu stoppen. Der Libanon hat heute eine sehr standhafte prosyrische libanesische Regierung. Es gibt eine erstarkende Oppositionsfront, eine Art vereinter Opposition, die der Libanon in seiner jüngeren Geschichte nicht gesehen hat. Sie gehen wirklich dagegen an, was sie als eine Kontrolle und Herrschaft der Syrer über das Land betrachten.

8 – Schmid, Katja: Medienberichterstattung in Zeiten des Krieges, 2.5.2003, *Telepolis*; http://www.heise.de/tp/r4/artikel/14/14720/1.html

Der Geld-Kaiser ist tot[9]

Wer war Rafiq Hariri? · Vom Bauernsohn zum Milliardär · Parlamentär im Krieg · Dubiose Geschäfte mit den Kriegsparteien · Profiteur durch Wiederaufbau · An den Schalthebeln der Macht · Monopole in Wirtschaft und Medien · Was brachte unbekannte Mordbrenner dazu, den Politiker und Geschäftsmann Hariri auf eine so spektakuläre Weise aus der Welt zu schaffen?

Rafiq Hariri war der reichste Mann des Libanon. Mit seinen Aktiva von ca. vier Milliarden Dollar gehörte er laut Forbes zu den hundert Vermögendsten auf dem Globus. Also war er kein armes Opfer. Und weil ein derartiger Zustand gewöhnlich nicht ohne kriminellen Hintergrund, ohne verbrecherische oder zumindest unmoralische Machenschaften herzustellen ist, kann es nicht schaden, einen Blick in Vergangenheit, Leben, Taten, Sünden, vielleicht auch Geheimnisse dieses Geldaristokraten zu werfen. Ein solcher Herr könnte unbedingt Feinde haben.

Hariri war kein Mitglied der traditionellen Elite; er baute sein finanzielles Imperium sozusagen aus dem Nichts heraus auf. Allein das Gedeihen seiner Baufirma *Solidere* illustriert, wie Hariri in der Wirtschaft des Libanons kräftig mitgemischt hatte. Mit ihr baute er Zentralbeirut nach dem Bürgerkrieg wieder auf, verwandelte das zerschossene und zerbombte Chaos in eine glitzernde Welt mit Banken und Touristenzentren und war selbstverständlich Teilhaber an allen neuen prosperierenden Unternehmen, die dort entstanden. Er animierte reiche Leute in der Fremde, in seinem Beirut zu investieren, während er sich, wenn er sie im Ausland besuchte, gern als „Mister Lebanon" präsentierte.

---

9 – sämtliche biographische Angaben nach:

1. Hennock, Mary: Lebanon's economic champion, *BBC*, 14.2.2005; http://news.bbc.co.uk/1/hi/business/4265565.stm
2. Gambill, Gary C. / Abdelnour, Ziad K.: Dossier: Rafiq Hariri, Prime Minister of Lebanon, *Middle East Intelligence Bulletin*, Vol. 3 Nr. 7, Juli 2001
3. Hariri: Vision of prosperous Lebanon, 14.2.2005, *CNN*; www.cnn.com/2005/WORLD/meast/02/14/beirut.hariri/index.html
4. Ajami, Fouad: Death of a Businessman, 17.2.2005; http://www.opinionjournal.com/editorial/feature.html?id=110006303
5. Cain Külbel, Jürgen: Privatunternehmen Libanon, *Junge Welt*, 16.2.2005

Rafiq Bahaa El Din Hariri wurde am 1. November 1944 in der südlibanesischen Hafenstadt Sidon geboren. Die Eltern führten mit ihren drei Kindern, Rafiq, Shafic und Bahiya ein bescheidenes Leben; der Vater, ein sunnitischer Moslem, schlug sich als Bauer und Gemüsehändler durch. Der junge Rafiq besuchte in Sidon die Grund- und Mittelschule und begann 1965 ein Studium der Buchhaltung an der Arabischen Universität von Beirut, wo er aktives Mitglied der Arabischen Nationalistischen Bewegung wurde; ein Vorläufer der Palästinensischen Befreiungsbewegung PLO; es wird behauptet, Hariri habe gelegentlich den Rausschmeißer bei Spendensammlungen gemimt.

Noch im Jahre 1965 kippte er das Studium, es wird behauptet, er konnte das Schulgeld nicht aufbringen, und der Achtzehnjährige machte sich während der Suche nach einem besseren Leben auf nach Saudi-Arabien. Anfangs arbeitete er als Mathematiklehrer in Jedda, hernach als Buchhalter für eine Ingenieurfirma. 1969 stellte er sich auf eigene Beine und begründete die Zuliefererfirma *Ciconest.* Während des Baubooms in den 70er Jahren, der gleichermaßen mit dem damaligen Ölboom einherging, entwickelte sich die Firma zu einem großen Unternehmen. Hariri erhielt zunehmend private als auch Aufträge von der Regierung zum Bau von Bürogebäuden, Hospitälern, Hotels und Palästen.

Dank seiner angeblich „besonderen" Eigenschaften wie „hart arbeiten, Beharrlichkeit zeigen, moralisch handeln" schaffte der Unternehmer Hariri im Jahre 1977 den Durchbruch: Er „machte Gold", nachdem er die Herausforderung des früheren saudischen Königs Khalid annahm, innerhalb von nur sechs Monaten einen Palast im saudiarabischen Städtchen Taef für ein Islamisches Gipfeltreffen zu bauen. Ein Großteil der Saudis war wüstensandfest davon überzeugt, das sei nie zu schaffen. Doch der Ehrgeizling zimmerte das Schloss, das den Namen *Taef Massara Hotel* erhielt, innerhalb der kurzen Zeitspanne zusammen.

Hariri gewann nach der gewonnenen Bauschlacht das Vertrauen des damaligen Kronprinzen Fahd und erhielt zur Belohnung 1978 die saudiarabische Staatsbürgerschaft verliehen. Hariri stieg hernach zu Saudi-Arabiens führendem Unternehmer auf, kaufte 1979 den französischen Baugiganten *Oger*, gründete die Firma *Oger International* mit Sitz in Paris und fand sich an der Spitze des größten Bauimperiums der arabischen Welt wieder. In den frühen achtziger Jahren zählte Hariri bereits zu den 100 reichsten Männern in der Welt, und er erweiterte sein Geschäftsimperium um ein Netz von Banken im Libanon und in Saudi-Arabien, um Versicherungen, Industrien etc. Unter diesen günstigen Umständen konnte er nun auch seine Frau Nazik Audeh Hariri heiraten und mit ihr fünf Kinder zeugen. Das nur nebenher.

1975 begann im Libanon ein nicht enden wollender Bürgerkrieg, der 100.000 Menschenleben kostete und mit der Okkupation des Landes durch israelische Truppen endete. Hariri schoss während des Krieges eine Menge Geld in humane Projekte, um den gebeutelten Libanesen zu helfen. In seiner Geburtsstadt Sidon gründete er 1979 das *Islamic Institute of Higher Education*; im gleichen Jahr stampfte er die *Hariri Foundation for Culture and Higher Education* aus dem Boden, welche die Unterrichtsgebühren für Tausende Libanesen an den Universitäten im Libanon, Europa und den Vereinigten Staaten übernahm; 1983 errichtete Hariri ein Krankenhaus, eine Schule, eine Universität und ein großes Sportzentrum im Libanon. Während der Waffenstillstände im Bürgerkrieg rückte er mit Flottillen von Lastkraftwagen und Arbeitskräften an, die das Firmenzeichen von Hariris *Oger Liban* trugen und kostenlos den Schutt aus den Straßen räumten. Das machte ihn populär.

Hariri wird allerdings auch nachgesagt, dass er befeindete Milizen während des Krieges finanziert haben soll; eben auch solche Milizen, die den zentralen Geschäftsbereich Beiruts zerstörten, von dessen Um- bzw. Aufbau er später profitieren sollte. Kritiker, wie der ehemalige Abgeordnete Najah Wakim, warfen ihm später vor, dabei geholfen zu haben, das Stadtzentrum von Beirut zu zerstören, um es danach wieder umzubauen und Milliarden Dollar dabei zu scheffeln.

Während der achtziger Jahre agierte Hariri als persönlicher Abgesandter des saudischen Königs Fahds im Libanon, und er half bei von den Saudis initiierten Vermittlungen über ein Ende des Bürgerkrieges, die im Rahmen einer Konferenz des nationalen Dialoges im November 1983 in Genf, im folgenden Jahr in Lausanne stattfanden. Hariris Bauunternehmen streckte aber auch bereits die Finger nach Syrien aus und er beschenkte, vielleicht vorausschauend, was die Zukunft noch alles bringen könnte, den syrischen Präsidenten mit einem Palast, den er in Damaskus errichtet hatte.

Hariri vermittelte besonders im letzten Viertel des libanesischen Bürgerkrieges sehr häufig zwischen Damaskus und den politischen Größen und Milizen im Libanon; so setzte er sich 1986 für die Rückkehr von Elias Hobeika, Kommandeur der *Forces Libanaises* (FL), in den Libanon ein. Hobeika hatte mit Nabih Berri, dem Chef der Shiitenmiliz Amal und Walid Dschumblat, Chef der Miliz der Sozialistischen Fortschrittspartei ein „dreiseitiges Abkommen" abgeschlossen, das den Krieg für beendet erklärte und die syrische Präsenz im Libanon anerkannte. Präsident Amin Gemayel, ebenfalls FL, zog gegen die „abtrünnigen" Truppen in die Schlacht und Hobeika konnte mit großer Not nach Paris flüchten. Hariri organisierte dessen Rückkehr; der Heimkehrer übernahm jetzt das Kommando über den „prosyrischen" Part der FL.

Im August 1987 bot Hariri, um aus der politischen Sackgasse herauszukommen, in welche die Verhandlungen zwischen den Kriegsparteien Syrien und den *Forces Libanaises* unter dem Kommando des Präsidenten Gemayel geraten waren, dem Staatsoberhaupt 30 Millionen Dollar an, damit er freiwillig sechs Monate vor dem Ende seiner Amtszeit abtrete. Gleichzeitig bot er den Syrern 500 Millionen Dollar an; die sollten Johnny Abdo, den Chef des libanesischen Militärgeheimdienstes, zum Präsidenten und der wiederum Hariri zum Premierminister ernennen. Gemayel lehnte ab.

Ende 1988 ernannte Gemayel 15 Minuten vor Ablauf seiner Amtszeit den damaligen Armeekommandanten Michel Aoun zum Chef einer Militärregierung, die so lange im Amt bleiben sollte, bis ein neuer regulärer Präsident gewählt sei. Aoun versuchte nun mit militärischen Mitteln, allerdings erfolglos, die Syrer aus dem Libanon zu verjagen. 1989 lud dann der „Saudi" Hariri als selbst ernannter Parlamentär die Konfliktparteien nach Taif in Saudi-Arabien ein, mobilisierte sie zu einem Friedensabkommen und überzeugte sie davon, dass die Syrer die formelle Kontrolle über den Libanon übernehmen müssten.

So fix wie der Dämon Djinn in den „Erzählungen aus tausendundein Nächten" der entkorkten Flasche entfleuchte, zauberte der Geschäftemacher Hariri nach dem Deal einen Wiederaufbauplan für das zerstörte Beirut aus der Tasche. Allerdings musste er sich bis 1992 gedulden, ehe seine Schwester Bahiya bei den Wahlen im Libanon ein Mandat ergattern und hernach dem damaligen Präsidenten Hrawi das Gedächtnis an den saudischen Bruder und Milliardär aufpolieren konnte. Anstandslos ernannte Hrawi den Saudi Ende 1992 zum Ministerpräsidenten, der den Opfern des Bürgerkrieges sofort zwölf Millionen Dollar als Schmankerl vor die Füße streute und das Enttrümmern Beiruts mit Bulldozern großzügig aus eigenem Säckel zahlte. Hrawi hatte ja auch ein luxuriöses Haus von Hariri geschenkt bekommen; im Gegenzug bedankte er sich mit der Zusage von Staatsanleihen, führte im Parlament ein Gesetz ein, das Hariris Aufbaugesellschaft die Enteignung von Grundbesitz für Baumaßnahmen garantieren sollte. Im Sommer 1992 war Hariri zum Oberhaupt für die Rekonstruktionsplanungen in der Hauptstadt Beirut avanciert; viele Libanesen nannten sie bereits „Haririgrad".

Trotz allem begrüßten die meisten Libanesen Hariris Ernennung zum Ministerpräsidenten sehr enthusiastisch, versprach er doch, den Libanon in das *Singapur des Mittleren Ostens* zu verwandeln und „fremdes und ausgebürgertes Kapital" anzuziehen. Bald wurde jedoch deutlich, dass sein Rekonstruktionsplan, genannt *Horizon 2000*, auf den Umbau von Beirut als Ganzes und auf Kosten des Landes ausuferte. Zudem übernahmen seine wichtigsten Geschäftspartner hochrangige Positionen in der neuen Regierung; Fouad Siniora, Libanons aktueller Ministerpräsident, damals Hariris Finanzchef im Geschäftsimperium wurde prompt zum Finanzminister ernannt. Einer der Rechtsanwälte seiner Firma, Bahij Tabbara, wurde Justizminister, Farid Makari, der Vizepräsident von *Saudi Oger*, neuer Informationsminister. Im Frühjahr 1993 hievte er den Freund Riad Salame in den Chefsessel der Zentralbank, kontrollierte so die Staatsfinanzen, und startete mit seiner privaten Baufirma *Solidere* den Wiederaufbau der Hauptstadt, in den er natürlich auch Eigenkapital steckte. Diese *Company for the Development and Reconstruction* (das französische Akronym ist *Solidere*) enteignete die meisten Eigentümer im zentralen Geschäftsbezirk von Beirut und schubste die Betroffenen mit einer geringen Entschädigung von dannen.

Hariri suchte auch die Unterstützung aus Damaskus – ein Entern der Hauptstadt durch seine Baufirma wäre ja ohne die Zustimmung derer in Syrien nicht möglich gewesen – indem er „führende syrische Beamte und ihre Familien bestach, besonders die im Libanon stationierten Offiziere der Geheimdienste. So bezahlte er die Hochschulgebühren für die Kinder von Prominenten … und versorgte syrische Beamte bevorzugt mit Geschäftsabschlüssen im Libanon und in Saudi-Arabien." Zudem wird berichtet, Hariri habe „schätzungsweise 3,2 Milliarden Franc für die politischen Kampagnen des französischen Präsidenten Jacques Chirac" ausgegeben.

„Wie auch immer, der Premierminister wird von vielen als einer betrachtet, der das Land an die Syrer verkauft und seine Wirtschaft zerstört hat"[10], sagten seine Feinde. 1998 stand die libanesische Wirtschaft am Rande des Ruins, und da fingen auch die Syrer an, Hariri als den dafür Verantwortlichen zu betrachten. Infolge Hariris lockerer Hand für öffentliche Ausgaben und der zügellosen Regierungskorruption waren Libanons Staatsschulden auf 18,3 Milliarden Dollar angestiegen; das Wirtschaftswachstum hatte sich von acht Prozent im Jahre 1994 bis auf unter zwei Prozent im Jahre 1998 verlangsamt.

Hariri, bis 1998 und von 2000 bis 2004 Ministerpräsident, baute seine Dominanz in Politik und Ökonomie des Landes kontinierlich aus. Zusammenfassend kann behauptet werden: Wenn ein Teil der Libanesen ihn für einen Patrioten oder Mäzen hält, als Architekten des neuen Libanon oder Retter der maroden Ökonomie feiert, schmettert ihn der andere als Verschwender ab, wirft ihm Korruption, persönliche Bereicherung, wirtschaftlichen Niedergang des Landes, Beschleunigung der Staatsverschuldung oder exorbitante Steuerpolitik vor. Tatsache ist: Hariri führte Libanon als Privatunternehmen, zimmerte sich mit seinen Baufirmen *Solidere*, *Saudi Oger* und *Oger Liban* ein Imperium zusammen, kaufte Banken, Ländereien, machte in Öl, diversen Industrien, in Telekommunikation und kontrollierte als Eigner TV-Sender (*Future-TV* und *Al-Mostaqbal*), Radiostationen (*Izaat As-Sharq* und *Radio Orient*, gesendet aus Paris), einflussreiche Tages- und Wochenzeitungen (*Al-Mostaqbal*, 38 Prozent der größten libanesischen Tageszeitung *An-Nahar*; er soll sogar einige Prozent der *Frankfurter Allgemei-*

10 – Gambill, Gary C. / Abdelnour, Ziad K.: Dossier: Rafiq Hariri, Prime Minister of Lebanon, *Middle East Intelligence Bulletin*, Vol. 3 Nr. 7, Juli 2001

nen Zeitung sein Eigen nennen). 1998 warf ihm der Rechnungshof Bestechung sowie Untreue vor, und Staatspräsident Lahoud mokierte, er ignoriere die Armen, während er gleichzeitig seiner Baufirma, die das Monopol über die saftige Baustelle Beirut hat, zehnjährige Steuerbefreiung verordnet habe. Hariri warf pikiert das Handtuch, trat aber nach den Wahlen im Jahr 2000 sein altes Amt unter Erzfeind Lahoud wieder an.

Im September 2004 intervenierte der UN-Sicherheitsrat per Resolution 1559 und forderte Syrien auf, das seit 1991 durch einen Kooperations- und Freundschaftsvertrag mit Libanon verbunden war, seine im Libanon stationierten Truppen abzuziehen und Libanon seinerseits, „freie" Präsidentschaftswahlen durchzuführen. Die Resolution stemmte sich gegen Syriens Unterfangen, den prosyrischen Lahoud entgegen der geltenden libanesischen Verfassung für weitere drei Jahre als Staatspräsidenten zu nominieren. Beirut mauerte, Damaskus boxte Lahoud durch. Hariri trat im Oktober 2004 angeblich aus Protest zurück, baute mit dem Drusenführer Walid Dschumblat eine zugkräftige Opposition auf und warf Syrien vor, die Resolution zu blockieren, um die Präsenz syrischen Militärs im Libanon als Sicherheit in den Gesprächen mit Israel über die Golanhöhen und mit den USA über die Unterstützung von Terrorbrigaden zu missbrauchen. Die Beiruter Regierung konterte, Hariri schleime sich dem Diktat von USA, UN, EU und Israel an.

Doch Hariris Feinde wussten auch: „Damaskus ist abhängig von einem libanesischen Wirtschaftsaufschwung, um Atem holen zu können in seiner eigenen absterbenden Wirtschaft. Kurz gesagt, trotz der ernsten Hindernisse, die Hariri (für die Syrer) darbietet, besitzt der Premierminister vermutlich mehr Hebelwirkung auf die Syrer als jeder vorhergehende Führer des Libanon."[11] Die Umkehrung würde bedeuten, gäbe es keinen Premierminister Hariri mehr, so würde neben der libanesischen auch die syrische Ökonomie kollabieren, was die beiden Staaten auseinander dividieren könnte. Ein Ziel, das der Opposition vorschwebte.

11 – Gambill, Gary C. / Abdelnour, Ziad K.: Dossier: Rafiq Hariri, Prime Minister of Lebanon, *Middle East Intelligence Bulletin*, Vol. 3 Nr. 7, Juli 2001

Potpourri an Mordversionen

Internationale Verschwörungstheorie gegen Syrien · Die Konstruktionen von Fitzgerald und Mehlis · Widerstand gegen Militärbasis · Der Feind im Haus · Mafia und Geldwäsche · Unsoziale Politik · Dunkle Geschäfte · Mossad, CIA und Neokons · Group for Victory and Holy War in the Levant

Wer könnte den ehemaligen Premierminister Rafiq Hariri umgebracht haben? Die Frage bewegt nicht nur die Fans von allem Gruseligen; im Fall Hariri ist es eine politische. Obwohl die Grenzen zwischen Horror und Politik mitunter zu verschwimmen scheinen, hat es derjenige, der über geeignete Vorstellungskraft verfügt und sich in diverse politische oder geheimdienstliche Aggregatzustände versetzen kann, um ein vielfaches leichter, die gegenwärtig und international gültige Verschwörungstheorie zu begreifen und zu lieben oder zu hassen:

„Schurkenstaat" Syrien

Allein die Vorstellung, das Amt eines hoch bezahlten Politikers westlicher Prägung auszuüben, der ein theoretisches Faible für Demokratie hat, und in diesem kausalen Zusammenhang dem von den Amerikanern lange vor unserer alteuropäischen Zeitrechnung als Schurkenstaat ausgemachten nahöstlichen Syrien die Schuld für den Mord an Hariri in die Schuhe zu schieben, und das kompromisslos, macht ebenso schwindelig wie dieser Satz. Aber auf so einem Posten führt kein Weg daran vorbei; denn unsere Krieg führenden Freunde schossen Stunden nach dem Mord mit allen Zeigefingern, die im Oval Office in Washington zur Verfügung standen, Richtung Damaskus. US-Außenministerin Condoleezza Rice, die Afroamerikanerin mit dem Appeal von schwarzem Granit, zog prompt ihre US-Botschafterin aus Damaskus ab, und für US-Präsident George Bush war sowieso von der ersten Stunde an alles klar: Libanon, einst ein „gedeihendes Land", das „jetzt unter dem Einfluss eines unterdrückerischen Nachbarn leidet", sagte er und meinte es auch so. Israels Verteidigungsminister Schaul Mofas behauptete sogar, hinter dem Anschlag stecke eine „Terrorgruppe, die unseres Wissens nach von Syrien unterstützt wird". Die demokratische Internationale apportiert seither jede neue Erkenntnis, welche die verschwörungstheoretische Steilvorlage aus Washington zementieren soll, ungebremst und bugsiert sie durch alle ihr zur Verfügung stehenden Medien. Das Motiv liegt für diese Gehaltsklassen und politische Orientierung selbstverständlich ganz klar auf der Hand: „Als Syrien das libanesische Parlament Ende letzten Jahres (2004) nötigte, die Verfassung zu ändern, um die Amtszeit des prosyrischen Präsidenten Émile Lahoud zu verlängern – wohl einer der dümmsten politischen Züge Syriens – ging Hariri in die Opposition. Grund genug für einen von Syrien in Auftrag gegebenen Mord."[12]

Der Fitzgerald-Report

Der UN-Weltsicherheitsrat verlangte kurz nach dem Anschlag einen „dringenden Bericht über die Umstände, Gründe und Folgen des Mordes" und sandte am 24. Februar Ermittler aus Irland, Ägypten und Marokko, dann auch Schweizer Sprengstoffspezialisten, nach Beirut. Die UN-Kommission unter Vorsitz des stellvertretenden irischen Polizeichefs Peter Fitzgerald schloss am Mittwoch, den 16. März 2005, die erste Runde der Untersuchungen und dankte dem libanesischen Präsidenten Lahoud „für die Kooperation der libanesischen Behörden". Der Bericht sollte eine Woche später der Öffentlichkeit zugänglich gemacht werden.

Das hielt die „Zedernrevolutionäre", die antisyrische Opposition, aber nicht davon ab, schon mal pauschal den syrischen und libanesischen Geheimdiensten bar jeden Beweises die Schuld für den Mord zu unterstellen. Angeheizt wurde die Fiktion – zwei Tage bevor die Kommission ihre Arbeit beendet hatte – durch den Nahost-Korrespondenten Robert Fisk, der in der britischen Tageszeitung *The Independent* ein irriges Bild von den UN-Ermittlungen zeichnete: Die Ermittler seien überzeugt, dass „in den höchsten Rängen" der Geheimdienste Beweise verschleiert worden seien und dass der UN-Bericht „verheerend" ausfallen werde. Fisk nannte keine Quellen, weissagte dagegen, US-Präsident George W. Bush werde am Mittwoch verkünden, „syrische und vielleicht libanesische Offiziere des Militär-Geheimdienstes" seien in den Mord „involviert" gewesen. Das Weiße Hause verneinte: „Ich habe keine Vorstellung, woher diese Nachricht kam. Es ist bedeutsam, dass die Ermordung

12 – Matthes, Norbert: Gesucht: Die schönste Mord-Theorie, 24.2.2005, Schweizer *WOZ*

des früheren Premierministers Hariri vollständig aufgeklärt wird. Die Vereinten Nationen führen ihre Untersuchungen fort, und wir haben weder Neuigkeiten noch ein finales Ergebnis", sagte sein Sprecher Scott McClellan. Bush selbst äußerte sich nicht. Fisk berichtete ferner, die zwei ältesten Söhne des Milliardärs Hariri hätten den Libanon „überstürzt" verlassen, nach der Warnung, „sie könnten die nächsten Ziele der Mörder ihres Vaters sein". Hariri hatte fünf Kinder; Ehefrau und Tochter sind in Beirut, vier Söhne haben indes den Libanon verlassen. „Ihnen wurde geraten, aus gewissen Sicherheitsgründen das Land zu verlassen", so Fouad Siniora, ehemals Finanzminister, jetzt Vertrauter der Familie. Auch das ist nur die halbe Wahrheit: Zwei Söhne sind außer Landes und kümmern sich um ihre ausländischen Firmen.[13]

Auch die britische Tageszeitung *Times* klinkte sich in den allgemeinen Tenor der Stimmungsmache ein und schrieb am 18. März 2005, sie hätte „klare Beweise", dass Syrien für den Mord am libanesischen Ex-Premier, Geschäftsmann und Milliardär Rafiq Hariri verantwortlich sei. Das Blatt stützte sich auf den libanesischen Oppositionsführer Walid Dschumblat: „In den nächsten zwei Wochen sei entweder er selbst dran oder ich"[14], gab ihm Hariri zwei Tage vor seinem Tod zu verstehen. Die *Times* behauptete auch, die Regierung in Beirut habe nach dem Attentat den Tatort geräumt, um Hinweise auf die Täterschaft Syriens zu beseitigen.

Auch Fitzgerald heizte kurz vor seiner Abreise noch einmal in Beirut die „antisyrische" Stimmung richtig an und gab Oppositionsführer Walid Dschumblat zu verstehen, er könne beweisen, die im „Fahrwasser" der Syrer agierenden Beiruter Behörden „hätten Ermittlungen verschleppt, geradezu verhindert" und „Beweisstücke zurückgehalten". Den Hinterbliebenen von Hariri sagte er, sein Bericht werde „verheerend" ausfallen.

Dann kam der Fitzgerald-Report und enthielt tatsächlich keine Beweise. Das Team empfahl allerdings, die Ermittlungen auf internationaler Ebene auszuweiten, vermied es aber, Syrien direkt mit dem Mord in Verbindung zu bringen.[15] Syriens Außenminis-

13 – Cain Külbel, Jürgen: Keine Beweise gegen Libanon und Syrien, *Junge Welt*, 18.3.2005

14 – Cain Külbel, Jürgen: Nebel um Hariri-Mord bleiben, *Neues Deutschland*, 21.3.2005

ter Farouk Al Sharaa verurteilte den Bericht des Iren Peter Fitzgerald, der Syrien für die „fehlende Sicherheit und Ordnung sowie die gespannte politische Lage in Libanon vor dem Hariri-Mord verantwortlich“ machte und libanesische Behörden beschuldigte, Untersuchungen „verpfuscht“, wenn nicht „gänzlich manipuliert“ zu haben. Sharaa forderte, den Passus zu streichen, der „erdichtete“ Behauptungen Dritter enthält, „Assad hätte sowohl Hariri als auch (Oppositionsführer) Dschumblat mit körperlichem Schaden gedroht“.[16]

Die Mehlis-Reports

Politische Verbrechen beanspruchen besonderes Personal: Nachdem Fitzgerald seine „Arbeit“ beendet hatte, beauftragte UN-Generalsekretär Kofi Annan den Berliner Oberstaatsanwalt Detlev Mehlis mit der Fortführung der Ermittlungen. Mehlis verkündete Mitte Mai 2005, er will den Mord innerhalb der nächsten drei Monate aufklären: „Ich habe vor, es in dieser Zeit zu schaffen.“ Er ging in Absprache mit den Vereinten Nationen zielgerichtet der „Spur Syrien“ nach.

Er brachte es dann auch zuwege, dass der Beiruter Untersuchungsrichter Elias Eid im Sommer 2005 Haftbefehle gegen vier hochrangige „prosyrische“ Generäle, die angeblich in den Mord an Hariri verwickelt gewesen sein sollen, wegen „vorsätzlichen Mordes und Mordversuches, Beteiligung an terroristischen Aktionen und (unerlaubten) Besitzes von Sprengstoffen und Waffen“ erließ. Dem ehemaligen Kommandeur der Präsidentengarde, Mustafa Hamdan, dem vormaligen Chef des Militärgeheimdienstes, Raymond Azar, dem Ex-Sicherheitschef Dschamil al-Sajed und dem Ex-Inlandsgeheimdienstchef Ali al-Hage, sämtlich „Getreue“ des amtierenden „prosyrischen“ Präsidenten Émile Lahoud, die noch immer in Haft sind, und das bislang ohne „harte Beweise“, drohen, so es nach geltendem libanesischen Recht gehen würde, im Falle einer Verurteilung der Tod durch Erschießen.

Am 20. Oktober 2005 sprach Mehlis in einem ersten Zwischenbericht von „schlüssigen Beweisen“ für eine Verwicklung syrischer und libanesischer Geheimdienste in den Mord und berief sich auf

15 – Cain Külbel, Jürgen: Bushs Mann in Beirut, *Junge Welt*, 30.3.2005

16 – Cain Külbel, Jürgen: Washington beharrt auf Wahltermin, *Junge Welt*, 31.3.2005

„einen Zeugen syrischer Abstammung mit Wohnsitz im Libanon, der für den syrischen Geheimdienst in Libanon gearbeitet habe". Jener Zeuge, ein gewisser Houssam Taher Houssam, „legte dar, dass hochrangige libanesische und syrische Offizielle beschlossen hatten, Rafiq Hariri zu töten." Zudem „hatte der Zeuge enge Kontakte zu hochrangigen im Libanon stationierten syrischen Offizieren", wusste auch, dass „libanesische Sicherheitsleute mehrmals nach Syrien fuhren, um das Verbrechen zu planen" und „beobachtete in den letzten drei Tagen vor dem Attentat das zur Bombe umgebaute Tatfahrzeug".
Aber bald stand der deutsche Ermittler vor einem Scherbenhaufen. Houssam Taher Houssam, der Kronzeuge, gab im November 2005 an, seine vor der UNO-Kommission gemachte Aussage sei unter Folter, Drogen und Schmiergeldzahlung in Höhe von 1,3 Millionen Dollar erpresst worden. Zudem war schon im Sommer die Glaubwürdigkeit eines anderen wichtigen Zeugen wie Eis in der Sonne zerschmolzen. Der mehrfach vorbestrafte, in Haft befindliche Said Saddik, der syrische und libanesische Offizielle beschuldigt hatte, das Bombenattentat in einem Appartement geplant zu haben, wurde nachweislich für seine Aussage bezahlt: „Ich bin Millionär geworden". Ende November starb ein anderer Zeuge bei einem merkwürdigen Autounfall: Der Telefonkartenhändler Nawar Habib Donna aus Tripolis hatte Telefonkarten verkauft, die angeblich von den Attentätern benutzt worden waren.

Ibrahim Darraji, Leiter der syrischen Kommission zur Untersuchung des Attentates, forderte nach der Aussage Houssams „eine völlige Überarbeitung des UNO-Berichts", weil der „in sich zusammengefallen" sei. „Der Ball liegt nun bei der Mehlis-Kommission", sagte er, denn „die Ergebnisse basierten auf den Aussagen von zwei Zeugen – von Muhammed Suheir al-Sadik, der jetzt in Frankreich im Gefängnis sitzt, und von Houssam."

Die anfängliche Euphorie der Libanesen über den „zähen Teutonen, der zwischen wilden Stories und harten Beweisen wohl unterscheiden kann" ging im Libanon allmählich in Ernüchterung über, denn die „Operation Mehlis wird immer merkwürdiger … und beginnt unprofessionell auszusehen", schrieb der Syrienfachmann Joshua Landis, ein Amerikaner mit Wohnsitz in Damaskus. Auch ein zweiter Report der Mehlis-Kommission brachte außer politischem Dunst keine harten Fakten, die zur Aufklärung der Mordsache dienlich sein könnten.

Mehlis war am Ende seiner (Ränke spinnenden) Weisheit angelangt, verließ das sinkende „antisyrische" Schlachtschiff, offenbar, um sich nicht weiter zu beschädigen. Ende 2005 legte er das Amt als Sonderermittler nieder. Ein unrühmliches Kapitel ging zu Ende. Der Belgier Serge Brammertz trat die Nachfolge von Mehlis an.

Die wackelige Version der UN-Kommission über den Tathergang

Die Bombe, welche Hariri und 22 weiteren Menschen das Leben kostete, war nach Angaben der Ermittler in einem weißen Mitsubishi-Canter-Lieferwagen versteckt. Das Fahrzeug soll in die Mitte des Konvois von Hariri und seiner Entourage gesteuert und dann von einem Selbstmordattentäter in die Luft gejagt worden sein.

Auf dem Band einer Überwachungskamera der britischen HSBC-Bank ist jener Mitsubishi zu sehen, wie er auffällig langsam die Strecke entlang des aufgenommenen Straßenabschnitts fährt und dafür 70 Sekunden braucht, während sie andere Autos in wenigen Sekunden passieren. Weniger als eine Minute, nachdem der Mitsubishi aus dem Aufnahmewinkel verschwunden ist, taucht Hariris Konvoi im Mitschnitt auf, und kaum eine Sekunde, nachdem er ebenfalls aus dem Aufnahmewinkel verschwunden ist, detoniert die Bombe.

Ein japanisches Spezialistenteam identifizierte 44 von den 69 am Tatort gefundenen Wrackstücken des Lieferwagens als Teil eines von *Mitsubishi Fuso Corp.* hergestellten Canters, der am 12. Oktober 2004 in der japanischen Stadt Sagamahira, ein Vorort von Tokyo, gestohlen worden war. Auf welchen Schiffswegen, durch welche Reederei das Fahrzeug nach Beirut kam, ist bislang unbekannt. Die *Japanese National Police* eröffnete auf Ersuchen der Kommission eine Untersuchung, war jedoch nicht in der Lage, Frachtpapiere ausfindig zu machen; sie kam zu der tiefschürfenden Erkenntnis, das Fahrzeug sei „entweder in Teilen oder im Ganzen von Japan in ein anderes Land verschifft worden, höchstwahrscheinlich in die Vereinigten Arabischen Emirate".

Die Identität des Suizidbombers bleibt ebenfalls ein Mysterium. Der Palästinenser Ahmad Abu Adass hatte die Verantwortung für den Anschlag in einem beim Fernsehsender *Al Dchasira* ausgestrahlten Videotape für die Suizidattacke übernommen und sich dabei auch selber als Selbstmordattentäter identifiziert. Doch niemand in Beirut glaubte an das angebliche Bekennervideo, zudem es auf einer von Al-Qaida-Sympathisanten genutzten Website bereits am Tag nach der Ausstrahlung als Fälschung bezeichnet wurde.

Der UN-Bericht stützt sich nach wie vor auf zwei Zeugen, die keine mehr sind, und die Ahmad Abu Adass und mit ihm Syrien in das Attentat involvieren. Der „Zeuge" Zuhir Ibn Mohamed Said Saddik, der für seine Aussagen nachweislich Geld bekam und wegen krimineller Delikte in Haft sitzt, sagte, er habe Abu Adass in einem Camp in Zabadani, Syrien, gesehen. Dort will er auch beobachtet haben, wie der Mitsubishi mit Explosivstoffen gefüllt wurde. Saddik behauptete, Abu Adass habe wohl geplant, den Anschlag auszuführen, habe es sich dann aber anders überlegt. Daraufhin sei er von den Syrern umgebracht worden, die seine Leiche in den Mitsubishi verfrachteten, in dem die Bombe platziert war. Diese Aussage ist ebenso nichtig, wie die des zweiten „Zeugen", Houssam Taher Houssam, der seine Darlegungen im Herbst 2005 zurückgezogen hatte, weil sie mit Gewalt und Geld erpreßt worden waren. Er sagte seinerzeit: „Abu spielte keine Rolle im Attentat … außer als Lockvogel. Er wurde in Syrien verhaftet und unter Gewalt (mit vorgehaltener Pistole) gezwungen, dieses an *Al Dschasira* geschickte Tape aufzuzeichnen. Nachher wurde er getötet."

Seit dem Verhör der Eltern steht zumindest fest, dass der noch immer als vermisst geltende Adass nicht Auto fahren konnte. Zudem wurden sämtliche am Tatort gefundenen Körper und Leichenteile auf ihre DNA untersucht und verglichen; vom angeblichen Selbstmordattentäter ist bislang nicht die kleinste Spur aufgetaucht.

Doch es gibt noch ein weiteres Problem, denn weder die enorme Größe des Explosionskraters noch der Verlauf der Druckwelle lässt sich mit einem Selbstmordattentat erklären. Auch bei großen Mengen Sprengstoff schafft die Wucht nach unten keine so großen Löcher. Indizien, die für einen (zusätzlich) un-terirdisch platzierten Sprengsatz sprechen:

- der Explosionskrater ist fast symmetrisch rund und öffnet sich nach oben V-förmig
- die Fahrzeuge direkt am Kraterrand blieben am Platz; die Druckwelle ging nach oben hinweg; die Fassade des *St. George* Hotel ist im zweiten, dritten und vierten Stock komplett zerstört, während die Schäden im ersten geringer waren
- Gullideckel flogen aus den Einfassungen
- Brocken des Straßenasphaltes wurden über hunderte Meter weit geschleudert und zerstörten noch in zweihundert Meter Entfernung Autodächer
- der Asphaltbelag zeigt Risse wie nach einem Erdbeben
- ein ein Meter breiter Felsbrocken wurde in die zweite Etage des Yachtclubs gegenüber dem Krater geschleudert
- Zeugen gaben zudem zu Protokoll, zwei Explosionen hintereinander gehört zu haben; andere wollten zwei Flammenblitze hintereinander gesehen haben; auch auf dem erwähnten Band der HSBC seien zwei Explosionen zu hören

Ungeachtet dessen hat sich die UN-Kommission auf eine überirdische Explosion festgelegt. Vielleicht gab es doch zwei Explosionen, nämlich eine unter der Erde, die Hariri in den Tod beförderte, und eine oberirdische, welche der anschließenden Spurenbeseitigung diente: War etwa in dem Mitsubishi neben einer weiteren Sprengladung geeignete Elektronik verborgen, vermöge der zuvor die drei Störsender, mit denen Hariris Konvoi ausgerüstet war (um Fernzündungen per Handy zu verhindern), „ausgetrickst“ bzw. lahmgelegt werden konnten? Schließlich funktionierten diese Sender bis zum Schluss fehlerlos und schlugen nicht an. Oder war der oberirdisch explodierende Mitsubishi zugleich Zünder für die unterirdische Bombe?

Militärbasis im Nordlibanon

Der amerikanische Journalist und Kolumnist Wayne Madsen, Mitautor des Buches *Americas Nightmare: The Presidency of George Bush II*, berichtete am 11. März 2005, dass die Ermordung des früheren libanesischen Ministerpräsidenten Rafiq Hariri „entsprechend hochrangiger libanesischer Geheimdienstquellen – Christen und Moslems … durch die Bush-Administration und Ariel Sharons Likud-Regierung in Israel autorisiert wurde. Es gibt auch starke Anzeichen, dass die Ermordung Hariris von den gleichen schurkenhaften syrischen Geheimdienstagenten durchgeführt wurde, die beim Autobombenattentat im Jahre 2002 auf den libanesischen christlichen Führer Elias Hobeika zum Einsatz kamen …

Hariri … war bekannt für seinen Widerstand gegen den Bau eines großen US-Luftwaffenstützpunktes im Norden vom Libanon. Die Vereinigten Staaten wollen die syrischen Truppen vorher vollständig aus dem Libanon heraus haben, ehe mit dem Bau begonnen wird …

Libanesische Geheimdienstquellen berichten sogar, dass ohne eine formale Vereinbarung mit dem Libanon der Vertrag für den Flugplatz im nördlichen Libanon vom Pentagon an *Jacobs Engineering Group of Pasadena*, Kalifornien, übergeben worden ist. Andere Unterstützung beim Bau kommt von der *Bechtel Corporation*, ein Kriegsprofiteur im Irak.

Jacobs Engineering und *Jacobs Sverdrup* arbeiten per Vertrag z. Z. in Saudi-Arabien für *Aramco*, im Irak für die US-Besatzungsbehörde, in Bosnien, der Türkei, Syrien, Libanon, Israel, Jordanien, Jemen, Oman und den Vereinigten Arabischen Emiraten.

Der libanesische Flughafen soll angeblich als Durchfahrt- und Logistikdrehpunkt für US-Forces im Irak verwendet werden und als ein Urlaubs- und Entspannungsort für US-Truppen in der Region. Zusätzlich soll die libanesische Basis benutzt werden, um US-Ölpipelines in der Region (Baku-Tbilisi-Ceyhan und Mosul-Kirkuk-Ceyhan) zu schützen, sowie die Assad-Regierung in Syrien zu destabilisieren. Die Größe des geplanten Flughafens soll sich im Bereich des großen amerikanischen Al-Udeid-Flughafens in Katar bewegen.

Eine Anzahl von Geheimdienstquellen berichtete, dass Ermordungen ausländischer Führer wie Hariri und Hobeika letztendlich von zwei Offiziellen mit Schlüsselpositionen im Weißen Haus autorisiert werden, dem Stellvertretenden Stabschef Karl Rove und dem Stellvertretenden Sicherheitsberater Elliot Abrams. Zusätzlich ist Abrams die Schlüsselverbindung zwischen dem Weißen Haus und Sharons Büro für solche Geheimdienstoperationen, einschließlich politischer Morde. ‚Abrams ist der Kerl, den sie (die Israelis) für ein Augenzwinkern und ein Kopfnicken für solche ops haben', berichtete eine Schlüsselquelle."[17]
Auf Nachfrage, welche Quellen er denn habe, antwortete Madsen am 14. Mai 2005: „Alles, was ich sagen kann, ist, das sind französische, belgische und libanesische Quellen. Die Namen freizugeben bedeutet, sie in große Gefahr zu bringen in Europa und im Libanon." Einen Tag später: „Ich kann Ihnen sagen, dass meine Quellen muslimische und christliche libanesische Geheimdienstoffiziere sind, die französische DGSE und der belgische Militärgeheimdienst. Einige haben auch für die CIA gearbeitet."

Ein kleines Achtungszeichen: Eine private E-Mail vom Verfasser an Wayne Madsen über das Attentat auf den libanesischen Warlord Elias Hobeika im Jahre 2002 wurde von Unbekannt abgefangen und auf einer pro-Bush-Seite veröffentlicht. Kommentar Wayne Madsen: „Das ist sehr befremdlich. Die einzigen Möglichkeiten wären, dass der NSA (Inlandsgeheimdienst) meine E-Mail abgefangen hat oder jemand von *AOL* hat sie freigegeben. Das bedeutet, E-Mails sind fortan ein offenes Buch."

Der Feind im eigenen Haus

Der deutsche Autor Rainer Rupp stößt unter anderen den Gedanken an, obwohl er ihn tatsächlich nicht formuliert, dass da vielleicht auch der hinterrücks meuchelnde Typus, die Natter an der Brust, der Judas sozusagen, die Hand im Spiel gehabt haben könnte: „Der Tod des respektierten sunnitischen Geschäftsmanns Hariri, der wie kein anderer für den Wiederaufbau Beiruts bewundert wurde,

17 – Madsen, Wayne: Hariri reportedly assassinated to make way for large US air base in Lebanon, *Online Journal Contributing Writer*, 11.3.2005

schadet sowohl den Libanesen als auch der syrischen Regierung. Denn Hariri galt als starker Politiker und war ein wichtiger Stabilitätsfaktor.

All jenen in Libanon jedoch, die den Status quo radikal verändern wollen, ist Hariris Tod willkommener Anlass, ihre Anhänger gegen den weiteren Verbleib syrischer Truppen im Lande zu mobilisieren und auf die Straße zu schicken, um die US-amerikanischen und französischen Forderungen nach einem syrischen Rückzug zu bekräftigen.

Unbestritten hat die Anwesenheit syrischer Truppen Libanon aus dem Bürgerkrieg herausgeholfen. Aber Frankreich, das Libanon traditionell als eigenes Einflussgebiet ansieht und die USA hatten dort anschließend nichts mehr zu sagen. Statt der westlich orientierten christlichen Oberschicht, die im Libanon regiert hatte, florierte fortan mit syrischer Unterstützung die schiitische Hisbollah, die *Partei Gottes*, die zugleich enge Beziehungen zum Iran unterhält.

In offensichtlich konzertierter Aktion wird nun von allen Seiten Druck auf Syrien und die syrienfreundliche Regierung in Beirut ausgeübt, um den Status quo zu ändern. Die in US-Medien als ‚Führer der Opposition' dargestellten Scharfmacher rufen ‚zum friedlichen Sturz' der Regierung auf. ‚Gott behüte uns aber, wenn das Dach einfällt, dann wird es uns alle erschlagen', warnte dagegen Schiitenführer Nasrallah … vor 100.000 Anhängern und forderte die Gegenseite zu Mäßigung und Dialog auf."[18]

Mafia

Norbert Matthes warf so einige Knochen hin, an denen der geneigte Leser nagen kann, so es ihm Spaß bereitet. Knochen eins: „Hariri war mehrfacher Milliardär – musste er da nicht mit der Mafia zusammengearbeitet haben?"
Welche? Derer gibt es nämlich viele. Meint er's politisch, kriminell oder beides miteinander verquickt?

Ein „hoher Analyst der Londoner City" wurde da deutlicher. Er zog eine Querverbindung zwischen dem Anfang März 2005 in Israel

18 – Rupp, Rainer: Wem nützt der Mord in Libanon? USA setzen Syrien unter Druck Spekulationen über Mossad-Täterschaft, *Neues Deutschland*,

aufgedeckten Geldwäscheskandal, dem größten in der Geschichte des Landes, und der Ermordung des früheren libanesischen Premierministers Hariri: „Was in Israel und im Libanon geschieht", sagte dieser Analyst, „hat nicht nur eine geopolitische Dimension, sondern auch eine finanzielle. Nach seinem EU-Beitritt im Mai 2004 musste Zypern als Finanzzentrum des organisierten Verbrechens, des Drogenhandels und der Geldwäsche – vor allem der russischen Seite des Geschäfts – aufgegeben werden. Beirut und Tel Aviv sind attraktive Alternativen, was die jüngsten Ereignisse in beiden Städten erklären könnte." Die Ermordung habe nicht nur eine friedliche Lösung der syrisch-libanesischen Krise verhindert, sondern auch Hariris Ambitionen zunichte gemacht, Beirut wieder zu einem großen Zentrum für das Kapital Europas und Südwestasiens zu machen. Vor seinem Tod habe Hariri Russland besucht und vorgeschlagen, Russland solle eine Außenhandelsbank in Beirut gründen. Außerdem habe er eine umfassende Zusammenarbeit bei Gas-, Ölraffinerie- und Immobilienprojekten in Russland vorgeschlagen.[19]

Unsoziale Politik

Knochen zwei: „Oder ermordeten ihn Libanesen, die ihn wegen seiner unsozialen Politik hassten?" Da gäbe es doch weltweit kaum noch Politiker. Allerdings hatten die Vereinigten Staaten von Amerika, wer sonst, mehrmalig vor der Ermordung des Politikers Hariri ein „anderes politisches Klima" im Libanon gefordert. Den Verantwortlichen in der US-Administration ging es dabei nicht allein um die Entwaffnung der Hisbollah und die Erhöhung des Drucks auf Libanon und Iran, den Unterstützern der Miliz, sondern vor allem um die Kontrolle über die Wirtschaft des Libanon, der zudem ein Finanzzentrum des Mittleren Ostens mit Verbindungen in der ganzen arabischen Welt darstellt.

„Letztes Jahr ist die libanesische Wirtschaft um fünf Prozent gewachsen, vor allem aufgrund von Einnahmen aus dem Finanzwesen und dem Tourismus. Das Land ist aber vom Internationalen Währungsfonds wegen seiner hohen Haushaltsverschuldung, die auf 33 Milliarden Dollar geschätzt wird, stark kritisiert worden.

23.02.2005

19 – Nahostkrise: Der israelische Geldwäscheskandal, EIR, *Ma'ariv*, 18.3.2005;

Auf der so genannten Paris-II-Konferenz 2002 sicherte Hariri, der damalige Premierminister des Libanon, dem Land einen Kredit über drei Milliarden Dollar von Frankreich und den Golfstaaten zu, mit dem die während des Bürgerkrieges angehäufte Staatsverschuldung teilweise zurückgezahlt werden sollte. Im Gegenzug sollte der Libanon nach den Worten der IWF-Vertreter vor Ort ‚energische und schmerzhafte Reformen' durchführen, darunter einen massiven Arbeitsplatzabbau im öffentlichen Sektor und die Privatisierung von Schlüsselbereichen, wie etwa der Telekommunikation.

Hariri und andere Politiker willigten in diese Privatisierungen ein, wurden aber von Syrien zurückgehalten. Das *Middle East Intelligence Bulletin* (August/September 2003) beschwerte sich, dass Investoren mit ‚fehlender Transparenz und unzuverlässiger Vertragserfüllung' konfrontiert seien. Während ‚Hariri, ein Milliardär und Baumagnat mit guten Verbindungen zu saudischen und europäischen Investoren eher von der Privatisierung gewinnen würde (politisch und finanziell)', versuchten die prosyrischen Kräfte und die Militär- und Geheimdienstelite ‚bei jeder Gelegenheit, die Privatisierung zu behindern', so das Bulletin.
Es sind nur sehr wenig Sozialstatistiken über die libanesische Bevölkerung verfügbar, aber es ist wohl bekannt, dass das schnelle Anwachsen der Wirtschaft bereits einen großen Graben zwischen der schmalen Schicht der Reichen die vor allem in Beirut leben, und den verarmten Massen im übrigen Land aufgerissen hat.

Etwa 300.000 Menschen, fast zehn Prozent der Bevölkerung – vor allem die jungen und am besten ausgebildeten – haben den Libanon im Laufe der letzten zehn Jahre verlassen. Die Arbeitslosigkeit steht offiziell bei zehn Prozent, aber Wirtschaftsexperten schätzen sie auf 20 bis 25 Prozent, und 30 bis 35 Prozent unter jungen Leuten.
Studien aus dem Jahr 1996 zeigen, dass etwa ein Drittel der Libanesen unter der Armutsgrenze lebt. Die Regierung hat versucht, die Zahlen von 1996 zu diskreditieren, und hat weitere Studien verhindert, aber der Ökonom Antoine Haddad, der eine der Studien von 1996 durchgeführt hat, erklärte letztes Jahr gegenüber der Zeitung *An Nahar*: ‚In den letzten sieben Jahren haben die sozialen Probleme sich vervielfacht. Dazu zählen Arbeitslosigkeit, niedrigeres Bildungsniveau, geringere Gesundheitsversorgung, geringere

http://www.bueso.de/seiten/aktuell/18-03-05.htm

Qualität der Sozialleistungen in den Städten und Vorstädten, niedrigere Einkommen, höhere private Verschuldung, Wohnungsnot usw.'
Selbst diese beschränkten Daten machen deutlich, was die vom IWF verlangten Maßnahmen in Bezug auf Arbeitsplatzverluste, Einschnitte bei der staatlichen Bildung, Gesundheitsversorgung und Sozialleistungen für die Mehrheit der libanesischen Bevölkerung bedeuten würde. Aber es gibt keine öffentliche Diskussion über die Wirtschaftspolitik der Opposition und deren Unterstützung für den ,freien Markt'. Oppositionspolitiker behaupten lediglich, dass Syrien, stark abhängig von der Wirtschaft des Libanon, diesem jedes Jahr Milliarden Dollar entziehe.
Die Oppositionsführer haben besonders unter besser gestellten Schichten Unterstützung bekommen, weil dort das syrische Regime abgelehnt wird, dessen Geheimdienste das öffentliche Leben im Libanon dominiert haben. Es kann aber keinen Zweifel geben, dass der Enthusiasmus der US-Regierung über die *Zedernrevolution* nichts mit einem Wunsch nach Demokratisierung des Landes zu tun hat, dafür um so mehr mit der Durchsetzung ,energischer und schmerzhafter Reformen', die seit langem vom IWF und vielen US-Konzernen mit Wirtschaftsinteressen in der Region gefordert werden."[20]

Geschäfte

Knochen drei: „Waren eventuell radikale Islamisten aus Saudi-Arabien beteiligt, denen die Geschäfte von Hariris Baufirma *Saudi Oger* mit der saudischen Regierung ein Dorn im Auge sind?" Kann so stehen bleiben.

Israel

Sollte auf der Liste der Favoriten stehen; ziemlich weit oben sogar. Mustafa Al-Nasser, der frühere Berater des libanesischen Politikers Rafiq Hariris erklärte am Abend der Tat gegenüber der syrischen Nachrichtenagentur *IRNA*: „Die Ermordung von Hariri ist der Job des israelischen Geheimdienstes, des Mossad, der darauf abzielt, politische Spannungen im Libanon zu verursachen. Über alle Zweifel, der Frieden, die Stabilität und das hohe Sicherheitsniveau, das in den letzten Jahren im Libanon vorherrschte, bei dessen

20 – Talbot, Chris: USA verstärken Druck auf Libanon während Instabilität wächst, 2.5.2005; www.wsws.org/de/2005/apr2005/liba-a02.shtml

Zustandekommen alle libanesischen Gruppen eine harmonische Rolle spielen, steht im direkten Kontrast zu Israels politischen Absichten in der Region, und vor allem mit der illegitimen Natur dieses Thronräuber-Regimes. Israel sucht die Fortdauer seiner Existenz durch Erzeugung von konstanten Spannungen in der Region, und das war der Grund, warum Tel Aviv unserer Nation über viele Jahre hinweg Bürgerkrieg, und über eine Dekade Besetzung und Instabilität auferlegte."[21]

„Viele der Falken in der Bush-Regierung machen kein Hehl aus ihren engen Beziehungen zu Israels Ministerpräsident Ariel Scharon und seiner Likud-Partei. ‚Nur Israel scheint von Hariris Ermordung zu profitieren', schrieb … der US-amerikanische Nahost-Experte Pepe Escobar in *Asia Times Online* … Dass der Mossad dazu fähig wäre, bezweifelt nicht einmal das USA-Militär, wie aus einer Studie seiner *Schule für fortgeschrittene Studien* hervorgeht, über die die *Washington Times* bereits am 10. September 2001 berichtete. Damals zitierte die Zeitung einen USA-Offizier, der an der Studie mitgearbeitet hatte: ‚Der Mossad ist unkontrollierbar, skrupellos und erfindungsreich. Er hat die Fähigkeit, USA-Kräfte anzugreifen und es aussehen zu lassen, als ob es eine Aktion der Palästinenser oder Araber gewesen wäre.' Beweise für eine Mossad-Täterschaft liegen allerdings ebenso wenig wie für eine syrische Urheberschaft vor."[22]

Zudem seien „die syrisch-russischen Beziehungen eine Gefahr für Israel, denn die Russen könnten Syrien neue Waffensysteme verkaufen, soll die iranische Zeitung *Etemad* als Mordmotiv unterstellt haben."[23]

Es ist nicht nur eine Frage des Motivs. Israel hat eine lange Geschichte in der Verwendung von Attentaten als Instrument der Staatspolitik. Das israelische Regime hat nicht selten Terrorakte durchgeführt und seine Feinde dafür beschuldigt. Unter den unbe-

---

21 – Late Hariri's consultant: Hariri's assassination by Mossad aimed at creating tension in Lebanon, IRNA, 15.2.2005; http://www.irna.ir/en/news/line-20/key-79/

22 – Rupp, Rainer: Wem nützt der Mord in Libanon? USA setzen Syrien unter Druck Spekulationen über Mossad-Täterschaft, *Neues Deutschland*, 23.2.2005; http://www.friedensforum-duisburg.de/2005/03/rupp230305.htm

23 – Matthes, Norbert: Gesucht: Die schönste Mord-Theorie, 24.2.2005, Schweizer *WOZ*; http://menalog.typepad.com/menalog/2005/03/gesucht_die_sch.html

liebteren Beispielen war die so genannte Lavon-Affäre, in der der israelische Nachrichtendienst Mossad ein verdecktes Netzwerk innerhalb Ägyptens organisierte, das 1953 eine Reihe von Bombenanschlägen lancierte. Ziele waren auch diplomatische Einrichtungen der USA, und die Angreifer ließen falsche Beweise zurück, welche antiamerikanische Araber implizieren sollten. Ziel war die Störung der Beziehungen zwischen den USA und Ägypten.

In seiner langen Historie der Ermordungen palästinensischer Führer, viele von ihnen wurden in Beirut durchgeführt, hat das israelische Regime routinemäßig versucht, rivalisierende palästinensische Fraktionen zu implizieren.
Tötungen durch Autobomben in Beirut waren ein regulärer Teil des Mossad-Repertoires. In den siebziger und achtziger Jahren, als die Israelis in den Libanon eindrangen, gehörten solche Bombardierungen zum täglichen Leben, und viele von ihnen wurden Israel zugeschrieben.

Zu den jüngsten Tötungen zählt die von Elias Hobeika im Januar 2002, ein vormaliger libanesischer Kabinettsminister und ehemaliger christlicher Warlord. Er wurde zusammen mit drei Leibwächtern durch eine ferngesteuerte Autobombe auf einer Beiruter Straße getötet. Hobeika, der 1982 am Blutbad an den palästinensischen Flüchtlingen im Flüchtlingslager von Sabra und Shatila teilgenommen hatte, hatte gerade Tage vorher verkündet, er sei bereit, über die Rolle, die Israels Premierminister Ariel Sharon bei den Tötungen gespielt hat, auszusagen.

Vergangenen Juni (2004) klagte ein libanesischer Richter fünf Araber an, von denen gesagt wurde, dass sie mit dem Mossad zusammengearbeitet haben, um Hisbollah-Führer Sajed Hassan Nasrallah zu ermorden. Wenigstens einer der Beklagten bezeugte, dass der Mossad auch die Ermordung von Hobeika organisiert hatte. Im Mai 2002 hatte der israelische Geheimdienst dann auch Mohamed Jihad Jibril, Sohn von Ahmed Jibril, dem Führer der Volksfront für die Befreiung Palästinas, abgeschlachtet. Israels Verteidigungsminister Benjamin Ben-Eliezer kommentierte damals zynisch, „Nicht alles, was in Beirut explodiert, hat eine Verbindung mit dem Staat Israel." Im August 2003 wurde zudem Ali Hassan Saleh, ein Führer der Hisbollah, in Beirut ermordet. Israel

verneinte wiederum jedes Wissen über den Tod; aber in ganz Libanon sah man eine Aktion des Mossads dahinter.
Seit 2002 wird nun der Mossad von Meir Dagan geführt, der früher die von Israel okkupierte Zone in Libanon kommandiert hatte. Sharon erteilte Dagan nachweislich das Mandat, die traditionellen Methoden des Mossads, einschließlich Tötungen im Ausland, wieder zu beleben.[24]

Die Außerirdischen: US-Neocons
„Was ist mit den US-amerikanischen Neokonservativen, die auf die Destabilisierung der Region setzen?
Das tönt absurd? Nicht für alle. Als angeblichen Beweis dafür, dass die Neokonservativen ‚Hariri zum Abschuss freigegeben haben', verweisen manche linke Websites auf die Internetseite des *United States Committee for a Free Lebanon* (www.freelebanon.org). In dessen Führungsgremium sitzen unter anderen der Rechtsaußenvordenker Richard Perle und der erzkonservative Kommentator Daniel Pipes. Auf www.freelebanon.org befindet sich über den Bildern der Top-Terroristen der Welt (Osama bin Laden, Fidel Castro und andere) ein Link zu *Lebanons Top Syrian Agents*. In Anlehnung an das von den USA im Irak eingesetzte Kartenspiel ‚Wanted' mit den Köpfen der gesuchten Baathisten verwies der Link auf ein Kartenspiel für den Libanon. Schon in der ersten Reihe stand das Herz-Ass: Rafiq Hariri. Dazu die Bemerkung, dass er am höchsten gehandelt wird. Weiter unten folgte der maronitische Politiker Elias Hobeika, jedoch bereits durchgestrichen, da er im Jahre 2002 umgebracht wurde. Heute ist der Agentenlink nicht mehr aktiv – angeblich der beste Beweis, dass die Neokonservativen hinter dem Mord an Hariri stecken. Doch vermutlich war das Herz-Ass Hariri diesen Hasspredigern einfach hochnotpeinlich. Sie führen aber den Anführer der antisyrischen libanesischen Opposition, Walid Dschumblat, weiterhin als syrischen Agenten auf."[25]

CIA
Washington hat für sich selbst die Methoden des „murder incorporated" wieder belebt, die historisch mit der CIA verbunden waren,

24 – Van Auken, Bill: The assassination of Rafiq Hariri: who benefited?, 17.2.2005; http://www.wsws.org/articles/2005/feb2005/hari-f17.shtml
25 – Matthes, Norbert: Gesucht: Die schönste Mord-Theorie, 24.2.2005, Schweizer *WOZ*

die sich der Ermordungen von angeblichen Operativen der Al Qaida in Jemen und anderswo rühmte. Während die *Washington Post* und andere US-Medien das Weiße Haus repetierten, Syrien als „Schurkenstaat" sei an der Ermordung von Hariri schuldig, sind Israel und die Vereinigten Staaten die beiden Regierungen, die für den Großteil der Tötungen und politischen Morde im Mittleren Osten verantwortlich sind.

Im Gegensatz zur hurrapatriotischen Propaganda der amerikanischen Presse ist es von Wert, den redaktionellen Kommentar im Beiruter *Daily Star* zu lesen: „Die Tatsache, dass innerhalb von Stunden fünf bestimmte Parteien als mögliche Täter aussortiert worden sind – Israel, Syrien, Parteigänger des libanesischen Regime, Mafiagruppen und antisaudische, antiamerikanische islamistische Terroristen – weist auch auf das breitere Dilemma hin, das die libanesische und arabische politische Kultur im allgemeinen entstellt: Ein Ressort für mörderische und destabilisierende Gewalttätigkeit als eine chronische Option für die, die um Macht konkurrieren", schrieb die Zeitung. Weiter: „Diese Verrücktheit ist jetzt sogar tiefer institutionalisiert und befestigt in der modernen Geschichte der Region infolge der Auswirkung der amerikanisch-britischen Invasion im Irak und der neuen Welle an Gewalttätigkeit, die sie vorangetrieben hat."

Der Mord an Rafiq Hariri beinhaltet eine brutale Warnung, dass der Krieg der USA im Irak nur der Anfang einer breiter angelegten Kampagne eines militärischen Angriffs ist, der darauf abzielt, den Widerstand gegen die USA und die israelische Vorherrschaft zu zerquetschen. Dieser eskalierende Militarismus schafft die Bedingungen für eine Feuersbrunst in der Region.[26]

Group for Victory and Holy War in the Levant

Am 14. Februar, am Tage der Tat, erhielt Ghassan bin Jiddo, Direktor vom Beiruter Büro des Fernsehsenders *Al Dschasira*, gegen 13:30 Uhr einen Telefonanruf von einem Mann, „der in einem schlechten Arabisch sprach oder nur so tat, als spräche er schlecht Arabisch." Jiddo wurde sogar noch deutlicher, er sagte „die Person spricht kein reines Arabisch. Er sprach Arabisch mit ausländischem Akzent." Jedenfalls teilte ihm der Anrufer mit, die Gruppe „Beistand und Dschihad in Großsyrien übernimmt die Verantwor-

26 – Van Auken, Bill: The assassination of Rafiq Hariri: who benefited?, 17.2.2005; http://www.wsws.org/articles/2005/feb2005/hari-f17.shtml

tung für die gerechte Exekution des ungläubigen Agenten Rafiq Hariri." „Wir haben niemals zuvor von dieser Gruppe gehört", kommentierte Jiddo. *Al Dschasira* sendete die Erklärung gegen 14 Uhr. Zwanzig Minuten später rief eine andere männliche Person beim Sender an und erklärte, diesmal in „sehr gutem Arabisch", ein Videoband könne in einem Baum nahe dem Hauptgebäude der Vereinten Nationen in Beirut abgeholt werden. Ein Mitarbeiter suchte den Ort auf, fand das Band nicht und kehrte unverrichteter Dinge zurück. Ein zweiter Mitarbeiter entdeckte das Band schließlich und übergab es dem Direktor des Senders. Gegen 15:27 Uhr empörte sich ein dritter Anrufer beim Sender, warum das Video noch nicht gesendet worden war. Der Direktor wies den Anrufer darauf hin, dass das Hauptquartier von *Al Dschasira* in Katar darüber zu entscheiden habe. Der Anrufer schrie und bedrohte den Direktor, falls das Band nicht gesendet werde, würde er es bereuen. Um 17:04 Uhr rief derselbe Mann letztmalig an; er war sehr wütend und fragte, ob das Band denn nun gesendet werde oder nicht. Der Direktor teilte dem Unbekannten mit, dass die Entscheidung gefallen wäre und er solle das Programm verfolgen.

Der Sender zeigte dann am Montagabend das Video mit der Bekennerbotschaft. Ein bärtiger junger Mann, der einen weißen Turban und eine schwarze Robe trug, sagte, „um der Sache willen unserer Mudschahedin-Brüder in Arabien ... wir haben entschieden, diejenigen zu exekutieren, die dieses Regime unterstützen." Der junge Mann, der vor einer Fahne mit der Aufschrift *Gruppe für Sieg und Heiligen Krieg in der Levante* saß, verkündete weiterhin, „wir haben eine Märtyreraktion ausgeführt ... Das war der Beginn vieler Märtyreroperationen gegen die Ungläubigen und die Abtrünnigen in der Levante." Ein Selbstmordattentäter habe den Sprengsatz gezündet, hieß es in dem Video, und die Gruppe wollte mit dem Anschlag Rache üben für die in Saudi-Arabien von der Polizei getöteten „Gotteskrieger". Der junge Kerl, ein Palästinenser namens Ahmad Abu Adass, bezeichnete Hariri als Tyrannen, der ermordet worden sei, weil er ein „Agent des saudischen Regimes" gewesen wäre. Er kündigte weitere Anschläge gegen „Ungläubige, Abtrünnige und Tyrannen" an. Ahmad Abu Adass gilt merkwürdigerweise seit dem 19. Januar 2005 als offiziell vermisst.

Westwind im Zedernwald

Wie ein verspäteter Leichenfund politisch und medial ausgeschlachtet wurde · Die Opposition wittert Morgenluft und macht mobil gegen Syrien · Eine Zedernrevolution für das Establishment

Beirut, den 2. März 2005: Unzählige Schmeißfliegen, verlässliche Künder des Todes, schwirren über der schauerlichen Stätte, dem Bombentrichter, der verwüsteten Stätte hin und her, und immer und immer wieder schlagen die blau glänzenden Plagegeister den Einsatzkräften in die Gesichter. Bassam Joujou, am heutigen Morgen selbsternannter Kundschafter in jener zerbombten Hölle, ahnt Schlimmes. Wenige Schritte vor ihm macht sich ein stattlicher Schwarm über aufgeworfenem Erdreich, zerfetztem Asphalt zu schaffen. Beflissen fliegen die schillernden, brummenden Schmeißfliegen zwischen Himmel und Erde auf und ab. Nun sieht er, wie die Viecher emsig unter die Krume und ebenso eilig wieder hervor kriechen. Kein Zweifel: Die lästigen Schmarotzer, die eine Vorliebe für geruchsintensive organische Stoffe besitzen, künden das nahende Unheil an; spezifische Sinnesorgane an den Antennen führen sie zielsicher zu Ausdünstungen, die während der Verwesungsprozesse und dem bakteriellen Abbau von Eiweiß entstehen; dort legen sie ihre lebend geborenen Maden ab; eben auch auf Leichen und Exkrementen.

Bassam Joujou ist gelähmt, ihm steigt beißend süßlicher Fäulnisgeruch in die Nase. Kein Zweifel, hier, unter dem Durcheinander von Schutt, Staub, Erdreich, unübersehbare Spuren der Bombenexplosion, muss er liegen; unter Schutt, nur drei Meter vom Kraterrand entfernt, den die Explosion hinterlassen hatte. Sekunden später entdeckt er seinen toten Schwager und wird in die das Spektakel begleitenden Fernsehkameras sagen: „Ich habe mir den Weg durch die Armeeabsperrungen erzwungen, um mit dem Einsatzleiter zu sprechen, als ich einen schrecklichen Geruch und blaue Fliegen bemerkt habe. Dort ist es, wo er gefunden wurde. Der Körper ist völlig intakt, obwohl ein wenig verfault … Wir haben ihn an seinen Kleidern erkannt und seinem privaten Handy, das er noch in der einen Hand hielt.“ Der Tote hielt seinen Zeigefinger noch hoch in die Luft gestreckt, was nach muslimischem Glauben „La Ilaha illa Allah“ bedeutet: „Es gibt keinen Gott außer Gott“.

Der Handelspilot Abdel-Hamid Mohammed Ghalayini joggte am 14. Februar, exakt um 12:55 Uhr am Unglücksort nahe des *Saint Georges* Hotel, als sich die gewaltige Explosion ereignete. Seither galt er als vermisst. Die Geduld der Familie Ghalayini war am Morgen des 2. März an ihre Grenzen gestoßen; seit sechzehn Tagen lagen die Nerven der Angehörigen blank. Dreizehn Verwandte des Vermissten, darunter die beiden Töchter, eilten an dem Morgen energischen Schrittes dem Schlachtfeld entgegen und ließen an ihrem Vorhaben erst gar keine Zweifel aufkommen: Mit orangefarbenen Westen, gelben Sicherheitshelmen, Mundschutz und Handschuhen ausgerüstet, wollten sie die Suche selbst in die Hand nehmen, ihren Zweifeln, der Ungewissheit ein Ende bereiten, denn sie wollten einfach nur den Leichnam des geliebten Vaters, des Verwandten bergen, um ihn endlich würdig bestatten zu können.

Den Abend zuvor hatte die Familie einen Sitzstreik nahe dem Unglücksort abgehalten. Ghalayinis Töchter, Lama und Rana, baten um Hilfe, damit die Überreste des Vaters gefunden werden. Stunden zuvor hatte man eine Hand entdeckt, Tage davor Gliedmaßen und einen Körper. Katzen hatten die Überreste ausgescharrt. Lama Ghalayini war verzweifelt: „Ich möchte den Katzen danken, sie haben die Gliedmaßen und den Körper unter den Autos gefunden. Sie haben uns geholfen, die Regierung tut nichts. Nicht ein Stein wurde angehoben, um den Vater zu finden.“

Die Stimmung jener Tage war gereizt. Das UN-Untersuchungsteam unter Fitzgerald besichtigte exakt zu dem Zeitpunkt, an dem die Ghalayinis ihren Vater entdeckten, den Tatort. „Wo ist der Staat? Schämt ihr euch nicht? Wir mussten es selbst machen. Die UN-Experten sind unsere Zeugen“, schrien die Angehörigen und: „He Lahoud! Wäre das dein Bruder oder Sohn oder Verwandter, hättest du ihn vierzehn Tage unter Trümmern liegen lassen?“

Die Opposition, die längst das prosyrische „Regime“ in Beirut und die Regierung in Damaskus für das Attentat verantwortlich gemacht hatte, ließ sich diese Gelegenheit nicht entgehen, um politisches Kapital daraus zu schlagen.

Das Parlamentsmitglied Ghinwa Jalloul tröstete die Familie mit den Worten: „Gott weiß, welcher Art von Konspiration der Mann unterworfen war. Wir sollten die Wahrheit so schnell als möglich finden."

Oppositionsführer Walid Dschumblat behauptete, die Verzögerung in der Suche nach dem Toten wäre eine Folge der „Versuche, Hinweise auf das Verbrechen zu verbergen … und zeige an, dass die Geheimdienste daran beteiligt seien". Gegenüber dem Fernsehsender *The Lebanese Broadcasting Corporation* (LBC) wurde er noch deutlicher: „Minister Franjieh verkündete am zweiten Tag (nach dem Attentat), dass das Loch (wo sich die Explosion ereignet hatte) aufgefüllt wurde. Das passt zusammen mit (anderen) Bemühungen, Beweise zu verschleiern, die mit dem Verbrechen zusammenhängen. Das ist ein Skandal. Der libanesische (Sicherheits-)Apparat ist involviert. Die Jungens arbeiten mit aller Ruhe. Die legen den Sprengstoff in aller Ruhe in einem Gebiet aus, dass mit Menschen übersät ist; ein Land, in dem das Regime dem Ceausescu-Regime ähnelt. Ein Regime voller Agenten. Ihr wollt mir sagen, dass die nicht verantwortlich sind. Die sind verantwortlich …"

Die Opposition forderte, dass „alle sechs von Lahoud handverlesenen Kommandeure der wichtigsten Sicherheitsdienste zusammen mit dem Generalstaatsanwalt Adnan Addoum gefeuert werden" sollten, da sie allesamt Komplizen im Mord an Hariri wären. Ein anderes Ansinnen war der komplette Rückzug der syrischen Armee und Geheimdienste innerhalb eines vom syrischen Präsidenten Assad klar umschriebenen Zeitrahmens. Selbst der umtriebige Jeffrey Feltman, US-Botschafter im Libanon, nutzte die Gelegenheit und erschien am 3. März 2005 zur öffentlichen Beerdigung von Mohammed Ghalayini.

Wer, wenn nicht die Vereinigten Staaten von Amerika, sollte denn überhaupt den Überblick bewahren nach solch einer brutalen Mordbrennerei? Die Nerven der demokratischen Welt lagen nach dem Attentat auf Rafiq Hariri blank; so wie der Nerv eines zerbrochenen Zahnes. Und US-Präsident Bush nahm sich des Weltschmerzes tapfer an, unter dem er selbstverständlich selber litt, weil ja der Hariri, so wie er sagte, einer seiner Verbündeten war. Der stärkste Mann der Welt, klammern wir Samson mal aus, echauffierte sich daher noch am Tag der Bluttat über den „brutalen Mord“. „Der Präsident war schockiert und verärgert“, seufzte sein Sprecher Scott McClellan und kritisierte verheißend „die ausländische Besatzung“ des Libanon durch Syrien.

US-Außenministerin Condoleezza Rice nahm den Fehdehandschuh auf, vergaß den Toten kurzerhand und nutzte die Absence, Syrien ihrerseits vorzuwerfen, die Lage im Libanon zu „destabilisieren“. Sie getraute sich aber noch nicht, ein Schuldiger musste ja bald gefunden werden, Damaskus schon jetzt, wo die Schuldfrage noch eine embryonale war, direkt für das Attentat verantwortlich zu machen. Allerdings nörgelte sie über die Einmischung Syriens in die inneren Angelegenheiten des Libanon und ächzte gegenüber dem ägyptischem Amtskollegen Ahmed Abul Gheit, die Beziehungen der USA zu Syrien seien „leider nicht auf dem Weg einer Verbesserung, sondern auf dem einer Verschlechterung“. „Das syrische Problem ist ein ernstes“, wusste Rice und beschuldigte Syrien schweren Herzens, Handlanger des Iran zu sein, militante Gruppen in Israel zu unterstützen, das Einsickern von Aufständischen und Schmuggeln von Waffen in den Irak nicht wirkungsvoll zu unterbinden. Syrien, so steigerte sich die US-Außenministerin, unterstütze dadurch den „internationalen Terrorismus und die Aufständischen im benachbarten Irak“. Rice berief schon einen Tag nach dem Attentat ihre Botschafterin Margaret Scobey zu dringenden Konsultationen aus Damaskus ab und kommentierte: „Wir erachten das an diesem Punkt als notwendig.“

Die syrienkritische Opposition im Libanon unter Basim Sabah und Walid Dschumblat machte aus ihrer Überzeugung kein Hehl und beteuerte, ihre Beiruter und die „dahinter stehende syrische Regierung“ seien für den Mord verantwortlich. Der im französischen Exil lebende vormalige libanesische Armeechef Michel Aoun erklärte dem Radiosender *France Info,* „Hariris Ermordung sei eine Herausforderung für die internationale Gemeinschaft. Die Syrer sind verantwortlich. Sie sind es, die Sicherheit und Geheimdienste in Beirut kontrollieren.“

Syriens Präsident Bashar Al-Assad wies das alles von sich, sprach von einem „schrecklichen kriminellen Akt“ und kündigte Solidarität mit dem „verbrüderten Libanon in dieser gefährlichen Situation“ an. Der Sprecher des iranischen Außenministeriums,

Hamid Reza Asefi, verdammte die Tat als „terroristischen Akt“ und verdächtigt, wie übrigens viele Libanesen auch, den israelischen Geheimdienst Mossad. Andere zeichnen für den Tod Hariris geschäftliche Konkurrenten verantwortlich. Justizminister Adnan Addoum vermutete „ausländische Elemente“ als Strippenzieher.

Doch die Bescheidwisser in den Vereinigten Staaten ließen nicht locker und dann die Katze aus dem Sack. Unverblümt zeigten sie bald auf die „libanesische Regierung und die Macht, die dahinter steht, die syrische Regierung“ und unterstellten beiden, Schuld an Hariris Ermordung zu haben. Die Advokaten der These gingen mit dem Argument hausieren, Hariri hätte im Oktober 2004 das Amt des Premiers niedergelegt, nachdem er sich einer von Syrien unterstützten Verfassungsänderung widersetzt hatte, die seinem Erzrivalen, Staatspräsident Émile Lahoud, mit dem er überhaupt nicht konnte, eine Verlängerung der Amtszeit um weitere drei Jahre bescherte. Hernach wäre Hariri in die antisyrische Opposition im Libanon übergelaufen und hätte sich für die Implementierung der UN-Resolution 1559, die den Abzug syrischer Truppen aus dem Libanon und freie Wahlen fordert, stark gemacht. Das, so die Wahrheitsdiener hinterm Großen Teich, hätte Hariri zur Zielscheibe der Syrer gemacht.

Selbst Marwan Hamada, ein Oppositioneller im Beiruter Parlament, sah sich damals zum Dementi genötigt: „Weder ich noch er haben auf irgendeine Art und Weise etwas mit der Resolution 1559 zu tun gehabt. Er stimmte für die Verlängerung der Amtszeit.“ Das soll auf Druck des syrischen Geheimdienstchefs Rustom Ghazaleh geschehen sein, sagte man später. Und der Drusenführer Walid Dschumblat, Zugnummer der Opposition, bemerkte damals süffisant, was er aber heute anscheinend nicht mehr weiß: „Offensichtlich konnte Hariri einigen Angeboten nicht widerstehen.“ Für Nasir Qindil, ein Mitglied des Beiruter Parlaments, war es kristallklar, dass „die syrische Führung sehr freundliche und strategische Beziehungen zu Hariri pflegte“. Wo war das Problem?

Der Krösus Hariri, der sich nie gegen die Syrer auflehnte, wollte vor allem eins: Geschäfte machen und Geld scheffeln. Sein gesamtes Leben über hat er die Politik den eigenen Geschäftsinteressen untergeordnet und, wenn man so sagen darf, zu dem Zwecke auch mit den Syrern kollaboriert. Doch für seine Gegner stellte er auch eine enorme „politische Bedrohung“ dar: Alle Umfragen im Lande sahen Hariri aus den für Mai 2005 angesetzten Wahlen im Libanon als den klaren Sieger hervorgehen. Das war das eigentliche Problem, denn Hariri hätte auch nach gewonnener Wahl nicht viel am Status quo des Libanon gerüttelt. Das hätte zweifelsohne nicht nur der antisyrischen Opposition im Libanon und der einflussreichen Opposition im US-amerikanischen Exil, die längst gemeinsam mit der Bush-Administration den Vorsatz gefasst hatten, den Libanon „bei nächster Gelegenheit“ zu „demokratisieren“, einen derben Peitschenschlag ins „demokratische Antlitz“ versetzt.

Da wunderte es nicht, dass Dschumblat kurz vor dem Attentat den seit 1991 im französischen Exil lebenden Ex-General und christlichen Oppositionsführer Michel Aoun drängte, in den Libanon zurückzukehren, um mit ihm und seiner politischen Bewegung Front gegen Syrien machen zu können. Das war auch im Sinne der Brüder im Vatikan, die über ihren Radiosender verheißungsvoll verkündeten: „Michel Aoun kehrt zurück. Seine Partei, die christliche *Patriotische Bewegung*, wird sich den Parlamentswahlen im kommenden Frühjahr stellen.“ Überzeugt, dass ein Libanon ohne ihn keiner sei, packte Aoun dann auch die Koffer: „Wir haben 15 Jahre verloren, um die Menschen von der Richtigkeit unserer Sache zu überzeugen.“

Aoun gehörte zu den federführenden Lobbyisten in der Bush-Regierung, die im Jahre 2003 maßgeblich zur Verabschiedung des *Syria Accountability and Lebanese Sovereignty Restoration Act* (SAA) durch das US-Repräsentantenhaus beigetragen hatten. Der SAA forderte unter anderem ein, dass Syrien „sofort und bedingungslos die Unterstützung für den Terrorismus einstellt“, den „Verzicht auf alle Formen des Terrorismus“ erklärt und sämtliche Truppen und Sicherheitskräfte aus dem Libanon abzieht. Und der in New York lebende Investmentbanker Ziad K. Abdelnour, ein weiterer Lobbyist im US-Kongress mit libanesischen Wurzeln, der 1997 gemeinsam mit US-Neokonservativen, Sympathisanten der israelischen Likud-Partei und der Christlichen Rechten das *United States Committee for a Free Lebanon* (USCFL) gegründet hatte, sozusagen ein Tschalabi für den Libanon war, forderte schon seit Jahren im Einvernehmen mit der amerikanischen Rechten die Bildung einer Marionettenregierung in Beirut.

Es kam, wie es kommen sollte: Die Woge der Demokratie schwappte über dem Zedernstaat zusammen. Die Opposition heizte die Stimmung an und setzte Massenproteste im Libanon in Gang. Schon vierzehn Tage nach dem Mord, am 28. Februar 2005, trat das prosyrische Kabinett unter Omar Karameh zurück. In Beirut feierten über 50.000 Regierungsgegner den Rücktritt als „großen Sieg der Oppositionsbewegung“ und drängten umgehend auf den Abzug der noch im Lande stationierten rund 14.000 syrischen Soldaten. Der Oppositionsführer Walid Dschumblat sprach von einem „neuen historischen Schritt einer wieder gewonnenen Unabhängigkeit“ und forderte die Bildung einer Übergangsregierung, an der alle Parteien und politischen Kräfte des Landes beteiligt sind, „auch die Hisbollah“.

Tage zuvor hatte sich der US-Botschafter Satterfield mit Dschumblat konsultiert. Seine Regierung in Washington, die parallel zum „Krieg gegen den Terror“ auch „mehr Demokratie“ in den arabischen Ländern einzuführen gedenkt, sah nämlich im Sturz des irakischen Präsidenten Saddam Husseins den Startschuss für die gründliche Erneuerung des Mittleren Ostens, der zu Regimewechseln in Syrien, Libanon, Iran, Saudi-Arabien, Ägypten führen solle. Dieses geplante Vorgehen stand im Einklang mit dem von amerikanischen Neokonservativen 1996 erarbeiteten strategischen Papier „A Clean Break“, auf das später noch eingegangen werden wird.

Syrien, das seit dem Ende des libanesischen Bürgerkriegs im Jahre 1990 Ordnungsmacht im Zedernstaat war, bestritt von Anfang an jede Beteiligung am Anschlag auf Hariri. Syriens Präsident Bashar Al-Assad sagte: „Wenn wir wirklich Hariri umgebracht hätten, wäre das politischer Selbstmord gewesen. Wem nützt das Verbrechen? Sicher nicht Syrien.“ Seine Ministerin Buthaina Schaaban witzelte damals noch, dass „als nächstes Syrien für den Tsunami verantwortlich gemacht“ werde. Als sich dann Israel Ende Februar 2005 nach einem Terroranschlag in Tel Aviv in die Schlacht der demokratischen Internationale gegen Damaskus einklinkte und „entschied, die PR-Offensive zu beginnen, solange das Eisen … noch heiß ist, (weil), wo immer die Probleme sind – im Irak, im Libanon, jetzt in Israel – die Syrer die Störenfriede sind“, ging es den Verantwortlichen in Damaskus langsam aber sicher an den Kragen.

Das Verbrechen an Hariri wurde zum Nährboden der bis dahin Mauerblümchen spielenden libanesischen Opposition. Die griff selbstverständlich die hypothetische Anschuldigung seitens der USA und Israel begierig auf und ließ an ihrer Überzeugung, dass Mörder als auch Drahtzieher in den Machtzentren von Beirut und Damaskus säßen, nichts mehr deuteln. Massive Proteste der Opposition, die hunderttausende Menschen auf die Straße brachten, stilisierte die US-Administration zur *Zedernrevolution*; ein Begriff, der von Paula Dobriansky, Untersekretärin der US-Regierung für Internationale Beziehungen und Mitglied von Abdelnours USCFL, Ende Februar 2005 erfunden worden ist. Diese Protestwelle zwang zwar, wie bereits angedeutet, Libanons Premier Karameh zum Abdanken, jedoch beförderten ihn wuchtige Gegenproteste der Schiiten, die ihrerseits eine halbe Million Menschen zum Demonstrieren bewegen konnten, wieder zurück ins Amt. Infolge der nachhaltigen Einmischungen seitens der Vereinigten Staaten, der Europäischen Union, wie überhaupt der „internationalen Gemeinschaft“, beendete Syrien dann Ende April seine 29jährige Militärpräsenz als Ordnungsmacht im Libanon und zog mit seinen Truppen vollständig ab.

Im Mai und Juni 2005 fanden die ersten „demokratischen“ Wahlen im Libanon statt; natürlich unter starkem Druck vor allem der USA und Westeuropa. Seither hat die Hetze auf Syrien nicht nachgelassen; die Verantwortlichen in der Bush-Administration möchten dort unter allen Umständen einen Regimewechsel erzwingen, d.h. analog wie in Afghanistan und im Irak eine Marionettenregierung installieren, um erstens ihren geostrategischen Einfluss in der für sie wirtschaftlich interessanten Region auszubauen und zu festigen und zweitens dem Staat Israel eine dominierende Rolle über die hernach politisch geschwächten und in neokoloniale Abhängigkeit geratenen Länder des Nahen und Mittleren Ostenns zu ermöglichen. Es soll bei dieser äußerst groben politischen Orientierung bleiben, denn die Aufgabe des Buches ist vor allem die Suche nach Spuren, die Hinweise auf die wahren Täter geben können.

ACE-1: Das Große Schlachten im Libanon

Um die nachfolgenden Überlegungen in dieser Untersuchung besser verstehen zu können, ist ein kurzer Blick in die jüngere Geschichte des Libanon und vor allem auf die traurigen Ereignisse während des blutigen 15jährigen libanesischen Bürgerkrieges zwischen 1975 und 1990 erforderlich. Nur so ist es möglich, die in der Folge oft zitierten Ereignisse und Personen samt ihren Handlungen richtig einzuordnen. Das Kapitel sollte keinesfalls übersprungen werden.

Vorboten · Abfolge · Israel im fremden Land · Israel watet im Blut · Aouns „Schlacht zur Befreiung des Landes von den Syrern"

Dass sich immer und immer wieder und zu allen Zeiten, ohne großartig mit der Wimper zu zucken oder gar irgendwelche besonderen Skrupel zu entwickeln, Millionen von Menschen, die in antagonistisch geprägten Gesellschaftsformen leben, in denen sie meist nichts weiter zu verlieren haben als ihre Ketten, zum gegenseitigen Bekämpfen und Abschlachten instrumentalisieren ließen und lassen, verwundert längst niemanden mehr. Aber die Beschränktheit des Zweibeiners mit dem hoch entwickelten Gehirn scheint noch grenzenloser zu sein: Der meuchelnde Spezialist gibt sich nicht allein mit dem wechselweisen Massakrieren zufrieden; vielmehr nuanciert er sozusagen wie ein Gourmet zwischen Lachs und Lachs und geniert sich nimmermehr, seine Verbrechen akribisch nach „Kriegstypen" einzuteilen und sie mit einem unverwechselbaren „akademischen" Terminus zu versehen.

Lassen wir einen dieser militärwissenschaftlichen „Theoretiker" zu Wort kommen: „Der mittlerweile vorherrschende Kriegstyp ist der so genannte *low intensity war* (LIC), der vom Nuklearkrieg und vom klassischen konventionellen Krieg unterschieden wird. Dieser etwas irreführende Begriff – die Zahl der Opfer und das Ausmaß der Schäden kann die zerstörerische Wirkung von konventionellen zwischenstaatlichen Kriegen durchaus übertreffen – erfasst alle Kriegstypen, die nicht zwischen Staaten ausgetragen werden. Die Ursachen für solche bewaffneten Konflikte sind hauptsächlich das Ringen um Macht, Identität und/oder Ressourcen. Nach van Creveld (ein anderer theoretischer Krieger, d. V.) sind für diesen LIC-Typ drei Merkmale charakteristisch:

- Er findet vornehmlich (aber nicht nur) innerhalb von Gesellschaften der Entwicklungsländer statt.
- Öffentliche und private Akteure sind involviert, d.h. es stehen sich nicht mehr nur reguläre Streitkräfte gegenüber.
- Gerade von den irregulären Akteuren werden in der Regel keine komplexen, hoch entwickelten Waffensysteme eingesetzt, sondern die ‚einfachen' Mittel des Bürger- und Guerillakrieges, wozu auch Terrorakte gehören."[27]

Das blutige Abschlachten im Libanon, genannt Bürgerkrieg, war sowieso ein irreguläres; ganz unabhängig davon, ob es nun von den Fachleuten in Sachen des mechanisierten Tötens dieser fraglichen Unterkategorie Kriegstyp ACE-1 zugerechnet wird. Was darunter zu verstehen ist; man mag es gar nicht wissen wollen. Eines ist jedenfalls sicher, ACE-1 im Libanon kostete 150.000 Menschen das Leben, verletzte mehr als 115.000 Kinder, Frauen, Männer und anderes Kollaterales und bescherte den Überlebenden 20.000 Vermisste; 800.000 Menschen flohen vor ACE-1 ins Ausland, mehrere hunderttausend Libanesen und Palästinenser wurden aufgrund der Kampfhandlungen und mehrerer Massaker, die jenem Kriegstyp zu eigen sind, aus ihren Wohnorten vertrieben.

Haftung dafür, dass der fünfzehnjährige Bürgerkrieg im Libanon dieser abstrusen „militärwissenschaftlichen" Kategorie ACE-1 zugeordnet wird, haben die Bürgerkriegsparteien zu übernehmen; die teilen sich per definitionem auf in „Seite A": die *Forces Libanaises* (FL), die *South Lebanon Army* (Südlibanesische Armee – SLA) und Israel, in „Seite B": die reguläre Libanesische Armee, die *National Movement* und die *Palästinensische Befreiungsorganisation* (PLO) und mittendrin Syrien mit wechselnden Fronten. Die streitenden Parteien hatten also alle Hände voll zu tun,[28] um der Definition ACE-1 Genüge zu tun. Aber es hat ja am Ende doch ganz gut geklappt.

---

27 – Erhart, Hans-Georg: Militärische Macht als Instrument der Außenpolitik; http://www.reader-sipo.de/artikel/0203_AV1.htm

28 – Angaben nach: Universität Hamburg, Kriege-Archiv: http://www.sozialwiss.uni-hamburg.de/publish/Ipw/Akuf/kriege/120_libanon.htm

Vorboten

Seit Mitte des 19. Jahrhunderts hatte sich im Libanon – das Land war Teil des Osmanischen Reiches – die antitürkische Bewegung – die vor allem von maronitischen Großkaufleuten und Bankiers und von christlichen Geistlichen angeheizt wurde, verstärkt. Die führenden Vertreter dieser „libanesischen Unabhängigkeitsbewegung" waren bereit, ihr letztes Hemd für den Tausch der türkischen gegen die französische Fremdherrschaft zu geben. Ohne Fremdherrschaft also keine Unabhängigkeit.

Während des Ersten Weltkrieges wurde im geheimen Sykes-Picot-Abkommen von 1916 der Libanon dann endlich auch als Teil Syriens, sozusagen als französische Einflusssphäre, bestätigt. Nach dem Ersten Weltkrieg besetzten die französischen Truppen das Land, verkündeten am 25. April 1920 das französische Mandat über Syrien/Libanon und bildeten sodann am 1. November 1920 den so genannten Staat Groß-Libanon, der durch syrische Gebiete (die fruchtbare Bekaa-Ebene) erweitert und bis 1925 vom französischen Hochkommissar direkt verwaltet wurde. Die muslimischen Bewohner Libanons unterstützten die Proteste der syrischen Nationalbewegung gegen die gewaltsame Trennung Libanons vom übrigen Syrien, und es kam zum syrischen Volksbefreiungskrieg (1925–27), der auch die Stämme der Drusen im südlichen Libanon erfasste.

Am 23.5.1926 verkündete die französische Kolonialmacht eine Verfassung für Libanon, durch diesen Schritt wurde die Trennung von Syrien endgültig und Libanon hernach zum stärksten französischen Stützpunkt im Nahen Osten ausgebaut. Eine strenge Trennung der Konfessionen im politischen Leben sollte die Bestrebungen zur Wiedervereinigung mit Syrien verhindern. Am 30.11.1936 wurde ein Vertrag abgeschlossen, der die Beendigung des französischen Mandats für 1939 vorsah; allerdings lehnte das französische Parlament die Ratifizierung ab und verhängte nach dem Ausbruch des Zweiten Weltkrieges den Belagerungszustand über dem Libanon. Nachdem Hitlerdeutschland in Frankreich einmarschiert war, besetzten im Juli 1941 die „Freien Franzosen" unter Führung des Generals G. Catroux und britische Truppen den Libanon. Das Völkerbundsmandat wurde aufgehoben und formell die Unabhängigkeit erklärt. In jenen Jahren stellten die Christen etwa die Hälfte der libanesischen Bevölkerung. „Das war zum damaligen Zeitpunkt nicht nur ein demographischer, sondern auch ein sozialer Faktor: Die reichsten Clans und Familien Libanons waren Christen, während die Schiiten überwiegend zum ärmsten Bevölkerungsteil gehörten."[29]

Die letzten französischen und britischen Truppen verließen das Land am 31. Dezember 1964; allerdings wurde die weitere politische Entwicklung nach dem Erringen der staatlichen Selbständigkeit durch gesetzlich festgelegte Machtpositionen der Konfessionen, dem so genannten Proporz, gehemmt: Der Präsident der Republik muss ein Maronit, der Ministerpräsident Sunnit und der Präsident des Parlaments Schiit sein.

Nach 1943 wuchs der Anteil der Muslime. Nachdem Israel am 14. Mai 1948 auf der Grundlage des Beschlusses der UN vom 29. November 1947 auf einem Teil des Territoriums von Palästina seinen Staat Israel proklamiert hatte, flüchteten auch erstmals Palästinenser in den Libanon, vornehmlich in den Süden des Landes. Am 2. Juni 1964 wurde auf Weisung der Arabischen Liga die Organisation zur Befreiung Palästinas gegründet, die eine offizielle Vertretung des arabischen Volkes von Palästina und seiner Vertriebenen darstellen und von der Arabischen Liga kontrolliert werden sollte.

Im September 1952 starteten die patriotischen Kräfte einen Generalstreik für die Errichtung einer unbestechlichen Regierung, für Neuwahlen, Säuberung der Verwaltung und Durchführung demokratischer Reformen. Der reaktionäre Präsident al-Churi wurde gestürzt, und Camille Chamoun übernahm die Macht. Chamoun orientierte sich aber wie sein Vorgänger an einer reaktionären Innen- und proamerikanischen Außenpolitik; ein erneuter Generalstreik, Demonstrationen und ein Volksaufstand im Sommer 1958 führten zu seinem Sturz. Die von ihm herbeigerufenen amerikanischen Truppen mussten auf Grund der Proteste der meisten arabischen Staaten und anderer Länder wieder abziehen. Der neue Präsident, General F. Chehab, lehnte den Anschluss Libanons an Militärblöcke ab und betrieb eine neutrale Außenpolitik. Am 31.12.1961 wurden ein von den USA inszenierter Putsch gegen Libanon niedergeschlagen und die Verschwörer verhaftet.

29 – Mellenthin, Knut: Der Bürgerkrieg im Libanon, *Junge Welt*, 1.3.2005; http://www.jungewelt.de/2005/03-01/004.php

Am 18.8.1964 wählte das Parlament C. Helou zum Präsidenten, der die Politik der Nichtpaktgebundenheit fortsetzte.

Die israelische Aggression vom 5. Juni 1967, der so genannte Sechs-Tage-Krieg, in dem Israel den arabischen Armeen eine verheerende Niederlage beibrachte, löste die heftigsten antiimperialistischen Demonstrationen in der Geschichte Libanons aus. Der Versuch reaktionärer Kräfte unter Führung von Chamoun, dem Führer der Falange-Partei Pierre Gemayel, und Raymond Eddé, dem Vorsitzenden des Nationalen Blocks, durch die Bildung einer Front zur Bewahrung der Verfassung einen proimperialistischen Kurs zu erzwingen, scheiterte am Widerstand der Befreiungsbewegung. Seit der israelischen Aggression gegen die arabischen Staaten im Juni 1967 wurde Libanon häufiges Ziel israelischer Militäraktionen und bewaffneter Überfalle auf palästinensische Flüchtlingslager und Führer der Befreiungsbewegung. Am 28. Dezember 1968 war der internationale Flughafen von Beirut Ziel eines israelischen Luftüberfalls, auch in der Folgezeit wurden wiederholt israelische Aggressionen gegen libanesische Grenzdörfer verübt. Infolge der israelischen Neueroberungen im Sechs-Tage-Krieg gerieten wiederum hunderttausende Palästinenser unter Fremdherrschaft oder mussten flüchten. Am 13. Februar 1969 übernahm Jassir Arafat, Gründer und Chef der militant-revolutionären Al-Fatah, die Leitung der PLO, und von da an verfolgte die PLO das Ziel, einen säkularen Staat Palästina in den Grenzen des alten britischen Mandatsgebiets von 1920 zu errichten; die Zerstörung des Staates Israel war bis 1999 erklärtes Ziel der PLO, und der Schwerpunkt verlagerte sich vom Politischen ins Militärische. 1969 kam es zu Kämpfen zwischen der regulären libanesischen Armee und Einheiten der PLO wegen Plänen in Beirut, gegen die willkürlich operierenden Freischärler vorzugehen. Am 1. November 1969 wurde jedoch in Kairo ein Waffenstillstand vereinbart, der dem Libanon die Oberhoheit über die palästinensischen Flüchtlingslager garantierte, Militäraktionen der PLO unter ägyptisches Oberkommando stellte und den Beschuss Israels vom Libanon aus verbot. Trotzdem blieben die Spannungen zwischen den bourgeoisen Führungskräften des Landes und der palästinensischen Résistance bestehen.

Ab 1970 kämpfte die PLO vor allem von Beirut im Libanon aus im bewaffneten Untergrundkampf, nachdem sie und andere Widerstandsgruppen nach dem *Schwarzen September* aus dem Nachbar-

staat Jordanien verjagt worden waren. Am 17. August 1970 wurde S. Frangie zum Präsidenten der Republik gewählt; er trat für arabische Solidarität und das Prinzip der Nichtpaktgebundenheit in der internationalen Politik ein. Im selben Jahr gab Kamal Dschumblat, Führer der Drusen im Libanon, die Kooperation seiner Miliz mit der PLO bekannt; sofort brachen Kämpfe zwischen der PLO und den christlichen libanesischen Milizen aus, denen der Kurs der Regierung in Beirut gegen die Palästinenser zu lasch erschien.
Am 6. Dezember 1971 wurde der Kampf der Palästinenser von der UNO als Befreiungskampf anerkannt, und die PLO errichtete Hauptquartiere in Beirut und in Damaskus. Nach verschiedenen weltweiten Anschlägen der PLO gegen Zivilisten – Geiselnahmen während der Olympischen Spiele von München 1972, Flugzeugentführungen – erlangte die PLO weltweite Aufmerksamkeit. Israel begann zu dem Zeitpunkt mit ersten Operationen gegen palästinensische Basen im Südlibanon; 1973 brachen auch erneute Kämpfe zwischen der regulären libanesischen Armee und der PLO aus. Die Schwäche der regulären Armee förderte Entstehung und Wachstum des Milizwesens im Libanon. Auf dem Treffen der Arabischen Liga im Jahre 1974 wurde die PLO als einzige rechtmäßige Vertretung des palästinensischen Volkes anerkannt, kurz darauf auch von den Vereinten Nationen, wo sie in der Vollversammlung den Status eines Beobachters erhielt.

„Einer der zentralen innerlibanesischen Faktoren, die zum Bürgerkrieg führten, war die mangelnde Fähigkeit des libanesischen Staates, die konfessionellen, ethnisch-kulturellen, regionalen und ökonomischen Gegensätze zu bewältigen. Der verfassungsmäßige Konfessionsproporz (zur Erinnerung: Der Präsident ist immer ein Maronit, der Premierminister ein Sunnit, der Parlamentspräsident ein Schiit.) konnte zwar bis in die 70er Jahre hinein ein labiles Gleichgewicht zwischen den verschiedenen Bevölkerungsgruppen sicherstellen, doch wurde er aufgrund der demographischen Veränderungen zugunsten der Muslime, des Erstarkens linker Kräfte und der verstärkten Präsenz palästinensischer Guerillas nach deren Vertreibung aus Jordanien 1970/71 zunehmend in Frage gestellt.“[30]

30 – Universität Hamburg, Kriege-Archiv: http://www.sozialwiss.uni-hamburg.de/publish/Ipw/Akuf/kriege/120_libanon.htm

Die demographische und soziale Situation des Landes war in eine Schieflage geraten. Zigtausende palästinensische Flüchtlinge wurden 1971 aus Jordanien vertrieben und siedelten sich im Libanon an; die Kämpfer der PLO stellten nunmehr die mit Abstand stärkste militärische Kraft dar, die auch entscheidend für die Verteilung der realen Macht wurde. Die muslimischen Parteien arbeiteten deshalb zunächst mit der PLO eng zusammen, die mit ihrer Billigung einen bewaffneten „Staat im Staate" errichtete.

Abfolge

Der zweite Libanesische Bürgerkrieg begann am Ostersonntag, den 13. April 1975. Just in dem Moment als Pierre Gemayel, Vorsitzender der rechtsgerichteten Partei der Phalangisten (eine nicht unbedeutende politische und „christliche" Bewegung im Libanon) eine neue Kirche im christlichen Stadtteil im Süden Beiruts einweihte, eröffneten Unbekannte das Feuer und töteten mehrere Gemeindemitglieder. Zur Vergeltung griffen kurze Zeit später bewaffnete Phalangisten einen Bus mit Palästinensern an und töteten 27 Fahrgäste. Nach dem Blutbad kam es in Beirut zu Straßenkämpfen zwischen Phalangisten und PLO-Angehörigen, die von muslimischen Kampfeinheiten unterstützt wurden.

Der Bürgerkrieg griff rasch auf ganz Libanon über. Die bewaffneten Einheiten der Phalangisten behielten fürs erste die Oberhand, wurden aber von dem zu Beginn des Jahres 1976 entstandenen *National Movement* zurückgedrängt. Der *National Movement* (PLO, sunnitische Milizen, schiitische Bewegung der Entrechteten, schiitische Amal, Drusenmiliz, Nasseristen, Baathisten, Kommunisten) unter Führung von Kamal Dschumblat, Chef der Sozialistischen Fortschrittspartei (PSP) ging es um Veränderung respektive Abschaffung des Konfessionsproporzes und auch darum, die „arabische Identität" des Libanon zu wahren. Die PLO verlangte von der Regierung ein dauerhaftes Bleiberecht im Libanon. Vermutlich um die libanesische Regierung zu Zugeständnissen hinsichtlich ihrer Souveränität zu bewegen, unterstützt Syrien zudem die PLO mehrfach bei Angriffen gegen die libanesische Armee. Die in den *Forces Libanaises* (FL) vereinten christlichen Milizen, vor allem Maroniten, haben ihrerseits dem *National Movement* den bedingungslosen Kampf angesagt und stritten für den Erhalt des damaligen politischen Systems und die Sicherung des „westlichen Charakters" des Libanon.

Die Regierung in Beirut versuchte, den Konflikt zu entschärfen und schlug eine Änderung der Verfassung vor, nach der Christen und Muslimen die gleiche Anzahl von Sitzen im Parlament zugestanden werden sollten. Die Armee verweigerte sich dem und putschte am 12. März 1976. Der im Anschluss daran neu gewählte Präsident, der Christ Elias Sarkis, konnte die heftiger werdenden Kämpfe nicht mehr aufhalten: Am 16. Juni wurden der US-Botschafter im Libanon und sein Wirtschaftsattaché an einer Straßensperre von unbekannten Bewaffneten erschossen, im Juli überfiel die Armee der Phalangisten das Palästinenserlager Tel al-Zataar. Über 2.000 Flüchtlinge wurden bei dem Überfall getötet. Die Vergeltung der *National Movement* brachte die christlichen Milizen bis an den Rand der vollständigen Liquidierung, die nur durch Intervention von 20.000 syrischen Soldaten, die im Mai und Juni 1976 als Friedenstruppe in den Libanon kamen, abgewendet werden konnte. Die überwiegend christliche Regierung des Libanon hatte sich Syrien angenähert, das sich als Helfer zur Überwindung der Auflösungserscheinungen im libanesischen Staatswesen angeboten hatte. Zudem ist anzunehmen, dass die Regierungen der USA das militärische Eingreifen Syriens zumindest gebilligt, wenn nicht gar angekurbelt hatte. Die Intervention der Syrer, die anfänglich sehr einseitig zugunsten der christlichen Milizen eingriffen, was ihnen scharfe Angriffe aus der arabischen Welt einbrachte, „stabilisierte (so zunächst) die anachronistisch gewordene Dominanz der Christen und insbesondere der reichen und mächtigen christlichen Clans“. Zudem brachte ein von ihnen vermittelter Waffenstillstand auch eine gewisse Beruhigung. Allerdings sorgte ihre offene Sympathie für Arafats PLO sowie die Parteinahme für die Muslime für heftigen Widerstand auf Seiten der christlichen Phalangisten, die von Israel mit Waffenlieferungen unterstützt wurden.

Die Arabische Liga entsandte am 22. Juni 1976 eine Friedenstruppe in den Libanon, deren 30.000 Angehörige zu 90 Prozent aus bereits vor Ort befindlichen Syrern bestanden. Eine Konferenz im saudiarabischen Riad am 16. Oktober 1976 schrieb dann die Rolle Syriens und der so genannten „arabischen Abschreckungsstreitkraft“ im Libanon, der neben vorwiegend syrischen Waffenträgern eben auch winzige Kontingente aus Libyen, Sudan, Saudi-Arabien und den Staaten am Golf, angehörten, zeitlich unbegrenzt fest.

Israel im fremden Land

Israel begann sich spätestens ab 1977, durch massive Unterstützung christlicher Parteien und Milizen in den Konflikt im Libanon einzumischen. Im Süden des Landes rüstete es die Truppen von Saad Haddad, ein ehemaliger Major der regulären libanesischen Armee, aus und stellte sie quasi unter israelisches Oberkommando. Haddads 3.000 Mann starke Miliz, besser bekannt als *South Lebanese Army* (SLA), errichtete in der Grenzregion zu Israel eine absolute Schreckensherrschaft gegen die muslimische Bevölkerung.
Als am 14. März 1978 PLO-Kommandos vom Südlibanon aus eine Kommandoaktion in der Nähe der israelischen Hafenstadt Haifa durchführten, nahm Israel das zum Anlass, einen Tag später mit 25.000 Soldaten eine Vergeltungsaktion im Südlibanon durchzuführen, bei der sie bis an den Fluss Litani vorrückten. Die so genannte *Operation Litani*, durch welche die PLO aus dem Süden und damit aus der unmittelbaren Nähe zur Grenze zu Israel vertrieben werden sollte, forderte Tausende Tote und Verletzte, überwiegend unter der Zivilbevölkerung. Die UN entsendeten ihre Friedenstruppe in den Südlibanon, zwangen die Israelis zum Rückzug und versperrten der PLO die Rückkehr in den Landstrich. Durch die Intervention der Israelis bekamen die christlichen Milizen, allen voran die Phalange, Auftrieb und warfen sich von neuem in den Kampf; genügend Waffen bekamen sie aus Israel. Die Syrer hingegen beschossen den christlichen Ostteil von Beirut mit Raketen, um die Offensive der Phalangisten entscheidend zu schwächen.

Der UN-Sicherheitsrat hatte Israel am 19. März 1978 zum Abzug aller Truppen aus dem Libanon aufgefordert; die israelische Armee folgte dem im Juni und übergab das eroberte Gebiet der SLA. Haddad erklärte die kontrollierten Gebiete zum „Freien Libanon“; das Terrain wurde zur Ausgangsbasis für militärische Aktionen der Israelis gegen die PLO, und die SLA hielt es in enger Kooperation mit den Israelis bis zu ihrer militärischen Zerschlagung Ende der 90er Jahre besetzt. Da der Kollaborateur Haddad nur ein politisch unbedeutender Außenseiter war, ermunterte Israel den bedeutenden christlichen Clan der Gemayels, die konkurrierenden christlichen Clans der Chamouns und Franjiehs zu zerschlagen. Die Gemayels und ihre phalangistische Miliz gewannen hernach eine beherrschende Stellung im christlichen Teil Beiruts und im Libanon.

Zwischen 1980 und 1981 spitzte sich die Situation im Libanon zu. Auch innerhalb der beiden Bürgerkriegsparteien, die sich heftig bekämpften, kam es zu teilweise blutigen Auseinandersetzungen und die Syrer gaben ihre Rolle als Friedensstifter vollends auf. Israel reagierte auf vereinzelte palästinensische Kommandoaktionen mit Artilleriefeuer, Luftangriffen und Beschuss von der Seeseite gegen angebliche „PLO-Stützpunkte“ – bei denen es sich jedoch zumeist um Flüchtlingslager handelte, und die Ziele der israelischen „Vergeltungsaktionen“ hatten mit den vorausgegangenen Anschlägen nichts zu tun. Israel scheute sich auch nicht, „vorbeugend“ und ohne Anlass Flächenangriffe zu führen, um die PLO vollends aus dem Süden des Libanon zu vertreiben.

Ein Attentat auf den israelischen Botschafter in London diente Israel als genehmer Vorwand, um am 6. Juni 1982 mit 60.000 Soldaten, unterstützt durch Luftangriffe, Panzer und Raketenwerfer, den Libanon erneut anzugreifen. Im Rahmen der Operation *Frieden für Galiläa* sollte die Armee eine bis zu 40 Kilometer tiefe Zone im Südlibanon „säubern und sichern“, rückte dann aber Richtung Beirut vor. Nach Angriffen auf Tyrus, Sidon, Nabatijeh und Mandschajun stürmten die israelischen Verbände am 10. Juni Beaufort, ein Zentrum der Palästinenser, schnitten hernach den muslimischen Westteil Beiruts vom Meer und vom Lande aus ab. Dort befand sich die Kommandozentrale der PLO samt 10.000 ihrer Kämpfer. Die syrischen Truppen konnten die Israelis nicht aufhalten; im Gegenteil, 3.600 syrische Soldaten waren nun selbst im Westteil Beiruts eingeschlossen. Die internationale Staatengemeinschaft und der UN-Sicherheitsrat verurteilten das Vorgehen der Israelis; die ließen sich davon nicht beeindrucken, forderten stattdessen Garantien für ihre Grenzen, den Abzug der PLO, die Stationierung einer UN-Friedenstruppe und, welche Dreistigkeit, die Bildung einer unabhängigen libanesischen Regierung. Die Krieger aus dem „auserwählten Volk Gottes“ unterstrichen ihre „Forderungen“ unverblümt mit 70 Tage dauerndem schwerstem Artilleriefeuer und Luftangriffen auf Beirut. Der damalige Verteidigungsminister Ariel Sharon hatte es sich zum Ziel gesetzt, die PLO ein für alle Mal zu vernichten.

„Angesichts der großen Opfer und Leiden der Zivilbevölkerung wuchs der Druck auf die PLO, sich zum Verlassen der Stadt bereit zu erklären. Auch bisherige Verbündete der Palästinenser äußerten sich immer deutlicher in dieser Weise. So wurde schließlich unter diplomatischer Führung der USA eine Evakuierung von über 10.000 palästinensischen Kämpfern und 3.600 syrischen Soldaten aus Beirut vereinbart."[31] Am 21. August zogen die Kämpfer der PLO unter internationaler Kontrolle aus Beirut ab und wurden vom Sudan, von Syrien, Jordanien und Tunesien aufgenommen. Der Abzug war am 1. September abgeschlossen, und eine internationale Schutztruppe – die *Multinational Force* (MNF), 1.400 Amerikaner, 2.200 Italiener, 1.500 Franzosen – sollte eine Pufferzone bilden, somit den Schutz der muslimischen Zivilbevölkerung garantieren. Die MNF verschwand aber ebenso schnelle wie sie gekommen war und überließ Beirut der Phalange, somit den Israelis. Die Einheiten von Haddads SLA zerstörten hernach Hand in Hand mit israelischen Soldaten 30 Militärlager der PLO. Die Syrer und der Rest der PLO-Kämpfer zogen sich in die östliche Bekaa-Ebene zurück; Libanon war nun frei von PLO-Kämpfern. Zurück blieben die überfüllten palästinensischen Flüchtlingslager; kontrolliert von der libanesischen Armee.

Israel watet im Blut

Am 23. August 1982 wählte das eingeschüchterte libanesische Parlament den Phalangisten-Führer Bashir Gemayel zum neuen Staatspräsidenten. Israel hatte endlich eine eigene Marionette an die Spitze des Nachbarstaates lanciert. Kurz darauf, am 14. September, wurde Gemayel bei einem Sprengstoffanschlag auf das Hauptquartier seiner Phalange-Partei getötet. Am Abend des 16. September schickte die israelische Armee unter dem Vorwand, nach versteckten Waffen und PLO-Sympathisanten suchen zu lassen, einige hundert christliche Milizionäre, darunter Anhänger der Gemayels und Leute der SLA, in die von ihr abgeriegelten palästinensischen Flüchtlingslager Sabra und Shatila in Westbeirut. Unter dem Schutz der israelischen Armee wurden etwa 1.000 Palästinenser bei diesem Rachefeldzug förmlich abgeschlachtet. Verteidigungsminister Sharon musste später wegen des grauenhaften Blutbades zurücktreten; er verschwand für Jahre aus der israelischen Politik, ehe er im Februar 2001 als Ministerpräsident wieder auftauchte.

---

31 – Mellenthin, Knut: Der Bürgerkrieg im Libanon, *Junge Welt*, 1.3.2005; http://www.jungewelt.de/2005/03-01/004.php

Israel und Libanon unterzeichneten am 17. Mai 1983 ein von den USA vermitteltes Abkommen über den Abzug aller fremden Truppen. Die erste Phase des israelischen Rückzugs hinter den Awali-Fluss war am 3. September 1983 abgeschlossen, der komplette Rückzug Mitte 1985. Israel übertrug die Kontrolle der „Sicherheitszone" im Süden des Libanon dem ehemaligen maronitischen General Antoine Lahad, der seit 1984 Befehlshaber der SLA) war. Israel verblieb dort noch mit Soldaten und militärischen Einrichtungen bis zum Jahr 2000. Nach Schätzungen des *Internationalen Roten Kreuzes* starben aufgrund der israelischen Aggression 18.000 Libanesen, allein 14.000 während der israelischen Invasion im Jahr 1982; mehr als 30.000 wurden verletzt.

Im April 1983 wurde die US-Botschaft in Beirut samt der dort untergebrachten CIA-Zentrale für den gesamten Nahen Osten bei einem Bombenanschlag zerstört. Im September griffen die MNF, insbesondere die Amerikaner und Franzosen, wieder in die Kampfhandlungen zwischen Drusen und Phalange-Miliz im Shuf ein und bombardierten angebliche Drusen-Stützpunkte. Am 23. Oktober 1983 wurden in Beirut US-amerikanische und französische Militäranlagen durch schwere Sprengstoffanschläge dem Erdboden gleich gemacht. 241 US-Marines und 56 französische Fallschirmjäger kamen dabei ums Leben; mehrere schiitische Gruppen bekannten sich zu den Anschlägen. Die MNF wurden daraufhin erneut aus dem Libanon abgezogen.

Während sich der nationale Widerstand nach dem israelischen Teilrückzug mit vereinzelten Aktionen und Anschlägen gegen die SLA und israelische Soldaten begnügte, bekämpften sich im Landesinneren die verschiedenen Milizen bis aufs Messer. Dabei waren die Lager in sich selbst gespalten: Ein Teil der Maroniten, zum Beispiel, unterstützte den ehemaligen Präsidenten Franjieh, andere standen auf Seiten des Clan der Gemayel. Die Schiiten, die aus dem Süden nach Beirut geflüchtet waren, bekamen jedoch innenpolitisch immer mehr Gewicht; neben der prosyrischen Amal, die die Palästinenser im Südlibanon bekämpfte, entstanden unter dem Einfluss des Iran bewaffnete Gruppen, wie die Hisbollah, die sich an der iranischen Revolution orientierten und den Drusen und Sunniten erhebliche Verluste beibrachten. Amal und Hisbollah bekämpften sich ebenfalls unerbittlich (erst durch syrische und iranische Vermittlung kam es am 30. Januar 1989 zu einem Waffenstillstand).

Am 15. Oktober 1985 verhandelten unter syrischer Vermittlung die Chefs der großen Milizen über eine Neuregelung des politischen Systems im Libanon; die Christen weigerten sich, das Ergebnis zu akzeptieren. Es folgten erneut Kämpfe, Unruhen, Autobomben, Anschläge und Entführungen von Einheimischen und Ausländern. Am 28. Dezember 1985 wurde dann doch ein Vertrag unterschrieben, der dem sunnitischen Ministerpräsidenten mehr Macht zu Lasten des christlichen Staatspräsidenten gewährte. Ziel war es, die Politik zu „dekonfessionalisieren", die Privatarmeen aufzulösen, die Regierungsarmee neu zu formieren. Syrien sollte den Waffenstillstand überwachen. Staatspräsident Gemayel stimmte zu, doch Generalstabschef Samir Geagea, der die Christenviertel von Beirut und die sich nördlich anschließenden Regionen kontrollierte, lehnte ab. Während Syrien und seine Verbündeten die christlichen Viertel Beiruts monatelang beschossen, lieferten sich im muslimischen Westteil der Stadt die Privatarmeen heftige Kämpfe um die Vormachtstellung. Am 8. Januar 1987 musste der Beiruter Flughafen geschlossen werden. Der damalige Ministerpräsident Karameh forderte Syrien zum Einmarsch in die Stadt auf und 7.000 syrische Soldaten erzwangen eine Waffenruhe in Westbeirut. Das Zerbrechen des Landes in kleinere, von jeweils einer Gruppe beherrschte Regionen war aber nicht mehr aufzuhalten. Und immer wieder kam es in der Innenstadt von Beirut zu Bombenattentaten.

Aouns „Schlacht zur Befreiung des Landes von den Syrern"

Im September 1988, zum Ende seiner Amtszeit, ernannte Staatspräsident Amin Gemayel, Bruder des 1982 getöteten Baschir Gemayel, den christlichen Armeechef General Michel Aoun zum Chef einer militärischen Übergangsregierung. Parallel gab es aber eine rechtmäßige Regierung unter einem muslimischen Ministerpräsidenten; Libanon hatte nun zwei Regierungen, eine in Westbeirut, die andere in Ostbeirut.

General Antoine Lahad, Führer der von Israel gestützten SLA erkannte jedoch Aoun als rechtmäßigen Ministerpräsidenten des Landes an. Die Spaltung setzte sich auch in den Streitkräften fort: Provisorischer Oberbefehlshaber der einen Hälfte der regulären libanesischen Armee wurde Sami Alchatib, der sich im Kampf gegen Israel mit nationalen und mit den Syrern alliierten Milizen von Amal, der Sozialistischen Fortschrittspartei des Drusenführers Walid Dschumblat, der Volksbefreiungsarmee der Nasseristen verbündete. Aoun befehligte die andere Hälfte und stützte sich auf die *Forces Libanaises* (FL) unter Samir Geagea, dem sich Anfang Oktober 1988 die Privatarmee des ehemaligen Präsidenten Gemayel unterstellt hatte.

Am 14. März 1989 begann der vom Irak unterstützte Aoun, nachdem drusische und muslimische Milizen, die von den Syrern unterstützt wurden, den christlichen Ostteil Beiruts beschossen hatten, die „Schlacht zur Befreiung des Landes von den Syrern". Aoun zog mit den christlichen Milizen in einen verlustreichen „Befreiungskrieg" gegen die syrische Armee, die zu der Zeit 40.000 Soldaten im Libanon stationiert hatte und ihrerseits die christlichen Stellungen massiv bombardierten.

Am 22. September 1989 trat endlich ein von der Arabischen Liga vermittelter Waffenstillstand in Kraft, und am 1. Oktober 1989 begannen die Verhandlungen zwischen Abgeordneten des Beiruter Parlaments und den Bürgerkriegsparteien im saudiarabischen Taif. Am 22. Oktober 1989 wurde die „Versöhnungscharta von Taif" unterzeichnet. In dem Abkommen wurde vereinbart, dass Syrien seine 30.000 Soldaten sukzessive hinter eine Sicherheitslinie in die östliche Bekaa-Ebene abzuziehen habe; allerdings wurde dafür kein Zeitplan festgelegt. Ein wichtiger Punkt des Abkommens war Entwaffnung und Auflösung sämtlicher Milizen. Mit einer einzigen Ausnahme: der im Süden des Landes aktiven schiitischen Hisbollah, die aber militärisch ausschließlich gegen Israel agiert und sich ansonsten zu einer normalen politischen Partei transformiert hat, die im Beiruter Parlament mit Abgeordneten vertreten ist.

Am 5. November 1989 wählte das Parlament den Christen Rene Moawad in Anwesenheit des Phalangisten-Führers Georges Saade und des maronitischen Patriarchen Nasrallah Sfeir auf dem nordlibanesischen Luftwaffenstützpunkt Kalaiat zum neuen Staatspräsidenten. Aoun erkannte die Wahl selbstverständlich nicht an und beharrte darauf, rechtmäßiges Staatsoberhaupt zu sein. Nur 17 Tage im Amt, kam Moawad am 22. November bei einem Bombenanschlag ums Leben. Elias Hrawi, der Nachfolger, stellte Aoun ein Ultimatum, den Präsidentenpalast endlich zu verlassen. Während sich Aoun verbarrikadierte, flammten am 23. Dezember im Süden für kurze Zeit Auseinandersetzungen zwischen Amal und Hisbollah auf, und im Januar 1990 kam es kurz zu bewaffneten Machtkämpfen im Christenlager zwischen Anhängern von Aoun und Geagea-Milizen.

Doch der Krieg war längst vorbei und die Politik nach fünfzehn blutigen Jahren zur Tagesordnung übergegangen. Im August 1990 änderte das libanesische Parlament die Verfassung: Das Abgeordnetenhaus legte fest, dass die Hälfte der Parlamentarier jeweils Moslems und Christen sein sollen, der Präsident hingegen christlichen Glaubens; zudem wurden dessen vorher sehr weitgehende Vollmachten stark beschnitten. Auch der Oberbefehlshaber der Armee bleibt Maronit, während sich der Oberste Verteidigungsrat ebenfalls paritätisch aus Christen und Muslimen formiert. Die neue Verfassung betonte ausdrücklich den „arabischen Charakter Libanons", und Staatspräsident Elias Hrawi proklamierte am 21. September 1990 die „Zweite Republik Libanon".

Nachdem sich Syrien im Zweiten Golfkrieg auf die Seite der Anti-Irak-Koalition geschlagen hatte, „erhielt es als eine Art Gegenleistung von den USA und Israel freie Hand, den Widerstand der christlichen Fraktion um General Aoun militärisch zu brechen". Aoun kapitulierte am 14. Oktober 1990, als syrische Panzer den Palast einkesselten, in dem er sich die vergangenen Monate über verschanzt hatte. Der General floh in einer Nacht- und Nebelaktion ins französische Exil.

Am 5. November 1990 schlossen der Iran und Syrien ein Friedensabkommen, das auch den Kampf der prosyrischen Amal-Miliz gegen die proiranische Hisbollah beendete und letzterer einen festen Platz im Süden des Libanon einräumte. Bis Ende November 1990 waren die Bürgerkriegsmilizen aus Beirut verschwunden und die Regierung mit den regulären libanesischen Einheiten übernahm wieder die Kontrolle. Im Frühjahr 1991 waren weitere Teile des Landes unter Regierungskontrolle. Über 20.000 Milizionäre wurden entwaffnet. Mit seiner prosyrischen Mehrheit ratifizierte das Parlament in Beirut im Mai 1991 einen Kooperationsvertrag mit

---

32 – Sämtliche Angaben in diesem Kapitel nach folgenden Quellen:
1. Art. Libanon, in: Dingermann, Rüdiger,Krisenherde der Welt, Konflikte und Kriegeseit 1945, Braunschweig 1996, S. 479–487.

Syrien, dem sich noch ein Sicherheitspakt und ein Verteidigungsbündnis anschlossen.[32]

Es kam allerdings immer wieder zur Konfrontation zwischen Israel und Libanon. Im Februar 1998 wurden bei einem Angriff der schiitischen Hisbollah auf einen israelischen Armeeposten im Südlibanon drei Soldaten getötet; 1993 feuerte Israel Raketen auf den Ort Akmata. Seit Juni 1999 übte Israel auch so genannte Vergeltung durch Luftangriffe an seiner nördlichen Grenze aus. Dabei wurden unter anderen wichtige Anlagen der libanesischen Stromversorgung zerstört und elf Libanesen getötet. Entsprechend der UN-Resolution 425, die seit 18 Jahren die Räumung des von Israel besetzten Südlibanons gefordert hatte, zogen dann endlich am 24. Mai 2000 die letzten israelischen Soldaten ab.

Am 14. Februar 2005 wurde der ehemalige Ministerpräsident Rafiq Hariri durch einen Autobombenanschlag getötet. Der syrienfreundliche Präsident Émile Lahoud hatte Ende 2004 sein abgelaufenes Mandat vom Parlament durch eine Verfassungsänderung um weitere drei Jahre verlängern lassen. Hariri trat daraufhin aus Protest von seinem Amt als Ministerpräsident zurück.

Der Tod Hariris wurde zum Ausgangspunkt einer gefährlichen innenpolitischen Eskalation. Eine breite Oppositionsbewegung, bestehend aus Christen, Drusen und Sunniten, forderte den Rückzug der syrischen Truppen. Besonders die USA und die alte Kolonialmacht Frankreich machen seit Ende Februar permanent Druck auf Syrien und drohen mit Militäraktionen.

Am 28. Februar trat die syrienfreundliche libanesische Regierung zurück. Syrien einigte sich am 7. März mit dem Libanon, seine 14.000 im Lande stationierten Soldaten in einer ersten Phase bis Ende März ins östliche Bekaa-Tal, und bis Ende April 2005 völlig abzuziehen.

Fortsetzung Fußnote 32:

2. http://de.wikipedia.org/wiki/Libanesischer_B%C3%Bcrgerkrieg
3. Mellenthin, Knut: Der Bürgerkrieg im Libanon, *Junge Welt*, 1.3.2005; http://www.jungewelt.de/2005/03-01/004.php
4. Universität Hamburg, Kriege-Archiv: http://www.sozialwiss.uni-hamburg.de/publish/Ipw/Akuf/kriege/120_libanon.htm

Nach der Ermordung Hariris gab es beinahe täglich Demonstrationen, die von den Oppositionsgruppen organisiert wurden. Bei diesen Demonstrationen kamen Zehntausende. Am 8. März rief die syrienfreundliche Hisbollah zu einer Demonstration auf, der 500.000 Menschen folgten, um gegen die UN-Resolution 1559 (Entwaffnung der Miliz) zu protestieren. Viele Teilnehmer an der Demonstration dankten den Syrern und wandten sich gegen die Feinde USA und Israel.

Die wuchtige Demonstration gab der prosyrischen Fraktion Rückendeckung, um den wenige Tage zuvor zurückgetretenen Premier Omar Karameh am 10. März neuerlich mit der Regierungsbildung zu beauftragen. Am 14. März versammelten sich erneut 800.000 Menschen im Zentrum Beiruts. Karameh scheiterte letztlich und am 15. April wird Najib Mikati Ministerpräsident einer Übergangsregierung. Im Mai und Juni 2005 fanden Parlamentswahlen statt. Saad Hariri, der Sohn des Getöteten, gewann die Wahlen mit seiner *Future Movement*. Im Juli einigten sich die Wahlsieger auf eine Regierung, der erstmals Minister der Hisbollah angehören. General Michel Aouns Bewegung *Free Patriotic Movement* (FPM), die seit 1990 gegen die syrische Besetzung gekämpft hat, ging leer aus, obwohl die *Future Movement* verkündet hatte, eine Regierung der nationalen Einheit bilden zu wollen.

DIE AMERIKANISCHE SPUR

Wie Libanons Premierminister Rafiq Hariri versehentlich auf eine Herz-As-Spielkarte der „israelischen Frontorganisation“ *United States Committee for a Free Lebanon* (USCFL) kam und sich so durch eigene Schuld zur Zielscheibe seiner Landsleute machte, die, im Exil wütend an den Nägeln kauend, mit amerikanischen Neokonservativen, noch rechteren Israelis und anderen gleich gesinnten Widersachern „pseudowissenschaftlich“ die gesellschaftlichen Umstürze in Syrien und im Libanon herbei zu fabulieren bestrebt waren.

Hariri auf der Abschussliste

Wer Rafiq Hariri zum syrischen Agenten erhob · Steckbriefe und Kartenspiele: Die Amerikaner jagen alles und jeden · Interview mit dem „Agentenmacher“ · Der deutsche und angeblich „linke“ Autor Thomas von der Osten-Sacken im Neokon-Sumpf

Am Sonntag, den 29. August 2004 um 20.45 Uhr Ortszeit New York, stellte ein gewisser Ziad K. Abdelnour folgende Botschaft unter *Yahoo! Groups – The official true Lebanese Kataeb Group* in das Internet:

> *From*: „Ziad K. Abdelnour“ <ziad@…>
> *Date*: Sun Aug 29, 2004 8:45 pm
> *Subject*: Check out Lebanon’s Top Syrian Agents…and be aware
> http://www.freelebanon.org/
> Check out Lebanon’s http://www.geocities.com/lebanesepuppets/ Top Syrian Agents…and be aware.

Der Absender forderte die Adressaten auf, sich auf den angegebenen Webseiten ein Bild von *Lebanons Top Syrian Agents* zu machen, um sich der „Übeltäter“ bewusst zu werden. Klickt man http://www.freelebanon.org an, öffnet sich die Homepage des *Uni-*

ted States Committee for a Free Lebanon (USCFL), auf der sich der Aufmacher *World's Most Wanted State Sponsors of Terrorism*, befindet; ein Steckbrief, auf dem Fotos und Namen der „meistgesuchten Terroristen" der Welt zu sehen sind. Nach Ansicht der Herausgeber jener Seite gehören zu diesen „Schwerstverbrechern" der als „gefangen" kenntlich gemachte ehemalige Präsident des Irak, Saddam Hussein, der als „entwaffnet" markierte libysche Staatschef Muammar al-Gaddafi, der Saudi Osama bin Laden, der Iraner Ali Khameini, Syriens Staatschef Bashar Al-Assad, Fidel Castro selbstredend, sowie Jung Ill-Kim aus Nordkorea und Umar Bashir aus dem Sudan.

Noch Tage nach dem Attentat auf Rafiq Hariri befand sich über der Headline *World's Most Wanted State Sponsors of Terrorism* jener von Ziad K. Abdelnour im September 2004 per E-Mail feilgebotene Link *Lebanon's Top Syrian Agents* und konnte angeklickt werden. Er führte zu einer Seite, auf der ein Kartenspiel, ein französisches Blatt, abgebildet war. Das Spiel war dem Vorbild *The Pentagon's Iraqi Most Wanted Deck of Death* nachempfunden, welches „im Irak von den Amerikanern zur Jagd auf Saddam Hussein und andere führende Baath-Politiker"[33] eingesetzt worden und in den USA zum Verkaufshit avanciert war. In einem ähnlichen, wiederum in den USA produzierten Kartenspiel, dem *Deck of Weasels*,[34] machte man zudem die „54 schlimmsten Führer und Berühmtheiten, die gegen Amerika stehen" als *Saddams Weasel Brigade* zum Gespött. Unter all den Verpönten sind zu sehen: Bush-Kritiker Michael Moore, die Künstler Harry Belafonte, Jane Fonda, Sean Penn, Tim Robbins, Barbara Streisand, die Staatsmänner Jacques Chirac, Wladimir Putin, UN-Generalsekretär Kofi Annan und die Joker Jimmy Carter, Ex-Präsident der USA, und Jesse Jackson, Bürgerrechtskämpfer. Die Spielkarte Pik 9 ist dem „Sozialisten" und Barretträger, beides nicht zutreffend, dem ehemaligen Bundeskanzler Gerhard Schröder zugedacht.

Zurück zum Steckbrief *Lebanon's Top Syrian Agents*. Wie gesagt, noch kurz nach dem Attentat thronte, so man die Webseite geöffnet hatte, ganz oben in der ersten Kartenreihe neben dem Karo-Ass

33 – Matthes, Rainer: Spielkarten des Todes; *Junge Welt* 18.2.2005: http://www.jungewelt.de/2005/02–18/004.php

34 – http://www.newsmaxstore.com/nms/showdetl.cfm?&DID=6&Product_ID=1294&af_id=98

– Libanons amtierender Staatspräsident General Émile Lahoud, „Marionettenpräsident" – auf der Herz-Ass-Karte der getötete Ministerpräsident Rafiq Hariri. Andere Delinquenten, die das Kartenspiel anprangerte, waren unter anderen Nabih Berri, Chef des Beiruter Parlaments und Leiter der Amal-Milizen (Kreuz-Ass), Michel Al-Murr-Al-Bteghrini, ehemaliger stellvertretender Premierminister (Pik-Ass), Elias Ferzli, stellvertretender Chef des Parlaments (Kreuz-König), der „drusische Warlord" Walid Dschumblat (Karo-König), Issam Fares, stellvertretender Premierminister (Herz-König), Elias „Qusay" Al-Murr-Al-Bteghrini (Pik-König) und der Joker Elias „HK" Hobeika, „Massenmörder und Doppelagent". Hobeikas Foto war rot durchgekreuzt; er galt als „erledigt", da er am 24. Januar 2002 in Beirut bei einem Autobombenanschlag aus dem Wege geräumt worden war. Auf das Attentat wird später gesondert eingegangen werden.

Interview mit Ziad K. Abdelnour

Sehr geehrter Herr Ziad K. Abdelnour. Auf der Webseite des USCFL befand sich über der Headline *World's Most Wanted* der Link *Lebanon's Top Syrian Agents*. Dort habe ich die Spielkarten mit Abbildungen von Rafiq Hariri (Herz-Ass), Walid Dschumblat, Émile Lahoud, Elias Hobeika usw. gesehen. Hobeika wurde 2002 ermordet, sein Bild ist mit zwei roten Strichen durchkreuzt und signalisiert, der Mann ist „erledigt". Sie versandten am 29. August 2004 E-Mails mit dem Text und Link „Check out Lebanon's http://www.geocities.com/lebanesepuppets/ Top Syrian Agents ... and be aware". Erklären sie bitte, weshalb Hariri für Sie und die Mitglieder Ihres USCFL einer von *Lebanon´s Top Syrian Agents* war.

A: Hariri war eine totale syrische Marionette und dasselbe betraf Dschumblat bis sie BEIDE erkannten, dass Libanon niemals frei werden würde unter der syrischen Vormundschaft, und sie rebellierten ... was die Syrer zu Tode ankotzte und sie ermordeten ihn ... Es ist bedauerlich, dass Premierminister Hariri den Preis mit seinem Leben bezahlten musste ... Man wird sich seiner immer als einen großen Führer des Libanon erinnern.[35]

Das USCFL hat den Link zu dem Kartenspiel nach dem Attentat auf Hariri entfernt. Wer hat das warum angewiesen?

A: Ich vermute, die vorige Antwort beantwortet ihre Frage.

Hariri war tot; Sie hatten nun die Möglichkeit, sein Bild ebenfalls mit zwei roten Strichen zu durchkreuzen. Der zweite Agent war ermordet worden! Aber Sie haben es nicht gemacht. Warum?

A: Welcher zweite Agent? Meinen Sie Hobeika? Wenn das der Fall ist, so war Hobeika immer eine syrische Marionette; im Gegensatz zu Premierminister Hariri bis zu seinem Tod.

Nein; ich meine mit dem zweiten Agenten Hariri. Bis zum Tage seiner Ermordung war er einer von Ihren *Syriens Top-Agenten im Libanon.* Sie haben sein Bild erst ein oder zwei Wochen nach seiner Ermordung entfernt.

A: Nein. Hariri hörte vor seiner Ermordung damit auf, eine syrische Marionette zu sein. Deswegen wurde er von den Syrern umgebracht. Zweiter Teil der Frage: Ich schätze, es war ein Versehen von unserem Webmaster; weiter nichts.[36]

Wer hat das Kartenspiel *Lebanon's Top Syrians Agents* entwickelt und designed? Es ist ähnlich dem *Deck of Weasels* und *Most wanted Iraqi.*

A: Designed von einem Anhänger des USCFL.

Das USCFL veröffentlichte am 14. Februar 2005, am Tag der Ermordung des libanesischen Ex-Premierministers Hariri, eine Petition an das Weiße Haus und den Élysée-Palast und rief zum „Regimewechsel" in Syrien bei gleichzeitiger Befreiung des Libanon und Rettung der Syrer vor den „Nazi-Baathisten" auf. Abdelnour schickte den Aufruf mit der Bitte um Unterschriftsleistung höchstpersönlich in den Äther:

35 – E-Mail an den Verfasser vom 25.12.2005
36 – E-Mail an den Verfasser vom 27.12.2005

From: „Ziad K. Abdelnour“ ziad@...
Date: Mon Feb 14, 2005 10:27 pm
Subject: To The White House and The Elysees...PETITION FOR REGIME CHANGE IN SYRIA
http://www.freelebanon.org/
Check this out and Sign
http://www.petitiononline.com/rc1fs/petition.html

In dem Text, von Farid N. Ghadry, Chef der *Reform Party of Syria*,[37] eine vom Weißen Haus unterstützte syrische Dissidentenorganisation mit Sitz in den USA, geschrieben, heißt es: „Mit dem Mord an Hariri im Libanon sind die syrischen Ba'athisten außer Kontrolle. Wer ist der nächste? ... Syrer töten Amerikaner, Iraker und Libanesen, und wir ‚sprechen' noch mit ihnen per Diplomatie. Syrien hetzt zum Bürgerkrieg im Libanon ... um seine Anwesenheit (dort) zu ‚rechtfertigen'. Wenn die Welt nach dem 11.9. Stabilität und Vernunft sucht, finden wir bei den Ba'athisten von Damaskus den Gipfel von Instabilität und Terror. Diese Petition wird an US-Präsident George W. Bush und Präsident Jacques Chirac überreicht werden, um ihre Politik zu Gunsten eines Regimewechsels in Syrien zu verändern. Dies ist der EINZIGE Weg, die Vereinigten Staaten und Europa vor der ungeheuerlichen Politik der Ba'athisten zu schützen, den Libanon zu befreien, und die Syrer vor den nazistischen Ba'athisten zu schützen.“[38]

Interview Ziad K. Abdelnour
Am Tage der Ermordung Hariris schrieb Mr. Farid Ghadry (*Reform Party of Syria*) eine Petition zum Regimewechsel in Syrien. Sie unterschrieben als einundzwanzigster und kommentierten: „Das syrische Ba'athisten-Regime muss gehen ... da gibt es keinen anderen Ausweg ... dasselbe gilt auch für Präsident Lahouds Marionettenregime im Libanon.“ Sie haben die Petition noch am 14.2.2005 mit der Bitte um Unterzeichnung nach überall hin verschickt. Der Mord an Hariri: Eine willkommene Gelegenheit für politischen Aktivismus? Zudem wussten Sie offensichtlich bereits Stunden nach dem Mord, wer die Täter sind?

37 – Syrische Dissidentenorganisation im US-Exil, die dem USCFL angeschlossen ist.

A: Ich habe an jenem Tag, an dem Premierminister Hariri ermordet wurde, gelernt, dass es eine Verschwörung gab, orchestriert von syrischen und libanesischen Geheimdiensten und mit Einverständnis von Präsident Lahoud und dem syrischen Präsidenten Assad. Jedes informierte Mitglied der Geheimdienstgemeinschaft wusste das. Laut und deutlich. Wenn noch keine geeigneten Handlungen vorgenommen worden sind, das Wissen der Geheimdienste abzuarbeiten, so ist es wegen der Politik. Aber wie man sagt, dass jeder erntet, was er sät, so wird das auch mit dem Tod von Ministerpräsident Hariri geschehen; es wird Gerechtigkeit geben. Das gleiche gilt für Gebran Tueni, Samir Kassir und Dutzende libanesischer Patrioten. Alle wurden vom syrischen Geheimdienst mit dem grünen Licht von Assad und seinen nazistischen Handlangern in Damaskus ermordet.[39]

Ziad K. Abdelnour unterstrich seine Worte mit einem Zitat von Niccolò Machiavelli:
Man muss daran erinnern, dass nichts schwieriger zu handhaben ist, nichts gefährlicher zu leiten und nichts ungewisser in seinem Erfolg, als die Führung bei der Einführung einer neuen Ordnung der Dinge zu übernehmen.[40]

Doch nur ein Versehen des Webmasters, eine winzige technische Unstimmigkeit? Kaum zu glauben; böse Zungen könnten von abgebrühter Dreistigkeit sprechen, so da wer in sich selbst ruhend Hariri zum Abschuss freigibt und gleichzeitig Krokodilstränen wegen seines Todes weint.

Wie dem auch sei, ein kleiner Abstecher sei jetzt gestattet; zu den 614 Unterzeichnern jener Petition gehörten auch die Deutschen Dr. Hans Branscheidt[41] von *Medico International* und der Irakkrieg-Enthusiast und Autor der deutschen Zeitschrift *Jungle World* Thomas von der Osten-Sacken,[42] der zusammen mit Thomas Uwer

38 – http://www.petitiononline.com/rc1fs/petition.html
39 – Ghassan: Ist die libanesische Opposition eine Alternative?, 29.4.2005; http://www.graswurzel.net/298/libanon.shtml
40 – Machiavelli, Niccolò: Il principe (Der Fürst) 1513 – Manche Dinge ändern sich auch in 500 Jahren nicht.
41 – Unterzeichner Nummer 10: http://www.petitiononline.com/mod_perl/signed.cgi?rc1fs&601

Teilen der ver(w)irrten deutschen Linken in *Konkret*, der „einzig linken Publikumszeitschrift Deutschlands",[43] in Goebbelsscher Manier und mit seltsamen „Tatsachen" in den Jahren 2002 und 2003 den US-Feldzug gegen den Irak appetitlich machen durfte. Der deutsche Autor Thomas Immanuel Steinberg hatte bereits im Dezember 2002 die „richtige Nase", was diesen angeblich linken Autor von der Osten-Sacken angeht, als er öffentlich über die Frage philosophierte: „Wie aber kommen ein völkisch gestimmter Tilman Zülch[44] und der anti-völkisch angestrichene Thomas v. der Osten-Sacken zum Austausch ihrer wilden Schätzungen (über die Zahl der Opfer unter Saddams Gewaltherrschaft)? Zum Beispiel am Rande einer Pressekonferenz: Der Vertriebene Zülch präsentierte sich zusammen mit exil-irakischen Freunden eines Überfalls auf den Irak am 1. November 2002 im Berliner Haus der Bundespressekonferenz. Mit von der Partie Hans Branscheidt von *Medico International*, einer Organisation, die sich bisher eher friedlich ausnahm. Als Moderator fungierte: Thomas v. der Osten-Sacken. Er und Thomas Uwer ... scheuen sie sich zu sagen, dass ihre spektakuläre Rechtfertigung eines Angriffskrieges gegen den Irak aus revanchistischer Quelle stammt?"[45]

Weniger aus revanchistischer, dafür aus neokolonialer Quelle: Offenbar stammt ein Teil der Osten-Sacken'schen „Fakten" aus dem „politischen Liedgut" der neokonservativen Weltverbesserer, d.h. aus dem Dunstkreis des rechten politischen Lagers in den Vereinigten Staaten. Allein die eilige Reaktion auf die Petition ist zumindest unzweideutiger Indikator für die weltanschauliche Positionierung von Osten-Sacken, der gemeinsam mit Uwer seit Jahren ungestraft neokonservativen Giftmüll innerhalb der deutschen Linken entsorgen darf. Wer es nicht glaubt, studiere die Texte des peinlichen Gespannes in *Jungle World* oder in *Konkret* etwas genauer.

---

42 – Unterzeichner Nummer 237: http://www.petitiononline.com/mod_perl/signed.cgi?rc1fs&351

43 – Selbstdarstellung der Zeitschrift

44 – Tilman Zülch und die *Gesellschaft für bedrohte Völker*: „Die deutsche *Gesellschaft für bedrohte Völker* (GfbV), die sich als ‚Menschenrechtsorganisation' bezeichnet, tritt für die weltweite Durchsetzung von ‚Volksgruppen'-Rechten und des ‚Rechts auf die Heimat' ein. Sie kooperiert mit Vorfeldorganisationen der deutschen Außenpolitik wie dem *Bund der Vertriebenen* und der *Föderalistischen Union Europäischer Volksgruppen* und ist eng mit der deutschen Expansionspolitik unter dem Vorwand der ‚Durchsetzung

weiter auf Seite 76

Um wieder auf den rechten Weg zurückzukommen: Der Link *Lebanon's Top Syrian Agents* auf der Webseite des USCFL ist längst nicht mehr aktiv; die Herausgeber kappten ihn wenige Tage nach dem Mord. „Vermutlich war das Herz-Ass Hariri diesen Hasspredigern einfach hochnotpeinlich",[46] vermerkte Norbert Matthes am 24. Februar 2005 in der Schweizer *Wochenzeitung*. Allerdings präsentierte eine Bloggerin namens Rampurple, eine Libanesin, die nach eigenen Angaben in Kuwait lebt und ebenfalls im Forum *Yahoo! Groups – The official true Lebanese Kataeb Group* postete, noch im Sommer 2005 eine unvollständige Kopie des Kartenspiels auf ihrer mittlerweile ebenfalls erloschenen Webseite.

Aber diese „Hassprediger" haben sich überhaupt nicht entblödet und fanden es auch nicht beschämend, unter dem Link *http://www.geocities.com/lebanesepuppets/*, den Abdelnour in seiner E-Mail vom August 2004 angeboten hatte, nach wie vor eine „entschärfte" Variante des Kartenspiels, diesmal ohne das Bild des Teufels Hariri, im Netz anzubieten. Das Herz-Ass ist nun für den Chef der Hisbollah, Hassan Nasrallah „aka Osama ben Libanon", reserviert, was der Herz-Ass-Karte natürlich eine besondere Gewichtung gibt. Die prominentesten *Lebanon's Top Syrian Agents* sind Émile Lahouss (Lahoud!), „Marionettenpräsident und Tieftauchchampion unter syrischen Stiefeln" auf Karo-Ass, Nabih Berri, Parlamentschef und „ehemaliger Geiselnehmer" auf Kreuz-Ass, Michel Al-Murr-Al-Bteghrini, „stellvertretender faschistischer Parlamentschef", Generalstaatsanwalt „Himmler" Adnan Addoum, Ex-Außenminister Jean Obeid „Goebbels", Minister Karam Karam, ein „Küsser syrischer Ärsche", Marwan Fares, der „Sprecher des syrischen Dritten Reiches" und „Nazi-Chef" Jebran Araiji. Zu Zielscheiben dieser skrupellosen Fanatiker wurden zudem Raymond Azar, Chef des Militärgeheimdienstes, Ali al Hage, Chef des Inlandsgeheimdienstes, Mustafa Hamdan, Kommandeur der Präsidentenwache und der Sicherheitschef Dschamil al-Sajed; sämtlich als „Wanted – steckbrieflich gesucht" gebrandmarkt.

von Menschenrechten' verflochten. Die Durchsetzung der ‚fundamentalen Menschenrechte' soll nach den Vorstellungen der GfbV durch ‚ständig einsatzbereite militärische Eingreiftruppen' sicher gestellt werden." (*Antifaschistische Nachrichten 19/2000*)

45 – Steinberg, Thomas Immanuel: Wie einer uns für den Krieg reif schießt, 18.12. 2002; http://www.steinbergrecherche.com/asosten1.htm

46 – nachzulesen hier: http://menalog.typepad.com/menalog/2005/03/gesucht_die_sch.html

Das *United States Committee for a Free Lebanon* (USCFL)

Eine israelische „Frontorganisation" · Regimewechsel in Syrien und Befreiung des Libanon von der „Fremdherrschaft" · Golden Circle: Ein Tummelplatz für US-Neokon-Promis · Amirkani contra Abdelnour offenbart den Riss in der „Opposition" · Das USCFL im Netzwerk von Think Tanks und proisraelischen Organisationen · Amerikaner schnüffeln für Israel

Israelische „Frontorganisation"

Nicht ohne Stolz zitiert das *United States Committee for a Free Lebanon* (USCFL) auf seiner Homepage die Überzeugung der Tagesgazette *The New York Sun*, das Komitee wäre „die wichtigste Organisation, die Amerikas Beziehung mit Libanon beeinflusst". *The New York Sun*, am 16. April 2002 als Remake eines alten Blattes aus den 30ern des 19. Jahrhunderts mit dem alleinigen Ziel auf den Markt geworfen, ein neokonservatives Blatt in New York im Umlauf zu haben, gehört zum Konzern *Hollinger International*. Im Aufsichtsrat des Konzerns sitzen unter anderen das Mitglied des USCFL Richard Norman Perle, jener berühmt-berüchtigte US-amerikanische Neokonservative und einflussreiche Intellektuelle, der von 1987 bis 2004 für das *Defense Policy Board Advisory Committee* arbeitete und unter der ersten Regierung von George W. Bush (2001 bis März 2003) auch dessen Vorsitzender war. „Die *Sun* zitiert oft neokonservative Schlagzeilenmacher in der Exekutive und aus der Likud Partei."[47]

Das USCFL wurde am 22. November 1997 von Ziad Khalil Abdelnour gegründet, um „Libanon durch Verbreiten liberaler und demokratischer Prinzipien zu dienen, welche die Politik unseres Mutterlandes, die Vereinigten Staaten, lenken". In der Begrüßungsnote larmoyiert er: „Unser Land ist besetzt, unsere Regierung ein Werkzeug in den Händen der syrischen Geheimdienste, unser Parlament wurde ernannt und nicht gewählt, unser gesetzliches System ist durch Bestechung und Korruption verrottet, unsere Demokratie ist der Autokratie überlassen, unsere Wirtschaft ist verschuldet

47 – http://en.wikipedia.org/wiki/New_York_Sun

ohne Möglichkeiten zur Tilgung und die Mehrheit der Bevölkerung lebt am Rande der Armut. In Wahrheit ist Libanon ein Land, in dem die Regierung vollständig von der Bevölkerung geschieden ist."[48]

Abdelnour und sein *United States Committee for a Free Lebanon* haben seit der Gründung im Jahre 1997 nie ein Hehl aus den vorgeblich hehren Zielen der Organisation gemacht – nämlich einen Regimewechsel in Syrien zu erzwingen und den Libanon von der syrischen Fremdherrschaft zu befreien. Geduldig und mit Akribie haben die Mitglieder des Komitees, das seit dem ersten Tage seiner Existenz mit den Regierungen der Vereinigten Staaten und Israels kollaborierte, auf die so genannte *Zedernrevolution* hingearbeitet und in den vergangenen acht Jahren gleichnishaft als politisches Skalpell agiert, das jeden erdenklichen politischen, gesellschaftlichen Vorfall in den von ihren Todfeinden regierten Ländern zum Anlass nahm, um scharfe Angriffe gegen Institutionen als auch einzelne Personen und Politiker zu führen. Seit Jahren hat „das Komitee alle maßgeblichen libanesischen Politiker als Agenten Syriens angeprangert"[49] und tat sich auch stets „mit extremer Polemik gegen Hariri hervor". Die Mitarbeiter des französischen *Voltairenet* sind jedenfalls stellvertretend für einige wenige Medien der Überzeugung, das USCFL habe den Totalangriff auf Syrien und den Libanon längst vorbereitet und hätte mit Sicherheit „die Finger drin gehabt" im Mord am ehemaligen Premierminister Rafiq Hariri.[50] Beweise für die Behauptungen liefern die Kollegen aber nicht.

48 – President's Welcome, New York, 27.11.1997, http://www.freelebanon.org/welcome.htm

49 – Spielkarten des Todes, *Junge Welt*, 18.2.2005

50 – La préparation de la „révolution des cèdres". Les plans de l'US Committee for a Free Lebanon. 15.8.2005; http://www.voltairenet.org/article16475.html

Golden Circle
Ziad K. Abdelnour, **Elliot Abrams*** (unter Reagan Vizeaußenminister für Lateinamerika und in die Iran-Contra-Affäre verwickelt, Ex-Mitglied der *Social Democrats* USA, Unterzeichner der Prinzipienerklärung des PNAC, unter George W. Bush im *Nationalen Sicherheitsrat* zunächst für Menschenrechtsfragen, ab Ende 2002 für den Nahen und Mittleren Osten verantwortlich), Salo Aizenberg, Nadim Akda, Eleana Benador, Joseph Boohaker, Samir Bustany, Thomas Patrick Carroll, John Castle, David Chazen, Angelo Codevilla, Alain Gabriel Courtines, Chris Culp, **Paula Dobriansky***, Alan Dowty, Leon Edney, Rachel Ehrenfeld, Michael Eisenstadt, Nabil El Hage, **Republikaner Eliot Engel**, David Epperly, Philip Epstein, Joseph Fadoul, Joseph Farah, Amir Ali Farman Farma, Gil Feiler, **Douglas Feith*** (Unterstaatssekretär für Politik im Pentagon), **Frank Gaffney** (1981 bis 1987 Mitarbeiter von Richard Perle im Pentagon, seit 1988 Präsident des von ihm gegründeten *Center for Security Policy* (CSP) – seine Schwester Devon Gaffney Cross ist Mitglied des *Defense Policy Board*), Gary Gambill, Roger Gerber, Leonard Getz, Richard Greenfield, Robert Guzzardi, George Haddad, Joseph Hakim, Richard Hellmann, Irwin Hochberg, **die frühere Repräsentantin der USA bei der UNO Jeane Kirkpatrick, Michael Ledeen** (*American Enterprise Institut* (AEI), Mitglied des Beratergremiums beim JINSA), Matthew Levitt, Daniel Lubetzky, Habib C. Malik, Bruce McFarlane, Mark Michael, John Myhill, Nagi Najjar, Mordechai Nisan, Muhammad Oueiny, **Richard Perle**, Daniel Pipes, Steven Plaut, Joseph Puder, Scott Rosenblum, Nina Rosenwald, **Michael Rubin*** (*Resident Scholar* beim AEI, 2003 bis 2004 Berater der *Provisorischen Verwaltung* des Irak), Charles Sahyoun, Republikaner Jim Saxton, Eric Silverman, Jamal (Jimmy) Sleiman, Don Starry, **David Steinmann**, Marc Suidan, Khalil Sweidy, James Tayoun, Jonathan Usher, Stanley Weiss, Paul Michael Wihbey, **David Wurmser*** (Berater für den Nahen und Mittleren Osten von Dick Cheney)

(* Austritt bei Annahme von Regierungsamt)

Das USCFL hat nach eigenen Angaben mehr als 10.000 Mitglieder in 200 US-amerikanischen und anderen Städten; 20 Prozent der Mitglieder sind angeblich Muslime. Das vom New Yorker

Investmentbanker und libanesischen Exilanten Ziad K. Abdelnour gegründete Netzwerk kann sich in seiner Tätigkeit auf die direkte Unterstützung einer Vielzahl „von neokonservativen Aufschneidern, Tyrannen und Strebern“[51] stützen. Zum inneren Führungskreis des USCFL, dem so genannten *Golden Circle*, zählen hochkarätige Politiker, Experten und Intellektuelle, die „in den letzten Jahren unschätzbare Unterstützung für die libanesische Sache“ geleistet, wie auch ihr Übriges für die „Formgebung der US-Außenpolitik Richtung Libanon“ getan haben. Dort findet sich eine illustre Gesellschaft, die aus rechtsgerichteten, überwiegend christlichen Libanesen, einigen Israelis und eben Neokonservativen, wie zum Beispiel Richard Perle, Michael Ledeen, Frank Gaffney, Jeane Kirkpatrick, Michael Rubin, und David Wurmser besteht. Bis zu ihrem Eintritt in die US-Regierung gehörten zum so genannten *Golden Circle*, praktisch ein *Who's Who* der israelischen Lobby in den USA, auch Douglas Feith, im August 2005 vom Posten eines Staatssekretärs im Pentagon zurückgetreten, Elliot Abrams, im *Nationalen Sicherheitsrat* der US-Regierung für den gesamten Nahen Osten und Nordafrika zuständig und David Wurmser, jetzt an führender Stelle im Außenministerium tätig.

Amirkani aka Mirka, ein Libanese mit Wohnsitz in den USA, dessen „beide Namen in der Industrie angesehen und sehr bekannt sind“, der aber anonym bleiben wollte, teilte dem Verfasser mit, der Präsident des USCFL und Herausgeber des Kartenspiels, jener Ziad K. Abdelnour, den er kenne, wäre ein „Spinner“, den „niemand ernst nähme, besonders nicht die Amerikaner“. Er sei „lediglich ein Spaßvogel, der Geschichten erfindet und bestrebt wäre, sich selbst irgendwelche Bedeutung zu verleihen“. In Wirklichkeit, so der Libanese, der sich selbst in gehobener Position in der *Lebanese Free Patriotic Movement* (LFPM) des General Michel Aoun engagiert, „sei er (Abdelnour) jedoch ein Nichts“.[52] Am Rande, Amirkani ist das arabische Wort für Amerikaner. Der Libanese Amirkani schrieb also, „Sie haben meine Bestätigung, alles was ich

51 – http://www.warandpiece.com/blogdirs/2004_04.html
52 – persönliche Mitteilung am 23.11.2005

verfasst habe, zu verwenden. Sie sollten es *Amirkani aka Mirka von der LFPM* zuschreiben." Einverstanden, machen wir so.

Gegenüberstellung
„Amirkani aka Mirka von der LFPM" und „Ziad K. Abdelnour vom USCFL"

Amirkani: Ziad Abdelnour ein Milliardär? Wenn er ein Milliardär ist, bin ich ein Trillionär. Der Kerl befördert sich nur selbst zu einem großen Akteur, indem er große Namen auf seine Seite schmeißt; Namen von Menschen, die er nie getroffen hat. Er möchte glauben machen, er wäre ein großer Akteur, während er es wahrscheinlich sehr schwer hat, seine Miete zu bezahlen. Er ist ein verrückter Kerl ohne Einfluss.

Abdelnour: Ich habe niemals behauptet, Milliardär zu sein, auf gar keinen Fall; weder privat noch öffentlich. Die Leute wissen, wer ich bin. Da ist kein Bedarf, um anzugeben. Das war und wird nie mein Stil sein. Meine Aktionen sprechen lauter als alle Worte, die ich mit Ihnen teilen kann. Es ist offensichtlich, dass ich ebensoviel Feinde habe wie Freunde.
Ich kenne niemanden in DC? Gut; ich schätze aber, sonst würde ich nicht Teil vom „Inneren Kreis" der Neokons sein; wie hier zu sehen: *http://rightweb.irc-online.org/profile*. Denken Sie nicht, das ist ein faires Statement? Aber ich schätze, einige Leute mögen meine rechten Ideen nicht, was ich auch respektiere. Nach allem: Wenn zwei Menschen über alles übereinstimmen, wird einer von ihnen überflüssig.

Amirkani: Wenn Sie lesen, was Abdelnour über sich selbst im Internet schreibt, yeah, klingt er wie ein *Global Player*. In Wirklichkeit kann er gerade einmal in seinem eigenen Hinterhof mit seinen Kindern spielen.

Abdelnour: Wenn Leute so intensiv mit ihren Gefühlen beschäftigt sind, müssen sie bestimmt etwas gegen meine geschäftliche oder politische Tagesordnung haben. Schlecht; sie kennen mein wahres Ich nicht und meine Liebe und meinen Patriotismus für Libanon. Sie möchten einige Referenzen von Menschen über mich und was ich tue? Bitte prüfen Sie hier: *https://www.linkedin.com/profile?viewProfile=&key=140792* und schauen Sie sich selbst die über 100 Einträge von realen Menschen an, die mich kennen. Ich muss keine Leute drängen, etwas über mich zu schreiben. Die machen das alles freiwillig. Mit allem nötigen Respekt, keiner der mich gut kennt, spricht oder hat jemals so über mich gesprochen.

Amirkani: Um Ihnen ein Beispiel zu geben: Es ist kein Geheimnis, dass der Republikaner Eliot Engel der beste Freund der LFPM im US-Kongress ist. Er hat mit der LFPM ununterbrochen seit 1993 am *Syria Accountability Act* gearbeitet, bis er 2003 genehmigt war. Abdelnour hat seinen Namen in seinen *Golden Circle* geschrieben und der stand da für eine Weile. Später hat Abdelnour den Engel über seine Mitarbeiter kontaktiert und versprochen, für ihn eine Spendensammlung zu veranstalten. Engel rief uns an und fragte: „Wer zum Teufel ist dieser libanesische Kerl Abdelnour, der mich kontaktierte? Ich weiß nicht, was er wollte." Wir haben gelacht und Engel erzählt, dass er auf seiner Liste, dem *Golden Circle* sei. Er fragte: „Ich? Ich habe nie zuvor von dem Kerl gehört. Ich weiß nicht, wer das ist." Oh, ich vergaß. Zwei Tage vor der Spendensammlung rief Abdelnour (der Milliardär) in Engels Büro an und sagte den Event ab, weil er einen „plötzlichen Todesfall" in der Familie habe. Am selben Wochenende trafen wir Abdelnour auf einem anderen Event und er war ausgezeichnet drauf und vermisste niemanden aus seiner Familie.

Abdelnour: Ich habe niemals den Republikaner Engel angerufen und ihm versprochen, eine Spendensammlung für ihn zu veranstalten.

Amirkani: Noch ein Beispiel: Würde sich ein *Global player* versagen, 2.000 Dollar anteilige Kosten für ein Projekt aufzubringen, an dem er mitmachen konnte und in dem es darum ging, andere libanesisch-amerikanische Organisationen zu sponsern?

Abdelnour: Ich war niemals eingeladen, um einen Anteil von 2.000 Dollar für die Kosten an einem Projekt für die LFPM zu

übernehmen, und ich wäre glücklich gewesen, so etwas tun zu können.
Ich kann wirklich nicht verstehen, woher alle diese Feindseligkeit und entstellenden Fakten kommen. Sie kommen von einer Person, da bin ich mir sicher, die mich nicht kennt und niemals getroffen hat. Ich schätze, Erfolg verursacht Neid und Eifersucht. Gott schütze seine Seele.
Ich habe keine Vorstellung, wer dieser Amirkani aka Mirka sein könnte. Und offen gesagt, keine respektable Persönlichkeit würde sich solch einen Alias geben, es sei denn, er hat etwas zu verbergen. Die einzigen Leute, die mir da in den Sinn kommen, die sich so etwas herausnehmen würden, sind einige hartgesottene Aounisten, die die Tatsache nicht ergründen können, dass irgendjemand ihren Helden General Michel Aoun aussticht. Sie verstehen einfach nicht, dass ich niemals gegen ihr „Idol" antreten, sondern ihm nur beistehen und helfen wollte auf meine eigene Art und auf jede Weise, die mir möglich ist. Alles zum Nutzen eines freien, unabhängigen und souveränen Libanon.

Persönliche Feindschaft, könnte man sagen, wäre die treibende Kraft, die hinter jenem unfruchtbaren Disput zwischen Amirkani aka Mirka von der *Lebanese Free Patriotic Movement* und Ziad K. Abdelnour vom *Unites States Committee for a Free Lebanon* steckt. Doch eben diese feindselige Auseinandersetzung, der kaum zu verschleiernde Hass zwischen den beiden Menschen, lässt den neutralen Beobachter spüren, dass hier nur noch der berühmte eine Tropfen fehlt, der das Fass zum Überlaufen bringt. Beide Kontrahenten stehen mehr als stellvertretend für das ewige Sektieren und die politische Zerrissenheit in der libanesischen Gesellschaft; Gründe, die das Land einst in einen fünfzehnjährigen verheerenden und sehr blutigen Bürgerkrieg gestürzt hatten. Beide Parteien stehen auch für einen Konflikt, der nach dem Krieg kein Ende fand, der sich zwischen den Libanesen, die, aus welchen Gründen auch immer, ins Ausland geflohen waren, sich dort politisch engagierten, nahtlos fortsetzte und der noch immer schwelt, weil die Glut nämlich stets aufs Neue angefacht wird. Die so genannte libanesische Opposition im Exil war nie eine wirkliche, und vor allem ist sie nie uniform gewesen. Im Gegenteil, selbst in den USA, Kanada, Europa oder Australien setzten sich die üblichen lautstarken

Lagerkämpfe zwischen einzelnen politischen Gruppierungen oder irgendwelchen versprengten Relikten einzelner Milizen fort und ihre Vertreter übten sich wie gehabt im Abstecken und Markieren des politischen Terrains in der ewig großen Pose, die einzig wahren Vertreter der libanesischen Sache zu sein. Zogen sie noch während der Lobbyarbeit im US-Kongress, als es um die Einführung des oben erwähnten *Syria Accountability Act* (SAA) ging, an einem Strang – ohne Bündelung der zerstrittenen Kräfte im Exil wäre er auch nie zustande gekommen – so zerbrach die zweckgebundene Liaison folgerichtig wieder, nachdem er von Bush ratifiziert worden war. Ein wichtiges Ziel war erreicht: Mit der Unterzeichnung des SAA durch Präsident Bush, die im Jahre 2004 Wirtschaftssanktionen gegen Syrien nach sich zog, forderten die USA auch ein Ende der syrischen Verbindungen zu extremen palästinensischen Organisationen wie Hamas und Islamischem Dschihad, einen Verzicht auf Massenvernichtungswaffen, die Rückgabe von Geldern des früheren irakischen Regimes an die jetzige Regierung, bessere Kontrolle der Grenzen zum Irak und – das war für die Herren im Exil von besonderer Wichtigkeit – einen syrischen Rückzug aus Libanon. Jetzt war klar, Amerika hatte den Daumen drauf und würde sich fortan um die „Belange" der Exillibanesen kümmern, die ihrerseits nichts sehnlicher herbeiführen wollten als den Sturz der ihnen verhassten Beiruter Regierung. Prompt brachen zwischen den Exilorganisationen die alten Lagerkämpfe wieder aus, und spätestens zwei Jahre vor dem Attentat auf Hariri kam es bereits zu Machtkämpfen zwischen den politischen Exilfraktionen um die spätere politische Führungsrolle in einem „befreiten" Libanon. In diesem Machtkampf, der noch immer währt, haben sich zwei große Lager polarisiert. Amirkani aka Mirka und Ziad K. Abdelnour stehen stellvertretend für sie.

Das nur am Rande; in unseren Überlegungen soll das „Lager" und Netzwerk um Ziad K. Abdelnour und die politische Ausrichtung seines USCFL eine Rolle spielen, denn die entsprachen schon immer den eigenbrötlerischen, keinesfalls harmlosen Neigungen der amerikanischen Neokonservativen, die seit Jahren eine „demokratische Umgestaltung des Nahen Ostens" im Visier haben. Als sich diese Gattung nach der erfolgreichen Wahl von Bush Junior zum Präsidenten der Vereinigten Staaten ebenso erfolgreich in die Regierungsverantwortung gequetscht hatte, schlug auch die Stunde für das USCFL.

Das *United States Committee for a Free Lebanon* gleicht schon seit Jahren seine Strategien mit den Netzwerken und Think Tanks der amerikanischen Neokonservativen ab und engagierte sich zum Beispiel im *Project for a New American Century* (PNAC) des *American Enterprise Institute* (AEI) oder wirkt mit in neokonservativen Einrichtungen wie dem *Centre for Security Policy*, der *Foundation for the Defense of Democracies*, dem *United States Institute of Peace* und dem *Middle East Forum*, überhaupt, in einer Vielzahl inzestuös miteinander verbandelter, sich überlappender Organisationen und Strukturen, die sämtlich Gedanken, ob nun im Grundriss oder im Detail, über die Manifestierung der Führungsrolle des *Imperium America* auf diesem Globus aushecken. Bemerkenswert daran ist, dass da immer wieder derselbe Personenkreis operiert; nur dass er sich stets in neuer personeller Komposition, Struktur oder Zielstellung präsentiert.

Das *United States Committee for a Free Lebanon* pflegt allerdings auch enge und eiserne Beziehungen zu jüdischen und christlichen Lobbies und koordiniert insbesondere seine eigene Tätigkeit mit der Politik der israelischen Likud-Partei über den Mediator *Jewish Institute for National Security Affairs* (JINSA). David Steinmann, der Leiter des Institutes, gehört selbstverständlich zum *Golden Circle*, den Unterstützern des USCFL, das zudem weit mehr als solidarisch mit anderen Vereinigungen wie der *Orthodox Union*, der *Conference of Presidents of Major American Jewish Organizations*, dem *American Israel Public Affairs Committee* (AIPAC) und der *Christian Coalition of America* verquickt ist.

Abdelnours USCFL wird daher von vielen Beobachtern und keinesfalls zu Unrecht als eine israelische „Frontorganisation“ gegen Syrien und Libanon betrachtet; sozusagen ein israelisches Gefüge mit libanesischem Antlitz. Michael Ledeen und Douglas Feith, beide Mitglieder des *Golden Circle* des USCFL und in den USA seit längerem als *longtime Israeli agents* gehandelt, wurden beispielsweise mehrmals „erwischt“, als sie den Israelis geheimes Material zugespielt hatten; ebenso der USCFL-Förderer Richard Perle, der beim Spionieren für den Mossad „hoppgenommen“ worden war. Ledeen hat zudem sehr tief greifende Verbindungen zum US-Geheimdienst, die noch aus den alten Zeiten herrühren, wo er „Bestandteil“ der berüchtigten Iran-Contra-Affäre gewesen war.

Oder Elliot Abrams, stellvertretender nationaler Sicherheitsberater, im Moment mächtigster Mann in der US-Exekutive, der für viele amerikanische Beobachter inniger mit Israels ehemaligem Ministerpräsidenten Ariel Sharon und dessen Likud verbunden war und ist als mit seiner eigenen Regierung in den Vereinigten Staaten. Abrams war übrigens auch in die Iran-Contra-Affäre verwickelt. Frank Gaffney, ein ehemals hochrangiger Sicherheitsmitarbeiter unter Reagan, verfügt ebenfalls über sehr tiefe und dauerhafte Beziehungen zum Likud, zu Sharon und zur israelischen Regierung. Und David Wurmser, Cheneys Berater für den Mittleren Osten, ist Sharons Likud-Partei ebenso ans Herz gewachsen wie seine israelische Gattin Meyrav Wurmser, die dereinst mit dem Israeli Yigal Carmon, ein früherer israelischer Geheimdienstagent, das Propagandainstitut *Middle East Media Research Institute* (MEMRI) – in den USA weitgehend als „Mossad-Front" bezeichnet – gegründet hatte; dazu später ausführlich. Auch Michael Rubin vom *Middle East Forum* verfügt über starke Verbindungen in die israelische Politik; der Mann war zudem tatkräftig an der Vorbereitung der amerikanischen Okkupation im Irak beteiligt.

Interview mit Ziad K. Abdelnour

Sie haben das *United States Committee for a Free Lebanon* im Jahre 1997 gemeinsam mit Neokonservativen gegründet, die Israels Likud-Partei unterstützen und die christliche Rechte. Mit wem haben Sie das Projekt vorbereitet, organisiert und in die Tat umgesetzt?

A: Ich weiß nicht, woher Sie diese Propaganda haben. Aber das USCFL wurde niemals mit irgendwelchen neokonservativen Unterstützern der israelischen Likud-Partei und mit christlichen Rechten gegründet. Das USCFL wurde von reichen und mächtigen libanesisch-amerikanischen Patrioten ins Leben gerufen – außerhalb des traditionellen politischen libanesischen Mainstream – die amerikanische Interessen in der Region befördern wollten, so lange bis Libanon von den syrischen Fesseln befreit ist.

Würden Sie einige bedeutende Gründungsmitglieder benennen?

A: Ich möchte Ihnen nur sagen, dass das USCFL von 56 amerikanischen Libanesen gegründet wurde; keiner von denen gehört irgendeiner politischen Partei des Libanon an und jeder von denen ist in seinem eigenen Unternehmensbereich äußerst erfolgreich. Eine Art Freimaurerei für die Libanesen. Geben Freimaurer ihren Namen preis? Fragen Sie die Mitglieder des *Skull and Bones Club* an der *Yale Universität*.[53]

Zu den Unterstützern des USCFL, dem so genannten *Golden Circle*, zählen Elliott Abrams, Richard Perle, Paula Dobriansky, Michael Rubin, David Wurmser, Daniel Pipes, Frank Gaffney, Jeane Kirkpatrick, Michael Ledeen, David Steinmann, Eleana Benador und so weiter. Ihre politischen Gegner behaupten, dass sie nie Beziehungen zu diesen hochrangigen Leuten/Politikern gehabt hätten, sondern lediglich sich selbst und das USCFL mit prominenten Namen schmücken wollen.

A: Ich habe keine Ahnung, wer Sie mit dieser Information gespickt hat, aber alle Menschen, die Sie genannt haben, kenne ich sehr gut. Daniel Pipes und ich haben gemeinsam das Buch *Ending Syria's Occupation of Lebanon: The US Role* geschrieben. Frank Gaffney, Eleana Benador, David Steinmann (durch mich in das Gremium des *Middle East Forum* gekommen) und so weiter sind alles meine persönlichen Freunde.
Noch eine Sache. Wenn Sie sich die Liste der Unterzeichner näher ansehen, die mein Buch *Ending Syria's Occupation of Lebanon: The US Role* signiert haben, werden Sie erkennen, dass alle die Personen, die gemeinsam mit Anderen Mitglieder des *Golden Circle* sind, keinesfalls so leicht ihren Namen unter ein Dokument setzten würden, ohne mich intimer zu kennen und zu wissen, wofür ich stehe. Das Buch wurde weltweit von Tausenden gelesen. Schauen Sie sich die Liste an.

53 – persönliche Mitteilung am 24.12.2005 per E-Mail

SIGNATORIES:

Ziad Abdelnour, a New York-based international investment banker and financier, is president of the *United States Committee for a Free Lebanon.*

Elliott Abrams, formerly assistant secretary of state, is president of the *Ethics and Public Policy Center.*

Samir Bustany is president of *American Acquisition Partners*, a New Jersey-based buyout firm.

John Castle is chairman of *Castle Harlan*, Inc. a New York-based private equity fund.

Angelo Codevilla, formerly a staff member of the *Select Committee on Intelligence*, is professor at *Boston University* and a fellow at the *Institute for Advanced Strategic and Political Studies* in Washington.

Raymond Debbane is president of the *Invus Group Ltd.*, a $500 million private equity firm he founded in 1985 in New York City.

Paula Dobriansky, formerly associate director at the *U.S Information Agency*, is senior international affairs and trade advisor at the law firm of *Hunton & Williams.*

Alan Dowty is professor of government and international relations, and fellow at the *Kroc Institute of International Peace Studies*, at the *University of Notre Dame.*

Leon Edney, a retired four-star admiral, teaches at the *U.S. Naval Academy.*

Nabil El Hage is chairman and chief executive officer of *Jeepers*, Inc., an owner and operator of indoor family theme parks.

Eliot Engel (D-NY) is a member of the *Commerce Committee* in the *U.S. House of Representatives.*

Philip Epstein is a New York-based oil financier.

Douglas Feith, formerly deputy assistant secretary of defense for negotiations policy, is a founding member of the law firm *Feith and Zell*, P.C.

Frank Gaffney, formerly acting assistant secretary of defense for *International Security Policy*, is director of the *Center for Security Policy.*

Richard Hellmann, formerly counsel to the *U.S Senate*, is founder and president of the *Christians' Israel Public Action Campaign.*

Jesse Helms (R-SC) is the chairman of the *Senate Foreign Relations Committee.*

Jeane Kirkpatrick, formerly permanent *U.S. representative* to the *United Nations*, is senior fellow at the *American Enterprise Institute.*

Habib Malik is a founding member of the *Foundation for Human and Humanitarian Rights*, an independent, non-governmental organization in Lebanon.

Steven Merker is chairman of *Barclay Partners*, a New York-based merchant bank.

Daniel Nassif is executive director of the *American Lebanese Institute.*

Richard Perle, formerly assistant secretary of defense for *International Security Policy*, is a resident fellow at the *American Enterprise Institute.*

Daniel Pipes is director of the *Middle East Forum* and author of three books on Syria.

Nina Rosenwald is co-chair of *American Securities Holding Corporation*, investment activities in publicly-traded securities, as well as traditional investment and merchant banking.

Steven Rothman (D-NJ) is a member of the *House's International Relations and Judiciary Committees.*

William Rouhana is president & CEO of *Winstar Communications*, a NASDAQ-listed global telecommunications concern.

Michael Rubin is a *Soref Fellow* at *The Washington Institute for Near East Policy* and a lecturer at *Yale University.*

Charles Sahyoun is a Lebanese-American professional associated with *Stratus Services Group*, Inc.

Jim Saxton (R-NJ) is the vice-chairman of *Congress' Joint Economic Committee* as well as a senior member of the *House Resources and Armed Services Committees.*

Don Starry, a retired four-star general, is the principal designer of the *post-Vietnam U.S. Army structure* and the *AirLand Battle doctrine* so successful in *Desert Storm.*

David Steinmann, chief of staff of *American Securities*, L.P., is chairman of the board of advisors of the *Jewish Institute for National Security Affairs.*

David Wurmser, a scholar at the *American Enterprise Institute* in Washington.

Der US-Autor Robert L. machte sich gegenüber dem Verfasser lustig, sagte, er solle doch endlich mal einen Blick auf die Namen der Mitglieder des *Golden Circle* werfen, und „zur Kenntnis nehmen, dass die Mehrheit der Mitglieder des USCFL (amerikanische oder israelische) Juden sind. Ist das eine ‚libanesische' Organisation, eh?"[54] Das Argument von Robert ist fürwahr nicht von der Hand zu weisen.

Das Komitee im Spionagesumpf

Ausgewiesene „Führungskräfte" des USCFL wie Kirkpatrick, Ledeen, Abrams, Feith, und Gaffney sind zudem sämtlich Mitarbeiter des bereits erwähnten *Jewish Institute of National Security Affairs*, eine nachgewiesenermaßen mit dem israelischen Geheimdienst Mossad verbundene Organisation, deren Aufgabe darin besteht, zwischen den Militärs in Israel und den USA sowie den militärisch-industriellen Komplexen beider Länder eine Brücke zu schlagen. Das Institut ist auch auf die Veranstaltung von „Reisen" für pensionierte US-Offiziere nach Israel spezialisiert und bietet „Ruheständlern aus dem militärisch-industriellen Komplex" sehr lukrative „Konsultationen". James Woolsey, der frühere Direktor des CIA und der israelischen Lobby zutiefst verbunden, fühlt sich im *Jewish Institute of National Security Affairs* selbstredend wie der Fisch im Wasser. Alle zusammen werkeln wiederum auch im *American Enterprise Institute*, das sich längst einen Namen als Sprachrohr der israelischen Lobby in den USA gemacht hat. Doch all dieses Organisationswirrwarr und die so genannten Think Tanks, wie die amerikanischen Neokonservativen ihre intellektuellen Hexenküchen bezeichnen, in denen sie großenteils absurden Gedanken, weltbeherrschenden Ideen nachhängen und giftige Eroberungspläne köcheln, sollen auch hier nur am Rande erwähnt bleiben.

Das *American Israel Public Affairs Committee* (AIPAC) hingegen, mit dem das USCFL eine enge Zusammenarbeit pflegt, und sogar Mitglieder teilt, war in den vergangenen Monaten in die miesen – wie man es nimmt – Schlagzeilen geraten. Am 20. Januar 2006 verurteilte Richter T. S. Ellis III vom *Federal District Court* in Alexandria im US-Bundesstaat Virginia den 59jährigen US-Bürger Lawrence A. Franklin, ehemaliger Analyst im US-Verteidi-

54 – persönliche Mitteilung von Robert L. am 12.5.2005

gungsministerium, zu zwölf Jahren und sieben Monaten Gefängnis. Das FBI hatte den Verurteilten am 4. Mai 2005 wegen Verletzung des *Espionage Act* festgenommen. Daraufhin nahm die Bundespolizei im Washingtoner Büro von AIPAC eine Hausdurchsuchung durch und sicherte Festplatten und Akten, die bewiesen, dass Franklin als „militärisch" einklassifizierte Informationen über den Iran und Irak an zwei proisraelische AIPAC-Lobbyisten und einen namentlich nicht genannten israelischen Diplomat weitergegeben hatte.

Und jetzt kommt es: Diese beiden AIPAC-Lobbyisten, ein Steven J. Rosen und ein Keith Weissman, gehörten zu nichts anderem als dem Beraterstab des *American Israel Public Affairs Committee*, eben jener proisraelischen Lobbyorganisation, die mit dem USCFL heißverliebt die Händchen hält. Noch viel orgiastischer laufen die Kontakte der AIPAC-Pfiffikusse allerdings mit einigen Offiziellen in der Bush-Administration ab. Rosen, bei AIPAC Direktor für außenpolitische Angelegenheiten, bewegte sich absolut sicher im Washingtoner Machtdunst und war dort weithin und bestens bekannt; er schmiedete zudem bedeutende Beziehungen zu machtvollen Konservativen in der Bush-Administration. Weissman hingegen war bei AIPAC der Analyst für den Mittleren Osten. Die strafrechtliche Verfolgung der Herren gestaltet sich etwas umständlich, da beide zu keiner Zeit von irgendjemand zum Schutz von derartigen Geheimnissen angehalten worden waren; sie waren auch nie Beschäftigte der Regierung, noch hatten sie eine offizielle Verbindung zu irgendeiner ausländischen Regierung. Beide „operierten" sozusagen ausschließlich im Kreise von Lobbyisten, die traditionell Klatsch, Einblicke in Politik und Geheimdienste usw. mit Offiziellen der Administration, Beratern im Kongress und Journalisten austauschten. Rosen und Weissman sollen jedoch im April 2006 wegen Verschwörung zur Weitergabe klassifizierter Informationen an Journalisten und eine namentlich nicht benannte „Macht" angeklagt werden. Regierungsoffizielle identifizierten diese „Macht" längst als den Staat Israel. Die Anklage behauptet nun, beide hätten äußerst brisante Informationen über amerikanische Politik im Iran, Terrorismus in Zentralasien, Al Qaida und die Bombardierung der Khobar-Türme im Jahre 1996 in Saudi-Arabien, bei denen 23 Amerikaner zu Tode kamen, gesammelt und weitergegeben. Die Beschuldigten stritten selbstverständlich alles ab. AIPAC hatte sie allerdings schon sicherheitshalber im vergangenen April vor die Tür gesetzt.[55]

Werfen wir einen noch genaueren Blick auf diese jüngste Spionageaffäre. Der Verurteilte Larry Franklin, Reserveoffizier der US-Luftwaffe und ehemaliger Attaché an der US-Botschaft in Tel Aviv, soll gemeinsam mit Michael Leeden, Mitglied des *Golden Circle* des *USCFL*, Freund von Bush-Berater Karl Rove und unter Reagan in die Iran-Contra-Affäre verwickelt, im Jahr 2001 in Rom gewesen sein und mit italienischen Offiziellen über Iraks Massenvernichtungswaffen gesprochen haben. Das Treffen fand genau zu jener Zeit statt, als Paul Wolfowitz gemeinsam mit dem Mitglied des *Golden Circle* Douglas Feith, damals *Under Secretary of Defense for Policy* in der Bush-Administration, und mit William (Bill) Luti, ehemaliger Angestellter von Dick Cheney und zu jener Zeit *Deputy Under Secretary of Defense, Special Plans & Near East and South Asia Affairs*, die berühmt-berüchtigte *Office of Special Plans* aus dem Boden gestampft hat; ein wichtiger Part der Cheney'schen Schattenregierung. Luti heuerte Larry Franklin für die Arbeit in dieser streng geheimen und einflussreichen Abteilung an, die unter anderem für die plumpe Fälschung jener Dokumente verantwortlich ist, die beweisen sollten, dass der Irak unter Saddam Hussein versucht habe, 500 Tonnen Uranoxid vom Niger zu kaufen. Bill Luti und John Hanna, Dick Cheneys *Senior National Security Advisor*, waren nach Angaben des *US Senate Select Committee on Intelligence* im Jahre 2000 die beiden einzigen innerhalb der OSP, denen erlaubt worden war, die vom *Iraqi National Congress* eingegangenen geheimen Informationen zu studieren. Und Franklin war damals Lutis Laufbursche.

---

55 – Johnston, David: Former Military Analyst Gets Prison Term for Passing Information, *New York Times*, 20.1.2006;
http://www.nytimes.com/2006/01/21/national/21franklin.html?ex=1295499600&en=988d9ac6424c56ca&ei=5090&partner=rssuserland&emc=rss

„Ending Syria's Occupation of Lebanon: The US Role"

Das neue amerikanische Jahrhundert · Clean Break: amerikanische Kriegspläne für Israels Premier Netanjahu · Abdelnour mit dem „Araberfresser" Daniel Pipes auf Kriegskurs gegen Syrien

Um Rolle und Funktion des *United States Committee for a Free Lebanon* besser verstehen zu können, sei nun noch ein kleiner Abstecher in das Reich des „politischen Horrors" gestattet.

Seit Beginn der 90er Jahre steht die *Grand Strategy*, eine *Neue Weltordnung* auf dem Programm, die auf eine Sicherung des globalisierten Kapitalismus vermöge eines dauerhaften *American Empire* abzielt. Diese in den Giftküchen amerikanischer Neokonservativer seit Dekaden ausgebrütete Ideologie, feierte nach dem 11. September 2001 ihren politischen Durchbruch. „Unmittelbar getragen wurde dieser Prozess von einer Gruppe neokonservativer Ideologen aus Think Tanks und strategischen Planungseinrichtungen sowie Militärpolitikern, die sich in den frühen 70ern in der Kritik der Entspannungspolitik und der Verarbeitung der Niederlage der USA im Vietnamkrieg bildete. Sie setzte damals auf Konfrontation statt Entspannung und auf militärische Macht."

Zur jüngeren Generation dieser Ideologen und „Krieger", deren „spirituelle Heimat das Pentagon ist", zählen Cheney, Rumsfeld, Powell, Wolfowitz, Rice, Armitage, Libby und Mitglieder des *Golden Circle* des *United States Committee for a Free Lebanon* wie Feith, Perle, Gaffney. „Außenpolitik sieht sie vorweg unter militärischer Perspektive. Die Probleme der Ökonomie überlässt sie den Neoliberalen und den Führern des privaten Sektors. Für sie war und ist weder Kultur noch Geschichte oder Ökonomie, sondern Politik der große Beweger. Sie sind eben ‚politische Krieger', zuweilen diplomatisch (Powell), zumeist aber martialisch (Rumsfeld)."[56]

56 – Rilling, Rainer: Think Tanks – Der Machtkörper des neuimperialen Projekts in den USA, In: *Wissenschaft & Frieden*; http://www.iwif.de/wf404-22.htm

Diese Genien hecken ihre Pläne in zahlreichen Think Tanks, so genannten Think Tanks aus; eines dieser neuimperialen Hirnlaboratorien ist das weitläufig bekannte, präsente und einflussreiche, 1997 von William Kristol und Robert Kagan gebildete *Project for the New American Century* (PNAC), dem unter anderen Jeb Bush, Dick Cheney, Francis Fukuyama, Donald Kagan, Zalmay Khalilzad, Norman Podhoretz und Donald Rumsfeld angehören. Das PNAC operiert mit „Offenen Briefen" und strategischen Texten, und „betreibt als advocay-group deklaratorisch-propagandistische Pressure-Politik"; besonders in den 90er Jahren, als die Strategen ihren Einfluss auf die Regierung Clinton geltend machen wollten. Das PNAC ist allerdings auch ein Werkzeug zur Formung politischer Koalitionen. So organisierte das *Project for the New American Century* im Januar 1998 einen Brief von 18 Neokonservativen an den damaligen Präsidenten Clinton, in dem der Sturz von Saddam Hussein eingefordert wurde. Acht der Unterzeichner: Armitage, Bolton, Rumsfeld, das Mitglied des *Golden Circle* des USCFL Dobriansky, Khalilzad, Rodman, Wolfowitz und Zoellick – gehörten später der Bush-Regierung an. Am 20. September 2001, wenige Tage nach den Attentaten in New York, forderten die nunmehr an die Macht gekommenen „Kreuzzugsneokonservativen", so der amerikanische Autor Seymor Hirsh, erneut Saddams Sturz, „auch wenn die Beweise ihn nicht mit dem Angriff in Verbindung bringen."

Es gibt zahlreiche dieser Think Tanks, doch „geopolitisch relevant ist … das 1990 gegründete und publizistisch-strategisch ansetzende *Middle East Forum*, ein neokonservativer Think Tank, über den sich etwa Abrams, Dobriansky, Feith, Kirkpatrick, Ledeen, Perle, Pipes und Wurmser (sämtlich Mitglieder des *Golden Circle* des USCFL) engagieren."[57] Der genannte Leeden ist zugleich Stratege in einer der wichtigsten neokonservativen Think Tanks, dem *American Enterprise Institute* und sprach vor drei Jahren die neokonservative Philosophie mehr als deutlich aus: „Stabilität ist ein Auftrag, der Amerika nicht würdig ist. Wir möchten keine Stabilität im Iran, im Irak, in Syrien, im Libanon, ja sogar in Saudi-Arabien möchten wir keine Stabilität; was wir wollen, ist Wandel. Kreative Zerstö-

57 – Rilling, Rainer: Think Tanks – Der Machtkörper des neuimperialen Projekts in den USA, In: *Wissenschaft & Frieden*; http://www.iwif.de/wf404-22.htm

rung ist unser Mittel, ob es nun unsere Gesellschaft betrifft oder das Ausland."[58]

Ganz nach dem Geschmack der neokonservativen Sprachrohre, den Kommentatoren und Journalisten William Kristol und Robert Kagan vom *Weekly Standard*, die frohlockten, der Irakkrieg werde „sich ausbreiten auf eine Reihe von Staaten. Er wird dem Zusammenprall der Zivilisationen gleichen, den jeder zu vermeiden hoffte". Der jüdische Intellektuelle und Herausgeber des neokonservativen *Commentary*, Norman Podhoretz, einer der widerlichsten Ideologen innerhalb der neokonservativen Gang, forderte gar „den Vierten Weltkrieg – einen Krieg gegen den militanten Islam".

Das ist alles nicht neu. 1996 erstellte die *Study Group on a New Israeli Strategy Toward 2000*, eine Gruppe von Neokonservativen des in Washington und Jerusalem ansässigen privaten *The Institute for Advanced Strategy and Political Studies*, ein Planungsdokument mit dem Titel *A Clean Break: A New Strategy for Securing the Realm* (Ein sauberer Bruch: Eine neue Strategie zur Sicherung der Region) für den israelischen Premierminister Benjamin Netanjahu. In dem martialischen Pamphlet wurde Israel zur Abkehr von der Politik des Oslo-Friedensprozesses aufgefordert. Konkret schlugen die neokonservativen Strategen vor, Israel sollte das Abkommen mit den Palästinensern aufkündigen, mit seiner Armee in die palästinensischen Autonomiegebiete einmarschieren, hernach den Irak, Syrien, den Libanon und den Iran militärisch angreifen und die Regierungen dieser Länder stürzen. Die Gruppe, die das Schriftstück erarbeitet hatte, wurde von Richard Perle geleitet, mitgearbeitet hatten unter anderen Douglas Feith und David Wurmser; sämtlich Mitglieder im *Golden Circle* des USCFL.

---

58 – Ben: Neokonservative ‚Zerstörer'; http://www.zeitenschrift.com/news/usneokons.ihtml Zeitenschrift 2003

„Die folgenden Zitate stammen aus diesem Bericht mit dem Untertitel *Sicherung der nördlichen Grenze* (Auswahl, 8–14):

- «Syrien bedroht Israel von libanesischem Boden aus.»
- Israel sollte die Hisbollah, Syrien und den Iran als die Hauptaggressoren im Libanon angreifen durch:
  Angriffe auf militärische Einrichtungen der Syrer in Libanon und – falls sich das als ineffizient herausstellen sollte, Angriffe auf ausgewählte Ziele in Syrien selbst.
- «Angesichts der Beschaffenheit des Regimes in Damaskus ist es für Israel natürlich und moralisch vertretbar, den Slogan vom ‚umfassenden Frieden' aufzugeben und Schritte zur Eindämmung Syriens zu unternehmen, [...] sowie *Land gegen Frieden*-Deals auf den Golanhöhen zurückzuweisen.»

Und unter dem Untertitel *Bewegung in Richtung auf eine Strategie des traditionellen Machtgleichgewichts*:

- «Israel kann sein strategisches Umfeld in Zusammenarbeit mit der Türkei und mit Jordanien durch Schwächung, Eindämmung und Zurückdrängung von Syrien gestalten.»
- «Diese Anstrengung kann sich darauf konzentrieren, Saddam Hussein von seiner Machtposition im Irak zu entfernen – bereits für sich genommen ein wichtiges strategisches Ziel – als Mittel, um Syriens Ambitionen in der Region zu vereiteln.»
- «Damaskus befürchtet, dass eine natürliche Achse mit Israel auf der einen, Zentral-Irak und der Türkei auf der anderen Seite und Jordanien in der Mitte, Syrien einengen und von der saudischen Halbinsel abschneiden würde. Für Syrien wäre dies der Auftakt zu einer Neugestaltung der Karte des Nahen Ostens [...]»[59]

In dem Papier heißt es zudem, Israel solle „Teile der libanesischen Opposition benutzen, um die syrische Herrschaft im Libanon zu schwächen". Mit Israel verbündete libanesische Gruppen könn-

59 – Engdahl, William F.: Der Ölpreis und Libanon, Zeit-Fragen, 21.3.05; http://www.engdahl.oilgeopolitics.net/Auf_Deutsch/Libanon/libanon.html

ten „syrische militärische Ziele im Libanon angreifen", oder, „wenn sich das als nicht ausreichend erweisen sollte", dann könnte Israel selbst diese bzw. „ausgewählte Ziele in Syrien„[60] angreifen und so klarmachen, dass „syrisches Staatsgebiet nicht immun für Angriffe" ist. Selbstverständlich müsse das Saddam-Hussein-Regime im Irak gestürzt werden. Am Ende sollte ein „neuer Naher Osten" entstehen mit innerlich gespaltenen, schwachen Staaten mit Marionettenregierungen, während Israel die unangefochtene Hegemonialmacht der Region wäre.

Das ist ganz nach dem Geschmack von Daniel Pipes, Herausgeber jenes eingangs erwähnten „geopolitisch relevanten" *Middle East Forum* und berüchtigter Araberfresser. Pipes' *Middle East Forum* (MEF) fordert eine US-Politik im Mittleren Osten, die eine starke Allianz zu Israel, der Türkei und „anderen Demokratien, wenn sie entstehen" suchen soll, denn der Mittlere Osten, so Pipes, „sei eine Hauptquelle der Probleme für die Vereinigten Staaten wegen seiner Überfülle an Diktaturen, radikaler Ideologien, existentiellen Konflikten, Grenzkonflikten, politischer Gewalt und Massenvernichtungswaffen"[61].

Ein Großteil der Mitglieder des Exekutivkomitees des *Middle East Forum* scheinen jüdische Amerikaner zu sein, darunter der hartgesottene Likudnik David Steinmann; (Mitglied des *Golden Circle* des USCFL.) Das *Middle East Forum* veröffentlichte das *Middle East Quarterly* (MEQ), dessen Herausgeber Michael Rubin, der auch im *American Enterprise Institute* werkelt, wen wundert es, ebenfalls Mitglied im *Golden Circle* des USCFL ist. Rubin saß auch im Beratergremium des *Middle East Intelligence Bulletin* (MEIB), jene elektronische Monatspublikation des *US Committee for a Free Lebanon*, die sich auf die Analyse der libanesischen Politik konzentriert hatte. Das USCFL und das *Middle East Forum* gaben das MEIB gemeinsam heraus – verwirrend. Und Gary Gambill, der jetzt bei *Freedom House*, eine Brutstätte des Geheimdienstes CIA, arbeitet und zudem für die *Jamestown Foundation* schreibt, war der verantwortliche Redakteur des MEIB. Angemerkt sei noch: Das *Middle East Intelligence Bulletin* stellte seine Arbeit im

---

60 – A Clean Break: A New Strategy for Securing the Realm; http://www.iasps.org/strat1.htm

61 – Middle East Forum: About the Middle East Forum; http://www.meforum.org/about.php

Sommer 2004 ein, nachdem abzusehen war, dass sich im Libanon und in Syrien eine „gesellschaftspolitische“ Veränderung anbahnt.

Dann ist es auch keine Überraschung mehr, dass Ziad K. Abdelnour, Präsident des *United States Committee for a Free Lebanon* im *Board of Governors*[62] von Pipes' *Middle East Forum* sitzt und in der Expertenliste[63] des MEF als Experte in Sachen Islam, Islamismus und Mittlerer Osten ausgewiesen ist.

Abdelnour und Pipes verbindet eine unheimliche Liaison; beide veröffentlichten im Mai 2000 ihre innerhalb der so genannten *Lebanon Study Group* erarbeitete Studie *Ending Syria's Occupation of Lebanon: The U.S. Role*; ein Kriegspapier, das einen Militäreinsatz gegen Syrien forderte, um die angeblich dort gebunkerten Massenvernichtungswaffen zu zerstören und Syriens militärische Präsenz im Libanon zu beenden. „Der Bericht registrierte eine neue Ära unbestrittener militärischer Überlegenheit der USA zusammen mit einem spürbaren Sinken der Menschenverluste auf dem Schlachtfeld und forderte unter Hinweis auf den Golfkrieg von 1991 und den Kosovokrieg von 1999 eine vergleichbare Entscheidung der USA, um für die Wiederherstellung der Freiheit Libanons zu handeln.“[64] Das „Werk“ wurde zuerst in Pipes' *Middle East Forum* veröffentlicht und betonte, das „syrische Regiment im Libanon stehe in direkter Opposition zu den amerikanischen Idealen“, und widerspiegele Washingtons Gewohnheit, sich seit 1983 eher mit dem Regime zu engagieren, als auf Konfrontation zu setzen. In Damaskus säße die einzige Regierung, mit der Washington volle diplomatische Beziehungen pflege und die zugleich auf der „Terrorliste“ stehe. Wegen der Gefahr angeblicher syrischer Massenvernichtungswaffen forderten sie ein schnelles Handeln, besser früher als später, und drängten in dem Schreiben auf eine Politik der Konfrontation, beginnend mit wirksamen ökonomischen und diplomatischen Sanktionen und endend mit einem militärischen Einsatz, um Syrien aus dem Libanon zu verdrängen. Die beiden Verfasser krochen dem „mächtigsten“ Mann der Welt mit dem

62 – http://www.meforum.org/governors.php
63 – http://www.meforum.org/experts.php
64 – transition to democratic capitalism, rbi-Dossier: die Neokonservativen; http://www.rbi-aktuell.de/cms/front_content. php?client=1&lang=1&idcat=46&idart=691

Argument zu Kreuze, dass sich Syriens „Befähigung für Massenvernichtungswaffen ausweite“.
Viele der Gesichter in der US-Administration, die sich für den Waffengang gegen Saddam Hussein im Jahre 2003 stark gemacht hatten, standen auch im Jahr 2000 hinter dem Abdelnour-Pipes-Angriffspakt; sämtliche 31 Unterzeichner des Berichts sind selbstredend Mitglieder des *Golden Circle* des USCFL. Der Bericht wurde in der Folge auch verwendet, um dem US-Kongress die Notwendigkeit der Einführung und Verabschiedung des *Syria Accountability and Lebanese Sovereignty Restoration Act* zu verklickern, den das Repräsentantenhaus am 15. Oktober 2003 unterzeichnet und Präsident Bush am 12. Dezember 2003 ratifiziert hatte: Im Grunde ein Basispapier für den anzustrebenden „Regimewechsel“ in Syrien. David Wurmser, Mitglied des *Golden Circle* und seit Jahren Fürsprecher von Militärschlägen gegen Syrien, wurde in jener Zeit in den Stab des US-Vizepräsidenten Cheney berufen.
Folgerichtig, denn Abdelnour wusste bereits im Juli 2002, dass „der beste Weg, Frieden für die Libanesen zu erreichen, nur über amerikanische Politik“ funktioniere: „Der Krieg im Libanon wird nicht im Mittleren Osten ausgetragen. Auch nicht im Libanon. Auch nicht auf libanesischem Boden. Wir werden niemals auf libanesischem Boden gewinnen. Das wird in Washington gespielt.“ Abdelnour hatte seinem Geburtsland, von dem er behauptete, „es ist ein Gestapo-Staat, exakt wie das von Nazi-Deutschland okkupierte Frankreich“[65] längst den totalen Krieg angesagt.

Master Big

Verlockende Bonanza in der Levante · Wie Israel und Libanon gemeinsam den Kapitalismus im Mittleren Osten einführen sollen · Begüterte Landsmannschaften lauern im Exil · Exilanten fordern Schulterschluss zwischen Juden, Christen und Minderheiten gegen die Araber · Abdelnour nimmt teil an der Neuaufteilung Westasiens

Am 20. April 1992 spendete Ziad K. Abdelnour, in jener längst verflossenen Zeit angestellt bei *Laidlaw Holdings*, dem so genannten *Friends of Lebanon Dinner Committee* 1.000 Dollar.[66] Offen-

65 – Steele, Mandy: Lebanese seek end to Syrian stranglehold, *WorldNet Daily*, 15.7.2002; http://www.freelebanon.org/articles/a279.htm

bar waren die Zeiten noch gut, und die Herren beliebten, üppig zum Wohle der fernen Heimat zu speisen und sich ihr in ebenso üppiger Sehnsucht hinzugeben. Auch im Juni 1995 zeigte Ziad K. Abdelnour, damals Gesellschafter bei *Continuum Capital*, Inc., eine private Bank für Investment und Handel in New York City, auf den ersten Blick eine völlig andere Affinität zu seinem Geburtsland, als er sie in der jüngeren Epoche an den Tag legt. In seinem Beitrag *Lebanon: Israel's True Partner?*[67] in Daniel Pipes' *Middle East Quarterly* lobte er vollmundig die Bemühungen der Regierung in Beirut und deren „tatsächliche Versuche zur ökonomischen Stabilisierung". Überhaupt, so behauptete Abdelnour, böte die „ökonomische Wiedergeburt" des Landes nach dem jüngsten und verheerenden Bürgerkrieg, „eine ausgezeichnete Gelegenheit für Investoren aus Übersee", denn „Libanon ist unabhängig der syrischen Dominanz das demokratischste Land in der arabischen Welt. Nur im Libanon wird das Staatsoberhaupt von den Vertretern der Wählerschaft gewählt."
Doch in Wahrheit ging es dem Geschäftsmann bereits damals weniger um „Demokratie" noch um „Freiheit"; hinter all der politischen Salbaderei verbargen sich handfeste geschäftliche Begierden. Abdelnour hing einem Beirut nach, das zwanzig Jahre zuvor eine „kosmopolitische Metropole" mit französischem Flair gewesen war und im Bankwesen mit Genf konkurrieren konnte. Die Finanzgeschäfte in der Stadt waren damals „völlig frei von Beschränkungen", und „jedermann konnte jedes Kapital, einschließlich Gold und andere Edelmetalle transferieren", schwärmte der Exillibanese. Die Banken, so keimte in ihm die Erinnerung auf, operierten unter „strikterer Geheimhaltung" als in der Schweiz.

Und schon bald träumte er gemeinsam mit der israelischen Führung von der Installation einer *Middle East Bank für Wiederaufbau und Entwicklung*, ein Projekt, das auch die Amerikaner voll unterstützen wollten. Die Bank sollte mittelfristige Finanzierungen für Jointventures gewährleisten, Gelder locker machen für lokale Unternehmen und Projekte für die Wasserversorgung und

---

66 – ABDELNOUR, ZIAD K, NEW YORK, NY 10022, LAIDLAW HOLDINGS Rahall, Nick J II (D), House (WV 03), FRIENDS OF LEBANON DINNER COMMITTEE $1000, primary 04/20/92
http://www.newsmeat.com/fec/bystate_detail.php?st=NY&last=abdelnour

67 – Abdelnour, Ziad K.: Lebanon: Israel's True Partner?; *Middle East Quarterly*, June 1995; http://www.meforum.org/article/252

den Ausbau von Verkehrswegen und Tourismus fördern. Eigentlich kein schlechtes Vorhaben. Allerdings wehrten sich alle arabischen Staaten gegen einen solchen „gemeinsamen Markt“, da sie nämlich aus gutem Grund eine wirtschaftliche Dominanz des Staates Israel befürchteten. Ahmad Bin Humayd Al-Tayir, Staatsminister für finanzielle und industrielle Angelegenheiten der Vereinigten Arabischen Emirate, warnte damals: „Ehe wir über den Aufbau eines gemeinsamen Marktes im Mittleren Osten sprechen oder nachdenken, muss in Sicherheits- und ökonomischen Interessen ein Gleichgewicht zwischen den Arabern und Israel hergestellt werden, und die Interessen der arabischen Welt auf politischen, sozialen und ökonomischen Gebieten müssen garantiert sein gegen Pläne, uns zu dominieren …“[68] Abdelnour holte sich daraufhin telefonischen Rat bei Ishac Diwan, führender Wirtschaftler an der *World Bank*. Der glaubte, „arabische Staaten wie Syrien und Irak, die über eine industrielle Basis verfügen“, würden sich keinesfalls in Richtung Israel öffnen. Zudem, so betonte der Ökonom, sei „Israel nicht groß genug, um die Rolle einer Lokomotive zu spielen; die Langsamkeit und die unebene Natur des Friedensprozesses machen solch eine Strategie riskant, und es sei sehr unwahrscheinlich, dass solch ein Deal genügend Vertrauen bewirken würde, um Kapital und Investitionen anzuziehen“.

Da offenbar mit den widerspenstigen Arabern kein „Pferd zu klauen“ war, hievte der New Yorker Geldjongleur das Projekt *Middle East Bank* auf ein nahezu neokoloniales Level. Mit dem Esprit eines Herrenmenschen konstatierte er, „die Zeiten hätten deutlich gemacht, dass arabische Muslime und israelische Juden nicht einfach mit der geschäftlichen Zusammenarbeit beginnen können“, weil es „zwei hauptsächliche Hindernisse“ gäbe: „kulturelle Differenzen und die Furcht der Araber vor Israel“. Zudem seien die „Israelis geradeheraus, aggressiv und wollen alles zu Ende bringen, während die Araber zu einer langsameren Gangart neigen und dazu tendieren, eine Angelegenheit beständig zu diskutieren, ehe sie eine Entscheidung treffen. Daher ist das Potential für Missverständnisse sehr hoch … besonders in Politik und Religion.“

Um Abdelnours neokoloniale Kopfgeburt auf den Punkt zu bringen: Er schlug dem Staat, dem er seit Jahren den Rücken gekehrt

---

68 – *The New York Times*, 16. Februar 1995.

hatte, vor, eine „potentielle Partnerschaft zwischen dem Staat Israel und der Republik Libanon könne den Mittleren Osten umkrempeln und einen extrem attraktiven neu entstehenden Markt erschaffen." Seiner Meinung nach war es an der Zeit, dass sich die beiden nicht-muslimischen(!) Staaten näher kommen, „weil jeder den anderen benötigt" und weil sie ein „demokratischer Geist" verbindet. angesichts des „entmutigenden Einflusses ihrer nichtdemokratischen Nachbarn".

Dann ließ der Businessman endlich die Katze aus dem Sack: Besonders die Libanesen würden sich aufgrund „ihres hohen Niveaus an westlicher Bildung und der Orientierung an den Westen", besonders an die USA, „ideal eignen", die „Brücke zwischen Israel und den Arabern" zu bilden, denn „die Geschicklichkeit der Libanesen würde neue und kreative Wege in der Region durch Integration der israelischen Wirtschaft entdecken". Israel benötige zum Beispiel Kapital und Abdelnour weissagte, „zu gegebener Zeit könnten israelische Unternehmen auf dem Beiruter Kapitalmarkt zeichnen", der für die „beispiellose libanesische Fähigkeit steht, Kapital zu steigern", oder Libanon könne auch versuchen, „israelischen Unternehmen einen Zugang zu privaten saudiarabischen Geldern zu verschaffen". Zudem wäre es möglich, die „libanesisch-israelische Küstenlinie zu einem Monte Carlo des Mittleren Osten" umzugestalten. In dem Finanzreigen müssten allerdings die kapitalträchtigsten aller 14 Millionen im Exil lebenden Libanesen einen Platz finden: „90 Prozent von ihnen sind Christen; allesamt verfügen über Kapitalreserven von 35 bis 40 Milliarden Dollar." Weniger als zehn Prozent dieses Kapitals wurden bis dato im Libanon investiert.

Abdelnour palaverte offenbar über seine eigenen Geschäftstriebe und die seiner „stinkreichen" Landsmannschaften im US-amerikanischen, kanadischen oder australischen Exil. Allerdings war für eine derart breit angelegte kapitalistische Transformation des Libanon noch ein kleiner Haken geradezubiegen, denn sowohl die syrische Regierung als auch die muslimische Bevölkerungsschicht im Libanon hatte für derartige Spielchen mit dem Mammon kein Interesse; zudem befand sich Libanon im Kriegszustand mit Israel.
Abdelnour dachte daher bereits um 1995 über eine Lösung nach und kam zu dem Schluss, man müsse einen gesellschaftlichen Wan-

del im Libanon bewirken, allerdings einen „Wandel von außen, nicht von innen“. Daher riet er, „Libanesen, Juden und amerikanische Libanesen (sollten) ihre Kräfte bündeln und Druck auf die Regierung der Vereinigten Staaten ausüben“, damit Washington die syrische Okkupation im Libanon verdamme. Dass es sich bei diesen „Libanesen“ ausschließlich um den Bevölkerungsanteil der christlichen Maroniten handelte, verschwieg er dabei kurzerhand und wollte zudem das „Problem“ der syrischen Besatzung in den Friedensprozess eingebettet wissen. Weitere Forderungen Syrien betreffend, die der Banker und Kapitalist in dem Zusammenhang vor nahezu zehn Jahren formuliert hatte, bestimmten im Jahr 2005 die Tagesordnung der Bush-Administration in ihrem Verhältnis zu Damaskus: Zerschlagen der Achse Teheran-Damaskus-Hisbollah; Entwaffnung der Hisbollah im südlichen Libanon; diplomatischer und wirtschaftlicher Druck auf Syrien. Abdelnour schwärmte damals, bei Erledigung der Vorgaben könnte ein Prozess in Gang gebracht werden, der „zum Wiedererwachen eines unabhängigen Libanon führen“ und von dem vor allem „Israel, die Region und die Vereinigten Staaten selbst profitieren“ könnten.

Knapp zwei Jahre später, am 10. April 1997, sorgte Abdelnour endlich für eine pseudowissenschaftliche Untermauerung seiner These, warum die Libanesen, sprich die christlichen Maroniten, mit den Israelis Schulterschluss üben sollen. In einer Grußbotschaft an die von ihm gesponserte Vortragsreihe *Ziad Abdelnour Middle East Lecture*, die an jenem Tage an der *Florida-Atlantic-Universität* stattfand, schrieb er, die Veranstaltung möge doch „zur Emanzipation der Christen im Mittleren Osten führen“. Abdelnour, damals Chef der *Arab Bankers Association of North America*, hatte Mordechai Nisan, einen jüdischen Professor an der *Hebrew-Universität*, eingeladen, der über „Israel und die Minderheiten im Mittleren Osten. Freunde oder Feinde“ orakeln durfte und im warmen Florida eiskalt den unwissenschaftlichen Humbug verbreitete, „kleine Völker wären diejenigen, die sich keiner nationalen Heimat erfreuen, wie Kurden, Berber, Kopten oder deren Land von einer benachbarten Macht dominiert werde – wie die Maroniten im Libanon“. Nisan hatte sein Professorenherz für die christlichen Minderheiten entdeckt, und die Schicksale der zehn Millionen Kopten in Ägypten, die dort „politisch, religiös und ökonomisch verfolgt“ werden und ein besonderes Ziel für „muslimische Fundamentalisten bilden“, erregten ihn ebenso wie der Leidensweg der Maroniten aus

dem Libanon, die „heute die syrische Okkupation und islamische Dominanz" erdulden. Da nun, so erdreistete sich der „Gelehrte" zu verallgemeinern, der Islam „Christen und Juden als Menschen zweiter Klasse betrachte", der „Staat Israel ein Traum für viele nicht-muslimische Minderheiten" sei und „Christen heutzutage von muslimischen Regimes, die gleichermaßen nach Zerstörung Israels trachten, unterdrückt werden", seien die Gemeinsamkeiten zwischen Juden und Christen größer als die Feinseligkeiten. Allein diese Feststellungen veranlassten den offenbar ideologisch überdrehten Professor zu dem Fazit, „eine Allianz zwischen Israel und den Christen sei ein Muss". Freudig betonte er, „seit 1977 hätte Israel auch die Christen im Libanon, besonders die im Süden, verschiedenartig unterstützt. Nicht alle diese Initiativen waren erfolgreich, aber die Kanäle zwischen Israel und den Minderheiten im Mittleren Osten seien geöffnet." Nisan umschrieb mit den „Christen" gekonnt die Einheiten der *South Lebanon Army* (SLA), die im 15jährigen libanesischen Bürgerkrieg mit den Israelis kollaboriert hatten, hernach in alle Welt flüchten mussten und von denen wohl einige Repräsentanten unter den 500 Zuhörern saßen. Nisan empfahl, gerade in einer Zeit „zunehmender Versuche der arabischen Welt Israel auszulöschen", sollte der „jüdische Staat solide Brücken zu den kleinen Völkern, allen voran zu den geographischen Nachbarn, den Christen des Libanon" bauen.
Das hörte man im Auditorium gern. Joseph Hage, damals Student an der *Florida-International-Universität* und Vertreter der *World Lebanese Organization* sprach dem Geldmann Abdelnour aus der Seele, als er anmerkte, „die wirtschaftlichen Beziehungen zwischen Israel und den libanesischen Christen können Lösungen für beide Wirtschaften erbringen; jedoch verbietet sich eine Entwicklung wegen der Okkupation des Libanon durch Syrien."
Dr. Walid Phares, ein Professor für Politwissenschaften und „Experte für Angelegenheiten des Mittleren Ostens", der das pseudowissenschaftliche Ereignis präsentierte, sprach von dessen „akademischer Einzigartigkeit". Dr. Murray Kahl, Direktor des medialen Internetnetzwerks *Conference for Middle East Peace* (CMEP), sprach die Rollen „der Amerikaner beim Schmieden der Allianz" und die der amerikanisch-jüdischen Gemeinschaft und

69 – Israel Must Build Alliances With Non-Arab Minorities In The Middle East; *Mideast Newswire*, April 15, 1997; http://www.falangist.com/news2.htm

des *Middle East Christian Committee* „in Vorbereitung eines solchen Projektes“ an.[69]

Am 15. August 1998 ersuchte Ziad K. Abdelnour als Präsident und Vorsitzender des Finanzausschusses des *United States Committee for a Free Lebanon*, die via Internet agierende, in den USA ansässige Interessengruppe *Campaign for Good Governance in Lebanon* (CGGL) um „wortgetreue“ Veröffentlichung seines „Briefes“. Die CGGL, eine seit 1994 bestehende Gruppe von Libanesen mit „weltlicher und humanistischer Orientierung“, die die Konstitution einer „guten und modernen Staatsführung im Libanon“ auf der Agenda hatte, entsprach dem Ansinnen und veröffentlichte die Zuschrift unter dem Titel *Die syrische Idioten und ihre libanesischen Sklaven.* In der Schmähschrift, anders kann man den Abdelnourschen Geisteserguss nicht bezeichnen, forderte er die Landsleute auf, „das Kinn hochzuhalten“ und sich „von niemandem von der Befreiung des Libanon abschrecken zu lassen; weder von den syrischen Idioten, welche die Knalltüten in der libanesischen Regierung kontrollieren noch von irgendwelchen wahnsinnigen Mullahs, die sich umbringen wollen, damit ihnen der Zutritt zum Himmel garantiert“ werde. Zudem forderte der aufgeregte Banker die Leser auf, nicht zu vergessen, dass alles, „was durch Gewalt genommen worden ist einzig, und allein durch Gewalt wieder gewonnen werden könne“.

Obwohl Abdelnour in dem „Brief“ katzbuckelte, der „Libanon benötige hunderte solcher Organisationen (wie die CGGL)“ und den Fingerzeig gab, dass seine Organisation eine „sehr ähnliche Agenda“ hätte, schmetterten die Verantwortlichen der *Campaign for Good Governance in Lebanon* die Kerngedanken des Briefes ab und versetzten dem Verfasser in einer Stellungnahme auf ihrer Internetseite einen harschen Dämpfer: „Während wir nicht glauben, dass die ‚Syrer‘ (oder irgendwelche anderen Menschen) ein Haufen von Idioten sind, sind wir aber gewiss, dass es mehr libanesische Idioten gibt, als unser Land zu vertragen vermag.“[70]

Kaum hatte sich der Staub der Zwillingstürme in New York gesetzt und Präsident Bush mitsamt seiner dämonischen Crew den Gegner aller heutigen und künftigen Zivilisationen unter einigen

---

70 – http://www.cggl.org/scripts/letter.asp?id=31

tausend terroristischen Turbanen im afghanischen Hochland ausgemacht, trafen sich die *Globalplayer* zu ersten neokolonialen Sandkastenspielen. In guter Hoffnung – denn der Krieg, weit weg natürlich, in Asien, vielleicht auch bald im Mittleren Osten gegen Saddam Husseins Ölland, war nicht mehr abzuwenden – begannen die Geschäftsleute, wenn auch vorerst nur imaginär, die zu erobernden Terrains und zu gewinnenden neuen Einflusssphären wie die Haifische zu zerfetzen. Die Geschäftemacher verpackten die neokolonialen Gelüste gegenüber der profanen Außenwelt in eine seltsame Sprache, die, so paradox es klingen mag, dadurch mitunter einen nicht ganz unangenehmen philanthropischen Anstrich erhielten.

So geschehen anlässlich des *Wharton 2001 Global Business Forums*, das am 1. Dezember 2001 in Philadelphia über die Bühne gegangen war; taufrisch sozusagen eine unmittelbare Reaktion auf den 11. September, der ja einen länger dauernden Kreuzzug versprach, bei dem abgesahnt werden konnte. Die Herren des Forums hatten sich die Thematik *Vom Arabischen Meer zur Mittelmeerküste: Der Übergang der Geschäfte ins 21. Jahrhundert* vorgeknöpft, und ein gewisser Dilawar Syed, Mitglied der *Organisation pakistanischer Unternehmer von Nordamerika (OPEN)*, Vorsitzender und Ausrichter dieser *Wharton West Asia Conference*, tat sich nicht entblöden, die unverhohlenen Begierden der Geldsäcke so zu umschreiben: „Beim Übergang der Welt in das nächste Jahrhundert steht die ökonomische Umwandlung Westasiens vor einzigartigen Gelegenheiten und Herausforderungen. Gesegnet mit einem dynamischen Arbeitskräftepotential, großzügigen Energieressourcen und einem unternehmerischen Eifer winkt Westasien der Welt zu, an seinem Marsch in Richtung seiner ökonomischen und sozialen Entwicklung mitzuwirken. Mit kombinierten Wirtschaftssystemen von über 250 Milliarden Dollar sind Pakistan und die Nationen im Mittleren Osten – Bahrain, Jordanien, Kuwait, Oman, Saudi-Arabien, Katar und die Vereinigten Arabischen Emirate – begierig darauf, eine lebendige Rolle in einer in zunehmendem Maße globalen Wirtschaft zu spielen. Wie der Westen beklagt Asien die Tragödien vom 11. September und steht Schulter an Schulter mit der Weltgemeinschaft; es gibt eine erneuerte Entschlossenheit in der Region, sich beharrlich auf dem Weg zum ökonomischen und sozialen Fortschritt zu bemühen."

Unter den Begierigen, die sich auf die Mitgliederliste jener Konferenz über die künftige ökonomische und geostrategische Aufteilung Westasiens setzen ließen, fanden sich neben „Seiner Königlichen Hoheit" Prinz Firas bin Raad von Jordanien, Mister Tjaarda P. Storm van Leeuwen von der *World Bank*, Vertreter der *Citibank Middle East*, der *Arab Banking Corporation* in New York, der *Deutschen Bank*, der *Credit Suisse First Boston*, Ökonomen der *Global Energy Group* und *Petroleum Finance Company* auch Ziad Khalil Abdelnour, Managing Partner bei *TechCapital Access LLC* und Präsident des USCFL. Gemeinsam mit der Truppe diskutierte er die Entwicklung der Kapitalmärkte in der dortigen Region, die vorhandenen Energieressourcen und deren Einfluss auf die Weltwirtschaft. Zudem erforschten die Spezialisten „die Marktdynamik von Energie und (hoben) die wachsende Rolle der Länder im Mittleren Osten bei den Gaslieferungen für die Welt hervor". Von besonderem Interesse war auch der Austausch von „Erfahrungen und Geschäftsvorstellungen für die zukünftige Entwicklung auf den Feldern Öl, Gas und Energie im Mittleren Osten und in Pakistan".[71]

Wie dem auch sei, auch wenn sich die Damen und Herren den Kopf über die Zukunft einer Weltgegend zerbrochen haben, die fern von ihrem heimatlichen Kamin ist, kam für das „Sachgebiet ökonomische Belange des Libanon" nur ein Fachmann in Frage, nämlich der *Wharton*-Absolvent Ziad K. Abdelnour.

Rod Dreher, ein amerikanischer Journalist, interviewte Abdelnour Ende 2002 und erkannte, „ein freier und weltlicher Libanon würde auch vom Wissen und der Erfahrung der Ausgebürgerten profitieren, die jetzt in den USA leben. Abdelnour, 41, vor dem Krieg (im Libanon) geflohen, Wirtschaftsabschluss an der *Wharton School*, und zu Wohlstand gelangt in Amerika, sagte, er und seine muslimischen Freunde aus dem Libanon, die alle die gleiche Erfahrung gemacht haben, hatten von ihrer Wahlheimat (den USA) die Tugenden der weltlichen Demokratie, der freien Märkte und der Gesetzgebung gelernt." Mit soviel Freiheit im Bauch jubelte Abdelnour dem Dreher zu: „Diese Jungens (Muslime) sind die Besten der Besten. Sie besuchten die *Harvard Business School*, das sind großartige Kerle. Überhaupt nicht sektiererisch. Sie wollen das Land ebenfalls neu aufbauen"[72] und, das vergaß er zu sagen,

71 – Wharton Global Business Forum, Arabian Sea to Mediterranean Shores: Transitioning Business in the 21st Century, 1.12.2001; http://www.whartonglobal.com/wgbf2001/westasia/index.asp

natürlich auch fett daran verdienen. Im Bereich der Hochfinanz spielt dann Hautfarbe oder Intellekt oder Krümmungsgrad der Haare keine Rolle mehr.

Im April 2003 ließ der Geschäftsmann Abdelnour dann auch endlich mal die Katze aus dem Sack, nahm sich sein Heimatland zur Brust und verkündete, dass die reichen Exillibanesen ihre ganz eigenen wirtschaftlichen Pläne für den Libanon und natürlich auch für die dort lebenden Menschen, um deren Wohl es ihnen ja schließlich gehe, in der Tasche haben. In umstürzlerischer Euphorie – offenbar war für ihn die „Befreiung des Libanon von der syrischen Hegemonie" angesichts des amerikanischen Raubzuges im Irak in greifbare Nähe gerückt – verkündete er in der neokonservativen *New York Sun*: „Da gibt es eine sehr große, wohlhabende libanesische Diaspora, die zurückkommen und investieren wird. Da gibt es eine sehr große unternehmerische Klasse in Syrien und im Libanon. Da gibt es ein unglaubliches Reservoir an Talenten in der Region, die das Potential haben, dort bedeutende Demokratien zu bauen, kapitalistische Nationen. Aber die Leute wandern wegen der dortigen Regimes ab. Da wandern sehr viele Fachkräfte und Finanzen ab. Regimewechsel in diesen Ländern würden viele dieser Leute zurück und zum Investieren bringen ... Ich habe keine andere Tagesordnung, als mein Heimatland zu befreien und den Libanon zu einer Bastion des Kapitalismus und der Demokratie im arabischen Mittleren Osten zu machen; ein Leuchtturm für die besten und hellsten Kapitalisten und Demokratisierer in der Region." Auf die Frage, ob er denn zurückgehen würde, wenn der Libanon frei sei, antwortete er unverhohlen: „Ich würde der Erste sein, der zurück geht, sobald der Libanon frei ist; und so auch Millionen wohlhabende und leistungsfähige Libanesen, die über 100 Milliarden Dollar außerhalb des Libanons verfügen. Die Leute werden jedoch nie zurückkommen, wenn ihr finanzielles Kapital eine Geisel der politischen Situation ist, egal wie oft Premierminister Rafiq Hariri versucht, die Libanesen vom Gegenteil zu überzeugen. Die Leute sind nicht dumm."[73]

---

72 – Dreher, Rod: Out of Lebanon. The fate of Christians, the fate of a country, *National Review*, 23.12.2002; http://www.findarticles.com/p/articles/mi_m1282/is_24_54/ai_95056789

73 – Daifallah, Adam: Interview with USCFL President Ziad K. Abdelnour, *New York Sun*, 21.4.2003; http://www.freelebanon.org/testimonies/t71.htm

Drei Monate später, im Mai 2003, nahm Businessman Ziad K. Abdelnour die Ökonomie der arabischen Welt unter die Lupe und stellte fest, das Pro-Kopf-Einkommen sei dort gerade mal mit einer jährlichen Rate von 0,5 Prozent im letzten Viertel des vergangenen Jahrhunderts gewachsen. Und das alles „trotz der Segnung" der Region „mit massiven Quantitäten an schwarzem Gold". Zudem, so Abdelnour, zeigten internationale Investoren wenig Interesse: „Kurz gesagt, die arabische Welt ist kein großer Platz, um Geschäfte zu machen." Das Problem lag seiner Ansicht nach darin, dass die Geldmärkte in der arabischen Welt das Kapital nicht produktiv und leistungsfähig lenken, und Monopolstellungen im öffentlichen Sektor sowie Beschränkungen für Ausländer in der Teilhaberschaft an Unternehmen bis hin zur allgegenwärtigen Korruption die Produktivität lähmen. Die „Demokratisierung des Kapitals", so der Mann von der Wall Street, würde das ökonomische Wachstum ankurbeln; unter anderem hätten Kleinbetriebe dann Zugang zum Kapital, was den Firmenstart erträglicher machen würde. Diese Verschiebung hin zu allgemeinen Kapitalmärkten, er zitiert einen gewissen Michael Milken, „würde einen Tsunami mit mehr als 50 Millionen neuen Jobs entfesseln, die durch wachsende, unternehmerische Firmen geschaffen werden." Dann kam er endlich auf den Punkt: „Westliche Firmen", so Abdelnour, „die rechtzeitig im postkommunistischen Russland und in Osteuropa investiert hatten, wurden reich belohnt und sind bemüht, diesen Erfolg in anderen Bereichen mit ‚noch nicht angezapftem' Potential zu wiederholen. Die wahre Herausforderung für arabische Regierungen sei", schlussfolgerte er, „sich politisch der New Economy anzupassen."[74]

Apropos Michael Milken. Der „Wall-Street-König" war in den 80er Jahren durch Wertpapiergeschäfte zum Milliardär geworden. Allein 1987 „verdiente" er etwa 550 Millionen Dollar. Im März 1989 kam es im Zusammenhang mit diesen Deals zu einer Anklage wegen Betruges in 98 Punkten. Milken wurde zu zehn Jahren Gefängnis verurteilt; später setzten die Justizbehörden die Haftzeit auf zwei Jahre herunter. Der Ex-Ganove musste mehr als eine Milliarde Dollar an Geldstrafen und Entschädigungen zahlen. Der Weiße-Kragen-Kriminelle verfügt über bedeutende Kontakte

74 – Abdelnour, Ziad K.: Democratization of Capital in the Arab World, Middle East Intelligence Bulletin, Mai 2003; http://www.meib.org/articles/0305_me1.htm

bis hoch hinauf in die einflussreichsten Sphären von Wirtschaft und Politik in den USA, und sein *Milken Institute* steht im Ruf, ein moderner *Think Tank* für Wirtschaftswissenschaften zu sein. Medienmogule wie Ted Turner und Rupert Murdoch zählen selbstredend zu seinen persönlichen Freunden. Und noch eins: 1986, das Jahr, in dem Milken seine Firma *Drexel Burnham Lambert* durch die dubiosen Geschäfte zur profitabelsten an der Wall Street machte, besetzte Abdelnour dort den Posten eines Vizepräsidenten.[75] Abdelnour sollte fünf lange Jahre unter den Fittichen dieses halbseidenen Geldsackes arbeiten und lernen und später nie einen Hehl aus seinem wirtschaftlichen Interesse am Heimatland Libanon machen. Er versuchte, auch nie zu verbergen, wie er das alles zu erreichen gedachte.

75 – http://www.whoswho-online.com/search.cgi?t=a_a=Abdelnour%0187962557 27236

DIE ISRAEL-CONNECTION

Wie das *United States Committee for a Free Lebanon* (USCFL) und die *Government of Free Lebanon in Exile* diverse „Kampfgenossen" – *Forces Libanaises (FL)*, *Guardians of the Cedars*, ehemalige Angehörige der *South Lebanon Army* (SLA) – in der „Résistance" bündelt, wobei sich das Ganze einer geheimdienstlichen Duftmarke nicht erwehren kann.

Suche nach dem *Missinglink*

Im israelischen und amerikanischen Exil untergetauchte „Kollaborateure" wollen in Beirut an die Hebel der Macht · Wie Abdelnour und das USCFL mit diesen „Verrätern" am Staat Libanon heimlich paktiert und es doch leugnet

Im Jahre 1863 behauptete der deutsche Naturforscher, Philosoph und Darwinist Ernst Haeckel (1834 bis 1919) auf der Naturforscherversammlung von Stettin, Mensch und Affen hätten gemeinsame Vorfahren. Folglich musste es einen Affenmenschen gegeben haben, der zwischen Äffischem und Menschlichem die Waage hielt und im Erdreich Knochenfragmente oder Versteinerungen hinterlassen hatte. Das Wort *Missinglink*, fehlendes Zwischenglied, kam auf. Eugen Dubois, ein junger holländischer Arzt und Wissenschaftler, ging auf die Suche und entdeckte 1890 in den Ablagerungen des Solo-Flusses nahe Trinil in Zentraljava, ein kleines Stück eines menschlichen Kiefers und einige Zähne; im Jahr darauf ein Schädeldach. Er nannte den Urmenschen von Trinil *Pithecanthropus erectus*, aufrecht gehender Affenmensch. Die breite Wissenschaft lachte ihn aus. 1930 fand der deutsche Wissenschaftler Gustav Heinrich Ralph von Koenigswald unweit von Trinil Steinwerkzeuge und Knochenbruchstücke, aus denen er den Schädel des *Java-Menschen* rekonstruierte. Der zeigte große Ähnlichkeiten mit dem Fund von Dubois und hob sich mit einem Gehirnvolumen von 775 Kubikzentimetern klar von allen damals bekannten fossilen Menschenaffen ab. Das *Missinglink* war gefunden, und die Weltöffentlichkeit musste Dubois rehabilitieren. Seit den 60er Jahren des vergangenen Jahrhunderts verwendet die Wissenschaft für den *Java-Menschen* die Bezeichnung *Homo erectus*, aufrecht gehender Mensch.

Um den Nachweis eines anderen „fehlenden Zwischengliedes" geht es in den folgenden Betrachtungen. Allerdings steht nicht die Suche von Steinwerkzeugen oder Knochenfragmenten lange vor unserer Zeit ausgestorbener Vorfahren auf der Tagesordnung; nein, es geht um den Antritt des Beweises von real existierenden und handfesten Beziehungen zwischen zwei von Exillibanesen gegründeten Körperschaften mit gleichgeschalteter politischer Schlachtordnung, dem uns bekannten *United States Committee for a Free Lebanon* und der so genannten *Government of Free Lebanon in Exile*. Beide leugnen eine gegenseitige Zusammenarbeit und weisen jedwede diesbezügliche Andeutung strikt von sich. Das hat Gründe. Um nur einen zu nennen: Die *Government of Free Lebanon in Exile* mit Sitz in Washington und Jerusalem macht sich unter anderem für die Rückkehr von Tausenden ehemaligen Mitgliedern der *South Lebanon Army* in den Libanon stark, die während des fünfzehnjährigen Bürgerkrieges im Land der Zedern auf Seiten der israelischen Besatzungsmacht gegen die eigenen Landsleute gekämpft haben und aus Furcht vor einer Verurteilung wegen „Kollaboration mit dem Feind" ihr eigenes Land nach Beendigung der Kampfhandlungen verlassen mussten. Die Libanesen schauen nach wie vor mit Argwohn auf diese ins Ausland, insbesondere in die USA und nach Israel geflüchteten „Verräter"; schließlich befinden sich Libanon und Israel offiziell noch im Kriegszustand, und an Israels Status als Erzfeind Nummer Eins will ein Großteil der Libanesen derzeit überhaupt nicht rütteln. Jede offiziell eingestandene Liaison zwischen dem USCFL und der Exilregierung, die ja offenkundig einen israelischen „Touch" hat, könnte daher die Realisierung des langfristig angelegten strategischen Zieles beider politischer Maulwurforganisationen, nämlich die Installierung einer demokratischen Regierung in Beirut mit völlig neuen und aus der Exilintelligenz importierten Kräften, gefährden. Dass die „demokratische" Erneuerung des Libanon auch nach der so genannten *Zedernrevolution* vom Frühjahr 2005 nicht das Nonplusultra, sondern nur Markstein einer längerfristig angelegten „demokratischen" Verwestlichung, respektive Kolonialisierung des Nahen und Mittleren Ostens ist, darüber sind sich die in Washington und Jerusalem sitzenden Antreiber und Befürworter des Entarabisierungsprozesses einig. Die Umsetzung all ihrer politischen und geostrategischen Bedürfnisse in jener politisch sensiblen Region steckt allenfalls in den Kinderschuhen und jeder taktische Fehler würde – man bedenke, dass die dem Libanon aufgepfropfte Demokratie westlichen Typus noch sehr fragil ist – auf breiten Widerstand in der momentanen politischen Klasse stoßen. Sofort wäre auch ein Großteil der sich noch recht gut an Bürgerkrieg, Massaker und Kollaborateure erinnernden Bevölkerung alarmiert.

Klickt man auf der Webseite des *United States Committee for a Free Lebanon* auf *Selected Links*[76], erscheint folgendes Textfeld:

> „Hier sind die vom Forschungspersonal des USCFL am häufigsten besuchten 50 Webseiten. Wenn Sie feststellen, dass eine der Verbindungen falsch oder veraltet ist, oder wenn Sie einige zusätzliche Vorschläge haben, benachrichtigen Sie uns bitte unter info@freelebanon.org."

Scrollt man auf der Seite, findet sich weiter unten die Rubrik *Major Lebanese & Other Middle East „Democratizers"*, die die wichtigsten „Demokratisierer" des Libanon und des Mittleren Osten aufzählt. Was für ein Terminus; da drängt sich doch prompt als Entsprechung das schwülstige Wörtchen *Womanizer* auf: Frauenheld, Schürzenjäger. Jedenfalls finden sich in der langen Aufzählung all dieser Demokratiehelden des Libanon auch Links zur *Lebanese Free Patriotic Movement* (LFPM) des General Michel Aoun, zur offiziellen Webseite der *Forces Libanaises* (FL), zur *Reform Party of Syria* oder den *Guardians of the Cedars*, um nur einige zu nennen.

Der Link zur *Lebanese Foundation for Peace* samt angeschlossener *Government of Free Lebanon in Exile* ist von besonderem Interesse. Diese Aktivistenorganisation mit Sitz in 59 King George Street, Suite 27, Jerusalem, 91076 Israel – die Washingtoner Adresse ist nicht bekannt – die einen dauerhaften Frieden zwischen Libanon, Israel und Syrien installieren möchte, wird vom Exillibanesen Nagi N. Najjar und einem dubiosen Professor Murray Kahl angeführt.

---

76 – http://www.freelebanon.org/links-f.htm

Die Aktivisten bieten selbstredend auf ihrer Webseite Links zu Abdelnours *United States Committee for a Free Lebanon* und separat auch zu dessen *Middle East Intelligence Bulletin* (MEIB), der monatlichen Online-Publikation des Komitees, an. Aber das sollte es, so es nach dem Gutdünken der Herren geht, für den unbedarft Suchenden auch schon sein.

Interview mit Ziad K. Abdelnour (Präsident des USCF)[77]
1999 gründeten Sie das *Middle East Intelligence Bulletin* (MEIB), die monatliche Online-Publikation des *United States Committee for a Free Lebanon* (USCFL). Michael Rubin ist Part des Redaktionsgremiums und Gary Gambill, der auch für das *Middle East Forum* und *Freedom House* arbeitet, ist der Chefredakteur. Wie kam es zum Kontakt und zur Zusammenarbeit mit Professor Murray Kahl?

A: Wir hatten nie irgendeine Zusammenarbeit mit Murray Kahl in Sachen MEIB. Er ist und er war nicht in das MEIB involviert. Ich habe keine Ahnung, von woher Sie diese Information haben. Bitte, halten Sie sich an die Tatsachen und verlassen Sie sich nicht auf den Klatsch von anderen Leuten …

Kahl ist zusammen mit Nagi N. Najjar und Emile Kather seit 1998 Direktor der *Lebanese Foundation for Peace* in Jerusalem und Washington. Kahl hat die Positionen Israels mit der im Exil lebenden libanesischen christlich-maronitischen Gemeinschaft koordiniert. Kann man sagen, dass Sie dort Ihre politischen Wurzeln haben?

A: Ich bin kein christlicher Maronit, ich bin Katholik. Ich war noch nie in Israel und ich habe keine Ahnung, auf welche Art politische Wurzel Sie Bezug nehmen.

Ist Ihnen entfallen, dass Murray Kahl von Mai 1999 bis April/Mai 2000 im Beratergremium Ihres MEIB saß? Hier sind die Links zu Ihrer Webseite: *http://www.meib.org/issues/9905.htm* und *http://www.meib.org/issues/0004.htm*. Auf der rechten Seite steht sein Name.

A: Bei aller gebotenen Rücksicht, ich habe Sie nicht angelogen. Wenn Murray Kahl vor über fünf Jahren eine Zeit lang im Redaktionsausschuss des MEIB war, muss ich es völlig vergessen haben. Außerdem, ich kann mich nicht erinnern, dass er irgendeinen Artikel für das MEIB lieferte, deswegen hat Gary Gambill das auch beendet und sich von ihm befreit. Gambill war tatsächlich immer Chefredakteur des MEIB, er war es auch, der die Leute in den Redaktionsausschuss einlud, nicht ich. Ich habe im Grunde genommen die Operation bezahlt und von Zeit zu Zeit einen Artikel beigesteuert.

Zwischenfragen an Gary C. Gambill

1. Sie haben Murray Kahl im Jahre 1999 in den Redaktionsausschuss des MEIB übernommen. Warum gerade ihn? Wegen seiner Geheimdienstverbindungen, um die Arbeit zwischen dem USCFL und der *Lebanese Foundation for Peace*, deren Direktor er seit 1998 war, zu koordinieren oder wegen seiner Rolle als Mediator und Koordinator zwischen der israelischen politischen Position und der Christlichen Gesellschaft der Maroniten im Exil?
2. Später wurden Michael Rubin und Thomas Patrick Caroll in den Redaktionsausschuss involviert. Beide sind bekannt für ihre Verbindungen zur CIA; Caroll war ehemals bei der CIA angestellt.
3. Sie (das MEIB) hatten offenbar eine gute Zusammenarbeit mit Nagi N. Najjar, dem Executive Director der *Government of Free Lebanon in Exile*. Er schrieb eine Vielzahl von Artikeln, die auf der Webseite des USCFL veröffentlicht worden sind.

A: Die einzigen Mitglieder des Redaktionsausschusses, bei deren Rekrutierung ich eine Rolle gespielt habe, waren Rubin und Carroll. Alle anderen wählte Ziad aus. Ich habe auch keine Rolle im USCFL gespielt – ich habe nur das *Middle East Intelligence Bulletin* betreut. Zu Najjar; ich kenne ihn nicht persönlich.[78]

77 – sämtlich persönliche Mitteilungen am 24.12.2005
78 – E-Mail Gary G. Gambill vom 20.1.2006

Fortsetzung Interview mit Abdelnour:
Auf Ihrer Webseite ist der Link zum *Golden Circle* des USCFL außer Betrieb. Allerdings gibt es eine andere Verbindung (*http://freelebanon.org/gc.htm*), welche sämtliche Mitglieder anzeigt. Nagi N. Najjar, der „Partner" von Murray Kahl, ist, wie man dort sehen kann, auch Mitglied Ihres *Golden Circle*.

A: Weder Najjar noch Kahl sind Teile des *Golden Circle*, obwohl Najjar am Anfang involviert war. Ich weiß auch nicht, ob Kahl und Najjar noch Partner sind.[79]

Das stimmt nicht. Ich habe heute um 11:49:09 MEZ die Seite *http://freelebanon.org/gc.htm* mit sämtlichen Namen der Mitglieder Ihres *Golden Circle* gespeichert, darunter befindet sich der Name Naji Najjar. Seit wenigen Minuten ist der Name jedoch aus dem Onlineauftritt des *Golden Circle* Ihres USCFL getilgt. Ist das Goldene Spiel für Najjar nun heute, an Weihnachten 2005, vorbei?

A: Er ist seit Jahren nicht mehr in unsere Organisation involviert. Ist mir zu hoch, warum sein Name noch auf der Website war.

Was bedeutet, Najjar war „am Anfang involviert"; beschreiben Sie bitte seine Einbindung?

A: Ja, durch Najjars enge Anbindung an die Nachrichtendienste war er eine hilfreiche Quelle für den USCFL, die man gelegentlich anzapfen konnte … Ein Ding ist sicher, er hatte Zugang zu den höchsten Kreisen der Geheimdienste und er ist eng mit Abu Arz[80] liiert.

Ist Najjar für die Angelegenheiten des USCFL von besonderer Wichtigkeit? Auf Ihrer Webseite finden sich zehn Artikel, die Sie von ihm veröffentlicht haben; der letzte datiert auf Januar 2004: *http://www.freelebanon.org/articles/Default.htm*

A: Ich habe meiner obigen Antwort nichts hinzuzufügen.

---

79 – persönliche Mitteilung am 26.12.2005
80 – Abu Arz aka Ètienne Saqr, Chef der rechten christlichen Miliz *Guardians of the Cedars*

Ihre Beziehung zum politisch rechtsextrem orientierten Professor Murray Kahl, der sich auch in der rechten israelischen Siedlerorganisation *Gamlaa* engagiert, scheint älter und enger zu sein, als Sie mir bisher erzählt haben.

A: Ich weiß nicht, was *Gamlaa* ist. Zu Murray Kahl. Gary Gambill versuchte, ihn vor fünf Jahren in das Gremium des MEIB zu locken.[81] Es scheint, dass es nicht funktioniert hat. Nebenbei, ich habe mich noch nie mit Herrn Murray Kahl getroffen.

Am 10. April 1997 referierte Mordechai Nisan, Professor an der *Hebrew-Universität* und Mitglied des *Golden Circle* des USCFL, auf Einladung der *Florida-Atlantic-Universität*, Abteilung Politologie, im Rahmen der *Ziad Abdelnour Middle East Vorträge* über *Israel und die Minderheiten im Mittleren Osten, Freunde oder Feinde*. Das Ereignis wurde von Ihnen gesponsert, Ihre Initiative sozusagen! Zu der Zeit standen Sie der *Arab Bankers Association of North America* vor und haben in einem Brief, den Sie zu dem Event geschickt hatten, versprochen, „sich an allen Bemühungen zu beteiligen, die zur Befreiung der Christen im Nahen Osten führen". Dr. Murray Kahl, damals Direktor seines Mediennetzwerkes im Internet, der *Conference for Middle East Peace* (CMEP), diskutierte dort als aktiver Teilnehmer des Events die Rolle Amerikas in diesem Prozess und die besondere Rolle der *American Jewish Community* und des *Middle-East Christian Committee* in Vorbereitung solcher Projekte.

A: Das ist exakt.

81 – was Gambill dementiert

Der gemeinsame „Feind“

Animositäten zwischen Ziad K. Abdelnour und General Michel Aoun · Ein arabischer Journalist gerät zwischen die Fronten · Abdelnour verleugnet seine früheren politischen Statements · Die libanesische „Résistance“ · Widerständler im Exil schreiben Offenen Brief an Bush, Rice und Powell

Anderes Thema. Jener Amirkani aka Mirka, der so gar keine gute Meinung von Ihnen hat, schrieb: „Ziad K. Abdelnour, ein anderer lockerer Kanonikus, ist beinahe ebenso ein Spinner wie Nagi N. Najjar … die beste Sache, die sie je getan haben (er und Murray Kahl, ein dritter Spinner) sind die Attacken gegen die LFPM (die *Freie Patriotische Bewegung* des im Pariser Exil lebenden General Michel Aoun). Und wenn Spinner dich angreifen, bedeutet es, dass du ganz richtig bist.“

A: Ich habe noch nie die LFPM attackiert und habe stets General Aouns Patriotismus unterstützt. Ich habe keine Idee, wer Amirkani aka Mirka sein könnte. Und offen gesagt, keine anständige Persönlichkeit würde sich solch eines Decknamens bedienen, es sei denn sie hat viel zu verbergen. Die einzigen Leute, die mir da in den Sinn kommen und die sich derartiges herausnehmen würden, mögen einige dieser hartnäckigen Aounisten sein, die es nicht verstehen können, dass irgendjemand ihren Helden General Michel Aoun übertreffen könnte. Die haben nie verstanden, dass ich nicht mit ihrem „Idol“ konkurrieren, sondern ihn nur ergänzen und ihn, so gut es ging, auf meine eigene Art und Weise unterstützen wollte. Alles zum Vorteil eines freien, unabhängigen und souveränen Libanons. Bei aller gebotenen Rücksicht, keiner der mich gut kennt, spricht oder hat je so über mich gesprochen. Hier können Sie lesen, was wahrhaftige Geschäftsleute und andere Lobbyisten über mich sagen: *https://www.linkedin.com/profile?viewProfile=&key=140792*; urteilen Sie selbst. Sie sind ein professioneller Journalist, da bin ich sicher, der Tatsachen leicht von Gotteslästerung und Propaganda trennen kann.

Sie sollen nun wissen, dass es die „kindischen“ Rivalitäten zwischen konkurrierenden libanesischen Führern und Powerbrokern dort immer geben wird. Deshalb habe ich vor langer Zeit beschlossen, mich nicht auf ihre „kleinlichen Spiele“ einzulassen; einige von denen können das nicht ausstehen und wollen mich in das „Blutbad“ hineinzerren. Nochmals, sie haben es nie verstanden, dass unser Feind im Innern nicht unsere Mitchristen, Muslime oder libanesische Drusen sind, sondern das syrische Baath-Regime in Damaskus.

Besonders die Anhänger von Aoun glauben und argumentieren, ihr *United States Committee for a Free Lebanon* wäre Blendwerk.

A: Die können glauben, was sie wollen und ich schätze, wenn wir nicht so erfolgreich wären, wären sie nicht so besessen von uns, wie sie es sind, greifen uns bei jedem einzelnen Anlass an. Ihnen verständlich zu machen, dass wir mit ihnen nicht konkurrieren, sondern mit ihnen lieber für einen freien, unabhängigen und souveränen Libanon arbeiten und dabei General Michel Aoun auf unsere ganz eigene Weise unterstützen, ist eine zwecklose Übung … Meine Kontakte mit der LFPM sind weit von einem Bruch entfernt, sie sind felsenfest. Warum beginnen Sie nicht, mit Fadi Abu Jamra und oder Francois Alam zu sprechen. Die könnten Ihnen viel mehr über meine Verbindung mit der LFPM erzählen. Ich kenne General Michel Aoun persönlich und habe kein Problem mit ihm. Und ich schätze, dass es ihm ebenso ergeht. Zwischen dem General und mir hat sich bisher nichts wirklich Außergewöhnliches ereignet. Ich weiß wirklich nicht, wer diese Charaktere sind, mit denen Sie sprechen, woher die ihren Ärger beziehen und ob die mir jemals begegnet sind, was ich ernsthaft bezweifle.

Schauen Sie, was auf der Webseite von Nagi N. Najjars und Murray Kahls *Lebanese Foundation for Peace* veröffentlicht ist. Lesen Sie selbst unter *http://www.free-lebanon.com/cgi-bin/Ultimate.cgi.* Die Leute von Aouns LFPM machen solcherart Geschichten wütend.

„INTERVIEW MIT MISTER ZIAD ABDELNOUR – PRÄSIDENT DES IN DEN USA ANSÄSSIGEN UNITED STATES COMMITTE FOR A FREE LEBANON“
Freitag, 17. Juni 2005
Massoud A. Derhally
Arabic Business
Hallo Ziad,
ich bin gerade aus dem Libanon zurückgekehrt. Sie dürften einige meiner Artikel empfangen haben. Ich wäre dankbar, wenn Sie sobald als möglich auf die folgenden Fragen einige Antworten hätten ... Das wird in einem Beitrag verwendet, den ich über Michel Aoun schreibe; ich habe ihn in Libanon interviewt. Vielen Dank.
Was bedeutet Michel Aoun für Sie?
Wie behilflich war er bei der Mobilisierung der Gemeinschaft ausgebürgerter Libanesen in den USA?
Glauben Sie, dass er ein Führer ist, den Libanon momentan benötigt?
Haben Sie ihn je getroffen, und wie hat sich Ihre Meinung über ihn im Laufe der Jahre verändert?

Gut von Ihnen zu hören, Massoud. Übrigens, ich liebe Ihre Artikel ...
Die Beantwortung Ihrer Fragen siehe unten.
Was bedeutet Michel Aoun für Sie?
Michel Aoun ist ein größenwahnsinniger Idiot, der die libanesische Opposition spaltet und in die Geschichte als ein totaler Verlierer eingehen wird.
Wie behilflich war er bei der Mobilisierung der Gemeinschaft ausgebürgerter Libanesen in den USA?
Das ist alles in seinen aufgeblasenen Gedanken. Die Gemeinschaft ausgebürgerter Libanesen brauchte und braucht keinen Michel Aoun zur Mobilisierung. Wir haben mit der Mobilisierung begonnen, ehe Michel Aoun die Szene betrat.
Glauben Sie, dass er ein Führer ist, den Libanon momentan benötigt?
Er ist der letzte Führer, den Libanon gerade jetzt benötigt. Er sollte lieber in Pension gehen und aufhören, den Syrern und den Kumpanen von Lahoud in die Hände zu spielen. Es geht nicht darum, wie er die Unterstützung der echten libanesischen Nationa-

listen zu bekommen sucht. Noch immer haut mich um, warum er so heftig gegen Saad Hariri und die christliche Opposition ist.
Haben Sie ihn je getroffen und wie hat sich Ihre Meinung über ihn im Laufe der Jahre verändert?
Ich habe ihn in DC getroffen und war überhaupt nicht beeindruckt. Der Bursche ist von geringer Klasse, Erziehung oder Takt. Außerdem ist er kein Mannschaftsspieler und wird es nie sein. Er war immer ein Einzelgänger und ein sehr unsicherer gewesen. Libanon braucht nicht noch mehr Generäle wie Michel Aoun. Wir hatten so etwas bereits mit dem anderen Idioten Émile Lahoud.

A: Ich kann mich nicht erinnern, unter *www.free-lebanon.com* oder für die *Lebanese Foundation for Peace* ein Interview gegeben zu haben, und ich finde das besagte Interview unter dem Link *http://www.free-lebanon.com/cgi-bin/Ultimate.cgi* auch nicht. Vielleicht haben die es geschnitten oder haben es von irgendwo sonst her, oder vielleicht ist es nur ein Produkt ihrer Einbildungskraft. Bitte klären Sie mich auf.

Ja, gern. Die *Lebanese Foundation for Peace* hat das Interview soeben, heute, zu Weihnachten (26.12.2005), gelöscht. Der Link funktionierte heute Nachmittag noch. Das ist lustig, aber es ist kein Problem. Ich kann Ihnen bei Bedarf Screenshots senden und zudem habe ich das Interview auf meinem PC gesichert. Aber Teile des Interviews können Sie auch auf anderen Webseiten lesen; z.B. hier: *http://www.tharwaproject.com/index.php?option=com_keywords&task=view&id=2791&Itemid=0* oder hier: *http://www.washingtontimes.com/world/20050614-093658-2862r_page2.htm.* Es geht also nichts verloren, und ich sende Ihnen heute per E-Mail für Ihre Unterlagen einen Screenshot zu, der die Existenz des Interviews mit Ihnen belegt.

Intermezzo – Antwort von Massoud A. Derhally, Autor des Interviews

Der Brief zwischen mir und Ziad ist PRIVATE Korrespondenz und ich erwarte, dass Sie das respektieren. Ich weiß nicht, woher Sie die Kopie der E-Mail-Korrespondenz zwischen mir und Ziad haben. Wenn Sie Ziad zitieren wollen, so schlage ich vor, nehmen Sie den Artikel (*Arabic Business*). Wenn Sie zusätzliche Passagen von Ziad zitieren wollen, die in der privaten Korrespondenz enthalten sind, schlage ich vor, ihn zu kontaktieren. Ihnen zur Kenntnis, ich kenne diese Webseite nicht, noch habe ich irgendeinen Kontakt zu dieser *Free Lebanon Site*, und in der Tat werde ich gerichtlich gegen die vorgehen, wenn die nichts beisteuern, wie die E-Mail in ihren Besitz gekommen ist … Das war private Korrespondenz zwischen Ziad und mir für meinen Artikel und war nicht für die Öffentlichkeit bestimmt. Dass meine E-Mails im Internet veröffentlicht werden, ist das Letzte, was ich mir wünsche … Wer auch immer diese E-Mail geliefert hat, hat das Vertrauen zwischen Interviewer und befragter Person gebrochen. Und noch bedeutender, nur weil die etwas ins Internet stellen, bedeutet es nicht, dass es akkurat, glaubwürdig oder demzufolge für die Öffentlichkeit ist. Ich bin jetzt tatsächlich ziemlich böse über das, worauf Sie mich aufmerksam gemacht haben.

Frage an Ziad K. Abdelnour

Die Mitstreiter der Bewegung um den General Aoun haben sich auch über folgenden Beitrag auf *Al Dschasira* vom 6. März 2005 – unter *http://english.alAl-Dschasira.net/NR/exeres/00130E54-C4DF-42FC-8DDA-0E375434BF1E.htm* nachzulesen – mörderisch erregt. Eine Leserin schrieb in der Rubrik „Kommentare: Zeit für Einigkeit oder Opportunismus?“:

Ich möchte Sie … besonders auf (die Rolle von) Ziad Abdelnour aufmerksam machen, ein enger Verbündeter der Kongressabgeordneten Elliot Engel, Daniel Pipes und Ileana Ros-Lehtinen. Versehentlich war ich in ihre Yahoo-Gruppe, genannt *Lebanese Kataeb*, integriert. Genau zwei Wochen vor der Ermordung (Hariris) … beschrieb Ziad Michel Aoun als senil. Zudem wurde ein „E-Mail-Alarm“ verschickt, der besagte, dass der Sieg bald käme und dass auf ein großes Ereignis in den nächsten Tagen gewartet wird. Egal, ob damit die Ermordung von Hariri gemeint war oder nicht, es sollte nicht unbeachtet bleiben. Und jetzt versenden sie neue Kommentare auf Daniel Pipes' Webseite, die besagen, dass die Befreiung des Libanon in den kommenden zwei bis drei Monaten stattfinde. Gaby Franjieh, Libanon

A: Zu *Al Dschasira*. Typischer Sensationsjournalismus. Diese Art von Kritik findet in jedem demokratischen Land in der Welt statt, wo politische Führer gnadenlos für ihre Handlungen kritisiert werden. Das ist Politik. Und die jüngste Annäherung des Generals an die Hisbollah hat viele Aktivisten in der Oppositionsbewegung aufgebracht. So was? Die wollen ein demokratisches System und können jetzt keine Bemerkung hinnehmen? Und warum soll keiner das Recht haben, den General zu kritisieren? Sogar Jesus Christus wird von Millionen Menschen rund um den Globus kritisiert. Macht das den General zu einer besseren Person? Das ist mir zu hoch. Gerade in Libanon, wo Dschumblat und andere Politiker ihre libanesischen Landsmänner einschließlich Präsidenten Lahoud Tag und Nacht kritisieren ... Warum können er und andere sich mit solcher Kritik beschäftigen und ich mich nicht? Weil er ein ehemaliger Kriegsherr ist und ich es nicht bin? Macht mich das zu einem Zionisten? Verschonen Sie mich bitte. Das ist eine völlig kindische Einstellung von einer Gruppe von Aoun-Liebhabern, die ein demokratisches Regime wollen und dabei mehr wie Diktatoren handeln als freiheitsliebende Patrioten. Und dann wundern Sie sich, warum die libanesische Opposition jedes Mal aus dem Job fliegt? Ich befürchte, wenn sich die Libanesen nicht vom „Personenkult" (Dschumblat, Aoun, Gemayel, Lahoud usw.) befreien und damit beginnen, wirkliche Institutionen aufzubauen, die befähigt sind, Libanon weise in die Zukunft zu führen, wird dieser Zirkus weitergehen.

Nochmals zu Ihren kritischen Bemerkungen über Aoun. Hier die Originalnachricht aus der Yahoo-Gruppe *Lebanese Kataeb*, geschrieben von Ihnen am Dienstag, den 18. Januar 2005:

„Brillant gesagt Pierre, nichts hinzuzufügen. Syrien wird gedemütigt werden. Bezüglich Aouns geh und sage diesem Senilen, er solle in Rente gehen. Er hat sich längst ausreichend zum Idioten gemacht durch seine schwachsinnigen Ausführungen. Retter von

Libanon mein Arschloch. Er kann gerade mal seinen eigenen Arsch retten. Ziad“

A: Alle diese Quellen (Zeitungsartikel), die Sie haben, stammen von gut bekannten liberalen und linken Journalisten, die die Dinge so biegen, bis sie auf ihre Auftraggeber Anziehungskraft ausüben … völliger Müll und Propaganda, mein Lieber …

Haben Sie die wegen Verleumdung angeklagt?

A: Gut, ich sollte gegen die eine Klage wegen Verleumdung einreichen, weil ich vorher keine Notiz davon genommen habe, weil es Hunderte von Artikeln über das USCFL und mich im Web gibt.

Exzellent. Bei der Gelegenheit sollten sich dann auch die Vertreter des *United States Committee for a Free Lebanon* und der *Lebanese Foundation for Peace* respektive *Government of Free Lebanon in Exile* im Gerichtssaal einfinden und gemeinsam mit dem Autor Massoud A. Derhally den Schuldigen in jener unheiligen Allianz in punkto Interview und Weitergabe der Privatpost auspokern. So könnten alle Beteiligten ganz offiziell gemeinsam in einem Raum zusammen sitzen, vielleicht sogar an einem Tisch. Das wäre doch schon mal ein ehrlicher Anfang, um dem längst gefundenen *Missinglink* einen ordentlichen Namen geben zu können.

Zudem eint sie ja offenbar auch der gemeinsame Feind, die *Lebanese Free Patriotic Movement* (LFPM), angeführt von General Michel Aoun, der in der momentanen politischen Landschaft des Libanon eine Führungsrolle in der Opposition übernommen hat. Im Unterschied zu den Herren war der mittlerweile über 70jährige Ex-Kriegsherr im Mai vergangenen Jahres nach 15jährigem Exil aus Frankreich in den Libanon zurückgekehrt. Nagi N. Najjar spuckte noch am 6. Februar 2005 über den General Gift und Galle: „Aoun ist jetzt eine syrische Marionette und steht unter dem Befehl von Damaskus; General Aoun benutzt seinen US-Vertreter Walid Phares in Washington, um jede Allianz zwischen den Christen des Libanon und Israel zu torpedieren … Ist Libanon bereit, die Dummheiten dieses verrückten filmreifen Generals zu wiederholen?"[82] Am 11. Mai 2005 legte er nochmals auf dem israelischen Sender *Arutz Sheva* nach: „Während die Hisbollah auf verschiedenen Listen mit internationalen Terrororganisationen steht, scheint sie es für General Aoun nicht … die *Lebanese Foundation for Peace* erinnert General Aoun, dass die Hisbollah politisch neutralisiert und militärisch geschlagen und nicht verhätschelt werden muss … Was General Aoun macht, gefährdet den Frieden und die Stabilität der Region …"[83]

Klarer kann die Trennlinie selbstverständlich nicht gezogen werden. Und irgendwie hätten die Sprüche auch von Ziad K. Abdelnour kommen können. Jedenfalls wurde deutlicher, was die „Verbündeten" vereint: Sie sind Christen und sie wollen Frieden mit Israel. Allerdings sind es jene Christen, die Gary C. Gambill als „Christliche Nationalisten" bezeichnete, „die der syrischen Okkupation gegenüberstehen, ein föderales System mit christlicher Autonomie bevorzugen und politischen Konfessionalismus als eine zeitliche Lösung betrachten. Darin sind eingeschlossen der Hauptteil der verbotenen zur Miliz umgewandelten Partei der *Forces Libanaises* (FL), die kleinere Bewegung der *Guardians of the Cedars.*"[84] Und sie alle, die politisch aktiven Elemente der ehemaligen *South Lebanon Army* (SLA) inbegriffen, betrachten sich als Widerständler, als so genannte „Résistance", die einen erbitterten Kampf gegen den politischen Status quo in Libanon und Syrien führt.

Ehe wir es vergessen: Am 25. März 2002 hatte die *Lebanese Foundation for Peace* in Union mit dem *United States Committee for a Free Lebanon*, dem *Lebanese Information and Research Center for the Middle-East*, dem *Maronite Research Council*, dem *Rassemblement Pour le Liban Libre – Canada* (RPLL), den *Guardians of the Cedars* einen „Offenen Brief an den Präsidenten George W. Bush, Außenminister Colin Powell und die Nationale Sicherheitsberaterin Condoleezza Rice"[85] geschrieben. Darin hieß es, „wir, die Unterzeichner, möchten Ihnen für den großartigen Job danken, den Sie mit der Bekämpfung des Terrorismus erledigen."

---

82 – Najjar, Nagi N.: General Aoun and Damaskus, 7.2.2005

83 – Najjar, Nagi N.: General Aoun: The Syrian Candidate?, 11.5.2005; http://www.israelnationalnews.com/article.php3?id=5105

84 – Gambill, Gary C.: Lebanese Christians: A Unified Opposition Front?; *MEIB*, Vol. 4 No. 10, October 2002

85 – http://www.pressreleasenetwork.com/pr-2002/mar/mainpr1118.htm

Die „Repräsentanten von zehntausenden freiheitsliebenden Individuen" machten Präsident Bush darauf aufmerksam, „dass Amerika und unsere (sic) Verbündeten im Mittleren Osten niemals in der Lage sein werden, die internationale Infrastruktur der Terroristen zu zerschlagen und den Terrorismus ‚an der Wurzel zu packen', ohne sich gegen die Rolle Syriens zu richten und dessen andauernder Besetzung des Libanon, den es als Bühne benutzt zur Ausbildung von Selbstmordattentätern, Flugzeugentführern und anderen gewaltsamen Feinden des Friedens und der Freiheit."

Das Politkollektiv drängte hernach Powell, „Syrien endlich als Hauptsponsor des Terrorismus anzuerkennen und es auf Präsident Bushs Liste der *Achse des Bösen* zu setzen. Wir glauben auch, dass es zwingend ist, den syrischen Einfluss in der Region und seine Besetzung des Libanon zu beseitigen." Die Signatare forderten die Installation einer „stabilen, starken, demokratischen, ausgewogenen Regierung, die dem Westen im Allgemeinen und Israel im Besonderen freundlich gesonnen ist".

Die ehrenwerte Condoleezza Rice sollte sich hingegen bei der Bekämpfung des Terrorismus „nicht auf die libanesische Regierung stützen", weil die, wie jedermann wohl wüsste, „ein Werkzeug in den Händen des syrischen Geheimdienstes" sei und endlich befreit werden muss sowohl von Hisbollah als auch der syrischen Militär- und Geheimdienststruktur, um das ehemalige „Paris des Nahen Osten" restaurieren zu können.

Nun, da hätten wir die Herren doch schon alle mal an einem Tisch erwischt.

Elektro-Post von der Exilregierung

Exilregierung reagiert erst nach Mordvorwurf · Ein dubioser Antwortbrief · Der verärgerte Propagandaprofessor

Es ist nicht leicht für einen „unzugehörigen" Journalisten, um ein Wort des Exilschriftstellers Peter Weiß zu gebrauchen, der damit seine politische und geographische selbst gewählte Isolation zu umschreiben versuchte, Kontakt zu den Repräsentanten der *Government of Free Lebanon in Exile* und *Lebanon Founda-*

tion for Peace herzustellen. Beide Apparate geben sich gegenüber Fremdlingen schier unnahbar und scheinen Tagwerk, Strukturen und Funktionen unter dem berühmten Schleier verbergen zu wollen, den dereinst die Hohepriester im uralten unterägyptischen Sais als wirksamen Schutz vor ihrer „Geheimen Weisheit" aufgespannt hatten. Und ein jeder, so geht die Sage seit Plutarch, der den saitischen Schleier lüftet und „zu der Wahrheit geht durch Schuld",[86] wird diese zwar flüchtig schauen, dabei aber zu Tode kommen. Als ganz so lebensgefährlich hat sich die Tuchfühlung mit den geheimen Gentlemen zwar nicht erwiesen, jedoch drängen sich nach dem Studium der elektronischen Post, die von der hinter jenem Schleier verborgenen Exilregierung abgeschickt worden ist, nachgerade Adjektive wie unwirsch, rechthaberisch, ungefällig, cholerisch, großtuerisch auf, um zumindest dem menschlichen Faktor eine Benotung geben zu wollen.

Erste Annäherungsversuche an die *Government of Free Lebanon in Exile* im Juni und September 2005 schlugen völlig fehl. Auf mehrfache Anfragen, ob ein Interview machbar sei, erhielt der Autor am 3. Juni 2005 lediglich eine spartanisch mit Buchstaben ausstaffierte E-Mail, gesendet von Murray Kahl, die weder Anrede noch Text oder Absender, dafür aber in der Betreffzeile den Text „Sie wünschen mich zu kontaktieren?" enthielt. Die Reaktion der Botschafter aller Libanesen im Exil auf ein eindeutiges „Ja" des Autors blieb dann selbstredend aus, und die Regierung ohne Land sollte sich in der Folge auch als eine „Behörde" darstellen, die anscheinend überhaupt nicht repräsentieren will; eine Geheimregierung sozusagen, die vielleicht hinter verschlossenen Türen, unter wenigen Augenpaaren, die Zukunft des Libanon, der von dieser seiner wahrhaftigen Regierung noch nie etwas gehört hat, ausbaldowert und sich bei den taktischen und strategischen Spielchen im Sandkasten auch von niemandem in die Karten schauen lassen will. Zumindest von keinem „Antagonisten", wie sich noch herausstellen sollte.

Ende 2005 dann der „Durchbruch". Nach zweifacher Anfrage, diesmal wegen eines dreizehn Jahre zurückliegenden Mordes, in den Nagi N. Najjar, der *Executive Director* der Exilregierung, als Täter verwickelt gewesen sein soll, kamen die Staatsmänner im

---

86 – Schiller, Friedrich: Das verschleierte Bild zu Sais, Gedicht, 1795

Exil jenseits des Atlantiks endlich in Bewegung. Kahl, so weiß man, wohnt im sonnigen Florida und Najjar im ebenso sonnigen Kalifornien; vorausgesetzt beide halten sich nicht in Jerusalem auf, einem der Stammsitze ihrer Regierung. Murray Kahl schickte dieses Mal eine E-Mail, in der er sich zu zwei Sätzen ohne Anrede und Gruß herabließ: „Vor einer tieferen Diskussion muss ich wissen, wer Sie sind und wer zu Ihren Verbündeten zählt, weil ich mich mit unbekannten Journalisten nicht abgebe. Bitte senden Sie mir mehr Informationen.“ Gesagt, getan. Kahl war zufrieden und reagierte am zweiten Tag des neuen Jahres mit „Bitte senden Sie Ihre Fragen und ich werde diese an Mr. Najjar weiterleiten.“ Ein erster Komplex mit Routinefragen und Vorhaltungen zu dem Mord, die ja diesmal den Kontakt angestachelt hatten, schoss am 2. Januar 2006 durch den elektronischen Äther; ein zweiter Block mit Fragen zu Politik und Arbeitsweise der Exilregierung wurde avisiert.

Anschreiben, datiert auf den 2. Januar 2006:
Mr. Nagi N. Najjar
2120 Lundy Lake Drive
Escondido, CA 92029
E-Mail: najjar@free-lebanon.com
2. Januar 2006

Sehr geehrter Herr Nagi N. Najjar,
es tut mir leid, aber ich glaube, es ist besser, die „garstigen“ Fragen an den Anfang zu stellen. Zitate von Ihnen und anderen Personen sind kursiv geschrieben. Ich danke Ihnen für die Beantwortung …

1. Seit 1998 sind Sie *Executive Director* der *Lebanese Foundation for Peace* und seit 2000 *Executive Director* der *Government of Free Lebanon in Exile*. Bitte beschreiben Sie uns die Aufgabe Ihrer Regierung und Ihre Tätigkeit als *Executive Director* in wenigen Worten. Einige Journalisten betiteln ihre Regierung als selbsternannte *Government of Lebanon in Exile* in Jerusalem.

2. In einer Presseerklärung Ihrer Regierung vom 28. November 2004 anlässlich des *Jerusalem Summit* im *King-David-Hotel* in Jerusalem, Israel hieß es: *„Nagi N. Najjar gratuliert im Auftrag der Government of Lebanon in Exile dem israelischen Außenminister Silvan Shalom, dem Botschafter Dore Gold, dem Abgeordneten der Knesset Benny Alon, dem Mitglied der Knesset Yuri Stern für ihre freundlichen Bemerkungen die Verteidigung des Libanon gegen die syrische Okkupation betreffend. Mr. Najjar dankte ihnen für ihre persönliche Aufmerksamkeit und ihre bemerkenswerten Vorschläge, um Syrien zu drängen, die UN-Resolution 1559 anzunehmen; seine Truppen gemeinsam mit einer Million syrischer Arbeitskräfte aus dem Libanon abzuziehen.“*[87] Wer gehört zum Kabinett der Exilregierung?

3. Ihre Residenz befindet sich in 59 King George Street, Suite 27, Jerusalem, 91076 Israel. Handelt es sich um das Hotel *Prima Kings*? Richtig?

4. Worin besteht der Unterschied zwischen *Government of Free Lebanon in Exile* und *Lebanon Foundation for Peace*, die von Ihnen als *Executive Director* und den Direktoren Murray Kahl und Emile Kather geführt wird?

5. Wie viele Mitglieder zählt die *Foundation*; würden Sie etwas über Leitung und Struktur erzählen?

6. Sie schrieben im März 2000: *„Soldaten des Schicksals, bringt Libanon zurück nach Baabda,*[88] *dorthin, wo unser nächstes Treffen sein sollte, um den zu Ehren, der den Preis auf den Schlachtfeldern der Ehre bezahlte, und um unsere Flagge zu ehren …“* Wer sind die „Soldaten des Schicksals“?

7. Der Weg nach Baabda scheint für Sie unerreichbar zu sein. Erstens: Sie sind ein Führer ohne Staat. Man könnte ironisch sagen, das Gegenteil des *Prinzen von Zamunda* aus dem US-Film *Coming to America*: Der afrikanische Prinz ging nach Amerika und erhielt einen Job in einer Frittenbude. Wenn

87 – http://www.free-lebanon.com/cgi-bin/Ultimate.cgi
88 – Palast des libanesischen Staatspräsidenten in der Hauptstadt Beirut

aber der libanesische Prinz, der momentan in Amerika und Israel lebt, in sein Land zurückkehrt, so würden ihn die eigenen Landsleute unverzüglich ins Gefängnis stecken. Hier einige „Stimmen“ aus der Gegenwart:

- *„Diese Leute (Najjar) werden so behandelt werden, wie Kollaborateure mit feindlichen Regimes in anderen Ländern behandelt wurden. Wir haben Gesetze, die benutzt werden können, um Verräter, die mit feindlichen Regimes gedealt haben, strafrechtlich zu verfolgen … Der volle Umfang der libanesischen Gesetze kommt zur Anwendung.“*
- *„Selbst wenn sie offiziell begnadigt werden, haben die Libanesen ein tiefes Misstrauen gegen Agenten wie ihn. Er wird von der Volksseele nicht angenommen werden. Najjar kommt aus der Region Koura, eine gut bekannte Drehscheibe für Antizionismus … Ich denke, dem Problem des Misstrauens seitens des Volkes stehen alle ehemaligen Agenten, wie im Falle Samir Geagea, Tony Zahra und Elias Hobeika, gegenüber.“*

8. Sie sind ein Mitglied der älteren Generation der Offiziere der *Forces Libanaises* (FL), und Sie haben für viele Jahre während des libanesischen Krieges als Offizier im Militärgeheimdienst gearbeitet. Aber Ihre alten Kameraden wollen Ihnen gar keine guten Referenzen ausstellen; einige von denen behaupten:

- *„Der Kerl Nagi Najjar hat einiges illegales Geld gemacht und dachte, er könne König werden. Er ist ein Spinner, der noch nicht mal die Rückendeckung seines Weibes hat. Für die Israelis, deren Unterstützung er behauptet zu haben, ist er eine Witzfigur.“*
- *„Der Kerl selbst ist ein Spinner und keiner nimmt ihn ernst, besonders nicht die Amerikaner. Er ist nur ein lustiger Bursche, der Geschichten erfindet und sich Bedeutung zu verleihen trachtet. In Wirklichkeit ist er ein Niemand.“*
- *„… das beste Ding, was sie je getan haben (er und Murray Kahl, ein dritter Spinner), sind die Attacken gegen die FPM. Und wenn Spinner dich angreifen, bedeutet es, dass du ganz richtig bist.“*

- *„Er war ein Hobeika-Agent und ein Verräter, und er hat sich mehr um seine Brieftasche gekümmert als um alles andere! … Najjar ist und wird immer Abschaum sein!“*

9. Wie ich Ihnen in meiner E-Mail schrieb, behaupten einige Zeugen: *„Najjar war in die Ermordung von First Lieutenant Shahid Nadim Abd el Noor 1993 vor dessen Haus in Ashrafieh verwickelt. Drei bis vier Bewaffnete erschossen ihn (Abd el Noor) von hinten, während er mit seinen zwei jungen Söhnen spazieren ging.“* Ich möchte die Angelegenheit mit Ihnen diskutieren. Vielleicht wollen Sie die Sache korrigieren, und es ist ein großes Missverständnis. Wenn Sie ein Photo des Opfers Abd el Noor benötigen, so verfüge ich über eins.

Tags darauf die elektronische Antwort, Absender Murray Kahl, in der Betreffzeile der Vermerk „von Najjar“. Ein seltsamer Brief, fernab der normalen Kommunikation, Geheimdienstjargon könnte man meinen: „… vielen Dank, dass Sie sich identifiziert haben. Normalerweise mögen wir es nicht, mit Quellen zu kommunizieren, die wir nicht kennen; da wir wissen, wer Sie sind, antworten wir Ihnen …“

Mehr als befremdlich: Der Autor eine Quelle, die sich selbst identifiziert hat. Bloß vor wem, und wer ist „wir“? Einen Hinweis gab es, denn zumindest fand sich unter dem Text in der E-Mail der Name Nagi N. Najjar, sozusagen der Unterzeichner, der somit die Verantwortung für den Inhalt übernommen hatte und auch dem Autor „alles Gute wünscht(e)“, ihm dafür „dankt(e), dass er einiges klarstellen kann betreffs des libanesischen Konfliktes“, und dass der Empfänger seiner Zeilen zukünftig nicht „zögern (solle) zu schreiben oder zu fragen“, denn er (Najjar) würde sich freuen, ihm bei der Beantwortung zu helfen. Ein großspuriges Angebot, so man bedenkt, dass der Schreiber kaum mehr als auf die Hälfte der ersten und anfänglichen Routinefragen eingegangen ist; und dann auch nur auf diejenigen, die seine Reputation, seinen Leumund betrafen. Der Brief selbst bleibt aber ein Rätsel, denn der erste Teil wurde in der dritten Person Singular geschrieben. Der Unterzeichner Nagi N. Najjar schreibt also in dem ersten Part des Briefes über sich selbst in der dritten Person; darin heißt es wortwörtlich

„Mister Nagi N. Najjar hat … Mr. Nagi N. Najjar ist …“ usw. Der zweite Teil des Briefes hingegen fällt emotional aus dem Rahmen und wurde in der ersten Person verfasst (siehe Kapitel *Libanons Prinz von Zamunda*). So weit so gut.

Um wegen dieser „Irritationen“ kein zusätzliches Öl ins Feuer zu gießen, gar den „Kontakt“ zu den selbst ernannten Diplomaten im Exil zu gefährden, fiel die Antwort des Autors zurückhaltend aus:

Sehr geehrter Mister Nagi N. Najjar, sehr geehrter Mister Murray Kahl,
vielen Dank für die Beantwortung und Ihre Gegendarstellungen. Wie ich es verstanden habe, hat Mister Kahl den ersten Teil der E-Mail geschrieben, weil er darin über den „Mister Najjar“ sprach?

Zuerst will ich Ihnen mitteilen, dass ich nicht daran interessiert bin, irgendeiner libanesischen Partei, Gruppe, Organisation oder militärischen Kraft besonderen Tribut zu geben. Ich bin ein Beobachter von „außerhalb“, und ich interessiere mich nicht für die Schlammschlachten zwischen Ihren alten Kriegern und Kriegsherren. Sicher, es ist interessant für mich zu hören, dass Phares ein Betrüger war, dass Aoun – dessen liebste Beschäftigung es wäre, Präsident zu spielen – Millionen Dollar gestohlen hatte und all die kleinen Geschichten, die Journalisten so lieben wie andere Leute ein süßes Dessert. Aber das ist nicht der Punkt für mich. Mister Najjar ist der *Executive Director* der *Government of Free Lebanon in Exile.* Die Frage ist, wie wird oder kann er mit Beschuldigungen solcherart umgehen, wie „Najjar ist ein Hobeika-Agent und ein Verräter“. Er hat doch weder in der Gegenwart noch in der Zukunft die Chance, auf ein politisches Amt oder gar für eine Mitgliedschaft im Parlament in Beirut kandidieren zu können. Sein Job als *Executive Director* scheint ein sehr hypothetischer zu sein.

Auf Kahls Erkundigung, was denn so Besonderes am Tod von Abd el Noor wäre, entgegnete der Autor: „Nichts besonderes. Sie müssen mich als Journalisten verstehen … Ich schreibe über die neuen politischen Ereignisse und die Menschen, die jetzt im Rampenlicht stehen und nicht über die Kriegsgeschichte und alle Massaker, die in Ihrem Land geschehen sind … Wenn ich über die jüngsten politischen Aktivisten von General Michel Aoun schreibe, ist es für den Leser gut zu wissen, dass er ein pardonierter Dieb ist. Oder Dschumblat – Sprachrohr der Demokratie und Bewunderer von Hitler und Nasser – der seine politischen Ansichten so schnell wie ein Ventilator dreht. Für uns Schreiber ist das die Lasur auf dem Kuchen. Aber ich möchte das überprüfen, und der beschuldigten Person die Möglichkeit zur Erwiderung geben, um die Aussagen beider Seiten zu kennen, um objektiv über den Fall schreiben zu können.“ Unter dem Hinweis, dass hinter dem Vorhaben des Autors keinesfalls die Absicht stecke, irgendeine libanesische Kriegsgeschichte zu schreiben, wurde um Beantwortung der noch offenen Fragen gebeten.

Wieder reagierte Kahl unverzüglich, diesmal jedoch in jener maßregelnden Art, mit der er sich im Internet längst einen Namen gemacht hatte. Allerdings ließ die Ouvertüre der E-Mail bereits Skepsis aufkommen; darin hieß es, „meine Rolle ist bestens schwach, und da Sie logische Fehler haben, wenigstens mir gegenüber, habe ich wenig anzubieten, außer ein Professor zu sein, der Journalismus lehrt.“ Seit Jahren unterschreibt er all seine Artikel mit Professor Murray Kahl, mag ja auch richtig sein, und in seiner Vita aus dem Jahre 2004 steht auch, er würde am *Palm Beach Community College* (PBCC) in Florida, USA, als außerordentlicher Professor lehren.[89] Zulema Kauts vom PBCC Information Center wusste das aber nicht; bereits am 11.10.2005 teilte sie auf Anfrage mit, dass „die Personalabteilung keinerlei Informationen über Mr. Kahl habe“. Kahl selbst blieb dem Autor jede Antwort auf diesen Vorhalt schuldig. Vor dem Hintergrund mutierte die von Kahl als eine Art Brandbrief abgeschickte E-Mail kurzerhand zur Groteske, so dass der Inhalt schließlich nur noch zur Belustigung denn zur Belehrung taugte. Das folgende Textmaterial hätte im Drehbuch der „Feuerzangenbowle“ gestanden haben können:

89 – http://www.jerusalemsummit.org/eng/short.php?speaker=224&summit=31

Die eigennützigen Statements weisen darauf hin, dass Sie vor allem versuchen, sich mit bedeutungslosen Ablenkungen, die außerhalb des Themas und subjektiv sind, in eine vermittelnde und bestimmende Rolle zu schwingen und zu platzieren, die Sie weder verdient noch einen Anspruch darauf haben. Sie haben nur eine begrenzte Untersuchung initialisiert, um für sich zu einer Schlussfolgerung zu gelangen. Auf welcher Basis? Dass Najjars Rolle „sehr hypothetisch" ist, ist allenfalls unreifer und armer Journalismus. Sie haben die Absicht, vergangene Zwischenfälle zu „beweisen", aber wie? Sind sie sowohl Richter als auch Geschworener? Wie sonst können Sie die Schlüsse ziehen, die Sie erwarten? Im Gegenteil, mein Liebling, aufgezeichnete Geschichte ist überhaupt nicht leicht geschrieben ... und ist wahrlich eine philosophische Übung, die am besten Historikern überlassen wird, die anerkannte soziale Standards benutzen. Es ist nie völlig exakt noch völlig falsch. Das liegt alles im Auge des Betrachters, und hoffentlich wird der Leser nicht durch die „objektiven" Träumereien eines „objektiven" Reporters beeinflusst werden. Persönlich kann ich nicht verstehen, wie Sie, ein investigativer Reporter, Ihre Untersuchung vor vielen Jahren, unter dynamischen und chaotischen Verhältnissen starten und so zu irgendeinem bedeutungsvollen Schluss kommen können. Ich schlage Mister Najjar vor, dass er die „Konversation" beendet, da Sie eindeutig „antagonistisch" und keinesfalls objektiv sind.
Professor Kahl

Ein letzter Versuch, die Aufgeregtheit des Professors zu besänftigen, schlug fehl. Murray Kahl wollte nicht einsehen, dass ein Journalist Fragen stellen darf, dass er sich nicht durch einen offenbar „sehr synthetischen" Brief, der teils in der dritten, teils in der ersten Person geschrieben worden ist, zum Narren machen lässt, und dass er sich erst recht nicht aus der Rolle des Mediators und Ermittlers drängen lässt.

„Was ist objektiv, Mister Kahl?", hieß es in der Antwort: „Ich habe Ihnen gesagt, dass ich antagonistisch bin. Ich bin ein Linker. Aber anstatt meine (armseligen, antagonistischen, nicht objektiven) Fragen zu beantworten und mir Feuer unterm Arsch zu machen – darauf habe ich gewartet – spielen Sie die beleidigte Leberwurst. Ich habe eine Menge Fragen: Ihre Beziehungen zu General Shlomo Baum, der rechten Siedlerorganisation *Gamlaa*, dem israelischen Geheimdienstler Yigal Carmon, der CIA, dem Mossad, der *South Lebanon Army* (SLA), dem *United States Committee for a Free Lebanon* (USCFL), den *Guardians of the Cedars*, der Kataeb, den Maroniten, Michael Cherney und so weiter … Aber wie ich es verstehe, bevorzugt es Mister Kahl, den Schwanz einzuziehen. Das ist weit entfernt von professionellem Journalismus, Mister Kahl. Es tut mir leid."

Hätte der Autor nicht von vornherein gewusst, dass Murray Kahl seit Jahren ein Spezialist im Verfassen und Versenden von diffusen E-Mails ist, die sich im Internet auf dem Schlachtfeld der politischen und ideologischen Diversion und Propaganda tummeln, hätte ihn dieser elektronische Postwechsel glatt aus den Latschen kippen lassen. Schließlich war es dem Professor vom *Palm Beach Community College* vor etwa drei Jahren gelungen – vor allem unter Verwertung der Möglichkeit der Nachrichtenverbreitung im Internet – das Opfer eines spektakulären Autobombenanschlages in Beirut zum Täter zu stilisieren. Doch ehe wir zu diesem Fall kommen, erscheint es schicklich, noch kurz darzulegen, wie Murray Kahl einst den „totalen Zusammenbruch Israels" verhindert hatte.

Ein bisschen Mossad, ein bisschen Pauker …

Murray Kahl: Ein rechter Israeli aus Florida · Nachrichtensprayer im Internet · Wie Kahl den Staat Israel vor dem totalen Zusammenbruch rettete · Die dubiosen Beweise des Arafat-Hassers · Wann gibt es endlich Krieg zwischen Israel und Syrien · Gefahr aus dem Osten, Verzeihung, dem Norden · Mediator zwischen Israel und Libanons christlichen Maroniten im Exil · Liaison mit US-Kongressmann Saxton und Mossad-Verdächtigen Bodansky

Ziad K. Abdelnour, der New Yorker Magnat und selbsternannte politische Aktivist geriet, wie schon erwähnt, in den 90er Jahren mit seinem *United States Committee for a Free Lebanon* (USCFL) in den Bann des in araberfeindlichen Kreisen geschätzten Professor Murray Kahl. Abdelnour postierte diese äußerst zwielichtige Gestalt, die dem rechtsgerichteten israelisch-amerikanischen Dunstkreis entsprungen ist, spätestens 1999 im Redaktionsausschuss seines elektronischen *Middle East Intelligence Bulletin*, dem Monatsmagazin des USCFL. Die Erstausgabe des Bulletins erschien im Januar 1999, laut Impressum brachte Kahl sein „Insiderwissen" bis zur Ausgabe April/Mai 2000 mit ein. Offenbar nahmen den Mann hernach andere Aufgaben – sie sollen in diesem Kapitel beschrieben werden – in Beschlag.

Zur Person des ominösen „Gelehrten" ist wenig bekannt.[90] Er soll früher im ordentlichen Beruf Eigentümer einer Firma namens *Trace Metals Inc.* gewesen sein und als außerordentlicher Professor am *Palm Beach Community College* in Florida unterrichtet haben. Weder über Firma noch Professur[91] gibt es exakte Angaben. Allerdings schmückte sich der Mann über die Jahre mit einigen bedeutungsträchtigen Berufsbezeichnungen, die Hinweise auf sein emsiges Wirken als Scharfmacher gegen die palästinensische Befreiungsbewegung um PLO-Führer Jassir Arafat im Besonderen und den muslimischen Fundamentalismus im Allgemeinen geben; immer unter der Prämisse, dass Israel durch „sichere Grenzen zum Libanon und zu Syrien" hin ordentlich abgeschottet ist.

Zwischen den Jahren 1985 und 2003 verlieh er sich den Titel eines „verantwortlichen Direktors" respektive Herausgebers für seine eigene *Conference for Middle East Peace*;[92] ergo ein Privatanbieter mit Neuigkeiten, internationalen Pressespiegeln und Analysen zum Nahostprozess mit Firmensitz in West Palm Beach, Florida. Zudem werkelte Kahl in den 90er Jahren als Redakteur bei einem

90 – Eine E-Mail mit Interview-Fragen beantwortete Murray Kahl am 3.6.2005 lapidar mit „You wish to contact me?"; weitere Anfragen blieben unbeantwortet

91 – Die Nachfrage am 11.10.2005 im Zentrum für Immatrikulation des *Palm Beach Community College* (PBCC) ergab: „The person you are inquiring about is no longer in our system. Human resources doesn't have any information on Mr. Kahl. Zulema Kauts. PBCC Information Center"

92 – Zeitgeschichte Information System Innsbruck; http://zis.uibk.ac.at/links_ger.phtml?eb=22&nrschlagw=101

93 – Publisher: Professor Walid Phares Editor: Professor Murray Kahl Newswire@cmep.com P.O.Box 331195, Miami, FL 33233: http://www.mideastnewswire.com/

„anderen" elektronischen Medium namens *Mideast Newswire*,[93] das Walid Phares, ein Exillibanese und ehemaliger Offizier der *Forces Libanaises*, herausgab. Diese Agentur „handelte" ebenfalls mit Nachrichten aus dem Mittleren Osten, das heißt, aus Israel und den muslimischen arabischen Staaten, und verscherbelte zudem Audio- und Videotapes über regionale Neuigkeiten und nahm von sich in Anspruch, genau und ausgewogen zu berichten. Wie der Zufall so spielt, waren sowohl Professor Kahl mit seiner *Conference for Middle East Peace* als auch Professor Phares mit seiner *Mideast Newswire* sozusagen als Doppelpack unter PO Box 331195, Miami, FL 33233–1195 zu erreichen. Aber das ist längst nicht alles, was die private Nachrichtenanstalt hergab. Murray Kahl war immerhin auch noch „Eigentümer" eines weiteren elektronischen Mediums namens *Israeli & Global News*,[94] das von West Palm Beach aus „Neuigkeiten", vor allem Israel und seine Nachbarländer betreffend, in englischer Sprache über den gesamten Globus verstreute.

Kurzum, man sollte sich nicht scheuen, all das Nachrichtengewusel, das von Florida aus den Globus zu verseuchen suchte, als Propaganda, wenn nicht gar als ideologische Kriegsführung im Kampf Israels gegen die muslimische Welt zu bezeichnen. Ulrich W. Sahm, seit 1975 Nahost-Korrespondent für deutsche Medien mit Sitz in Jerusalem, konstatierte Ende 2003, dass man in New York und Washington, nachdem beide Städte am 11.9. wie „aus heiterem Himmel" getroffen worden waren, „fast nichts über die Stimmungen in der arabischen Welt wusste". Weil sich die Verantwortlichen nicht die Mühe gemacht hatten, pauschalisierte Sahm in seinem parteiischen Statement, „den Hass-Predigten der muslimischen Imame zu lauschen, deren giftige Hetze letztlich jedem Interessierten zugänglich waren". Dabei habe es nur an den Verantwortlichen gelegen, betonte er, „denn was da im Nahen Osten per Lautsprecher von den Minaretten in die ganze Nachbarschaft verbreitet wird, kann jeden Freitag live im Fernsehen mitgeschnitten, im Radio gehört oder wenig später im Internet teilweise sogar in englischer Übersetzung abgerufen werden. Das Informationssystem in der Welt des Islam funktioniert fast perfekt."[95] Aller-

94 – http://www.rapidtree.com/NEWSPAPERS/NP-NORTHAMERICA/np-florida-1.htm

95 – Sahm, Ulrich W.: Der große europäische Teppich, 11.12.2003, Düsseldorfer Institut für Außen- und Sicherheitspolitik; in: http://www2.dias-online.org/direktorien/eu/031211_05

dings, so wusste der vorurteilsvolle Nahost-Korrespondent, hatte „ein gewisser Murray Kahl schon lange vor dem 11.9. damit begonnen, die Sermonen aus den Moscheen in Nahost zu sammeln und seinen Abonnenten per E-Mail regelmäßig zuzuschicken". Und dieser Kahl sei „ein rechtsgerichteter Israeli, der sich darauf konzentrierte, vor allem die Predigten bekannter Imame in Jerusalem, in der Al Aksa Moschee, zu sammeln". Nein, kein Tippfehler, der deutsche Nahost-Korrespondent Sahm für das öffentlich-rechtliche Fernsehen und *CNN* erhob den „rechten Israeli" aus den USA zum leuchtenden Vorbild in der Nachrichtenbeschaffung gegen offenbar auch Sahms muslimische Feinde.
Der wahrhaft „tricky" Professor Kahl, man könnte beinahe geneigt sein, dessen „Berufe" als Deckmantel für geheimdienstliches Tun anzusehen, erntete auf diese Weise besonderen „Ruhm" in gewissen Kreisen, nachdem er 1996 eine angeblich „geheime Rede" von Jassir Arafat in Stockholm „aufgedeckt" hatte. Überhaupt war der PLO-Chef sein Leib- und Magengegner, gegen den er bei jeder ihm passend erscheinenden Gelegenheit wie ein tollwütiger Schreiberling loslegte; mal zeterte er in seinen Artikeln gegen die korrupte Person Arafat im Besonderen, dann gegen die Korruption innerhalb der PLO im Allgemeinen. Eines dieser Pamphlete hat es sogar bis in das Schriftgut des US-Kongresses geschafft; was selbstverständlich nichts über die Qualität von Kahls Arbeit aussagt.

Doch zurück zu Kahls „investigativem" Erfolg in Stockholm. Am 15. Februar 1996 brachte der israelische Radiosender *Arutz Sheva Israel Broadcasting Network (*Israels *Channel 7)* einen von Murray Kahl verfassten Exklusivbericht über „Arafat's Secret Plans for the Total Collapse of Israel". Kahl, zu dem Anlass als Direktor seiner *Israel & Global News* auftretend, posaunte in alle Welt, Arafat habe am 30. Januar 1996 nach einem Dinner im Spiegelsaal des *Grand Hotel* in Stockholm, das der schwedische Außenminister ihm zu Ehren gegeben hatte, vor arabischen Diplomaten eine „Geheimrede" über „den bevorstehenden totalen Zusammenbruch Israels" gehalten. Darin soll der PLO-Chef behauptet haben, „wir Palästinenser werden alles übernehmen, inklusive Jerusalem. All die reichen Juden werden Kompensation erhalten und nach Amerika reisen." Die „Fakten", die das umtriebige Faktotum Kahl in seinem Exklusivbericht aufgefahren hatte, schienen wie aus einem billigen Revolverblatt made in USA abgekupfert, legte er doch

Arafat eine ganze Menge Bosheiten in den Mund, die der vor der angeblich geheim versammelten Araber-Truppe ausgesprochen haben soll und die für den kritischen Beobachter inhaltlich weniger staatsmännisch, dafür eher dümmlich wirkten: „Wir von der PLO werden jetzt alle unsere Bemühungen darauf konzentrieren, Israel psychologisch in zwei Lager zu dividieren. In fünf Jahren werden sechs bis sieben Millionen Araber in der West Bank und in Jerusalem leben ... Wenn die Juden alle Arten von Äthiopiern, Russen, Usbeken und Ukrainern importieren können, können wir alle Arten Araber einführen! Sie verstehen, dass wir die Auslöschung des Staates Israel planen und einen puren Palästinenserstaat etablieren wollen. Wir wollen den Juden das Leben durch psychologische Kriegsführung und Bevölkerungsexplosion unerträglich machen; die Juden werden nicht unter uns Arabern leben wollen! Ich habe keine Verwendung für Juden; sie sind und bleiben Juden! Wir benötigen nun jede Hilfe, die wir in unserem Kampf für ein vereintes Palästina unter völliger arabisch-muslimischer Dominanz bekommen können!"

Am Tag nach Kahls Sensationsmeldung brachten die in Hebräisch erscheinenden israelischen Tageszeitungen *Ha'aretz* und *Ma'ariv* die angebliche Tirade auf dem Titelblatt. *Ma'ariv* veranlasste eine Übersetzung ins Arabische, sandte die in Arafats Büro nach Gaza und bat um einen Kommentar. Arafat erklärte gegenüber dem Blatt, die Story sei „weder wahr noch genau", da die arabischen Botschafter aus eigenem Antrieb zu ihm kamen, um ihm wegen seines Mutes beim Einschlagen des Friedensprozesses mit Israel und seines Sieges bei den palästinensischen Wahlen zu gratulieren.

Über die Glaubwürdigkeit der Kahlschen Story stritten sich in der Folge die Geister. Rechte israelische Kreise sahen allein in den zahlreichen Artikeln „investigativer Journalisten", die hernach erschienen waren, ausreichend Beweise für die Wahrhaftigkeit von Arafats „Dschihad-Rede"; jedoch hatten die Autoren zumeist all ihre Weisheit aus der Kahlschen Vorlage geschöpft. Selbst der eigenen Regierung, dem Büro des Premierministers und der Israelischen Botschaft in Washington unterstellten die Extremisten, „eine Kampagne in Gang gesetzt zu haben", die danach trachtete, „die Präzision (der Rede) zu bestreiten". Logisch, dass eine nachfolgende interne „Untersuchung" bei *Arutz Sheva Israel Broadcasting Network* (Israels *Channel 7*) die „Existenz und

Authentizität" von Murray Kahls Angaben aufs Neue bestätigte. Ehud Ya'ari, rangältester Reporter und Kommentator über „arabische Angelegenheiten" bei *Channel One* des israelischen Fernsehens, beklagte noch am 4. April 1996 in einer Kolumne des *The Jerusalem Report*, die Peres-Regierung habe, statt „Arafat wegen seiner Vision über einen Neuen Mittleren Osten herauszufordern", dafür gesorgt, „dass die israelische Presse die Angelegenheit vom Titel auf die Innenseiten verbannt habe", wodurch die Rede nun der Ignoranz anheim falle.

Zur Bekräftigung der Authentizität der angeblichen Arafat-Tirade trat 1996 noch ein anderer Geist auf den Plan, der in späteren Betrachtungen noch eine wesentliche Rolle spielen wird: Yigal Carmon, zum damaligen Zeitpunkt Leiter des *Institute for Peace Education* in Tel Aviv. Auch dieser Mann, vordem Berater des israelischen Premierministers in Sachen Terrorismus, blies angriffswütig die Nüstern und verschaffte sich in der Auseinandersetzung um Dichtung oder Wahrheit ordentlich Luft. Er faxte einen Brief an *The Jewish Week*, weil er im Gegensatz zu dem Blatt, das da meinte, es wäre sowieso alles falsch, an die Echtheit des von Kahl „dokumentierten" Ereignisses glaubte. In seiner Begründung bezog sich Carmon auf die Kolumne von Ehud Ya'ari. So wenig und so viel.
Wie dem auch sei, der Kahlschen „Entdeckung" gelang es, dem Reich der Mystik zu entfliehen, sich in der Wirklichkeit anzusiedeln und den Zweck, zu dem sie kreiert worden war, hundertprozentig zu erfüllen: erfolgreiche Unterhöhlung des Friedensprozesses, der sich 1996 zwischen der israelischen und palästinensischen Führung angebahnt hatte. Die Befürchtungen der israelischen Rechten, „die Peres-Regierung habe auch im Ausland Desinformationen über den Wahrheitsgehalt der Rede gestreut", lösten sich in allgemeines Wohlgefallen auf.

Deutschland betreffend, druckte *Die Zeit* noch im Jahre 2001 locker und gelöst, als sei der Autor im Jahre 1996 höchstpersönlich auf Arafats Schoß gesessen: „In einer beeindruckenden Rede vor arabischen Diplomaten legte Jassir Arafat 1996 in Stockholm seine Vision darüber dar, wie die jüdische Mehrheit sogar in den bereits vor 1967 israelischen Gebieten zukünftig wieder zur Minderheit gemacht werden könnte. Jassir Arafat zufolge sollen zunächst Flüchtlinge das Land überschwemmen und den Juden das Wasser und andere Ressourcen wegnehmen. Dadurch und durch die stillschweigende Billigung des palästinensischen Terrorismus würden große Teile der israelischen Mittelschichten in die Verzweiflung getrieben – und schließlich in die Emigration. Die Auswanderung gerade der begabtesten Israelis würde den Rest schon bald so sehr demoralisieren, dass der Staat aufgrund innerer Erschöpfung zusammenbräche."[96]

Ein Paradebeispiel, wie man Geschichte „verschreiben" kann, wie aus halbseidenen Anschuldigungen Tatsachen zu Recht gezimmert werden. Ultrarechte Kreise in Israel würdigen noch heutigentags Murray Kahls einstige „investigative" Heldentat von Stockholm.

Kahl „sammelt" aber nicht nur; er versteht sich auch als „Aufklärer" in sämtlichen politischen Dingen, die Israel tangieren. Seit geraumer Zeit ist es zwar im World Wide Web ruhig um ihn geworden, jedoch holte er im März 2004 noch einmal zu einem ordentlichen globalen Rundumschlag aus. Kahl zerrte einen längst vergessenen Report von Jim Saxton, republikanischer Abgeordneter im US-Kongress, aus der Versenkung, den der 1996 im Repräsentantenhaus in Washington gehalten hatte und veröffentlichte ihn im zionistischen Newsletter *Or Tzion* (*Das Licht von Zion*), ein elektronisches Blatt, das im texanischen Cross Plains und im israelischen Beer-Sheva herausgegeben wird. Saxton, in jener verflossenen Zeit Vorsitzender der *Task Force on Terrorism & Unconventional Warfare*, präsentierte damals der Clinton-Administration seine Analyse über die Beziehungen der arabischen Länder zu Israel. Kahl brachte das Pamphlet, das er erstmalig vor acht Jahren in seinen *Israeli & Global News* veröffentlicht hatte, erneut unter seine „Leserschaft" und wollte sie Glauben machen, es sei „noch immer sehr zutreffend".

In der von Kahl verfassten Einleitung *Approaching the new cycle of Arab-Israeli fighting*,[97] weist er auf Saxtons damalige Schlussfolgerung hin, dass „Israel höchstwahrscheinlich der Brennpunkt eines gemeinsamen Bestrebens kombinierter islamischer Kräfte" werde, die „Israel zerstören wollen". Hände reibend zitierte Kahl aus dem Report, dass die Frage längst nicht sei, ob „der erwartete

96 – Klein Halevi, Yossi: *Sind wir also eure Nazis?*, *DIE ZEIT*, 48/2001; http://zeus.zeit.de/text/archiv/2001/48/200148_palaestina.xml

97 – Concerning an Important Report of Congressman Jim Saxton (Chairman) of the TASK FORCE ON TERRORISM & UNCONVENTIONAL WARFARE U.S. House of Representatives Washington, D.C. 20515 by Murray Kahl; in: http://www.ortzion.org/taskfor_1.html

und geplante Krieg zwischen Israel und Syrien ausbrechen", sondern, „wann er ausbrechen wird". Syrien, so Saxton, „bereite sich auf einen großen Krieg vor, in dem es das Opfer sei. Syrien erwartet einen präemptiven Angriff von Israel in Erwiderung von syrischen Provokationen, entweder direkt oder durch seinen Epigonen Libanon, der jedem militärischen Abenteuer beitreten werde."
Wie das nun vonstatten gehen sollte, wusste Saxton auch nicht, aber er ließ seiner Phantasie freien Lauf: „Der erste Schritt wird eine von Libanon inszenierte Provokation sein – eine ‚libanesische' Attacke auf die SLA und/oder eine große Aktion der Hisbollah gegen ein strategisches israelisches Ziel und/oder ein spektakulärer Terroranschlag im Herzen Israels."[98] Die dazu nötigen „tödlichen" Waffen, zitierte Kahl den kriegerischen Spekulanten Saxton, lieferte Teheran bereits nach Damaskus, von wo sie nicht nur an die Hisbollah, sondern auch in Flüchtlingslagern der PLO im südwestlichen Libanon verteilt wurden. Als ausgewiesener Arafat-Hasser machte Kahl darauf aufmerksam, dass die palästinensischen „Polizeikräfte zusammen mit anderen Terroristengruppen, den Geheimdiensten der PLO und Syriens" unter einer Decke stecken und in den Hauptquartieren in Beirut, Damaskus und Gaza den angeblichen Waffengang längst aushecken.
Ein „zeit- und inhaltsloser" Saxton-Report, natürlich wie alle derartigen dubiosen Beweisführungen im Konjunktiv geschrieben; genau der Stoff, den Neokolonialisten oder Zionisten zum Alibi aufbauschen, um ihre Politik rechtfertigen zu können.

Das ist es, was den Mann seit Jahren umtreibt. Zu dem Thema verfasste er zahlreiche Schriften, die sich auch insbesondere gegen die Präsenz der Syrer im Libanon richteten und die „Gefahr", die daher vom Norden her, aus dem Libanon heraus, dem israelischen Staat drohe. In einer Unmenge von Publikationen, die nicht Gegenstand der Betrachtungen sind, forderte er deswegen eine sichere nördliche Grenze des Staates Israel zum Libanon, die natürlich nur dann herzustellen ist, wenn im Nachbarstaat ein „freundschaftlich" gesonnenes Regime an die Macht gekommen ist. Stellvertretend für alle Propaganda hier ein Auszug aus dem Artikel *What do in Lebanon* aus dem Jahre 1997, der noch immer Richtschnur des

98 – TASK FORCE ON TERRORISM & UNCONVENTIONAL WARFARE U.S. House of Representatives Washington, D.C. 20515: Approaching the new cycle of Arab-Israeli fighting; 10. Dezember 1996

Handelns der *Lebanon Foundation for Peace* respektive *Government of Free Lebanon in Exile* sein dürfte:

> „Der von Syrien kontrollierte Libanon ist gefährlicher denn je. Die syrische Armee ist nicht mehr mit der christlichen Enklave beschäftigt; die libanesische Armee ist nicht länger neutral; die Hisbollah ist eine legale Kraft; und zu guter Letzt gibt es keinen christlichen libanesischen Geheimdienst, der die Israelis mit kritischen Informationen über die Bewegungen der Hisbollah und ihrer Alliierten innerhalb des Libanon versorgt.
>
> **Was sollte getan werden:**
> 1) Es ist Zeit für einen „libanesischen Kader" ... praktische Visionäre ... die proportional zur syrisch-iranischen Intervention intervenieren. Israel muss eine Strategie aufbauen, um die syrischen Apparate, Regierungsinstitutionen zu kontern, Armee gegen Armee, Radio gegen Radio, Fernsehen gegen Fernsehen. Assad brauchte 15 Jahre, um 80 Prozent des Libanon stufenweise auszuradieren. Um das Gleichgewicht der Macht mit Assad im Libanon wieder herzustellen, benötigt es Jahre.
> 2) In Anbetracht der Bedeutung des Einflusses der Vereinigten Staaten ist es lebenswichtig, dass Fürsprecher eines freien christlichen libanesischen Staates ihren Fall vor den US-Kongress bringen.
> 3) Schaffung der notwendigen politischen Dynamik in der Sicherheitszone, innerhalb Israels und innerhalb der Vereinigten Staaten, um den Prozess der Syrianisierung des Libanon umzudrehen.
>
> **Was nicht getan werden sollte:**
> 1) Gestatten, die gegenwärtige Politik fortzusetzen.
> 2) ein selbstmörderischer Rückzug aus der Sicherheitszone."[99]

Um die Verwirklichung dieser „Ziele" voranzutreiben, übernahm Murray Kahl 1998 den Direktorenposten der *Lebanese Foundation*

99 – Kahl, Murray: What to Do in Lebanon, Oktober 1997; http://www.afsi.org/OUTPOST/97OCT/oct3.htm

for Peace, die in Jerusalem und Washington ihre Heimat hat, und sich angeblich „für einen dauerhaften Frieden zwischen Libanon, Israel und Syrien“ einsetzt. Liest man bloß ein wenig in die Texte hinein, die die Organisation auf ihrer Webseite veröffentlicht, so fragt man sich nach kurzer Zeit, wo es denn auf der Welt soviel Kanonenkugeln und Pulver gibt, mit denen die Herren der *Foundation* diesen Frieden herbei schießen wollen. Sicher, in den Vereinigten Staaten, würde der Kritiker entgegnen; aber bei näherem Betrachten erkennt der beflissene Leser, dass es hier um einen Frieden zwischen Gleichgesinnten geht. Eben darum hat Murray Kahl „häufig und inoffiziell die Position Israels mit der im Exil lebenden christlichen Gemeinschaft der Maroniten des Libanon koordiniert“[100]; exakter wäre, er koordiniert die „Résistance“, die sich aus den im Exil lebenden christlichen Angehörigen der *Forces Libanaises* (FL), den *Guardians of the Cedars*, den Angehörigen der *South Lebanon Army (*SLA) etc. rekrutiert, die eines Tages die Macht in Beirut erbeuten wollen. Kreuzzugsideologie.

Am Rande bemerkt. Gern und oft rezensiert der Professor aus Boynton Beach in Florida, der Israels Nordgrenze sicher machen will, mit den christlichen Maroniten gut Kirschen essen kann, jedoch alles „arafatsche“ offenbar hasst wie die Pest, auch die Bücher von Yossef Bodansky, Direktor der *US House of Representatives Task Force on Terrorism*. Bodansky, zugleich Analyst für weltweiten Terrorismus am *Freeman Center for Strategic Studies in Houston*, Texas, verfasste unter anderen die Bücher *The Secret History of the Iraq War* und *Bin Laden: The Man Who Declared War on America*; letzteres erschien am 21. September 2001. Kahl und Bodansky und der oben erwähnte Kongressmann Jim Saxton kennen sich. Da ist es auch kein Wunder, dass Saxton mal das Vorwort für Bodanskys Bücher schreibt, während Kahl rezensiert. Anderthalb Jahre vor dem Aufwärmen des bereits erwähnten und verstaubten Saxton-Reports, am 3. Oktober 2002, rezensierte Kahl das damals neu erschienene Buch von Bodansky mit dem Titel: *The High Cost of Peace: How Washington's Middle East Policy Left America Vulnerable to Terrorism*. Saxton hatte wie gehabt das Vorwort verfasst, während Kahl nicht umhin kam, dem Autor gleich zweierlei Talente zu bescheinigen; er hätschelte den Verfasser als „Wörterschmied“ und „vollendeten politischen Analysten“. Das

100 – http://www.jerusalemsummit.org/eng/short.php?speaker=224&summit=31

Buch war offensichtlich ganz nach dem Geschmack des umtriebigen Islamophoben Kahl. Auch Nagi N. Najjar, Kahls Mitstreiter in der *Lebanon Foundation for Peace*. Jener ehemalige Offizier des Militärgeheimdienstes der *Forces Libanaises* (FL) und gegenwärtige Berater der CIA verfügt über enge Kontakte zu Bodansky: Najjar „verbündete sich im Jahre 2000 mit dem Mossad-Agenten Yossef Bodansky, um im US-Kongress Lobbyarbeit zu betreiben für eine Intervention gegen die Dominanz der Hisbollah über den Südlibanon.“[101]

Libanons Prinz von Zamunda

Nagi N. Najjar: Verbindungsmann zwischen Mossad und CIA · Cheese mit Bush · Einer der Besten in den Forces Libanaises (FL) · Najjar wird von einem Killerkommando heimgesucht · Mörder und/ oder Dieb · Der cholerische Professor aus Florida schlägt zurück

In den Internet-Foren der *Forces Libanaises* (FL) wird vor dem Landsmann und Executive Director der *Government of Free Lebanon in Exile* Nagi N. Najjar gewarnt: Die „Leute in den Staaten“, gemeint sind die im US-amerikanischen Exil lebenden Libanesen, großenteils ehemalige Mitglieder dieser Armee, „sagen, er sei gefährlich. So eine Art Abdelnour, aber gefährlicher“. Einer „hörte, dass er Verbindungen habe“, gar „ein Freund des CIA-Direktors sei“ und er sprach von Najjars „vielen Kontakten zu CIA und Mossad“ und davon, dass der Kerl „viele gute Telefonnummern in seinem Telefonbuch“[102] habe. Amirkani aka Mirka, ein in den USA lebender Libanese und Moderator des Diskussionsforums der *Freien Patriotischen Bewegung* (FPM) des Generals Michel Aoun, betonte andererseits gegenüber dem Autor, Najjar sei „ein ähnlicher Spinner wie Ziad K. Abdelnour ... und das beste, was die zwei und Murray Kahl, der dritte Spinner, je getan haben, sind die (verbalen) Angriffe gegen die FPM“. „Und wenn Spinner dich attackieren“, behauptete der Moderator, der nach eigenen Angaben unter seinen beiden Pseudonymen „in der Industrie“ wohlbekannt

101 – Schuh, Tris: Mehlis's Murky Past; US and Isreali Proxies Pushing the Next Neo-Con War, Faking the Case Against Syria, 18.11.2005; http://www.counterpunch.org/schuh11182005.html

102 – die Quellen liegen dem Verfasser vor

sei, allerdings anonym bleiben wollte, „bedeutet es, dass du ganz richtig bist".

Nun, zumindest hat es der „Spinner" Nagi N. Najjar, im Gegensatz zu Amirkani aka Mirka, bis in die republikanische Hofburg von Präsident George W. Bush junior geschafft, wo ihn der Hofphotograph vor Sternen und Streifen ablichtete nebst dem US-Staatsoberhaupt, dass ihn bei jener Gelegenheit freundschaftlich umarmte. Najjar, der seit Jahren seine ganz eigene amerikanische Heimat in 2120 Lundy Lake Drive, Escondido, California 92029 gefunden hat und dort mit seiner Firma *M & R General Trading Inc.* die Brötchen als Kapitalanleger in Immobilien verdient, hatte nicht nur sein Herz für Bush entdeckt, nein, schon kurz nach der Einwanderung in die Staaten Mitte der neunziger Jahre begann es, für die Republikaner zu schlagen. Denen traute er am ehesten zu, der ihm und seinen christlichen Freunden im Exil verhassten Regierung in Beirut irgendwann solide „demokratische" Daumenschrauben anzulegen, was all den hunderttausenden Flüchtlingen, die in der Diaspora leben, eine Heimkehr ermöglichen würde. So spendete er im Jahr 2000 der republikanischen Truppe stolze 2.500 Dollar; 2003 sollten es satte 5.000 Dollar sein, während er allerdings ausgerechnet im Wahlkampfjahr 2004 knauseriger wurde: Da schob er der Partei nur noch 1.975 Dollar zu und dem „Winner-Team" Bush-Cheney lediglich zweimal dürftige 200 Dollar.[103] Etwas mehr Dankbarkeit hätte der Spross reicher Ahnen nach dem trauten Photodienst, den ihm der Präsident von Gottes eigenem Land gewährte, schon zeigen können.

Die Nachrichten über die Person Nagi N. Najjar sind dürftig. Nach eigenen Angaben wurde er 1964 in Beirut geboren, ist christlich-orthodoxen Glaubens und besuchte nach der Emigration in die USA die *Roosevelt-Universität* in Chicago; zudem sei er Ausschussmitglied des *College Protestant Francais*. Wert legt er auf das biographische Detail, als Mitglied der alten Generation von Offizieren der *Forces Libanaises* (FL) während des libanesischen Bürgerkrieges im Militärgeheimdienst gedient zu haben. Allerdings wollen

103 – Spenden: **2000**: 20.9. $2,500; **2003**: 28.2. $2,000 National Republican Senatorial Committee (NRSC); 28.2. $2,000; 4.3. $500 to Victory **2004**/California Republican Party; 26.6. $500; 2004: 28.5. $500 NRSC; 30.6. $500 to Bill Jones for US-Senate; 10.8. $200 to Bush-Cheney '04; 2.7. $200 to Bush-Cheney '04; 2.9. $225 Republican National Committee (RNC); 15.7. $750 to RNC

das seine ehemaligen Kampfgenossen bei den FL so nicht hinnehmen, denn die behaupten: „Er war ein Hobeika-Agent und ein Verräter, und er hat sich mehr um seine Brieftasche gekümmert als um alles andere! … Najjar ist und wird immer Abschaum sein!“ Die Turbulenzen um Elias Hobeika werden später noch eine größere Rolle spielen.

Gegen das Brandmarken seines Schützlings legte Murray Kahl beim Autor Widerspruch ein: „Najjar war vor 15 Jahren einer der besten Offiziere von Elias Hobeika; das ist eine gut bekannte Tatsache in Libanon … Vergessen Sie auch nicht, dass Hobeika zu jener Zeit Chef des Geheimdienstes der *Forces Libanaises* (FL) war und viele Offiziere der christlichen *Forces Libanaises* treu zu ihm standen. Jahre später, während des Krieges, schickte Hobeika ein Killerkommando in die libanesische Stadt Zahleh, um Najjar zu ermorden. Najjar wurde von vier Kugeln getroffen und entkam dem Mordversuch. Das ist der Grund, weswegen sich Najjar von Hobeika getrennt hatte und seinen eigenen Weg im libanesischen Kampf gegangen ist … im Angesicht aller Herausforderungen und politischen Allianzen des libanesischen Krieges. Ich möchte diesen Herren fragen, warum Najjar in seiner Fachsprache ein Verräter ist? Weil er danach seiner Führung treu gefolgt ist? So wie Hobeika fuhr auch Geagea in den letzten Jahren seiner Macht nach Syrien. Was hatte Geagea in Kardaha in Syrien gemacht? Sollen wir ihn dafür zum Helden erklären oder ebenso für einen Verräter?“[104]

Kahl wehrte sich vehement gegen die Unterstellung, Najjar habe sich nur um seine Brieftasche gekümmert: „Wer auch immer das geschrieben hat, täuscht sich. Das ist Unsinn und hat keinen Wert. Jedermann in Libanon weiß, dass Nagi Najjar von einer wohlhabenden Familie des Landes abstammt, und dass Najjar, ungleich den anderen Führern, große Summen aus der eigenen Tasche spendete, um den christlichen Truppen während des Krieges zu helfen. Andere Führer stahlen auf dem Rücken der Leichen christlicher Soldaten Millionen Dollar aus öffentlichen Fonds, um es auf ihre eigenen Konten in Privatbanken zu stecken …“

Trotz allem bleibt Najjar für die ehemaligen Kampfgenossen in den *Forces Libanaises* (FL) ein Verräter, weil er, der zu Anfang „zusam-

104 – E-Mail Murray Kahl vom 3.1.2006 mit Nachricht von Nagi N. Najjar

men mit Hobeika (gegen die Syrer) bei den *Forces Libanaises* war", spätestens 1991 dann aber mit den Syrern gemeinsame Sache machte, ehe er nach dem Attentatsversuch auf seine Person zum Erzfeind „Israel floh" und „dann in die Staaten." Aber es ist nicht nur der mehrfache Verrat, der ihm vorgeworfen wird, vielmehr glaubt man im Libanon, Nagi N. Najjar, heute verantwortlicher Direktor der *Government of Lebanon in Exile*, war im Jahre 1993 an der Ermordung von First Lieutenant Shahid Nadim Abd el Noor in Ashrafieh beteiligt gewesen. „Drei bis vier bewaffnete Männer haben ihn (Abd el Noor) von hinten erschossen, während er mit seinen beiden jungen Söhnen vor seinem Haus in Ashrafieh ging." Eine Bemerkung sei gestattet: Dieser Shahid Nadim Abd el Noor ist weder verwandt, noch verschwägert mit Ziad K. Abdelnour, Präsident des *United States Committee for a Free Lebanon*.

Weder die Beiruter Ministerien für Justiz und Verteidigung, noch die Verantwortlichen der *Forces Libanaises* (FL) wollten sich zu dem Fall Abd el Noor äußern. Anfragen über die Umstände der Tat, ob es nun ein Unglück war oder kaltblütiger Mord, verhallten wie Schall und Rauch.

Allerdings erklärte sich der mutmaßliche Delinquent Nagi N. Najjar gegenüber dem Autor bereit, seine Version des Geschehens darzulegen: „Die Libanesische Armee war de facto das Machtinstrument hinter dem unglücklichen Zwischenfall. In der Affäre gab es keine Mordabsicht; es war ein unglücklicher Unfall, der sich auf dem Grund und Boden von Abd el Noor ereignete. Er fiel in eine Zeit politischer und militärischer Spannungen zwischen zwei bewaffneten Fraktionen, die sich in Beirut bekämpften: die Libanesische Armee und die christlichen *Forces Libanaises* von Samir Geagea.

Die christlichen *Forces Libanaises* kennen alle Details des Zwischenfalls, (wissen), dass Abd el Noor im Kontext eines überraschenden Zufalls starb und dass das Opfer von vorn erschossen worden war und nicht von hinten … Abd el Noor wurde vom Geheimdienst der Libanesischen Armee gesucht. Als er sich dem Arrest widersetzte, demjenigen, der ihn festsetzen wollte, die Waffe aus der Hand zu ziehen versuchte, drückte der Mann unglücklicherweise den Abzug und tötete ihn auf der Stelle. Keiner hatte die Absicht, Abd el Noor, der zwecks Befragung im Verteidigungsmi-

105 – E-Mail Murray Kahl vom 3.1.2006 mit Nachricht von Nagi N. Najjar

nisterium gesucht wurde, zu töten; wer möchte einen Toten befragen? Unfälle ereignen sich.“[105]

Die Anschuldigung versetzten Najjar respektive Murray Kahl (es war nicht zu erkennen, wer das Antwortschreiben tatsächlich verfasst hatte) arg in Wallung, und einer von beiden oder alle zwei zusammen machten sich gegenüber dem Autor ordentlich Luft:

„A – Die Hauptfrage ist, was bezwecken Sie … mit dem Aufwärmen eines Zwischenfalles, der sich vor dreizehn Jahren inmitten so vieler anderer im libanesischen Krieg ereignet hat? Da gibt es viel bedeutendere Zwischenfälle … Was ist so besonderes an diesem …?

B – Die andere Frage, die ich habe: Was bezweckt jener Aktivist der *Forces Libanaises* damit, den Zwischenfall mit Abd el Noor ins Netz zu stellen? Es ist ein kleinerer Zwischenfall, der sich in einem einzigartigen Kontext ereignet hatte. Wollte dieser Gentleman damit zu sagen versuchen, dass Abd el Noor ein patriotischer christlicher Soldat war und all die anderen unpatriotische Christen? Können Sie diesen Gentleman, der die Beschuldigung schrieb, fragen, wie viele Christen die *Forces Libanaises*, Samir Geageas Miliz, kaltblütig in den Straßen von Beirut erschossen haben?

1 – Ich werde in seinem Namen antworten: an die Hunderte. Dutzende wurden lebendig von Abd el Noor und seinen Gesinnungsbrüdern aus ihren Häusern geholt, die ihnen Zement um die Füße gossen und sie lebendig ins Meer warfen. Sie starben unter den schlimmsten Umständen.

2 – Dutzende wurden vor den Augen ihrer Eltern erschossen und für Tage in die Straßen von Beirut geworfen; einige Eltern durften nicht hinein, um ihre Söhne zu beerdigen, schikaniert von Geageas *Forces Libanaises* wegen ihrer Zugehörigkeit zu unterschiedlichen christlichen Militärfraktionen.

3 – Fouad Abou Nader, ein christlicher Militärkommandeur wurde von Geageas Miliz grundlos erschossen.

4 – Elias Zayeck, ein christlicher Militärkommandeur, wurde von Geageas Miliz grundlos erschossen und ermordet, vielleicht weil er zu populär in den Reihen der christlichen Soldaten war.
5 – Dutzende von christlichen Offizieren der Libanesischen Armee wurden an den Mauern der Militärbaracken in Aamchit von Geageas Milizen erschossen und ihre Köpfe mit Geschossen durchlöchert.

Waren alle diese Serien von Verbrechen „patriotisch"? … Glauben Sie mir, viele Kommandeure der christlichen *Forces Libanaises* sind meine Freunde und sie geben zu, dass jenes, was sich in der Vergangenheit ereignet hatte, ein schrecklicher Fehler war, der sich nicht wiederholen wird …

Wenn Sie Geschichte schreiben, müssen Sie den gesamten Kontext der politischen Allianzen, ihre Auswirkungen und die Machtkämpfe zwischen den verschiedenen Fraktionen in Betracht ziehen. Sie können nicht einen einzelnen Vorfall isoliert betrachten … Sie müssen alle Stücke des gesamten Puzzles verbinden, ansonsten wird es ein unehrlicher und unvollständiger Bericht über den Krieg.
Nach dreizehn Jahren denke ich, dass die militärischen Kämpfe zwischen den Christen ein schlimmer Fehler war und wir, alle Christen des Libanon, sollen uns über dieses Kapitel des Krieges schämen, das zu unserer Niederlage führte … Geschichte kann nicht die eine Fraktion als korrekt, die andere als falsch werten.
Ich akzeptiere die Tatsache, aus politischem Grund kritisiert zu werden; es ist Teil des politischen Lebens überall in der Welt. Wir waren alle auf der falschen Seite, vereinnahmt von der destruktiven Dynamik des gegenseitigen Bekämpfens; und alle von uns haben am Ende verloren. Es gab keinen Gewinner, wir waren am Ende alle Verlierer; es ist Zeit für die christliche Führung, aus diesen Fehlern zu lernen und die Ereignisse gut zu interpretieren. Das Blatt der Geschichte hat sich definitiv zugunsten der Christen des Libanon gewendet."

Kein gutes Omen für einen Mann, der seinem Land Demokratie amerikanischer Machart in die nahöstliche Vene injizieren möchte.

Offenbar ging es den Herren, es ist ja nicht zu eruieren, wer denn nun den Text verfasst hatte, allein nur darum, die Anschuldigung wegen Mordes zu entkräften. Mehr nicht. Denn sämtliche andere Interviewfragen, die gestellt worden waren, blieben unbeantwortet.

Ein Klon von Bashir Gemayel

US-Verteidigungsminister Caspar Weinberger neben dem Staatsmann und grausamen Mörder Bashir Gemayel · Gemayel kollaboriert mit Israel · Schmierige Dienste für die CIA gegen Cash · Najjar in der International Strategic Studies Association (ISSA) · Im Bett mit Rumsfeld und dem „Mossad-Agenten" Bodansky

Auf der Webseite der *Lebanon Foundation for Peace* respektive der *Government of Free Lebanon in Exile* prangt ein Fenster mit dem Bild des Untoten Bashir Gemayel. Darunter steht: „Diese Seite ist dem früheren Präsidenten Bashir Gemayel gewidmet." Klickt man auf Photogalerie, ist unter der Überschrift „Zur Erinnerung an Bashir Gemayel", nein, kein Personenkult, sondern neben anderen ein schwarzweißes Photo zu sehen, auf dem der posthum Geehrte im hellen Anzug neben dem ehemaligen US-Verteidigungsminister Caspar Weinberger promeniert.[106] Das Bild ist ein Vierteljahrhundert alt.

Bashir Gemayel war einer der „wichtigsten und charismatischsten" Führer im Libanon, behaupten viele. Vielleicht weil seine christliche Miliz während des libanesischen Bürgerkrieges mit den Israelis kollaborierte. Auch Israels damaliger Verteidigungsminister Ariel Sharon war so begeistert von dem jungen Krieger, dass er ihm glatt zehn Million Dollar aus den Kassen des CIA für paramilitärische Unterstützung besorgte. Beide hatten vieles gemeinsam; Bashir Gemayel war ein grausamer Mörder.

Der Reihe nach. Bashir Gemayel ist der Sohn von Pierre Gemayel, dem früheren Führer der Partei der *Kata'eb* oder auch *Phalange* genannt. Die Partei wurde gegründet, nachdem Pierre Gemayel Hitler-Deutschland während der Olympischen Spiele 1936 besucht

---

106 – http://www.free-lebanon.com/LFPNews/Memorium/memorium.html

hatte und sich von der Hitlerjugend begeistert zeigte, sagen die einen. Die anderen behaupten, Gemayel habe die Phalange nach dem Vorbild der faschistischen Bewegungen in Spanien und Italien gegründet und organisiert. Der braune Sumpf ist erkannt, wir wollen nicht weiter darin herum stochern.
Nach Ausbruch des libanesischen Bürgerkrieges im Jahre 1976 übernahm dann der 29jährige Bashir Gemayel zuerst die Kontrolle über den militärischen Flügel der Phalange-Partei seines Vaters und integrierte nachher andere christliche Milizen. Eine der ersten gemeinsamen „Aktionen“ war das Massaker im palästinensischen Flüchtlingslager Tel al-Zatar, bei dem 2.000 Palästinenser abgeschlachtet wurden; zur Erinnerung: die *Guardians of the Cedars* waren auch mit von der Partie. Im August des Jahres 1976 etablierten die *Forces Libanaises* (FL) dann einen gemeinsamen Kommandorat, um die verschiedenen Milizen formal zu integrieren, aber auch um einen höheren Grad von Unabhängigkeit von den traditionellen politischen Führern zu erzielen, die für viele in der christlichen Truppe zu „gemäßigt“ waren. Bashir Gemayel war nicht zimperlich bei der Herstellung der „christlichen Einheitsfront“. Wer nicht mitmachen wollte, wurde gewaltsam integriert oder, wie im Falle der Marada-Brigade, schlicht und einfach eliminiert. Der Marada-Brigade stand der ehemalige Präsident Suleiman Franjieh vor; Gemayel tötete ihn, sein Weib, den Sohn Tony und die Familie im Jahre 1978. Zwei Jahre später ereilte Camille Chamouns Tigermiliz das gleiche Schicksal. Zwei Fliegen mit einer Klappe; die beiden männlichen Leichname, lebendig wären sie Gemayels wichtigste Konkurrenten im Kampf um das Präsidentenamt im Libanon gewesen, konnten nun nicht mehr kandidieren.

Bis in die frühen achtziger Jahren kontrollierten die *Forces Libanaises* Ostbeirut und den Mount Libanon; Bashir Gemayel war de facto Präsident, und in dieser Pseudo-Rolle erweiterte er seine Aktivitäten über den militärischen Bereich hinaus; er gründete Ausschüsse innerhalb der Miliz, die für Gesundheit, Informationen, Außenpolitik, Erziehung und anderes zuständig waren. Vor allem aber stellte er Verbindungen nach Israel her, denn er kämpfte ja durchweg gegen die Syrer. Innerhalb weniger Jahre entwickelte sich die *Forces Libanaises* zu einer eindrucksvollen militärischen Kraft, die 10.000 Kämpfer besaß, 200 Panzer und gepanzerte Fahrzeuge, drei kleine Fregatten und 30 Schnellboote, ausgerüstet mit schweren Maschinengewehren. In dieser Zeit beschäftigten die

Forces Libanaises (FL) zudem 10.000 Menschen in ihren Sozialeinrichtungen, den Behörden für Geheimdienst, Propaganda und in der Buchhaltung. Das kostete die FL bis 1988 monatlich etwa fünf bis sechs Millionen Dollar; der angehende Staatsmann Gemayel ließ diese „Unkosten“ allerdings ganz unbürokratisch von seinen Kriegern durch Besteuerung, Erpressung, Drogenhandel, Börsenaktivitäten, Immobiliengeschäfte, Schmuggel mit Waffen und Munition eintreiben; allerdings gab es auch Finanzspitzen aus dem Ausland.

Deswegen spulen wir den Film noch einmal zurück. In den 70er Jahren, nachdem Bashir Gemayel sein Studium der Politwissenschaften und des Rechts abgeschlossen hatte, startete er sein Berufsleben in Washington bei einer Rechtsfirma. Während dieser Zeit, das ist weniger bekannt und wird von seiner Anhängerschar gern totgeschwiegen, rekrutierte ihn die CIA; Gemayel erhielt auch für seine Dienste regelmäßig Geld. Für seine Berichte benutzten die Brotgeber einen speziellen Codenamen, so dass die von ihm verfassten Rapporte zwar breit in der CIA gestreut werden konnten, jedoch die eigentliche „Quelle“ nur wenigen kenntlich blieb. Anfangs erhielt Gemayel für seine Liebesdienste „nur“ einige Tausend Dollar; stets cash gegen Information, versteht sich.

1976, nach dem Ausbruch des Bürgerkrieges, als Bashir Gemayel dann Chef der Miliz wurde, wuchsen sowohl die Geldtransfers als auch sein Wert bei der CIA, der sich noch steigern sollte, als sich der Krieger zu einem Führer mit breitem Anklang, zu einem „patriotischen Visionär“ entwickelte, der vom „neuen Libanon sprach“.

Die CIA-Station in Beirut sah in dem Mann zwar nur einen „barbarischen, zynischen Manipulator, der mit den Amerikanern und den Israelis spielte, um Unterstützung und Ausrüstung zu erhalten, die CIA-Station in Tel Aviv hingegen widerspiegelte die Ansichten von Sharon, der in ihm einen schnell aufsteigenden Führer des Libanon erblickte, der in der Lage sei, das Land zu „stabilisieren“. US-Präsident Reagan unterzeichnete daraufhin Anfang der 80er Jahre ein streng geheimes Verdikt, das Bashir Gemayels Miliz eine verdeckte Hilfe in Höhe von zehn Millionen Dollar gewährte.

Bashir Gemayel, CIA-Agent und Führer der *Forces Libanaises*, spielte zunehmend eine gewichtigere Rolle; seine Beziehungen zu

Sharon und zum Mossad wurden immer enger. Prompt griff die CIA da unter die Arme, spielte den „Ehestifter", und machte, um eine gedeihliche Zusammenarbeit zwischen christlicher Phalange (*Forces Libanaises*), den Israelis und den Amerikanern herbeizuführen, den Christen Bashir Gemayel zum Doppelagenten, der fortan sowohl für die CIA als auch für den Mossad gearbeitet hat.[107]

Mit dieser Rückendeckung war es ihm ein leichtes, bei den Präsidentenwahlen 1982 anzutreten. Seine ärgsten politischen Widersacher hatte er bereits abgeschlachtet; da konnte nichts mehr anbrennen. Und Stimmen gab es für ihn zur Genüge: Die proisraelischen Wähler im Libanon erblickten in Gemayel ein „neues politisches Licht"; die antiisraelischen erhofften sich von ihm, dass er eines Tages seine Autorität und seine Beziehungen zu den Israelis einsetzen werde, um sie zum Abzug zu bewegen. Am 23. August 1982 wurde Bashir Gemayel Präsident des Staates Libanon.

Am 14. September 1982, am frühen Nachmittags, während des täglichen Meetings mit seinen Gefolgsleuten, explodierte eine Bombe im Hauptquartier der Phalange, die den 33jährigen Bashir Gemayel, einen der rücksichtslosesten christlichen Milizchefs des Libanon in Stücke riss; neun Tage vor seiner offiziellen Amtseinführung. In Reaktion auf den blutigen Anschlag folgte Tage darauf ein noch blutigeres Massaker in den palästinensischen Flüchtlingslagern von Sabra und Shatila. Nach der Ermordung Gemayels spalteten sich die *Forces Libanaises* (FL) infolge zahlreicher Machtkämpfe um die Nachfolge. Elias Hobeika – berüchtigt für seine Rolle im Massaker von Sabra und Shatila – übernahm die Führung der FL. Als Hobeika im Dezember 1985 entgegen den Wünschen von Präsident Amin Gemayel, der Bruder von Bashir, einen von Syrien protegierten Friedensvertrag unterzeichnete, griff Samir Geagea, damals Stabschef der FL in die Angelegenheit ein, und griff Hobeikas Truppen mit den seinen an. Hobeika, vormals ein Getreuer der Israelis, wurde von Geagea geschlagen, floh nach Paris, dann nach Syrien, wo er in Zahle das Kommando über eine separate prosyrische *Forces Libanaises* unter syrischer Oberhoheit übernahm.

---

107 – Woodward, Bob: 1976–1983, Lebanon: Another CIA President in Lebanon

Am 20. Juni 2000 trafen sich in Washington, DC Herren aus aller Welt zum so genannten *Strategy 2000 Bankett*; ein kleines Fressen für die Teilnehmer am Meeting der *International Strategic Studies Association* (ISSA), einer bedeutenden *Think Tank*, der weltweit Regierungen in Fragen der Außen- und Sicherheitspolitik berät. Die Think Tank wurde 1982 gegründet und richtet in regelmäßiger Abfolge Konferenzen aus, an denen führende Wissenschaftler, Politiker und anderes honoriges Personal rund um den Globus teilnehmen. Die Organisation schätzt sich glücklich, derartige Persönlichkeiten wie US-Verteidigungsminister Donald Rumsfeld in ihren Reihen zu haben. Schwerpunkte der „Arbeit" der Vereinigung bilden der Nahe Osten, der Kaukasus, die Türkei, Pakistan, der Balkan etc. Die ISSA ist zudem Herausgeber des renommierten Journals *Defense & Foreign Affairs*.

Das Journal wird herausgegeben von Yossef Bodansky, den kennen wir bereits; er ist nicht nur der Direktor der *Task Force on Terrorism and Unconventional Warfare* im US-Repräsentantenhaus, sondern auch Forschungsdirektor in der *International Strategic Studies Association* ISSA und sogar noch Chefredakteur eben dieser Zeitschrift *Defense & Foreign Affairs*. Bodansky wurde bereits im vorhergehenden Kapitel als „Mossad-Mann" ausgemacht; auch Herr Lehmann sagt, Bodansky ist der Mann, „den die Muslime einen Mossad-Spion"[108] nennen. Tatsächlich fällt diese Taxierung auch auf dem Tribunal gegen Milosevic in Den Haag: „Yossef Bodansky, ein ehemaliger Mossad-Agent, bezahlt von der griechischen und serbischen Lobby auf dem Capitol Hill."[109]

Der „Mossad-Agent" Bodansky, wir erwähnten es schon in einem anderen Zusammenhang, hatte im Jahre 2000, also während der Amtszeit von Präsident Clinton, mit Hilfe von Nagi N. Najjar und den Abgeordneten im US-Kongress McCollum und Jim Saxton – man denke an Murray Kahls Buchrezensionen – ein Meeting im US-Kongress ausgerichtet, um die Körperschaft dazu zu bewegen,

---

108 – Lehmann, Manfred R.: *Islam in America*; http://www.manfredlehmann.com/sieg423.html

109 – *Analysis of Slobodan Milosevic's opening testimony by Shirley Cloyes DioGuardi*, Balkan Affairs Adviser to the Albanian American Civic League. Submitted to the International Criminal Tribunal for the Former Yugoslavia (ICTY) in The Hague in conjunction with former Congressman Joe's DioGuardi's oral testimony on April 15, 2002; http://www.aacl.com/cloyes-response_to_hague_tribunal.html

gegen die Hisbollah zu intervenieren, die den südlichen Libanon beherrscht.

Im erlauchten Kreis der ISSA fanden sich in jenem Juni 2000 sämtliche genannte Herren und noch mehr wieder. Mit von der Partie waren unter anderen: Caspar W. Weinberger, ehemaliger US-Verteidigungsminister; Alexander M. Haig, Jr., ehemaliger US-Außenminister; Bill McCollum, US-Kongressabgeordneter aus Florida; Jim Saxton, US-Kongressabgeordneter aus New Jersey[110] und natürlich Nagi N. Najjar. Klickt man auf der Webseite der *Lebanon Foundation for Peace* alias *Government of Free Lebanon in Exile* auf *LFP Achievement*, strahlt der Najjar neben Caspar Weinberger auf einem Photo beinahe wie ein Honigkuchenpferd. Man sieht es ihm an, das Geheimdienstfaktotum Najjar, der den amerikanischen Nachrichtendiensten in Sachen islamischer Terrorismus im Libanon und dem Nahen Osten hilft, kann erahnen, wie sich sein Idol, der 1982 jung an Jahren ermordete Menschenschlächter Bashir Gemayel dereinst neben dem Caspar Weinberger gefühlt haben musste.

Da ja hinlänglich bekannt ist, dass Najjar für die amerikanischen Geheimdienste arbeitet und, wie man auf dem Photo sehen kann, offenbar bemüht ist, seinem Vorbild, dem Doppelagenten Bashir Gemayel nachzueifern, drängt sich die Frage auf, wer denn der Verbindungsmann zum Mossad sei? Da könnte man sich glatt die Haare raufen, bis der Schädel Kahl ausschaut.

Und zum Abrunden eine Frage an Ziad K. Abdelnour: Wie ist das Verhältnis des USCFL zu den *Forces Libanaise*?

A: Wir haben ausgezeichnete Beziehungen zu den Schlüsselmitgliedern der *Forces Libanaise* sowohl im Libanon als auch in der Diaspora. Fragen Sie doch Jean Maroun Aziz und/oder Toni Nader. Die können Ihnen viel mehr über meine Verbindungen zu den Forces Libanaise erzählen.

110 – http://128.121.186.47/ISSA/issa/awards.htm

„Es ist Aufgabe eines jeden Libanesen, einen Palästinenser zu töten"

Rassisten und Faschisten wollen den Libanon retten · Ethnische Reinigung anstelle „vernichtender Siege" · Der Barbar und Menschenschlächter Étienne Saqr beschwert sich bei Human Rights Watch · USCFL pflegt „harmonisches Verhältnis" zu dem im Libanon in Abwesenheit zum Tode verurteilten Kriegsverbrecher · Nagi N. Najjar und der „ehrliche Mann" Saqr

Beunruhigend ist die Zusammenarbeit und direkte Verbindung von Abdelnour und seinem USCFL mit der faschistischen christlichen Miliz der *Guardians of the Cedars*.

Interview mit Ziad K. Abdelnour und Statement von Anonymus

Welche Beziehungen hat das USCFL zu den *Guardians of the Cedars*?

A: Wir haben ein gutes harmonisches Verhältnis mit Étienne Saqr (Abu Arz – Chef der Miliz), wie auch mit jeder einzelnen freiheitsliebenden patriotischen libanesischen Organisation.[111]

Anonymus: „Mazbout … Es waren die *Guardians of the Cedars* die damit begannen; wir waren es, die die Exilregierung ausgewiesen haben, aber wir haben sie nicht fortgesetzt; und Nagi führt sie weiter gegen unseren Willen … aber er ist ein guter Freund von Abu Arz, und Abu Arz hat nichts dagegen … Notabene: Zur rechten Zeit könnten wir zu ihr zurück kommen."[112]

A: Das sind alles sehr interessante Neuigkeiten, aber ich weiß wirklich nicht, ob (Najjar) einen gekillt hat. Aber eines ist sicher, er hat Zugang zu den höchsten Bereichen der Geheimdienste und ist tatsächlich sehr eng mit Abu Arz verbunden.[113]

111 – persönliche Mitteilung am 24. Dezember 2005
112 – Anonymus 31.5.2003

Mehr wollte der gute Herr nicht sagen; aber damit liegt vorderhand schon mal der „Vierer" zwischen *United States Committee for a Free Lebanon* (USCFL), *Government of Free Lebanon in Exile* respektive *Forces Libanaises* (FL) und *Guardians of the Cedars* auf der Hand.

Hier zum Beweis zweimal Murray Kahl (vom 13. und 23. Juli 2001):
„Ich habe gerade mit Abu Arz (Étienne Saqr) gesprochen ... Ich gebe nur respektvolle Fragen an ihn weiter.
Behandelt ihn, wie er es verdient hat, behandelt zu werden: als nationaler Held, der sein Leben der Befreiung des Libanon gewidmet hat."

„Könnt ihr euch vorstellen, dass *AFP* berichtet hat, dass Hobeika nichts über Sabra und Shatila weiß? Ehe ich es vergesse, ich habe versucht, Eindruck bei meinem Weib zu schinden, nachdem Abu Arz vorige Woche erklärte, ich sei ein Marschall, aber sie war nicht beeindruckt. Die Story ist wahr."

Die *Guardians of the Cedars* (GoC), Wächter der Zedern, sind eine politisch extrem rechts angesiedelte Bewegung und waren eine gefürchtete Miliz im Bürgerkrieg. Jener von Abdelnour genannte, 1937 im Südlibanon geborene Étienne Saqr stampfte die GoC 1975 aus dem Boden und brannte seinen mordbrennenden Getreuen während des libanesischen Bürgerkrieges den Slogan ins Hirn: „Nicht ein Palästinenser darf auf libanesischem Boden verbleiben." 1976 korrigierte er diese seine Parole offiziell in einen Mordaufruf: „Es ist Aufgabe eines jeden Libanesen, einen Palästinenser zu töten." Unglaublich, aber wahr.

Man erinnert sich prompt an den Vater des Gedankens – wie immer kommt das Vorbild aus den USA – jenen General Sheridan, der Tosowi, dem Häuptling der Komantschen auf dessen „Ich bin ein guter Indianer" eiskalt erwiderte: „Die einzigen guten Indianer, die ich gesehen habe, sind schon tot." Die amerikanischen „Helden", die den Wilden Westen eroberten, verballhornten die höhnischen Worte des Generals und schlugen bald danach unter der menschenverachtenden Devise „Nur ein toter India-

113 – persönliche Mitteilung am 27.12.2005

ner ist ein guter Indianer" beinahe alles tot, was nicht weiß war und sich ihnen in den Weg stellte. Ein ähnlicher Genozid waberte offenbar dem „Katholiken" Saqr, ein Maronit sowieso, im Hirn herum, als er seine Gangster zum kollektiven Verbrechen anstiftete. Kein Gericht der Welt hat den Verbrecher bislang behelligt. Im Gegenteil, auf der Webseite der *Guardians of the Cedars*[114] ist folgendes Statement vom Chef, datiert auf den 15. November 2003, nachzulesen: „Als wir den Slogan ‚Nicht ein Palästinenser darf auf libanesischem Boden verbleiben' verbreiteten, taten wir das mit der Verpflichtung, das zu realisieren. Es wurde Teil unserer Ideologie und eine Treuhänderschaft, die wir tragen und an die nächste Generation weitergeben. Wir fahren fort, an dieser Idee festzuhalten, selbst wenn, Gott verbiete es, die palästinensischen Flüchtlinge im Libanon angesiedelt werden. Diejenigen irren sich schrecklich, die denken, dass jemals ein einzelner Palästinenser auf unserem heiligen und reinen Land bleibt."

Ehe wir den Horror weiter verfolgen, kurz einige Gedanken zur ideologischen Ausrichtung der *Guardians of the Cedars*. Die infektiöse Politik dieser Truppe kann man getrost als eine extreme Form des libanesischen Nationalismus bezeichnen, der behauptet, die Libanesen seien eine alte Rasse und sie, nicht die Griechen, seien es gewesen, die die westliche Zivilisation begründet haben. Nun, daraus schließen die GoC, dass die eigentlichen Libanesen keine Araber sein können, und in der Tat machen sie sich stark für eine Entarabisierung des Libanons, sogar für die Wiedereinführung der phönizischen Sprache und des dazugehörigen Alphabets. So erklären sich auch ihre extrem feindlichen Positionen gegenüber dem Panarabismus und den Arabern im Allgemeinen, die im Grunde genommen nichts weiter als Rassismus in seiner reinsten Form, wenn nicht gar Faschismus, verkörpern. Saqr weist eine derartige Bewertung strikt von sich und verweist noch immer darauf, dass sich unter seinen Kämpfern während des Bürgerkrieges, die er größtenteils unter den Christen rekrutierte, auch einige Drusen, Schiiten, überhaupt Muslime, befanden. Manchmal heiligt der Zweck eben die Mittel, und so ein Mensch wie Saqr dürfte sich insgeheim delektiert haben, wenn ein Muslim die eigenen Glaubensbrüder abschlachtet.

114 – http://www.gotc.org/

Tom Barry, ein amerikanischer Autor wird deutlicher: „In Bezug auf faschistischen Charakter, Aufbau der christlichen Rechten und Militarismus, möchte ich mich auf die Sprache der Organisation selbst und die von Étienne Saqr beziehen, dem Gründer und gegenwärtigen Kommandant' der *Guardians of the Cedars*. Im Interview vom 3. September 2002[115] sagte Saqr, der darin auch unter seinem ‚Kriegernamen' Abu Arz gehandelt wurde: ‚Ich fing an, Waffen und Munition auf dem Schwarzmarkt zu kaufen und junge Leute zu mobilisieren und in privaten Lagern auszubilden bis zum Flächenbrand am 13. April 1975, als der Krieg anfing. Wir gingen dann in die Schlacht unter dem Namen *Guardians of the Cedars*, gemeinsam mit den *Phalangisten*, den Liberalen, den *Tanzim* und anderen und bezogen Stellung in Ashrafieh, Sin el Fil und im Stadtzentrum von Beirut ... Nach dem vernichtenden Sieg, den wir in Tel Al-Zaatar, Nabaa und Jisr El-Basha erzielten, kamen junge Leute von überall her zu uns und wir fingen an, die neuen Freiwilligen zu graduieren und verteilten Waffen und Ausrüstung, sowie Literatur und Bücher, die unsere Ideen beschrieben in Übereinstimmung mit unserem berühmten Slogan: Das Wort hat sich mit der Waffe vermählt, und die *Guardians of the Cedars* waren geboren."[116]

Was waren das für „vernichtende Siege", von denen der Chefterrorist Saqr da sprach? Die keineswegs zimperlichen Krieger der *Guardians of the Cedars* waren 1976 in das an den Palästinensern im Flüchtlingslager Tel Al-Zaatar angerichtete Blutbad verwickelt: „Im Sommer 1976 half Saqr, das Massaker an wenigstens 3.000 palästinensischen Männern, Frauen und Kindern im Flüchtlingslager Tel Al-Zaatar, östlich von Beirut, anzuführen."[117] Während des Schlachtens soll er seinen bewaffneten Verbrechern mit folgenden Worten Mut gemacht haben: „Wenn ihr Mitleid fühlt mit den palästinensischen Frauen und Kindern, so erinnert euch daran, dass sie Kommunisten sind und neue Kommunisten erzeugen werden."[118] Auf der Webseite der *Guardians of the Cedar* steht ein trockener Vermerk: „Aktive Teilnahme in der Befreiung der palästinensischen Militärcamps Tal Al-Zaatar, Jisr el-Basha, Nabaa

115 – Interview with the leader of the Guardians of the Cedars Party, Mr. Etienne Saqr, also known by his nom-de-guerre of Abu-Arz; http://www.clhrf.com/guardians/abuarz4.9.03.htm

116 – Barry, Tom : http://rightweb.irc-online.org/rwnews/2868

117 – Azar, Edward E.: The Emergence of a New Lebanon, S. 129

118 – Randal, Jonathon C.: Going All the Way - Christian Warlords, Israeli Adventurers, and the War in Lebanon, S. 91

und Carantina; somit ein von jeder ausländischen Präsenz gesäubertes Terrain bereitgestellt."[119]

Diese misanthropischen Typen, die ihre kriminelle Heimat in den *Guardians of the Cedars* gefunden hatten, so ist der allgemeine Tenor, avancierten während des Bürgerkrieges zu einer der gefürchtetsten Milizen, die Libanon je gezeugt hatte. Die Schlächter waren dafür bekannt, den Muslimen die Ohren abzuschneiden, um sie sich an die Gürtel zu hängen.[120] Ihr Chef, der Katholik Saqr, brachte seinerzeit die Position seiner GoC gegenüber den Palästinensern in einem Interview am 23. Juli 1982 mit der *Jerusalem Post* auf den Punkt: „Es sind die Palästinenser, mit denen wir uns beschäftigen müssen. Vor zehn Jahren gab es 84.000, jetzt gibt es zwischen 600.000 und 700.000. In sechs Jahren gibt es zwei Millionen. Wir können es nicht dazu kommen lassen." Und er schlug auch gleich eine Lösung vor: „Sehr einfach. Wir fahren sie an die Grenze zum ‚verbrüderten' Syrien ... Jeder, der zurückschaut, anhält oder umdreht, wird auf der Stelle erschossen. Wir haben das moralische Recht."[121] Die menschenverachtende Haltung kommt noch deutlicher auf Flugblättern zum Ausdruck, welche die *Guardians of the Cedars* dereinst im südlibanesischen Sidon verteilten, dort hieß es: „Mikroben leben nur in der Fäulnis. Lasst uns davor bewahren, dass die Fäulnis unsere Gesellschaft infiltriert. Lasst uns fortfahren in unserem Werk der Vernichtung der letzten Palästinenserbastionen und lasst uns kaputtschlagen, was noch immer in dieser giftigen Schlange lebendig geblieben ist."[122] In Sidon, während der israelischen Besetzung, sollen die *Guardians of the Cedars* als eine Art Todesschwadron agiert haben; sie wurden von vielen Libanesen für Morde und das Verschwinden hunderter palästinensischer Zivilisten verantwortlich gemacht.

Man mag an den Anschuldigungen überhaupt keine Zweifel hegen; allein Saqrs Statement im September 1983, also kurz nachdem libanesische christliche Milizen unter Supervision des damaligen israelischen Verteidigungsministers Ariel Sharon die Massaker in den

---

119 – Royer, Ismail: iviews.com reveals ties between Lebanese terrorist and American Jewish organizations, 15.9.1999; http://iviews.com/articles/Articles.asp?ref=IV9909-635

120 – *The Independent*, London, 18. Juli 1992

121 – http://en.wikipedia.org/wiki/Guardians_of_the_Cedars

122 – http://en.wikipedia.org/wiki/Guardians_of_the_Cedars

palästinensischen Flüchtlingscamps von Sabra und Shatila verübt hatten, genügt, um jede Ungewissheit aus dem Weg zu räumen: „Wir haben das volle Recht mit unseren Feinden umzugehen, wie wir es für richtig erachten. Das ist unser internes Problem, mischt euch da nicht ein."[123] Das israelische Außenministerium wusste wohl, warum es ausgerechnet für den Gewalttäter Saqr eine Pressekonferenz in Jerusalem einberufen hatte. Er, der das Schlachten vollmundig verteidigte, die Palästinenser aus tiefster Überzeugung als „den Krebs" des Libanon bezeichnete, somit die Verantwortung für die Barbarei auf sich und die Libanesen projizierte, lenkte schlicht und einfach von Sharons blutbeschmierten Händen ab. Allerdings nur für eine kurze Atempause. Sharon wurde in der Folge zum Rücktritt gezwungen.

Robert Fisk, ehemals Nahostkorrespondent der *Times of London*, schrieb, Saqr, der Anführer der Gang, sei „einer der grausamsten Schurken",[124] und in einem Report des US-amerikanischen *Congressional Research Service* wurde die Killertruppe sogar als „extremistische Maronitenmiliz und Terrororganisation"[125] bezeichnet. Auch das US-Außenministerium nannte die *Guardians of the Cedars* einst „eine extremistische christliche Gruppe."[126]

Was die ganze Angelegenheit so pikant macht, ist die Kollaboration dieser blutrünstigen, rassistischen und inhumanen Kriegertruppe *Guardian of the Cedars* mit dem jüdischen Staat. Mordechai Nisan, Professor an der *Rothberg International School* der *Hebrew University Jerusalem* und selbstverständlich Mitglied des *Golden Circle* des USCFL, hat über Étienne Saqr, den er verehrt und mit dem er privat auch kungelt, eine Biographie geschrieben. „Seine (Saqrs) Kooperation mit Israel, für die er oft kritisiert wurde, kommt … von seinem Glauben an eine natürliche Harmonie der Interessen zwischen Libanon und dem jüdischen Staat." Der jüdische Professor glaubt, dass es den Christen im Libanon um 1982 an Willensstärke fehlte, um gegen die Anwesenheit der Syrer zu

123 – *United Press International*, 3. Dezember 1982

124 – Fisk, Robert: Pity the Nation: Lebanon at War, London, Oxford University Press, 2001, S. 727

125 – Creed, John: Congressional Research Service Report Lebanon 85–885-F July 31, 1985, appendix

126 – Royer, Ismail: iviews.com reveals ties between Lebanese terrorist and American Jewish organizations, 15.9.1999; http://iviews.com/articles/Articles.asp?ref=IV9909-635

kämpfen. Saqr hingegen „begrüßte den Einmarsch der israelischen Kräfte im Jahre 1982 öffentlich. Seit Mitte der 70er Jahre hatte er ein offenes und freundliches Verhältnis zu Israel entwickelt, das in der Beiruter Politik einzigartig war. Während Chamoun und Bashir Gemayel israelische militärische Hilfe nur bei kurzfristigen strategischen Überlegungen gesucht und erhalten haben und jede öffentliche Diskussion über ihre Verbindungen nach Israel vermieden, glaubte Saqr an ein gemeinsames Schicksal, das die jüdischen und libanesischen Völker im von Arabern dominierten Mittleren Osten verbindet und zögerte nie, diese Meinung öffentlich auszusprechen."[127]

Im späten August 1982 forcierte Israel seinen „Vernichtungsfeldzug" gegen die in Beirut stationierten Kräfte der PLO. Bashir Gemayel, der zu jener Zeit die Unterstützung der Muslime und der Araber im Lande suchte, um die Wahl zum Präsidenten zu gewinnen, lehnte ab, mit den Israelis zu kooperieren und bezeichnete die israelische Bombardierung der PLO-Positionen sogar als „unzivilisiert." Saqr ermutigte in dem Kontext die Kämpfer seiner Miliz, mit Israel bei der Sicherung der südlibanesischen Grenzregion zusammenzuarbeiten, und die Truppe trat Saad Haddads *South Lebanon Army* bei, die ja längst mit Israel kollaborierte. Die Schandtaten der Miliz, die hernach folgen sollten, wurden bereits ausführlich geschildert. Die GoC blieben der SLA auch nach dem Ende des Bürgerkrieges im Jahre 1990 eng verbunden und operierten in der von Israel besetzten Sicherheitszone im Südlibanon.

Im Februar 1998 verfasste Saqr einen vierseitigen Antrag, in dem er dazu aufrief, die Sicherheitszone im Südlibanon in eine „Startrampe für die Befreiung des Libanon" umzuwandeln; das israelische Militärkommando und die SLA verschwendeten zu jener Zeit keinerlei Gedanken mehr an irgendwelche offensiven Aktionen. Da sich Ende der 90er Jahre ein Rückzug der Israelis aus dem Libanon abzuzeichnen begann, versuchte Saqr noch alle möglichen Register zu ziehen: Er drängte die israelische Regierung, die Umwandlung der SLA in eine autonome Kraft zu genehmigen, so dass sie nach Abzug der israelischen Armee die Angriffe der Hisbollah abwehren könne; vergebens. Im Sommer 1998 konsultierte Saqr

127 – Nisan, Mordechai: Etienne Saqr (Abu Arz), Head of the Guardians of the Cedars (Dossier), *Middle East Intelligence Bulletin*, Vol. 5 No. 1, Januar 2003; http://www.meib.org/articles/0301_ld.htm

die *Conference of Presidents of Major American Jewish Organizations* in New York, um, wie deren Geschäftsführer Malcolm Hoenlein damals bestätigte, „die Situation der Christen im Libanon zu besprechen“. Sir Moshe Barr-Nea, ehemaliger Redakteur der New Yorker *Jewish Post* und internationaler Koordinator der *United Captive Nations-Free Middle East International* zerrte Saqr und den „Colonel“ Sharbel Baraket, einen anderen libanesischen Militär aus der SLA, in das Bürogebäude von *Human Rights Watch*, damit beide dort auf die „drohende Ausrottung“, wie es Barr-Nea soufflierte, von „über 80.000 ... Christen, Männer, Frauen und Kinder im Südlibanon“ aufmerksam machen, die dann drohe, wenn sich die israelische Armee von dort zurückziehe. Ein starkes Stück von Baraket, vormals stellvertretender Kommandeur der *Southern Lebanese Army*, somit zweite Hand des „rücksichtslosen libanesischen Überläufers Major Saad Haddad, dessen Milizionäre ... im April 1980 zwei irische UN-Soldaten ermordet hatten.“[128] Virginia Sherry von *Human Rights Watch*, Abteilung Mittlerer Osten und Nordafrika kommentierte die „Anhörung“ folgendermaßen: „Es war sehr befremdlich.“ Ein Offizieller des Außenministeriums zeigte sich „überrascht, dass eine Person wie (Saqr) in der Lage war, ein Visum zu bekommen ... Er sollte auf unserer Liste der Fiesen stehen.“ Nun, zwei Jahre später legte der fiese Kerl sogar Zeugnis bei einer Anhörung vor einem Ausschuss des amerikanischen Kongresses ab.

Saqr nutzte die Zeit in den Staaten und sprach am 27. Juni 1998 auf der Konferenz der *World Lebanese Organization* (WLO), ein Sammelbecken für „Demokratizer“, Christen in der Regel, die „Menschenrechte und Demokratie für alle Menschen im Nahen Osten“ einzufordern sich anmaßten.[129] Der Direktor der Sektion *Naher Osten* ist, hoppla, Colonel Sharbel Baraket.[130] Gegründet wurde diese WLO von Walid Phares; ein Professor an der *Florida-Atlantic-Universität*, der einst mit dem dubiosen Professor Murray Kahl vom sonnigen Florida aus die Welt mit Nachrichten über die „Araber“ zugeballert hatte. Phares war zum Zeitpunkt der Zusammenarbeit mit Baraket Chef für Auslandsangelegenheit in der *Lebanese Front*, die nichts weiter als eine Dachorganisation für verschiedene rechtsgerichtete Milizen ist, wie die *Guardians of the*

128 – *The Independent*, London, 12.7.1998
129 – http://www.wlo-usa.org/Declarations/declaration.htm; Webseite ist gelöscht
130 – WLO Press Release, 14. April 1992; Webseite ist gelöscht

Cedars oder die *Phalange*, letztere bekannt für ihren Massenmord an Palästinensern in Sabra und Shatila. Aus dem Grunde braucht diese *Lebanese Front* selbstverständlich auch einen prädestinierten Chef: In Étienne Saqr hatte sie einen brauchbaren gefunden.[131]

Im Juni 1999 schloss sich Phares einem Symposium in Israel an, welches von Saqr, Baraket und einem israelischen Professor veranstaltet wurde, und weil er „tun sollte, was der sagt", beendete er seine „feste Allianz" mit Saqr.[132] Die vier forderten Israel auf, beim Aufbau einer unabhängigen christlich-libanesischen „Verwaltung" in Südlibanon zu helfen, die hernach von einer „in beträchtlichem Ausmaß erweiterten und verstärkten (christlich-libanesischen) Miliz" kontrolliert werden soll.[133] Das Ziel war es, behaupteten sie, die „Beziehungen zu Israel in einer Zeit, in der ein Trend zur Lockerung der Verbindung bestehe, zu beleben." Phares urteilte auf dem Symposium, „wenn Israel den Libanon verlässt, sind wir in der Pflicht, wir waren getreue Alliierte".

Im Mai 2000 zog Israels damaliger Premierminister Ehud Barak auch urplötzlich die Armee seines Landes aus dem Südlibanon ab, um damit die entsprechenden Forderungen der UN-Resolution 425 zu erfüllen. Die Kommandanten der 3.000 Mann starken SLA waren völlig perplex; keiner hatte sie in Kenntnis gesetzt. Das führte zum Kollaps der Miliz und zur Flucht von annähernd 7.000 Libanesen, einschließlich des Häuptlings der Zedern, Étienne Saqr, nach Israel. Der Muslimhasser Daniel Pipes vom *Middle East Forum*, Abdelnours Co-Autor, protestierte daraufhin gemeinsam mit dem Colonel Sharbel Baraket am 14. Juni 2000 anlässlich eines Hearings vor dem US-Kongress.[134]

---

131 – http://www.wlo-usa.org/News/me_watch_7_98.html; Webseite ist gelöscht

132 – Members of a pro-Israeli Lebanese militia appealed to Israel Wednesday to help establish an autonomous government in south Lebanon, *Agence France Presse*, 9. Juni 1999

133 – *The Jerusalem Post*, June 10, 1999

134 – Hearing Pipes Barakat US-Senat Juni 2000, PANEL TWO OF A HEARING OF THE NEAR EASTERN AND SOUTH ASIAN AFFAIRS SUBCOMMITTEE OF THE SENATE FOREIGN RELATIONS COMMITTEE SUBJECT: FUTURE OF LEBANON CHAIRED BY: SENATOR SAM BROWNBACK (R_KS) WITNESSES: DR.DANIEL PIPES, EDITOR, MIDDLE EAST QUARTERLY COLONEL CHARBEL BARAKAT, SOUTH LEBANON ARMY, LOCATION: 419 DIRKSEN SENATE OFFICE BUILDING, WASHINGTON, D.C. TIME: 10:35 A.M. EDT DATE: WEDNESDAY, JUNE 14, 2000

Elias Bejjani, ein berufliches Faktotum, Menschenrechtsaktivist, Journalist, politischer Kommentator, Sprecher der *Canadian Lebanese Human Rights Federation* (CLHRF) und Medienchef des *Canadian Lebanese Coordinating Council* (LCCC) beklagte sich noch im Jahre 2004 über die den eigenen Landsleuten, die ja dem Staate Israel so hilfreich unter die Arme gegriffen hatten, aufgezwungene Flucht: „Die Mitglieder der SLA, die nach dem israelischen Rückzug im Libanon verblieben, wurden Opfer von Selbstjustiz und unfairen Gerichtsverfahren, die mit unnachgiebigen Urteilssprüchen und in mehr als siebzig Fällen mit der Todesstrafe endeten ... Um dieser Verfolgung zu entkommen, nahmen mehr als 6.000 Büger, darunter viele frühere Mitglieder der *South Lebanon Army*, Zuflucht in Israel. Viele von ihnen wanderten schließlich nach Kanada, Deutschland, Australien, Frankreich, in die USA und in andere Staaten aus. Sie ersuchten um den Flüchtlingsstatus aus humanitären Gründen. Während viele Länder diesen Opfern des Terrorismus, Fundamentalismus und der Verfolgung halfen, ist es bedauerlich, dass Kanada überhaupt keine Unterstützung leistete.“[135]

Ganz schön dick aufgetragen, Herr Bejjani. Offenbar war der Mann nicht (mehr) im Bilde, was allein die *Guardians of the Cedars* mittlerweile so alles auf dem Kerbholz hatten. Gut. Die GoC stellten dann angeblich nach dem ungeordneten Rückzug, der Kriegskumpan Israel hatte ihnen ja offensichtlich ein Bein gestellt, sämtliche „militärische Aktionen“ ein und operierten hernach „nur noch politisch“; vor allem mit Kampagnen, durch die sie die Syrer aus dem Libanon zu vertreiben suchten. Ihnen ist es gelungen, obwohl sie in alle Welt verstreut sind, und auf verschiedenen Kontinenten zahlreiche Niederlassungen besitzen, sich als eine politische Partei zu reorganisieren. Und Weg und Ziel der *Guardians of the Cedars* haben sich nicht im Geringsten verwandelt. O-Ton Saqr: „Ich sage in aller Bescheidenheit, dass der politische Weg, der dieser Tage von den *Guardians of the Cedars* gegangen wird, sich seit 1975 nicht geändert hat, und sich auch zukünftig nicht ändern wird. Wir repräsentieren die wahrhaftige Opposition; das verbietet Kompromisse.“[136]

---

135 – Bejjani, Elias: Don't Deport ex SLA members back to Lebanon, *National Post* - Canada, 13.12.2004;
http://www.clhrf.com/elias.english/sla.elias.n.post13.12.04.htm

136 – Barry, Tom: http://rightweb.irc-online.org/rwnews/2868

Saqr lebt heute unbehelligt in Israel und ist noch immer Chef der *Lebanese Front*, dem Sammelbecken aller rechten libanesischen Christen und ehemaligen Schlächter-Wächter des Bürgerkrieges; ein nicht zu unterschätzendes, enorm starkes, kriegserprobtes und vor allem gewaltbereites Potential. Diese ehemaligen Krieger sind für die Libanesen nicht nur politische, sondern auch moralisch Geächtete und haben nur ein Recht auf Heimkehr, wenn sie sich vor einem ordentlichen Gericht für ihre Schandtaten verantworten. Keiner von denen hat also wirklich etwas zu verlieren. Der Weg in die Heimat bleibt ihnen völlig versperrt; daran hat auch die *Zedernrevolution* nichts ändern können. Aber was unbedingt noch einmal in Erinnerung gerufen werden muss: Saqr ist Chef der *Lebanese Front*, bei ihm laufen die Fäden zusammen und er koordiniert die Aktivitäten seiner Outlaws, die zu allem bereit sein dürften. Und Ziad K. Abdelnour, der Chef des *United States Committee for a Free Lebanon*, hat, wie eingangs zitiert, seine wahre Freude an der Zusammenarbeit mit den *Guardians of the Cedars* und pflegt ein „harmonisches Verhältnis" zum Chef der Truppe, einem ausgewiesenen Kapitalverbrecher. Der Kampf um „wahre Demokratie" geht offenbar seltsame Wege und führt wohl mitunter auch die absonderlichsten Kampfgenossen zusammen.

Im Libanon bleiben die *Guardians of the Cedars* aus einleuchtenden Gründen auch nach erfolgter „Demokratisierung" des Landes im Jahre 2005 verboten. Saqr wurde längst von einem libanesischen Gericht wegen „Kollaboration mit dem zionistischen Feind" in Abwesenheit zum Tode verurteilt. Dagegen hat der Geschäftsführer jener dubiosen, in Jerusalem und Washington beheimateten Exilregierung des Libanon(!), Mister Nagi N. Najjar, auf den wir unbedingt noch zu sprechen kommen werden, etwas einzuwenden: „Die *Guardians of the Cedars* waren Teil der mächtigen Revolution, die Libanon in eine freie Gesellschaft verwandelt hat. Ihre jungen Männer und Mädchen gingen Hand in Hand und Schulter an Schulter, kämpften gemeinsam mit anderen Libanesen auf Beiruts Märtyrerplatz für die Unabhängigkeit des Libanon von Syrien … (Die *Guardians of the Cedars*) sind eine politische Partei des Libanon, die es ablehnt, von regionalen Mächten, weder von Iran noch den Saudis, weder den Syrern noch von den Israelis, dominiert zu werden. Sie glaubt an einen Friedensvertrag mit dem Staat Israel im besten Interesse für Libanon … Ihr Führer, Étienne Saqr aka Abu Arz, ist ein ehrlicher Mann, der seine

Gefolgsleute in libanesischem Nationalismus erzieht."[137] Fein. Und dann soll man dem übelsten Verbrecher dieser Gilde wohl noch abkaufen, dass in seiner Tötungsmaschine aus Fleisch und Blut ein „Christenherz" schlägt; nichts für ungut, Herr Najjar. Wenigstens schafft dies eine leise Ahnung, welchen Spielraum diese Bezeichnung zulässt. Amen.

Und das Berufsfaktotum Bejjani röhrte aus Kanada so laut und wehleidig über den Großen Teich, da er hoffte, in Beirut beginnen Ströme von Tränen zu fließen: „Wir rufen Libanons Offizielle, Politiker und den Klerus als Zeugen für die Wahrheit, ergreifen Sie heroisch die Initiativen und befürworten Sie tapfer die Einbeziehung aller Ex-SLA-Mitglieder in jede zukünftige nationale Amnestieverordnung. Der Libanon – so klein, wie seine Fläche ist – kann alle seine Kinder beherbergen. Ja, der Libanon kann mit Liebe, Hoffnung und Glaube alle umarmen, ihre Würde schützen."[138]

137 – Najjar, Nagi N.: Judicial Intolerance Versus The Guardians of the Cedars, 16.9.2005

138 – Bejjani, Elias: Justice for all, Pardon for all!!, 25.5.2005; http://www.10452lccc.com/eliasenglish/elias.justice25.5.05.htm

Um den Kopf von Hobeika

Wie die *Government of Free Lebanon in Exile* den christlichen Warlord Elias Hobeika Anfang des neuen Jahrtausends in die Enge treibt, bis er bei einem Autobombenattentat am 24. Januar 2002 ums Lebens kommt, was wiederum den israelischen Premierminister Ariel Sharon davor bewahrt, ein offiziell anerkannter Kriegsverbrecher zu werden. Warum Nagi N. Najjar, *Executive Director* der *Government of Free Lebanon in Exile*, ein Motiv hatte, Elias Hobeika zu töten. Der Mord an Elias Hobeika könnte der Schlüssel zum Verbrechen an Rafiq Hariri sein.

Sabra und Shatila

Der Libanon und seine Massaker · Das Attentat im Herbst 1982 auf den Mörder Staatsmann Bashir Gemayel · Israels Verteidigungsminister Ariel Sharon lädt zum Schlachtfest nach Sabra und Shatila ein · Moderne christliche Kreuzritter beim Abschlachten von Männern, Frauen und Kindern beobachtet · Sharon trägt nur „indirekte Verantwortung“

Manchmal ist ein Verbrechen die Ursache für ein anderes Verbrechen. Beginnen wir kurz entschlossen mit den Massakern, die im Libanon eine „gute Tradition“ haben.

Am 18. Januar 1976, kurz nach Beginn des libanesischen Bürgerkrieges, nahmen sich die christlichen Milizen ein Herz, bekreuzigten sich, um ihrem Gott im Voraus Abbitte zu leisten und marschierten in den Beiruter Elendsbezirk Karantina ein.
Der strategisch wichtige Ort, vor allem von Kurden und Armeniern sowie einigen Libanesen und palästinensischen Muslimen bewohnt, stand unter Kontrolle der PLO. Die Christen überrannten das Lager, schlachteten ohne lange zu überlegen mehr als 1.000 Zivilisten[139] ab und dehnten das Blutbad kurzerhand auf das benachbarte Quartier Maslakh aus. Ein Fundament des Hasses war errichtet.

Der Rachefeldzug der Palästinenser folgte auf der Stelle. Zwei Tage nach dem Blutbad rückten sie in Damour ein, eine von Christen bewohnte Stadt 12 km südlich von Beirut, und brachten etwa 330 Zivilisten um – die Quellenangaben schwanken zwischen 25 bis 582 Zivilisten; auch in Damour kam es wie in Karantina zu überbordenden Gewaltorgien: Vergewaltigungen, Erschießung von Babys aus nächster Nähe, Verstümmelung von Leichen. Unter den Ermordeten sollen sich auch Familienangehörige und die Verlobte des christlichen Warlords Elias Hobeika befunden haben, der in den folgenden Betrachtungen eine nicht geringe Rolle spielen wird.

Die Spirale der Gewalt setzte sich am 12. August des Jahres mit dem Massaker im Palästinenserlager Tel al-Zaatar fort, wo Angehörige der christlichen *Phalange* und *Guardians of the Cedars* 3.000 Menschen mit Maschinengewehrfeuer, Granaten oder in Handarbeit mit blanken Messern abschlachteten.

Den Höhepunkt dieser traurigen und schändlichen Entwicklung stellt das Massaker von Sabra und Shatila dar, zwei Flüchtlingslager in einem völlig verarmten Viertel in den südlichen Außenbezirken Beiruts. Israel war am 6. Juni 1982 mit 60.000 Soldaten in den Libanon einmarschiert, um Jassir Arafats PLO zu vernichten. Nach Protest des UN-Sicherheitsrates und Vermittlung der Amerikaner wurde im August ein Waffenstillstand vereinbart, in dessen Folge es zum Abzug der PLO-Kämpfer aus Beirut unter internationaler Supervision kam. Israel übernahm die volle Garantie für die Sicherheit der in den Flüchtlingslagern zurückgebliebenen Palästinenser; großenteils Familienangehörige, Frauen, Kinder, ältere Männer.

Am 23. August wurde der Maronit Bashir Gemayel, Chef der *Phalange* und enger Verbündeter Israels, zum Präsidenten des Landes gewählt. Am 3. September, sämtliche PLO-Kämpfer hatten Beirut verlassen, brach Israel den Waffenstillstand und brachte seine Truppen um die Palästinenserlager Sabra und Shatila in Position. Die internationalen Streitkräfte, die den Abzug Arafats überwacht hatten, zogen trotz dieses Umstandes am 11. September aus dem

139 – Harris schreibt „the massacre of 1,500 Palestinians, Shi'is, and others in Karantina and Maslakh, and the revenge killings of hundreds of Christians in Damur"; in: Harris, Williams: Faces of Lebanon. Sects, Wars, and Global Extensions, Markus Wiener Publishers, Princeton, USA, 1996, S. 162

Libanon ab. Es dauerte nur 24 Stunden und der damalige israelische Verteidigungsminister Ariel Sharon setzte die Mär in die Welt, 2.000 PLO-Kämpfer seien noch in Beirut, was die PLO sofort heftig bestritt.
Israels Premierminister Menachem Begin traf sich daraufhin mit Bashir Gemayel und drängte ihn, einen Friedensvertrag mit Israel zu unterzeichnen, die militärische Präsenz der von Israel gestützten *South Lebanon Army* (SLA) unter Major Saad Haddad im Südlibanon zu akzeptieren und gegen die angeblich in den Camps verbliebenen palästinensischen Kämpfer vorzugehen. Präsident Gemayel lehnte sowohl den Friedensvertrag – die *Phalange* zerbröselte zu der Zeit in prosyrische und proisraelische Fraktionen, zwischen denen er die Wage zu halten hatte – als auch irgendwelche Operationen in den Camps ab.

Am Dienstag, den 14. September 1982, wurde Bashir Gemayel bei einer gewaltigen Explosion, die das Hauptquartier der *Phalange* völlig zerstörte, getötet. Palästinenser und Muslim-Führer wiesen sofort jegliche Verantwortung für das Attentat von sich. Doch Ariel Sharon wusste es besser und brandmarkte die Palästinenser als Schuldige, was wiederum die *Phalangisten* bestärkte und sie zu einem Rachefeldzug anstachelte. Am Mittwoch, den 15. September, sendet Israels Ministerpräsident Begin dem Vater des Ermordeten ein Telegramm und zeigte an, er sei „über die verbrecherische Ermordung des großen Patrioten und mutigen Kämpfers für Freiheit und Unabhängigkeit Libanons“ schockiert. Zur gleichen Zeit marschierte die israelische Armee in Westbeirut ein und tötete kurzerhand 88 Menschen. Damit war der Vertrag mit den Amerikanern vollends gebrochen, der vorsah, den muslimischen Teil der Stadt nicht zu okkupieren; gleichzeitig war auch das Friedensabkommen mit den muslimischen Kräften und mit Syrien außer Kraft. Sharon sagte Tage später in der Knesset: „Wir sind in Westbeirut einmarschiert, um Krieg zu machen gegen die von den Terroristen hinterlassene Infrastruktur.“

Ariel Sharon lud die *Phalangisten*, die in Beirut unter seinem militärischen Kommando standen, ein, um in den Lagern von Sabra and Shatila „aufzuräumen“ und, O-Ton Sharon, „Terroristennester auszuheben“; angeblich waren dort noch „2.000 schwer bewaffnete PLO-Kämpfer versteckt“. Am 15. September umzingelte das israelische Militär die Lager und richtete Beobachtungsposten auf den Dächern nahe gelegener Gebäude ein. Am Donnerstag, den 16. September, trafen sich die Israelis mit der *Phalange*, um die Details der „Operation" zu besprechen. Israels Generalstabschef Eitan fragte 15 Uhr über Funk an, ob die Milizen bereit seien, die Lager „von Terroristen zu säubern". Eine Stunde später rollten auf der Hauptstraße von Sabra-Shatila Panzerfahrzeuge, die Israelis verhängten eine Ausgangssperre für alle von ihnen besetzten Gebiete, und der israelische General Drori befahl dem Kontaktoffizier der libanesischen Milizen, mit der Säuberungsaktion zu starten. Ausgerüstet mit Kartenmaterial und Luftaufnahmen des Lagers, das sie von der israelischen Armee erhalten hatten, betraten 150 *Phalangisten* unter Führung von Elias Hobeika sowie „Kämpfer" der *South Lebanon Army* (SLA), sämtlich mit Schusswaffen, Messern und Äxten gerüstet, die Lager.

„Wer auch nur ein bisschen mit den Umständen vertraut war, konnte sich vorstellen, was geschehen würde, und am Abend des 16. September zeichnete sich ab, dass diese Erwartungen erfüllt würden. Es gab hinlänglich Beweise dafür, dass dort ein Massaker stattfand. Während der Nacht wurden die Lager von israelischen Scheinwerfern erhellt, während die Milizen die Bewohner systematisch abschlachteten. Das Massaker dauerte bis zum Samstagmorgen. Es spielte sich unter den Augen des israelischen Militärs ab. Die Leichen wurden mit Bulldozern zusammengekehrt und abtransportiert oder unter Müll begraben. Ein ‚extra ausgehobenes Massengrab' befand sich direkt unterhalb eines israelischen Kommandozentrums, von dessen Dach aus man ‚auf das Grab und das dahinter liegende Lager' hinunterblicken konnte. (David Lamb, *Los Angeles Times*, 20. September 1982)"[140]

Ein Augenzeugenbericht aus der *taz*:
„Bis in die Abendstunden donnerte um uns herum das Artilleriefeuer. Wir haben unsere Kinder genommen und uns nicht vom Fleck bewegt. Dann, gegen 6 Uhr, haben sie uns aus dem Haus geholt. Sie brachten uns, Gewehr im Anschlag, zu einem Keller Richtung Stadion. Auf den Straßen war es von den Leuchtraketen taghell. ‚Stellt euch hier an der Wand auf', haben sie uns schließlich befohlen. Wir haben geweint, sie sagten zu uns: ‚Seid froh, dass

140 – Chomsky, Noam: Unter den Augen Israels, Vor 20 Jahren: Sabra und Shatila – Chronologie eines Massakers; http://www.uni-kassel.de/fb5/frieden/regionen/Nahost/chomsky3.html

wir euch haben und nicht die Juden. Wir sind besser als die Juden', sagten sie, und dann haben sie die Männer vor unseren Augen erschossen. Meinen Mann und zwei meiner Söhne, und die vier Nachbarskinder auch. Ihr Blut lief die Wand hinab. Ein Freund war noch hinter uns her gerannt und wollte mir Windeln bringen für mein Baby. Den haben sie neben meinen Söhnen erschossen. Sie haben noch versucht, die Toten zu begraben, aber das war ihnen in der engen Gasse wohl zu schwierig. Da haben sie Matratzen über die Leichen geworfen (Anmerkung des Verf.: Dieses überhastete ‚Verscharren' von Leichen ist in mehreren Presseberichten übereinstimmend erwähnt). Draußen waren sie mit Bulldozern bei der Arbeit und sie warfen Handgranaten in die Häuser. Uns haben sie dann in einen Raum gesteckt, vielleicht 15 Frauen und 30 Kinder. Da drinnen haben sie die meisten Mädchen gefesselt, auch eine alte Frau, und mit denen haben sie gemacht, was sie wollten. Sie hatten Gewehre, große Messer und Pistolen. Im Raum waren schon an die 20 Tote, eine Frau haben sie regelrecht in der Mitte durchgeschlagen, und ein neun Monate altes Kind, dessen Familie sie schon ermordet hatten, hat eines dieser Schweine noch in den Bauch geschossen und dann erwürgt. Andere wurden aus dem Raum geholt und draußen erschossen.

Wir saßen neben den Toten, die sie noch nach Geld und Schmuck durchsuchten. Wenn die ein Armband haben wollten, hackten sie der Toten die Hand ab. Wir waren die ganze Zeit bewacht, es war ein ständiges Kommen und Gehen von Soldaten. Auf einigen Uniformen habe ich die Zeder der Phalangisten erkannt, auf den anderen stand etwas, was ich nicht lesen konnte. Die meisten sprachen arabisch, den Akzent der Gegend östlich von Beirut. Ich kenne die Sprache, habe fünf Jahre in Bourj Hammozud gelebt. Aber es waren auch große, blonde dabei, die sprachen nicht arabisch. Andauernd kamen Lastwagen an, da luden sie Essen, Obst und Mineralwasser und Munition ab und brachten es in den Raum. Dann machten sie noch Witze: ‚Willst du Schweinefleisch?' fragte der eine seinen Kumpanen. ‚Ich schieße dir das beste Schwein, das ich finden kann.'"[141]

Wie dem auch sei, die christlichen *Phalangisten* legten zwischendurch auch Verschnaufpausen ein und gesellten sich zu den regu-

141 – http://www.politikforum.de/forum/archive/23/2002/07/4/18816

lären israelischen Einheiten, wo sie zu essen und zu trinken erhielten, eine Zigarette rauchten und Munition auftankten. Das war nötig, denn sie hatten in den wenigen Stunden, die ihnen zur Verfügung standen, Schwerstarbeit zu verrichten: „Die Morde in Sabra and Shatila, so wurde gesagt, waren grausam. Man folterte die Menschen, ehe sie umgebracht wurden. Männer wurden kastriert. Frauen wurden vergewaltigt und ausgeweidet. Alte Männer wurden zusammengetrieben und erschossen, Babys wurden auf Abfallhaufen geworfen. Die *Phalangisten* mordeten und verstümmelten, ohne einen Gedanken daran zu verschwenden, dass sie jemals für ihre Aktionen zur Rechenschaft gezogen werden könnten. Sie waren entartet und sie realisierten die unheimlichen Phantasien des Kommandeurs der *Phalange*, Hobeika.“[142]

Laut einer Dokumentation der *BBC* belauschte ein israelischer Offizier irgendwann während des Schlachtens die Konversation zwischen eben jenem Elias Hobeika, der auf die Anfrage eines seiner Milizionäre per Funk, was denn nun mit den Frauen und Kindern – er hielt wohl 50 Gefangene fest – zu machen sei, barsch entgegnete: „Das ist das letzte Mal, dass du mir so eine Frage stellst; du weißt genau, was zu tun ist.“ Im Hintergrund sei danach das ungestüme Lachen der *Phalangisten* zu hören gewesen. (The accuses)

Am Freitagnachmittag traf sich die Führung des vor Ort befindlichen israelischen Militärs mit dem Kommando der *Phalangisten*. Stabschef Eitan gratulierte den christlichen Milizen zu ihrer „guten Arbeit“, bot ihnen einen Bulldozer an, von dem die Kennzeichen der IDF (israelischen Armee) entfernt worden waren, und genehmigte ihnen einen Aufenthalt von weiteren zwölf Stunden in den Lagern. Die Tötungsaktionen gingen weiter; erst am Sonntagmorgen gegen 5 Uhr verließen die Schlächter die Lager; nach 36 Stunden war das Massaker endlich vorüber.

Die Zahl der Opfer liegt nach späteren libanesischen Schätzungen und Vermutungen der PLO zwischen 1.200 und 3.500 Toten; die genaue Zahl der Toten lässt sich nicht ermitteln, weil viele Leichen

142 – Muzher, Shehrezad: Time for Hobeika to Pay; http://www.palestinetimes.net/issue121/articles.html#11

aus den Lagern mit unbekanntem Ziel abtransportiert wurden. Die *Phalangisten* meldeten zwei getötete Milizionäre.
Auf die massive internationale Kritik, dass die IDF (israelische Armee) die Verantwortung für die Massaker in Sabra und Shatila trage, reagierte die israelische Regierung mit einem typischen Beißreflex: „Die offizielle Stellungnahme der Regierung erfolgte am 19. September und erschien in verschiedenen amerikanischen Zeitungen in Form einer ganzseitigen Anzeige mit der Überschrift ‚BLOOD LIBEL', was auf die alte antisemitische Anschuldigung des Ritualmords verweist. (‚BLOOD LIBEL', *New York Times*, 21.9.1982. [Der Ritualmordvorwurf behauptete, die Juden würden zum Passahfest Christen, vorzugsweise kleine Kinder, umbringen, um mit dem Blut das Brot zu backen. A. d. Ü.]) Es ist ein gewohnheitsmäßiger Reflex, Kritiker Israels als Antisemiten hinzustellen, womit sich eine rationale Erörterung der Probleme höchst wirksam vermeiden lässt."[143] Aber die Menschen in Israel wollten Klarheit, und es gab dort wuchtige Proteste; eine Großdemonstration brachte allein 400.000 Menschen auf die Straße.

Am 28. September 1982 setzte die israelische Regierung gezwungenermaßen eine Untersuchungskommission unter Leitung des Obersten Richters Jitzak Kahan ein. Der abschließende Bericht der so genannten *Kahan-Kommission* vom Frühjahr 1983 schloss mit der Aussage, „es gebe keinen direkten Beweis, dass israelische Einheiten direkt am Massaker beteiligt waren und dass es die ‚direkte Verantwortung der *Phalangisten*' war. Jedoch merkte die Kommission an, israelisches Militärpersonal hätte mitbekommen, dass ein Massaker im Gange war, ohne allerdings ernsthafte Schritte zu unternehmen, um das Ganze zu stoppen. Weil dementsprechende Mitteilungen laut Untersuchung der Kommission an einen führenden israelischen Offizier und einen Minister im israelischen Kabinett weitergeleitet wurden, trage Israel folglich eine „indirekte Verantwortung". Die Kommission kam zu dem Schluss, auf Ariel Sharon laste eine „persönliche Verantwortung" und empfahl seine Entlassung vom Posten des Verteidigungsministers. Die *Kahan-Kommission* beendete ihre Arbeit mit der Feststellung, Sharon sollte niemals wieder öffentliche Ämter bekleiden.

143 – http://www.uni-kassel.de/fb5/frieden/regionen/Nahost/chomsky3.html

Wenigstens die Generalversammlung der Vereinten Nationen verurteilte das Massaker am 16. Dezember 1982 als einen Akt des Genozids mit 147 Stimmen gegen jeweils eine aus Israel und eine aus den USA.

Nagi N. Najjars Wunderwaffe

Wie Sharon ein und denselben Prozess verliert und gewinnt · Elias Hobeika, Sharons Mittäter in Sabra und Shatila, macht im Libanon politische Karriere, was wiederum die Israelis ärgert · Überlebende der Massaker bereiten Klage gegen Sharon vor · Nagi N. Najjar macht Robert Maroun Hatem, den Massenmörder und ehemaligen Bodyguard von Elias Hobeika scharf · Aktion „Cobra": Hatem schreibt ein Buch und gibt diverse Interviews, in denen er seinen ehemaligen Chef diverser brisanter Morde und Attentate bezichtigt

1987 publizierte das *Time Magazine* eine Story, die Sharon direkt für das Massaker von Sabra und Shatila verantwortlich machte. Er verklagte daraufhin das *Time Magazine* vor amerikanischen und israelischen Gerichten wegen Beleidigung; das Blatt gewann gegen den „Schlächter von Beirut", wie Sharon auch genannt wird, weil er, der Kläger, dem Medium keine „Böswilligkeit" nachweisen konnte.[144]

Die deutsche *Welt am Sonntag* schätzt das retrospektiv natürlich völlig anders ein. Nicht nur, dass sie den Verbrecher erst jüngst mit der Farbe der Unschuld schminkte, nein, sie biegt auch noch den Urteilsspruch des New Yorker Richters, wie sie's gerade brauchte: „Der schwärzeste Tag seines Lebens war das Massaker im palästinensischen Flüchtlingslager von Sabra und Shatila im Libanon. Scharon wurde von der israelischen Justiz wegen seiner Mitverantwortung als Oberkommandeur gerügt, obgleich es ja die christlichen Arabermilizen unter Führung eines späteren Agenten Syriens, Elias Hobeika, waren, die die Schandtaten begangen hatten. Scharon führte in diesem Zusammenhang gegen das mächtige *Time Magazine* einen Verleumdungsprozess. Eines Morgens begleitete ich die mit Scharon befreundete *Newsweek*-Journalis-

144 – Koch, Ed: Ariel Sharon and the Promised Land, 11.1.2006; http://www.realclearpolitics.com/Commentary/com-1_11_06_EK.html

tin Lally Weymouth in den New Yorker Gerichtssaal, um etwas von diesem Marathonprozess mitzubekommen. In einem Nebenzimmer hatten Sharons Anhänger ein königliches kaltes Büfett für die Mittagspause angerichtet. Kaum kamen wir an, da erhob sich der Richter und verkündete sein Urteil zugunsten Sharons. Im allgemeinen Jubel vergaß man das Büfett und eilte stattdessen zum Lieblingsrestaurant des Siegers und großen Essers."[145]

So funktioniert Desinformation auf niedrigem Level. Aber was den Beteiligten in Israel seit dem Spruch der *Kahan-Kommission* tatsächlich wie Wackersteine im Magen lag, war die Tatsache, dass kein Mensch, ob national oder international, etwas gegen Elias Hobeika, den Kommandanten der Phalangisten, unternehmen wollte. Im Gegenteil, der Mann machte Karriere im Nachkriegs-Libanon und besetzte bald auch den Posten eines Ministers. Diese Ignoranz brachte die Israelis dermaßen in Rage, dass sie ihren „güldenen Einfall" zu verbreiten begannen, Hobeika, der doch zu Zeiten des Massakers mit den Syrern „rum machte", könnte das Blutbad doch eigentlich orchestriert haben als eine Art politische Provokation gegen seine israelischen Verbündeten; schließlich, so die Israelis, hätten sie doch niemals einen Befehl erteilt, der die Tötung der unbewaffneten Zivilisten autorisieren würde.[146]

Energieminister Hobeika, der im Report der *Kahan-Kommission* ausdrücklich als der Hauptmörder und Kriegsverbrecher benannt worden war, hatte ganz andere Probleme. Erstens hatte er alle Hände voll zu tun mit der Stromversorgung des Libanon, die mit großer Regelmäßigkeit ins Schleudern geriet und zusammenbrach zweitens mit seiner Reputation. Hobeika war kein Guter; er war ein einsamer Mensch, so Robert Fisk, Nahostkorrespondent des *Independent*, und, er hasste die Palästinenser, obwohl er später einen Palästinenser aus Haifa für PR-Zwecke beschäftigt hatte. „Als Minister in der Regierung verlangte er nach Respekt. Als der Vater von Mai Kahale, Sprecherin des libanesischen Präsidenten, gestorben war, saß er dort im Armsessel, im Haus der Familie, und zeigte sich mit den Verwandten tief betrübt. Als der Papst in den Libanon kam, stand Herr Hobeika unterwürfig in der Audienzlinie, um sich vor dem heiligen Vater zu verbeugen. Als die Redakteure

145 – Lord Weidenfeld: Ariel Sharon, wie ihn nur wenige sahen, 15.1.2006; http://www.wams.de/data/2006/01/15/831655.html

146 – http://en.wikipedia.org/wiki/Sabra_and_Shatila_massacre

des *Time Magazine* vom libanesischen Premierminister bewirtet wurden, war Herr Hobeika zum Staatsessen eingeladen – saß aber am Tisch ohne Journalisten; ein ausgestoßener Minister. Er war höflich, intelligent, unbarmherzig und, wie viele Kriegsverbrecher, ein Lady-Killer."[147]

Als dann irgendwann in den neunziger Jahren ein ganz in Blau gekleideter, glatt rasierter Mittvierziger Hobeika das Titelblatt des libanesischen Magazins *Prestige* schmückte, das zudem noch ein Interview mit ihm veröffentlichte, geiferten seine Feinde bis ihnen der Schaum vorm Mund stand. Als der Kerl gar noch mit dem Gedanken spielte, sich für das Präsidentenamt des Libanon zu bewerben, liefen sie Amok. Dem Warlord musste endgültig ein Riegel vorgeschoben werden. Zudem war auch der Delinquent Ariel Sharon langsam aus dem Schatten seiner diffusen politischen Ressorts, die er in der politischen Landschaft Israels seit seiner „Verbannung" im Jahre 1982 innehatte, herausgetreten. Israels Ministerpräsident Netanjahu hatte ihn nämlich 1998 zu seinem Außenminister gekürt; und im September 1999, Netanjahu trat wegen einer Finanzaffäre zurück, wurde Sharon auch Vorsitzender der Likud Partei.

Doch da lief etwas nicht so, wie es laufen sollte. *Im Libanon und in Belgien krümelten Rechtsanwälte herum und stocherten in der längst vergessenen Geschichte um Sabra und Shatila; sie suchten Zeugen und Überlebende, führten Befragungen durch und Ermittlungen.* Dieser Erbsenzählerei musste vorgebeugt werden; schließlich könnte so etwas Sharon vielleicht doch noch irgendwann in Verlegenheit oder gar ins Straucheln bringen. Da musste etwas getan werden; die neuerliche politische Karriere des „Schlächters von Beirut" durfte jetzt keinen Knick mehr bekommen, und schon gar nicht durfte der „Widersacher" Hobeika, sein Komplize in der Angelegenheit Sabra und Shatila, zu einem politischen Konkurrenten da drüben im Nachbarland auflaufen, der vielleicht irgendwann das Maul aufreißt.

Was für ein Zufall. Wie aus heiterem Himmel nahm Nagi N. Najjar, *Executive Director* jener dubiosen *Government of Free Lebanon in*

147 – Fisk, Robert: Elias Hobeika: lady-killer and blood-soaked war criminal, *Independent*, 25.1.2002; http://www.bintjbeil.com/articles/en/020125_fisk.html

Exile, die Sache nun selbst in die Hand, um Sharon diesen größten seiner bisherigen Stolpersteine aus dem Weg zu räumen. Najjar, so wird berichtet, gehört zur „älteren Generation von Offizieren der *Forces Libanaises* (und hatte) während vieler Jahre des Bürgerkriegs im Libanon im Militärgeheimdienst gearbeitet". Und die Wunderwaffe, die er ins Spiel brachte, hieß Robert Maroun Hatem, Spitzname „Cobra". Der Kerl war zu Kriegszeiten Hobeikas ehemaliger Leibwächter, und, man sollte es nicht glauben, auch der von Ariel Sharon: „Alle israelischen Spitzengeheimdienstleute vertrauten mir und respektierten mich, wussten, dass ich ihr Mann war, H. K's (Hobeikas) Wachhund. Mister Ariel Sharon rief mich gewöhnlich bei meinem Kriegernamen, ‚Schickt mir Cobra. Ich brauche meinen persönlichen Chauffeur nicht, ich will, dass Cobra mich fährt'".[148] Stolz berichtete Hatem im Jahre 2005 gegenüber der israelischen Zeitung Yedioth Ahronoth, er wäre der persönliche Leibwächter Sharons, damals israelischer Verteidigungsminister, im Libanon gewesen. Und noch „stolzer" merkte er an, Sharon hätte sich nur mit ihm im Libanon sicher gefühlt.[149]

Hatem ist ebenfalls ein Kriegsverbrecher, der – nach eigenen Aussagen im März 2005 – im Verlaufe des libanesischen Bürgerkrieges beinahe 400 Menschen eigenhändig ermordet hatte und an der Tötung von Tausend anderen beteiligt gewesen war; mit Hochmut berichtete er, dass er an den Massakern in Tel Al-Zaatar und in Sabra and Shatila teilgenommen habe.
1975 trat Hatem als ein junger Mann in die *Forces Libanaises* ein; sein erstes *Opfer* war ein sudanesischer Kämpfer, den er bei einem Gewehrgefecht erschossen hatte. Anfangs habe ihn das Schießen mit dem Gewehr in Panik versetzt, später aber, so sagte Hatem, verlor er seine Menschlichkeit und es bereitete ihm keine Probleme mehr, Verbrechen auszuführen. „Wenn sich die Vernehmer über die gerammelt vollen (Gefängnisse) beschwerten und viele (Gefangene) da waren, die ‚disponibel' geworden waren, tötete er sie mit einem Schuss aus seiner Magnum; er habe sich daran erfreut, wie sie um ihr Leben gebettelt haben, ehe er sie in den Kopf oder Rücken schoss."[150]

148 – Hatem, Robert M. – Cobra: *From Israel to Damascus*, Chapter 4: *1981 - Hobeika Banks on Two Horses, Israel and Syria*; http://www.aceviper.net/members/cobra/intro.html

149 – One of ‚Sabra and Shatila' Butchers Reveals His Massacres, Jerusalemites, 6.3.2005; http://www.jerusalemites.org/news/english/march2005/6.htm

Robert Hatem wohnt seit 1997 in Paris; ihm wurde dort befristetes Asyl aufgrund seiner ehemaligen Verbindungen zum französischen Geheimdienst bewilligt. Das französische Außenministerium in Paris lehnte es allerdings ab, dem Killer dauerhaft Asyl zu gewähren, weil er „Dutzende kaltblütig" getötet habe; mit der Entscheidung entsprach es der Vierten Genfer Konvention, die besagt, eine Person dürfe nicht aus dem Gastland in ein Land vertrieben werden, in dem sie mit der Todesstrafe bedroht werden könnte.

Im März 2005 wurden nun auch erstmals Hatems Verbindungen zum israelischen Geheimdienst Mossad öffentlich. „Hobeikas Bodyguard, Robert Hatem, teilte der Tageszeitung *Yedioth Aharanot* mit, dass er vom israelischen Geheimdienst Mossad in den Jahren 1994 und 2000 ‚befragt' wurde"[151] unter anderen über den seit 1986 vermissten israelischen Navigator der Luftwaffe, Ron Arad, dessen Flugzeug über dem Libanon abgeschossen worden war.

Nun, da sind ja die Geheimdienststrategen unter sich: Najjar und Hatem. Ersterer wollte nun letzteren, so wie es aussah, als einen „vertrauenswürdigen" Entlastungszeugen für Sharon aufbauen.

Jetzt wurde es auch für Hobeika allmählich ungemütlich. „Cobra", sein abtrünniger Leibwächter, der sich nach Paris verkrochen hatte, warf nun im Jahre 1999 in Kollaboration mit Najjar einen bemerkenswerten Schelmenbericht über Hobeikas kriminelle Vergangenheit auf den Markt, der den Anspruch erhob, Tatsachen und nichts als Tatsachen ans Licht der Öffentlichkeit zu zerren. Hobeika soll hier keinesfalls verteidigt werden, aber das Machwerk, in schlechtem Englisch geschrieben und vielleicht auch absichtlich in dieser Form veröffentlicht, um ihm eine gewisse Glaubhaftigkeit zu verleihen, sorgte zwar anfänglich ordentlich für Furore, mittlerweile aber weiß man, das beinahe alles, was darin geschrieben steht, mit äußerster Vorsicht zu genießen und vieles im Reich der Lüge und Intrige anzusiedeln ist. Als das Buch 1999 unter dem Titel *From Israel to Damascus* erschien, bestätigte es nicht nur Hobeikas Ver-

150 – One of ‚Sabra and Shatila' Butchers Reveals His Massacres, Jerusalemites, 6.3.2005; http://www.jerusalemites.org/news/english/march2005/6.htm

151 – Israel recruits Lebanese assassin to help find missing airman, *Daily Star*, 4.3.2005; http://www.dailystar.com.lb/article.asp?edition_id=10&categ_id=2&article_id=13160

wicklung in die Massaker von Sabra und Shatila, nein, der Autor Hatem legte ordentlich drauf und beschuldigte Hobeika – seinen einstigen Schutzbefohlenen – sogar des Mordes an seiner eigenen Tochter Sabine im Jahre 1982 und des diversen Beischlafs mit Frauen und Töchtern aus Libanons politischer Elite. „Cobra" listete alle diese Geliebten in seinem Buch, das später im Libanon verboten wurde, auf, was wiederum in Beirut einen Skandal verursachte, der, so Robert Fisk, lebendiger war als der wegen der Schuldzuweisungen am Massaker.

Hatem ließ nichts aus und schrieb in seinem Konstrukt, dass Hobeika 1984 auch einen Mordversuch auf den damaligen Bildungsminister Salim Al-Hoss organisiert haben soll. Das wiederum freute Ziad K. Abdelnour, der im Februar 2000 in seinem *Middle East Intelligence Bulletin*, dem elektronischen Monatsblatt des *United States Committee for a Free Lebanon* beinahe prophetisch titelte: *Der Anfang vom Ende von Elias Hobeika?*

Damit setzte Abdelnour die von Robert Hatem und Nagi N. Najjar in Gang gebrachte Kampagne gegen Elias Hobeika sozusagen in konzertierter Aktion fort und rieb sich insgeheim die Hände, dass der von ihnen als „Nazi-Generalstaatsanwalt[152]„ betitelte Beiruter Adnan Addoum noch im Februar 2000 den Untersuchungsrichter Said Mirza beauftragt hatte, die Ermittlungen zum versuchten Mordanschlag auf den Premierminister Selim Al-Hoss aus dem Jahre 1984 wieder aufzunehmen. Al-Hoss, wie gesagt, zum Zeitpunkt des Attentates Bildungsminister, hatte den Bombenanschlag auf sein Auto zwar überlebt, jedoch riss es den Fahrer und mehrere zufällige Passanten in den Tod.

Ausschlaggebend für die Entscheidung Addoums war ein einstündiges Interview, das der Satellitensender *Al Dschasira* mit Robert Maroun Hatem aka „Cobra" zusätzlich am 31. Januar 2000 geführt hatte. Der ehemalige Leibwächter von Elias Hobeika hatte darin noch eine Kelle drauf gelegt und beschuldigte seinen Exchef im Interview mit dem Sender zahlreicher weiterer Morde und zitierte aus einer immer länger werdenden Liste von Verbrechen, in denen Hobeika seine Finger angeblich drin hatte. Dazu zählten nach Hatems Sichtweise der Dinge mehrere Morde an verschiedenen

152 – http://www.freelebanon.org/articles/a403.htm

rivalisierenden Angehörigen der *Forces Libanaises* in Zahle, ein Mordversuch an Walid Dschumblat, dem Chef der Drusenmiliz, die Anordnung zur Exekution von vier entführten iranischen Diplomaten durch die FL im Jahre 1982, die Bombardierung des Hauptquartiers der *Kataeb Partei* 1982, durch die der damals frisch gewählte Präsident Bashir Gemayel und 23 andere Milizionäre ums Leben kamen, die Entführung der Geschäftsmänner Roger Tamraz und Charles Chalouhi und die Bestechung des früheren Generalstaatsanwaltes Mounif Oueidat.

Doch zuallererst wurde der Fall Selim Al-Hoss neu aufgerollt; Hoss war nämlich zufällig zum Zeitpunkt des Erscheinens von Hatems Buch und seines Interviews mit *Al Dschasira* Libanons Premierminister; ein wahrlich exzellentes Timing. Zudem führte die Beiruter Staatsanwaltschaft Untersuchungen zu zwei anderen Verbrechen, in die Hobeika angeblich verwickelt gewesen sein soll. Erstens die Ermordung von Tony Franjieh im Jahre 1987 und zweitens ein Autobombenanschlag im Jahre 1985, der den Parlamentsabgeordneten Mustafa Saad schwer verletzt und seine Tochter Natasha getötet hatte. Saad, der Hobeika schon immer hinter dem Anschlag vermutete, begann nun unmittelbar nach Hatems Offenbarung, andere Mitglieder des Parlaments weich zu klopfen, um durch Aufhebung der Immunität des Politikers Hobeika dessen gerechte Strafverfolgung bewirken zu können.

Hatem aka Cobra hatte zwar im Gespräch mit dem Sender in Katar darauf hingewiesen, dass sein kurz vor der Veröffentlichung stehendes neues Buch Photographien und dokumentierte Beweise enthalten werde, die seine mündlichen Behauptungen stützen, und zudem wurden die von ihm gemachten Beschuldigungen am 9. Februar 2000 durch ein Statement des früheren Sicherheitschef der *Forces Libanaises*, Asaad Shifari, „bestätigt", aber das war es dann auch. Die Ermittlungen in Sachen Al-Hoss wurden schnell wieder abgewürgt und die anderen Fälle ad acta gelegt. Hatem war wirklich keine „vertrauenswürdige" Quelle, doch Hobeikas Ruf hatte trotz allem gelitten und der Abstieg auf der Karriereleiter nahm seinen (geplanten) Anfang.

Hatem ging damals in seinen Anschuldigungen sogar noch einen Schritt weiter und hinterfragte die Objektivität der damaligen Untersuchung in einem offenen Brief, den er am 11. Februar 2000 an Libanons Premierminister Selim Al-Hoss sowie das *Middle East Intelligence Bulletin* (sic) geschickt hatte. Darin behauptete er, Untersuchungsrichter Said Mirza, der gegen Hobeika ermitteln soll, stehe auf dessen Gehaltsliste. „Ich weiß das, weil ich bei mehreren Gelegenheiten mit eigenen Augen gesehen habe, wie Mirza Geld von Hobeika genommen hatte“, schrieb er. „Unter dem gegebenen Umstand wird es für Said Mirza unmöglich sein, eine vollständige und objektive Untersuchung zu leiten.“[153]

Das Interview mit Hatem sorgte im Libanon für enorme Furore. Hobeika wurde nachgerade gezwungen, sein „Schweigen zu brechen“ und bewilligte seinerseits dem Sender *Future TV*, eine libanesische Fernsehstation, die dem ehemaligen Premierminister Rafiq Hariri gehörte, ein dreistündiges Interview. Verwegen reagierte Hobeika Punkt für Punkt auf die schweren Vorwürfe und schmetterte sie ab. „Nicht nur ich allein habe gemordet“, sagte er, „wenn man die alten Geschichten aufwühlt, dann findet man eine Anzahl von Leuten, die gemeinsam mit mir vor Gericht gebrachten werden müssten.“[154] Hobeika wies dabei besonders auf den Drusenführer Dschumblat und den Schiitenführer und Parlamentssprecher Nabih Berri hin. Die Verantwortung für das Blutbad in Sabra und Shatila, sagte er, trügen die Israelis und deren Verbündete in der *South Lebanon Army* (SLA), die damals unter dem Kommando von Major Saad Haddad stand. Nachdem Hobeika gefragt wurde: „Sie sagen, die haben das Blutbad durchgeführt?“, antwortete er: „Wer hat es wohl sonst getan? Die Schweden?“[155]

Abdelnours *Middle East Intelligence Bulletin* hatte richtig taktiert. Nach der Offensive Hatems, den vielen aufgeworfenen Beschuldigungen fiel Hobeika in ein politisches Tief. Der ehemalige Milizenführer, der sich jetzt kleinlich beschwerte, politisch „links liegen“ gelassen zu werden, ergriff dann doch noch einmal die Initiative und entschied, seiner Karriere ein Facelift zu geben. Er erneuerte die Verbindungen nach Syrien, reiste im Sommer 2000 nach Damaskus, um am Begräbnis des verstorbenen Staatschefs Hafez

153 – *The Beginning of the End for Hobeika?*, MEIB Staff, Februar 2000; http://www.meib.org/articles/0002_l4.htm

154 – Sami Moubayed: *Assassination of the Assassin: Elias Hobeika* (1956-2002), April 2002; http://www.bintjbeil.com/articles/en/020401_moubayed.html

155 – Ehud Ya'ari: Al-Jazira, *phénomène médiatique arabe*, The Al-Jazeera Revolution, *The Jerusalem Report*, Oktober; http://www.medea.be/?page=10&lang=fr&doc=1379

Assad teilzunehmen und schlug sogar vor, die aufgelösten *Forces Libanaises* unter seiner Führung neu zu beleben. Einen schweren Schlag erlitt er im August 2000, als er bei den anstehenden Wahlen eine schmerzliche Niederlage erlitt und somit seinen Einfluss in der politischen Landschaft des Libanon verlor. Zunehmend isoliert, zog er sich in sein Privatgeschäft, eine gut funktionierende Sicherheitsfirma, zurück.

Hobeikas Gegner hatten ein erstes Ziel erreicht. Später sollte es in Nagi N. Najjars Kurzbiographie heißen: „Najjar publizierte das berühmte Buch *From Israel to Damascus* von Mister Robert Hatem aka ‚Cobra'." Wandeln wir weiter auf Hobeikas sicherem Weg in den Tod.

Hobeika wird aufmüpfig

2001: Hobeika bricht sein Schweigen über die Geschehnisse von Sabra und Shatila · Human Rights Watch schaltet sich ein und fordert von Sharon Aufklärung und von Bush Unterstützung

Am 6. Februar 2001 fanden in Israel vorgezogene Präsidentschaftswahlen statt, die den Politiker Ariel Sharon in das Amt des Premierministers katapultierten. Sharon hatte es geschafft; er war wieder ganz oben angelangt in der israelischen Politik. Und das, obwohl die *Kahan-Kommission* achtzehn Jahre zuvor die Empfehlung ausgesprochen hatte, dass der Mann nie wieder ein öffentliches Amt innehaben solle.

Um Hobeika war es zwischenzeitlich ruhiger geworden. Doch die Zeit des relativen Schweigens wurde durch ein mediales Erdbeben jäh beendet. Am 17. Juni 2001 brachte der britische Fernsehsender *BBC-1 im Panorama* die Sendung *The Accused*,[156] die sich mit den Verantwortlichkeiten für das Massaker von Sabra und Shatila im Jahre 1982 auseinandersetzte und die Rolle der Israelis und des damaligen israelischen Verteidigungsministers Ariel Sharon wieder auf den Prüfstand setzte. Fergal Keane, Moderator

156 – Transcript – *The Accused – Panorama, BBC*, 17 June 2001; http://electronicintifada.net/forreference/keyfigures/20010617panorama.html

der Sendung, spielte ein Band ab, auf dem Elias Hobeikas Stimme zu hören war.

BBC-Sendung am 17.6.2001

FERGAL KEANE:

Aber der Mann, der beschuldigt wird, das Schlachten angeführt zu haben, lebt noch immer in Ostbeirut. Sein Name ist Elias Hobeika. Hobeika wechselte irgendwann die Seiten, verließ die Israelis, offerierte seine Dienste den Syrern und wurde Führer der Miliz. Elias Hobeikas Reputation als rücksichtsloser Killer macht ihn zu einem Mann, der noch immer in Beirut gefürchtet wird. Wir haben ihn zu verschiedenen Gelegenheiten schon mehrmals um ein Interview gebeten, er hat immer abgelehnt. Nun hatte er einem Treffen zugestimmt und ich hoffe, dass ich in der Lage bin, etwas von unserem Gespräch abzuspielen. Wie antwortet Elias Hobeika auf die gegen ihn geführten Anklagen?

(Stimme von Elias Hobeika, Kommandeur der *Phalange* 1982.)

HOBEIKA: Ich bin kein Kriegsverbrecher. Ich betrachte mich nicht als einen Verbrecher.

KEANE: Sie werden als ein gnadenloser, kalter Mörder beschrieben.

HOBEIKA: Ja.

KEANE: Denken Sie, das ist alles nicht wahr; diese Beschreibung von Ihnen?

HOBEIKA: Ich habe Krieg geführt. Ich war Soldat. Ich kämpfte an vielen Fronten. Ich überlebte.

KEANE: Sie sagen, Sie wären jetzt ein Mann des Friedens. Ich kann das andere Szenarium anwenden, Sie sind ein Massenmörder, der lügt, um zu verhindern, dass er vor die Justiz gebracht wird.

HOBEIKA: Welche Justiz?

KEANE: Internationale Justiz.

HOBEIKA: Ich fürchte mich nicht vor internationaler Justiz.

Die eigentliche Schlammschlacht konnte und musste jetzt beginnen. Es war abzusehen, dass irgendwann Köpfe rollen werden, sollten die Medien, die Belgier und die internationale Politik weiterhin in dieser „Geschichte" herum stochern. Zunächst verlor Avraham Herschson, Abgeordneter der Knesset und Mitglied des Likud, am 21. Juni 2001 die Nerven und schoss mit seiner Tirade in eine völlig andere Richtung: „Der wahre Verbrecher ist nicht Sharon, sondern Arafat. Arafat ist verantwortlich für Tanzim und gab die Befehle, unschuldige Frauen, Kinder und Männer zu ermorden. Arafat muss wissen, dass er nicht immun ist. Palästinensische Offizielle stiften Behauptungen an, um Fragen gegen den demokratisch gewählten Premierminister von Israel aufzuwerfen. Ich will Arafat zeigen, dass wir sein Spiel spielen können."[157]
Gesagt getan, der politische Wüterich instruierte sofort seine Anwälte, den „Fall" in Belgien und in anderen Ländern, die Klagen gegen Ausländer wegen begangener Kriegsverbrechen zulassen, anhängig zu machen, um so erst einmal einen internationalen Haftbefehl gegen Arafat wegen Kriegsverbrechen zu erwirken.

Am 23. Juni schaltete sich dann auch *Human Rights Watch* in New York ein. Hanny Megally, Geschäftsführer der Abteilung Mittlerer Osten und Nordafrika, forderte eine strafrechtliche Untersuchung von Sharons Rolle in Sabra and Shatila: „Es gibt reichlichen Beweis, dass Kriegsverbrechen und Verbrechen gegen Menschlichkeit auf breiter Skala während der Massaker in Sabra und Shatila verübt worden waren, aber bis jetzt wurde nicht eine einzige Person vor Gericht gebracht." *Human Rights Watch* drängte US-Präsident George W. Bush, die Sache mit Sharon bei einem Treffen im Weißen Haus, das anstand, zu besprechen und ihn zu drängen, mit jeder möglichen Untersuchung zusammenzuarbeiten. Megally

157 – Hoffman, Gil / Reuters: MK moves to have Arafat arrested for war crimes, *Jerusalem Post*, 24.6.2001; http://www.preventgenocide.org/prevent/news-monitor/2001june.htm

betonte, *Human Rights Watch* und die Vereinigten Staaten hätten ein erhebliches Interesse an dem Fall, da die USA als damaliger Vermittler des Auszuges der PLO aus Beirut die schriftliche Versicherung von Seiten der Israelis besaß, dass die Palästinenser, die damals dort zurückgeblieben waren, sicher sein würden. Das alles war schließlich ein Teil der Verhandlungen während der Evakuierung der PLO-Kämpfer, den die Amerikaner in die Hände genommen und die Israelis offenbar nicht im Geringsten interessiert hatte. Megally forderte zudem, die libanesische Regierung solle die Rolle der Milizenführer, auch die von Elias Hobeika, überprüfen; die haben ja letztendlich die Tötungen durchgeführt bzw. durchführen lassen. „Aber die israelische Regierung steht auch in der Verantwortung, eine eigene Untersuchung über die Aktionen seiner hohen Offiziellen zu führen, die wussten … dass sich wahrscheinlich Grausamkeiten ereignen werden, und nicht unverzüglich reagierten, um sie zu stoppen, nachdem sie wussten, dass die Tötung begonnen hatte",[158] fügte Megally hinzu.

Ein Fall für zwei

Klage gegen Sharon in Brüssel · Nagi N. Najjar schreibt einen Offenen Brief an Human Rights Watch und bescheinigt seinem Boss Sharon eine arielweiße Weste · Professor Kahl entdeckt Elias Hobeika als neuen Brieffreund · Murray mürrisch gegen die BBC · 5. Juli 2001: Hobeikas Paukenschlag – Er will in Brüssel über Sharons Rolle in Sabra und Shatila aussagen · Wunderwaffe Hatem aka „Cobra" erneut in Position · Étienne Saqr will Gras über Sabra und Shatila wachsen lassen

Doch zurück nochmals zur *BBC*-Sendung *The Accused*. Die Erregung nach der Reportage vom 17. Juni 2001 hatte sich noch gar nicht richtig gelegt, da stapften am Morgen des 18. Juni 2001 gegen 9.30 Uhr drei tapfere Rechtsanwälte, der Libanese Chibli Mallat und seine beiden belgischen Kollegen Michael Verhaeghe und Luc Walleyn, im Auftrag von 23 Überlebenden der Massaker von Sabra und Shatila in das Büro der Untersuchungsrichterin Sophie Huguet in den Brüsseler Justizpalast und reichten Klage gegen

158 – Hoffman, Gil / Reuters: *MK moves to have Arafat arrested for war crimes, Jerusalem Post*, 24.6.2001; http://www.preventgenocide.org/prevent/newsmonitor/2001june.htm

Ariel Sharon und weitere an den Kriegsverbrechen beteiligten Israelis und Libanesen ein.[159] Der Fall gegen den Premierminister des Staates Israel wegen Kriegsverbrechen, Verbrechen gegen die Menschlichkeit und Genozid war damit eröffnet und in Gang gebracht worden.

Neben den Israelis geriet nun aber auch die *Lebanese Foundation for Peace* samt ihrer Exilregierung so richtig ins Schwitzen. *Executive Director* Nagi N. Najjar, der Exilherrscher über alle Libanesen, die ihn sowieso nicht kennen, wusste gar nicht, wo er beginnen sollte, um für Sharon eine Lanze zu brechen. Wir erinnern uns, auch Mister Hanny Megally von *Human Rights Watch* New York hatte am 23. Juni 2001 ins Wespennest Sabra und Shatila gestochen und die Parteien zur Klärung aufgerufen. Najjar schrieb sofort einen „Offenen Brief" an die Organisation mit dem Tenor „Wir haben Hunderte von Augenzeugen zu den Ereignissen von Sabra und Shatila. Wollen Sie die aufrufen?" Der Brief ist undatiert, jedoch sandte der palästinensische Journalist Khalid Amayreh, Najjar am 26. Juni 2001 folgende E-Mail, die auf den „Offenen Brief" eingeht, so dass die Flinkheit des durch den Fall Sharon gebeutelten Exilregenten sehr gut einzutaxieren ist.

X-Sender: amayreh@mail.p-ol.com
Date: Tue, 26 Jun 2001 23:47:31 +0200
To: najjar@free-lebanon.com
Subject: from Khalid Amayreh

Lieber Mr. Najjar:
Mein Name ist Khalid Amayreh. Ich bin ein palästinensischer Journalist aus Jerusalem Ich habe Ihren Brief an Mr. Megally von *Human Rights Watch* über die Sache mit den Massakern in Sabra und Shatila gelesen. Ich stimme mit Ihnen überein, dass Jassir Arafat und seine PLO Gräueltaten gegen Christen (und Nichtchristen) im Libanon verübt haben. Das war schrecklich, tatsächlich, und Arafat ist nicht Mahatma Gandhi …

Das war natürlich Musik in den Ohren der Herren Murray Kahl und Nagi N. Najjar, die da regieren ohne Volk und Votum; das Statement stellten sie umgehend ins *www*.[160] Wenigstens hatten Sie schon mal einen auf ihrer Seite; allerdings schränkte der Absender seine Aussagen noch mit einem etwas merkwürdigen Unterton ein und meinte, so fasst jedenfalls Professor Murray Kahl den Rest seiner E-Mail zusammen, dass alles (offenbar die Massaker) unter ethischen Gesichtspunkten betrachtet werden müsse und alle Parteien, die darin involviert waren, sollten vor Gericht gebracht werden.

Jetzt kam Murray Kahl nicht umhin, einige zusätzliche und interessante Bemerkungen machen zu müssen, denn das alles sei, „nachdem die *BBC* (die Massaker) zu einer politischen Angelegenheit gemacht habe und Libanons Premierminister Rafiq Hariri eine Klage ohne Elias Hobeikas Präsenz in Betracht zieht, schwerlich ein fairer Prozess". Dann folgte die übliche Holzhammertechnik gegen Hobeika; allerdings ist erstaunlich, wie gut die Leute in der Exilregierung auch mit geheimdienstlichen Informationen bestückt waren und sind, mit denen sie ihre ideologische Kriegsführung abpolstern: „Hobeika hat eine lange und schmutzige Vergangenheit, einschließlich alter Verbindungen zum israelischen Mossad, die er vor einigen Jahren zu reaktivieren suchte", schrieb Kahl. Hat der Mossad etwa aus dem Nähkastchen geplaudert? Der Geheimdienst ist eigentlich für seine absolute Verschwiegenheit bekannt; es sei denn ... Gut, weiter. Kahl wusste selbstverständlich auch, dass „Hobeika als Minister für Elektrizität und als Verantwortlicher für hydraulische Ressourcen Informationen nach Israel geliefert habe, die Israel dann auch im Jahre 2000 geholfen haben, Ziele in der Elektrizitätslandschaft Libanons zu bombardieren." Wie auch immer, betonte Kahl, hernach „trauten ihm die Israelis nicht mehr und kappten alle Kontakte, weil sie glaubten, dass die Informationen Hobeikas zwischen Hobeika und dem syrischen Geheimdienst abgesprochen worden waren". Und als die Angelegenheit mit Sabra und Shatila aufbrach, beteuert der Professor, „trat Hobeika mit Israel in Verbindung und versuchte erneut, die Kommunikation wieder herzustellen, weil er wusste, dass er das Hauptziel in jeder intensiveren Untersuchung sein würde".

---

159 – Mallat, Chibli : Speial dossier on the „Sabra and Shatila" case in Belgium, introduction: New lights on the Sharon case; The Palestine Yearbook of International Law. Vol. m 2002/2003. *pp. 183-190. o* 2005 Koninklijke Brill NV.

160 – A mail sent to Mr Najjar in reaction to his open letter to Human Rights Watch; http://www.chretiens-et-juifs.org/article.php?voir%5B%5D=573&voir%5B%5D=9138#_Toc518411454

Und jetzt kommt es dick.
Professor Murray Kahl notierte: „Ist Hobeika überhaupt zur Aufrichtigkeit fähig? Hier ist ein Statement von Hobeika an mich (Murray Kahl) vom 17. September 2000, die Episode von Sabra und Shatila betreffend: *hobeika@attglobal.net* schrieb in der Nachricht: „Ich weiß nicht, was sich WIRKLICH hier ereignete, … [I don't know what REALLY happened here, …].“ Das Statement wird noch eine Rolle spielen.

Doch vorerst zurück zum *Open Letter to Human Rights Watch*.[161] Der Brief ist interessant, weil es auch darauf Monate später angeblich eine Erwiderung von einem gewissen Joseph Hobeika geben wird. In dem von Najjar an *Human Rights Watch* verfassten Elaborat heißt es unter anderem, man atme vorher tief durch:

> *Werter Mister Megally,*
> … glauben Sie wirklich, dass die Palästinenser grundlos attackiert worden waren oder dass Gruppen zivilisierter Christen plötzlich eine Blutgier auf Palästinenser entwickelt haben?
> Warum haben die Christen nur Palästinenser angegriffen und keine libanesischen Muslime, mit denen sie seit Jahrhunderten friedlich zusammenleben? Die Christen sind historisch gesehen friedliche Menschen, die es bevorzugten im Libanon in einer historischen Balance mit ihren muslimischen Nachbarn zu leben bis Jassir Arafat und seine Killer in den Libanon kamen.
>
> (Es folgt eine Aufzählung der durch die PLO verübten Massaker in Chekka, Damour, Aintoura, Mtein, Hadath, Ainel Remmaneh, Jisr el Bacha, Dekaouneh, Beirut etc.)
>
> … Sabra und Shatila waren eines der größten Trainingscenter für den internationalen Terrorismus. Die meisten der Terroristen auf der Welt besuchten die Camps von Sabra und Shatila in Beirut und erhielten eine umfangreiche Ausbildung in Terrorismus, Gebrauch von Plastiksprengstoffen, um Autos in die Luft zu sprengen und in speziellen Mordtechniken …
>
> … Die christlichen Kataeb-Milizionäre sind keine Mörder, Mister Megally. Sie erkannten, dass die Zerstörung des Libanon

durch die Hände der Palästinenser nicht weitergehen konnte …

… Da war keine Proportionalität zwischen den Ereignissen … in Sabra & Shatila gab es angenommen über 800 Exekutionen, während die Palästinenser 200.000 Libanesen an verschiedenen Gelegenheiten und Orten ermordeten.
… Werden Sie Elias Hobeika als Zeugen befragen; einen bekannten libanesischen Verräter und syrischen Operativen, der das Ereignis ohne Wissen oder Zustimmung von Ariel Sharon angestachelt hatte, um Ariel Sharons Name zu schänden und anzuschwärzen?

… Sabra und Shatila war kein Fehler, es war die Unfähigkeit der christlichen Gemeinschaft, ihre Auslöschung und den geplanten Genozid an ihnen weiter zu erdulden …
… Tadeln Sie die Christen nicht oder General Sharon … Die Palästinenser unter Jassir Arafat und Elias Hobeika sind verantwortlich, sowie eine Welt, die sich nicht interessiert.

Ich danke ihnen, Nagi N. Najjar,
Direktor der *Lebanon Foundation for Peace …*
E-Mail: najjar@free-lebanon.com.[162]

Während sich Najjars Brief an *Human Rights Watch* wie ein aufgemöbeltes Plagiat aus dem Dritten Reich liest, in dem die widerwärtigen Sippschaften zwischen Herrenmenschen und Untermenschen unterschieden, nahm sich Najjars geheimdienstähnlicher Ziehvater Murray Kahl am 26. Juni 2001 gleichzeitig *BBC* und Tagespostille vor die Brust. Besonders die Engländer hatten ihn auf die Palme gebracht.

---

161 – An Open Letter to Human Rights Watch, „We Have Hundreds of Eye Witnesses to the Events at Sabra and Chatilla, Will You Call Them?“; http://www.free-lebanon.com/LFPNews/Witnesses/witnesses.html

162 – An Open Letter to Human Rights Watch From the Lebanese Foundation for Peace, „We Have Hundreds of Eye Witnesses to the Events at Sabra and Chatilla, Will You Call Them?“: (http://www.free-lebanon.com/LFPNews/Witnesses/witnesses.html)

Der ungehobelte Professor, der wohl an jedem Journalismus außer dem seinigen etwas auszusetzen hat, ging mit einer neuerlichen Schmähschrift, anders kann man seine rechtsgerichteten Elaborate nicht bezeichnen, an die Öffentlichkeit:[163] „Eine unprofessionelle *BBC*, übel vorbereitet, schlecht informiert, schlecht beraten, hat weder einen der zahlreichen Augenzeugen zu Sabra und Shatila unter den Exillibanesen interviewt, noch versucht zu treffen und trotzdem eine Reihe unbegründeter Anschuldigungen, die jeder Grundlage entbehren, veröffentlicht; (der Sender) ist auch nicht auf die Verletzung der Menschenrechte durch die Massaker eingegangen, die Jassir Arafats Lakaien an den Christen des Libanon verübt hatten. Ein libanesischer Augenzeuge Nagi N. Najjar (sic), Direktor der *Libanon Foundation for Peace*, sagte: Es waren die PLO und all die palästinensischen bewaffneten Banden, die mit den Tötungen im Libanon begonnen hatten, sie bauten Straßensperren, töteten Christen in Beirut während der Beichte, vergewaltigten junge Mädchen … Wo war denn das belgische Gericht? Warum hat das *BBC* nicht das von Arafat und seinen Mördern verübte Schlachten im Libanon, an christlichen Frauen und Kindern, gebracht?"

Kahl zählte hernach eine lange Liste Arafats angeblicher Verbrechen auf, die die *BBC* vergessen hatte zu erwähnen und echauffierte sich vollends, als wäre er, der Amerikaner, der sich zudem unter dem Namen „Moshe" in Israels rechter Siedlerbewegung herumtreibt, und die Hölle weiß, bei welchen geheimen Diensten noch überall, ein „betroffener" Libanese. Der Kitt zwischen Najjar und ihm war und ist augenscheinlich der Hass auf die Palästinenser im Allgemeinen und auf Arafat im Besonderen.

Dann gab er es dem britischen Sender *BBC* noch einmal richtig schriftlich, weil der die „christlichen *Phalangisten* als ungezügelte Mörder während einer Mordorgie, für die es keinen offensichtlichen Grund gab, präsentierte." Und dann meint der Professor und Erzieher, als ob es die Verbrechen relativieren könnte, „wurde die offensichtlichste Facette eines jeden Mordes vom *BBC* ignoriert, nämlich das Motiv; stattdessen blieb beim Zuschauer … die Vorstellung, Christen seien irrationale Mörder, eine so rätselhafte

163 – Kahl, Murray: Details Not Included in the BBC's Attack on Israeli Prime Minister Ariel Sharon, 26.6.2001; http://www.free-lebanon.com/LFPNews/BBC/bbc.html

Gruppe, die sich ausschließlich auf die Palästinenser konzentrierte. Die Palästinenser wurden als eine passive Gruppe unschuldiger Opfer dargestellt, die aus unbekanntem Grund angegriffen wurden; als ob sie in *Disney World* waren und eine Gruppe christlicher Serienmördern sie attackierte.“ Wo er Recht hat, hat er Recht, der Professor, das muss man ihm schon lassen.

Dann platzte dem Herrn aber doch noch der Kragen, als er auf die Ausgabe des Beiruter *Daily Star* vom 26. Juni 2001 einging, die enthüllt hatte, dass „Elias Hobeika, Kommandeur der *Phalange*-Miliz in Sabra und Shatila, der die Tötungen [bei Sabra und Shatila] ausgeführt hat, nach Angaben aus einer Quelle im Militärgericht weder befragt noch juristisch verfolgt werden wird“. Und dabei, wutschnaubte Kahl, gibt es doch so viele Zeugen, die dem Hobeika das Genick brechen könnten. Prompt verwies er auf Najjars „Wunderwaffe“, Robert Maroun Hatem, genannt „Cobra“; man müsse nur im Buch *From Israel to Damascus*, geschrieben von Hobeikas ehemals engstem Vertrauten und Leibwächter, nachlesen, dann wäre doch alles klar.

Hobeika ging nun in die Offensive. Robert Fisk schrieb, „er begann, sich auf dünnem Eis zu bewegen“, und berief am 5. Juli 2001 eine Pressekonferenz ein, um zu erklären, „dass er, wenn die Zeit reif sei, viele wichtige Geheimnisse, die sich um viele Leute im Libanon drehen, aufdecken würde“. Mit Paukenschlag verkündete Hobeika, „er sei jetzt bereit, vor dem Gericht in Belgien auszusagen, das die Anklage gegen Premierminister Ariel Sharon führe, die von Überlebenden der im Jahr 1982 ausgeführten Massaker in den Flüchtlingslagern Sabra und Shatila erhoben worden war.“[164] Hobeika ließ keinen Zweifel daran, dass er gegen Sharon, der zum Zeitpunkt der Massaker israelischer Verteidigungsminister und Hobeikas Verbündeter war, aussagen werde: „Ich bin im Besitz von Beweisen meiner Unschuld hinsichtlich Sabra und Shatila … und ich habe Beweise darüber, was wirklich in Sabra und Shatila geschah, was ein vollständig neues Licht auf den Bericht der *Kahan Commission* werfen wird.“

Um was für eine Art von Beweisen es sich handelt, konnte nie geklärt werden. Die Herausgeber der libanesischen Tageszei-

---

164 – Harel, Zvi: Er hatte viele Geheimnisse – und Feinde, *Ha'aretz*, 25.1.2002

tung *Daily Star* teilten dem britischen Sender *BBC* am 25. Januar 2002 mit, „sie hätten im letzten Jahr eine formlose Sitzung mit Elias Hobeika abgehalten“. Einer der Herausgeber sagte, „Herr Hobeika habe ihnen wiederholt erklärt, er besäße Videobänder und Dokumente, die seine Unschuld beweisen würden und die israelische Version über die Geschichte der Massaker in Sabra und Shatila herausfordere“. Hobeika war zu dem Zeitpunkt überzeugt, er müsse keine Befürchtungen hegen, aus dem Weg geräumt zu werden. Er hätte „notwendige Vorsichtsmaßnahmen getroffen und auch sichergestellt, dass die in seinem Besitz befindlichen Beweise auch dann zugänglich sein werden, wenn er verschwindet“. Hobeika sagte dem *Daily Star* damals, „der Beweis sei an einem sicheren Platz“; jedoch auf keinen Fall in den Händen der Rechtsanwälte, die im Verfahren gegen Sharon in Belgien arbeiten.[165]

Der „Gerichtsfall“ Sabra und Shatila, der mögliche Prozess gegen Sharon, Israels Premier, schlug natürlich in der internationalen Medienlandschaft hohe Wellen. Und nach Hobeikas Pressekonferenz begannen sich offenbar einige Leute, ernsthafte Sorgen zu machen, was der Kerl denn so alles ausplaudern könnte. Zwar sollte erst im März 2002 in Belgien darüber entschieden werden, ob es einen Prozess gegen Sharon geben wird, aber die Angelegenheit war nun doch für einige Betroffene dermaßen heiß geworden, dass sie ihre Hintern plötzlich mehr als bisher gewohnt in dieser Angelegenheit zu bewegen begannen.

Schleunigst wurde Nagi N. Najjars Wunderwaffe wieder in Stellung gebracht. Robert Maroun Hatem schlug gleich am nächsten Tag wieder leibhaftig zu. Pünktlich 24 Stunden nach Hobeikas Provokation Richtung Israel, beantwortete er dem Journalisten Suleiman Bou Sousan von *Arab News Network* (ANN) einige Fragen; und wiederum auf seine ganz eigene Art und Weise:

---

165 – Ghattas, Kim: Hobeika ‚had massacre evidence‘, *BBC*, 25.1.2002; http://news.bbc.co.uk/1/hi/world/middle_east/1782503.stm

Frage: Angesichts Ihrer sensitiven Informationen Elias Hobeikas Rolle betreffend im Massaker von Sabra und Shatila – auf welchen Beweis stützen Sie Ihre Informationen?

Cobra: Selbstverständlich gibt es hilfreiche Beweise. Die Informationen sind nicht geheim und alle Libanesen kennen die Wahrheit über Hobeikas Rolle in Sabra und Shatila.
Frage: Hobeika verweigerte jedes mögliche Wissen über die Tötungen in Sabra und Shatila und beschuldigte Israel, dafür verantwortlich zu sein. Er behauptet, er habe Beweise und Beweise für seine Unschuld. Was ist Ihre Meinung?

Cobra: Ich habe eine Menge Informationen hinsichtlich dieser Angelegenheit, aber ich werde sie nicht diskutieren, bevor die Gerichtsverfahren beginnen. Wenn es das Gericht wünscht, decken wir (sic) unsere Informationen auf. Ich kann Ihnen versichern, dass es Dutzende Zeugen gibt, die vor Gericht kommen werden, bereit sind für ein Zeugnis und mich unterstützen. Einige gehörten zur Hobeika-Gruppe und einige nicht.

Frage: Können Sie uns die Namen dieser Zeugen nennen?

Cobra: Wir decken sie bei Gericht auf.

Frage: Hobeika sagt, dass er nach Belgien geht, um mit sich selbst ins Reine zu kommen; glauben Sie ihm oder denken Sie, dass sind „Sprechblasen"?

Cobra: Nur Wörter. Nur leere Anklagen seit sieben Jahren. Wenn die Angelegenheit ernst wird, werden Sie ihn nicht mehr sehen.

Frage: Es gibt Anzeichen, dass die Israelis beträchtlichen Druck machen, die Gerichtsverfahren zu stoppen. Glauben Sie, dass die Wörter von „Cobra" irgendeine Wirkung haben? Ihre Wörter werden eventuell gegen Sie verwendet werden und Sie allein bezahlen den Preis.

Cobra: Warten Sie, bis die Zeit kommt, und Sie werden sehen.[166]

Endlich hatte mal einer aus Hobeikas Gegenpartei Klartext gesprochen: „Wir“ decken „unsere“ Informationen auf. Wer steckt dahinter? Najjar offenbar, Kahl ebenso, aber nicht allein.

Doch da gingen noch einigen die Hintern auf Grundeis: Der von Étienne Saqr sowieso, einer der brutalsten Warlords, den die libanesische Erde je getragen und die seiner Gefolgschaft, eine besonders brutale und menschenverachtende Miliz, die bekanntermaßen während des Bürgerkrieges unter dem Slogan, es sei die Pflicht eines jeden Libanesen, einen Palästinenser zu töten, ihre Schlachtfeste feierte.
Der Kommandeur der *Guardians of the Cedars*, Étienne Saqr, und der Zentralrat seiner Partei *Guardians of the Cedars – National Lebanese Movement*, zeigten sich selbstverständlich am 16. Juli 2001 „geschockt, dass der Fall Sabra und Shatila nach neunzehnjähriger Lethargie wieder geöffnet wird“. Was da „gewöhnlich als Massaker von Sabra und Shatila bezeichnet wird, wären doch nur die Resultate einer aufgebrachten öffentlichen Reaktion gegen die von den Palästinensern am libanesischen Volk verübten Massaker.“[167] Der Zentralrat beschrieb in den darunter folgenden Zeilen wie zum Beweis, die bereits von Kahl und Najjar geschilderte blutige Hölle, welche die angeblich mordbrennende Bande der Palästinenser während der vergangenen 30 Jahre im Libanon errichtet hatte. Kein Wort auch nur über ein einziges Verbrechen jener christlichen Maroniten, die offenbar vor lauter Kreidefresserei an ihre eigene Unschuld zu glauben begonnen haben. Der Glauben versetzt eben Berge, wie es so heißt. Eine frivole Bande mit einem unappetitlichen Statement – vor allem, wenn man bedenkt, welche Unmenge Blut diesen Scheinheiligen an den Händen klebt.

166 – Interviews Cobra (Robert Hatem), *Arab News Network* (ANN), 6. Juli 2001; http://www.free-lebanon.com/cgi-bin/Ultimate.cgi

167 – 16. Juli 200; http://www.gotc.org/st16.7.1.htm

Vorspiel zum Tod

Hobeika in der politischen Isolation · Kahl prophezeit Elias Hobeika ein kurzes Leben und die bevorstehende Ermordung · Das Straßenmädchen Hobeika · Die seltsamen Briefe des Joseph Hobeika, geschrieben von einem noch wundersameren Verfasser · Original und Fake · Kahl schreibt sich die Finger blutig, um Ariels Weste rein zu halten

Der Wind wehte fortan rauher. Der gesellschaftlich und privat angeschlagene Elias Hobeika versuchte im Sommer 2001, seinen politischen Einfluss im Libanon zurück zu erobern. Er annoncierte, dass er gern den Vorsitz der *Forces Libanaises* übernehmen wollte; jene politische Partei war nach dem Bürgerkrieg verboten worden und sollte nun als reformierte Organisation wiederbelebt werden. Doch im November kam das Aus, die politisch Verantwortlichen bevorzugten einen anderen Kandidaten. Hobeika sah sich ins politische Abseits gedrängt.

Nach den Ereignissen vom 11. September soll Hobeika auch mit dem amerikanischen Geheimdienst CIA Kontakt aufgenommen und sich angeboten haben, den von den Amerikanern als „most wanted" gesuchten Chef für Überseeaktionen der Hisbollah, Imad Mughniyah, mit seiner privaten Sicherheitsfirma ausfindig zu machen und an sie zu übergeben. Hobeika arbeitete bereits in den frühen 80er Jahren mit der CIA zusammen und besuchte 1982 Trainingskurse im CIA-Hauptquartier in Langley, Virginia.

Doch dann wurde nicht nur der Wind, sondern auch die Sprache rauher. Professor Murray Kahl setzte am 7. November 2001 in die Welt, dass „Elias Hobeikas Lebensspanne nicht lang wäre", weil das „westliche Quellen" so behauptet hätten. Überhaupt, der Erzieher verfügte und verfügt stets über die besten Quellen, wusste damals, dass Hobeika „hoffnungslos nach politischem Asyl in Frankreich und Israel(!) suchte, und angeblich darüber im Bilde war, sobald er nur vor dem Gericht in Belgien sein Zeugnis gegen Sharon abgelegt hätte, dass seine weitere Existenz in entsetzlicher Gefahr" sein würde.

Murray Kahl schrieb im November 2001: „Im Moment wird seine Anwesenheit in Belgien benötigt, und alles, was er tut, wird von Syrien orchestriert, und er ist unter syrischem Schutz; er weiß das und versteht die Gefahr, der er gegenüber steht. Dementsprechend versucht Hobeika, in seiner Hoffnungslosigkeit zu fliehen und gibt sensible Informationen an andere Länder, um sich politisches Asyl zu erkaufen.
Diese Informationen, freigegeben von westlichen Quellen, überraschten sogar den syrischen Geheimdienst … Unterdessen deckten Quellen auf, dass nach dem Ende der Events in Belgien, syrische Elemente planen, Hobeika zu eliminieren und seine Ermordung Israel in die Schuhe zu schieben."[168]

Professor Murray Kahl muss, wenn er nicht für den Mossad arbeiten sollte, was man ruhigen Gewissens annehmen dürfte, eine Art jüdischer Sterndeuter sein und ein Spaßmacher dazu. Es ist ja kaum vorstellbar, dass Elias Hobeika seine journalistischen Texte, so er überhaupt welche geschrieben hat, worüber nichts bekannt ist, jemals auf der Webseite dieser Exilregenten mit abwechselndem Sitz in Washington oder Jerusalem veröffentlicht hätte. Jedenfalls findet sich dort ein Text mit dem Titel „My name is Sharifa Tahira", angeblich verfasst von Elias Hobeika, ins Netz gestellt am 7. November 2001. In dem Fake heißt es: „Wer auch immer gesagt hat, mein Name war Elias Hobeika, ein mitleidloser Mörder, ist verwirrt. Ich bin in Wahrheit Sharifa Tahira (das arabische Äquivalent eines Straßenmädchens, das sich in Mutter Theresa verwandelt hat). Was habe ich während des libanesischen Krieges gemacht? Seien Sie nicht verwirrt, ich war auf meinem Weg von der Schule zur Kirche, um der neue St. Elie des Libanon zu werden. Wer sagt Massaker …? Verkrüppelung …? Entführung …? Morde …? Sie sind an der falschen Adresse. Ich bin eine unschuldige Person, bitte … das ist alles eine ‚jüdische' Verschwörung. Ich habe erfolglos versucht, den Mossad zu kontaktieren, der wirklich einzige, der hinter allen Problemen steckt, und die versuchen, meinen goldenen, polierten Namen anzuschwärzen. Sie sollen mir glauben, weil ich Sharifa Tahira bin."[169]

168 – Kahl, Murray: Syria's Amateurism, Syria's Adventurism, Syria's Demise; http://www.free-lebanon.com/LFPNews/demise/demise.html 7.11.2001
169 – Hobeika, Elias: My Name is Sharifa Tahira; http://www.free-lebanon.com/LFPNews/Tahira/tahira.html

Ganz so spaßig entwickelte sich die Angelegenheit für die Herren aber nicht; sie fühlten sich schon arg am Schwanz gepackt. Hobeika hätte in Belgien nämlich nicht nur gegen die verantwortlichen Israelis ausgesagt; es war auch zu erwarten, dass er seine ehemaligen libanesischen Offiziere belasten würde, die zum Teil nach dem Bürgerkrieg aus guten Gründen im Exil untergetaucht waren. Allen Beteiligten war klar: Sollte Hobeika seine ehemaligen Offiziere vor dem belgischen Gerichtshof einer Komplizenschaft mit Israel bei den Tötungen in Sabra und Shatila bezichtigen, könnten „die Patrioten durch Interpol an Libanon zwecks ‚angeblicher Befragung' ausgeliefert werden und dann in ein Gefängnis, das unter syrischer Kontrolle steht, gesteckt werden", mahnte Kahl im November 2001 vorsichtig an.
Er wusste genau, dass es den mordbrennenden Pappenheimern aus den *Forces Libanaises* und der *South Lebanon Army* durchaus an den Kragen gehen könnte. Das würde zudem internationalen Aufruhr bedeuten, den diese „Patrioten" und „Widerstandskämpfer", die sich großenteils aus dem Exil heraus für eine Befreiung des Libanon von der „syrischen Fremdherrschaft" stark machen, nun überhaupt nicht gebrauchen konnten. Zudem würde eine derartige Entwicklung ein grelles und entlarvendes Licht auf solche dubiosen Truppen wie z.B. die *Guardians of the Cedars* werfen und die Welt würde vielleicht einmal näher hinterfragen, was denn solche selbstherrlichen und sich selbst feiernden Körperschaften wie *Phalange*, *Forces Libanaises* oder *South Lebanon Army* so alles auf dem Kerbholz haben. Kahl wusste nur bedingt Rat und hat schon mal vorsorglich im Namen der *Lebanese Foundation for Peace* und eben dieser „gefährdeten" Gruppen, die in der Diaspora, im Exil, untergekommen waren, die Europäische Union und Frankreich vor irgendeinem Pauschalangebot gewarnt, „das den Syrern und ihren libanesischen Komplizen in der Regierung helfen wird, libanesische Patrioten auszuliefern, die anderswo Zuflucht genommen haben."[170]

In Ziad K. Abdelnours *Middle East Intelligence Bulletin* glaubte man, nach Hobeikas Tod zu wissen, dass „er während der letzten Monate seines Lebens extrem verzweifelt war infolge der ständig

170 – Kahl, Murray: Syrian & Palestinian Coordination to Bring Down Ari'el Sharon; http://www.free-lebanon.com/LFPNews/coordination/coordination.html 7.11.2001

sich gegen ihn ausweitenden Maßnahmen des prosyrischen Beiruter Regimes, und er wurde wild paranoid."[171]

Murray Kahl, Intrigenschmied und geheimdienstähnliches Faktotum, diagnostizierte das Faktum Paranoia bereits am 7. November 2001 bei Hobeika und, das verwundert, auch bei den Syrern, die er ansonsten doch für gerissen und hinterhältig wie des Teufels Großmutter einschätzte: „Kurios, Syrien hat ignoriert, dass Hobeika das Internet häufig unter dem Aliasnamen Joseph Hobeika benutzt hatte, um seine Feinde zu attackieren, und er ist bekannt wegen des Lügens und des Revidierens von Informationen, die er als ungünstig für sich erachtet. Hobeika ist bekannt für seine hysterischen Ausbrüche und die Freigabe von Informationen, von denen Syrien angenommen hatte, dass sie bis zum Gerichtsverfahren in Belgien vertraulich behandelt würden. Eine libanesische Quelle erklärt eindeutig, Hobeika habe sich selbst im Internet so diskreditiert, das jede Information, die er in Belgien präsentieren wird, automatisch angezweifelt werden wird."[172]

Obwohl der letzte Teil des Zitates auch auf Kahl zutreffen dürfte, nervt der Wichtigtuer auf die Dauer mit seinen „Quellen", die er nie angibt, noch näher beschreibt. Alles Luftblasen, alles Kahlsche Hirnakrobatik? Seine bizarre Leserschaft, hauptsächlich Exillibanesen, mag das nicht interessieren; die dankt dem Schreiberling offenbar jedes ausfällige Wort gegen die Regierungen Syriens und des Libanons mit geschmatzten „Oh und Ah". Doch im Grunde genommen ist Kahls Werkelei typische Desinformation, und zwar in der billigsten und am wenigsten durchdachten Variante; würde zumindest der in dem Metier ausgebildete Geheimdienstler sagen; so hoffe ich.

Es sei erinnert an den „Offenen Brief", den Nagi N. Najjar um den 26. Juni 2001 an Mister Hanny Megally von *Human Rights Watch* in Sachen Sabra und Shatila nach New York sandte, und der den

171 – Gambill, Gary C. / Endrawos, Bassam: The Assassination of Elias Hobeika, *Middle East Intelligence Bulletin*, Vol. 4 Nr. 2, Januar 2002; Contributed by our staff members. Ziad K. Abdelnour President: U.S Committee for a Free Lebanon, Inc.; http://www.meib.org/articles/0201_l1.htm

172 – Kahl, Murray: Syrian & Palestinian Coordination to Bring Down Ari'el Sharon, 7.11.2001; http://www.free-lebanon.com/LFPNews/coordination/coordination.html

Titel trug „Wir haben Hunderte von Augenzeugen zu den Ereignissen von Sabra und Shatila. Wollen Sie die aufrufen?"

Nun ist ein gewisser Joseph Hobeika, von dem man nicht weiß, wer das sein könnte, in den Besitz des Briefes gekommen; keine Ahnung wie, denn eigentlich wurde der Brief nur zwischen Nagi N. Najjar und Hanny Megally ausgetauscht. Hanny Megally von *Human Rights Watch* hat auf Anfrage vom 14. Mai 2005 ebensowenig reagiert wie die *Lebanon Foundation for Peace,* respektive Kahl und Najjar am 12. Mai 2005.
Dieser Joseph Hobeika hat nun den von Najjar an Megally geschriebenen Brief „irgendwie und irgendwann in die Hände bekommen", wobei diese Annahme rein theoretischer Natur ist und die Wahrscheinlichkeit gegen Null läuft, und, nachdem er ihn besaß, im nächsten Schritt im Internet gepostet und dabei auch seine Adresse angegeben hat:

„*From*: joseph hobeika hobeika@attglobal.net". Nachweisbar sind noch drei Positionen:
12. Dezember 2001 18:00:00:
http://www.arnes.si/news/archive/soc.culture.slovenia/msg18718.html
12. Dezember 2001 18:13:57:
http://www.arnes.si/news/archive/soc.culture.slovenia/msg18720.html
13. Dezember 2001 10:27:00:
http://www.arnes.si/news/archive/soc.culture.slovenia/msg18741.html.

Dem ursprünglichen Text, den Nagi N. Najjar verfasst hatte, fügte jener mysteriöse Joseph Hobeika noch einige Sätze und längere Abschnitte hinzu und datierte den Brief neu auf den 11. November. Hier einige Auszüge aus dem befremdlichen Text:

> ... Werden Sie, Elias Hobeika, als einen Zeugen aufrufen, ein bekannter Libanese, ein bekannter libanesischer Held der LF, *Kataeb & Phalange*, Kommandeur der LF, der sein ganzes Leben verwandte, um gegen den Terror von Jassir Arafats PLO und all den anderen PLO-Gruppen zu kämpfen, die sich im

Libanon verschanzten; seit über zwei Jahrzehnten mit Tapferkeit und Hingabe, was ihm die Bewunderung und die Ehrfurcht der christlichen Gemeinschaft und den Respekt seiner Gegner bis zu diesem Tag einbrachte …
… viele libanesische Armeeoffiziere waren direkte Zeugen von diesen Ereignissen, die von den IDF (israelische Armee, Anm.) unter dem direkten Befehl und der verantwortlichen Kontrolle von Ariel Sharon gegen diese und andere Gebiete orchestriert worden sind; es landeten die C130-Herkules-Transportflugzeuge … am 15. September 1982 auf dem Beirut International Airport, beladen mit SLA-Milizen, die unter den direkten Befehlen der IDF und von Sharon waren. (Und diese libanesischen Offiziere) sind zu jeder Zeit bereit, über dieses und andere Ereignisse, die für den Fall relevant sind und für den Fall der 17.000 libanesischen Zivilisten, die während des Blitzkrieges der IDF & Sharons im Libanon, in Beirut, Qana und anderswo getötet wurden.

… Sabra und Shatila ist nichts mehr als ein größenwahnsinniger Versuch von Sharon, gestützt durch IDF-Fanatiker und Mossad-Strohmänner, die internationale Entschlossenheit zu untergraben und zu schwächen.

… Sharon bewegt Hölle und Hochwasser, damals und jetzt, um aus Elias Hobeika einen gefallenen Kerl zu machen; das ist eine vorsätzliche Aktion der Israelis (und der) IDF (israelischen Armee) vermittels Desinformation und Schmierenkampagnen, die ihresgleichen vom MEIB (*Middle East Intelligence Bulletin*) und der LFP (*Lebanon Foundation for Peace*), der (*World Lebanon Organization*) WLO, die … Verrätergruppen und Mossad-Strohmänner benutzen … die jahrelang versucht und dabei versagt haben, gut bekannte Tatsachen über die Kriegsverbrechen der IDF unter Führung von Ariel Sharon zu verdrehen.
ALLE ihre Versuche sind aufgrund der naiv fabrizierten Lügen zum Scheitern verurteilt, werden niemals stichhaltig sein, wenn sie irgendeiner genaueren Untersuchung unterzogen werden.
Dies ist eine verfehlte Taktik, die nirgendwohin führen wird, weil es die politische Position von Elias Hobeika ist, zu einem bedeutsamen Frieden in Mittelost zu ermutigen, und die ist

viel stärker, als die verfehlten Manöver und kleinlichen Versuche …

… Die Herren Nagi N. Najjar, Nabil Khouri, Ziad Abdelnour, Murray Kahl und viele andere werden schlichtweg von den dummen Leuten des Mossad und Arik [Ariel] Sharon manipuliert, einzig für den Propagandascheiß.
Das entbehrt alles jeglicher Grundlage, steckt aber in den Gedanken dieser wenigen erbärmlichen Strohleute, die bezahlt werden für Halluzinieren und Zusammenbrauen von noch mehr Plänen, die Ariks Neuem Blitzkrieg dienen …

PS: {nebenbei, Ziad Abdelnour wurde aus der AABA, der *Arab American Bankers Association* geworfen, wegen unethischen Benehmens und Unterschlagung, die Information kann direkt in der AABA in NYC nachgeprüft werden.}

Ende der Schmähschrift, deren Verfasser, jener mysteriöse Joseph Hobeika, sogar auf die Herren Kahl, Najjar und Abdelnour Bezug genommen und sie als ärgste Feinde des Elias Hobeika ausgemacht hatte. Manchmal, man mag es kaum glauben, kann aber auch die schlichte einfache Wahrheit zur Desinformation verwendet werden. In dem konkreten Fall ist das so zu unterstellen. Vor allem aber, dass Professor Murray Kahl den Brief manipuliert und hernach einem fiktiven Verfasser namens Joseph Hobeika untergeschoben hatte. Nicht nur die auffälligen „Bandwurmsätze“, die ein typisches Merkmal Kahlscher Schreiberei sind, weisen darauf hin, sondern vielmehr die „Einschiebungen“ und Zusätze, die jener Joseph Hobeika dem von Nagi N. Najjar geschriebenen Originalbrief beigefügt hatte. Das Schriftbild ist entscheidend.
Hier ein Auszug aus dem Brief:

An Open Letter to Human Rights Watch from the Lebanese Diaspora.
„We Have Hundreds of Eye Witnesses to the Events at Sabra and Chatila, Will You Call them?"

Mr. Hanny Megally
Human Rights Watch
350 Fifth Avenue, 34th Floor
New York, New York, 10118 USA
Telephone: (212) 216 1230
Facsimile: (212) 736 1300

December 11th, 2001;

Dear Mr. Megally,
I feel it's my moral obligation to address your latest remarks on the Sabra & Chatila affair; asking President Bush to urge Prime Minister Sharon to cooperate with any investigation against him. I completely agree with your accusations that there is abundant evidence that war crimes and that crimes against humanity were committed at the Sabra and Chatila Palestinian camps. **You know better of course , for as one of Egyptian origin who is expert in Arabic you realize the problem within the International community of nations,and the legal community, in seeing events, truths, that have no significance to Israel and to the Jewish world,ignoring other crimes of IDF of larger gravity that are not significant to Israeli Fanatics, desperately trying to Shield Ariel Sharon from his criminal past and to protect Sharon from the world seeking Justice for All crimes committed by IDF under his Direct Command Responsibility in the Lebanon , and to propagate the fallacies of his Disinformation machine , set in motion prior to the events in question , in a deliberate and callous manner to discredit the Hero of the Lebanese war against the Palestinian extremists onslaught onto the Christians of Lebanon , namely Elias Hobeika , the Hero of the Lebanese Résistance in the LF of the late Bashir Gemayel.**

Das Fettgedruckte markiert einen der angeblich von Joseph Hobeika geschriebenen Einschübe. Der Part unterscheidet sich bei näherem Betrachten von den originalen Partien des Briefes, die von Najjar verfasst worden sind, in äußerst markanter Weise.

Während Najjars Originalschreiben eine „gewohnte“ Methode aufweisen, nämlich Komma und Punkt direkt hinter den letzten Buchstaben des Wortes zu setzen, dann ein Leerzeichen folgen zu lassen, ist für die Einschübe charakteristisch, dass beinahe vor jedem Komma oder Punkt zusätzlich ein Leerzeichen gesetzt wurde. Das ist untypisch für Najjars Brief, typisch jedoch für die Zusätze. Hier noch ein Einschub im Brief, an dem die ausgefallene Komma- und Punktsetzung deutlicher wird:

> **Sharon moved Hell and High water then and now , to make Elias Hobeika the Fall Guy for what is a Deliberate Israeli/IDF operation at Disinformation and smear tactics using the likes of MEIB and LFP , WLO , Free-Lebanon group of traitors and stooges of the Mossad , Murray Kahl , and others , who tried for years and failed to change well known facts of war crimes by IDF , headed by Ariel Sharon . ALL their attempts are doomed to failure because of naive fabricated lies , will never ever hold water , when faced with any degree of scrutiny .**

Es mag ja nun sein, dass jener geheimnisvolle Joseph Hobeika seine Kommas und Punkte auf eine so seltsame Art und Weise mit Leerzeichen „puffert“; er kann aber nicht gefragt werden, weil keiner weiß, wer er ist oder wo er zu finden sein könnte. Aber es gibt einen anderen Hinweis. Professor Murray Kahl schrieb dem Verfasser am 3. Januar 2006 einen letzten Brief, ehe er die Konversation wutschnaubend abbrach (*siehe Kapitel Elektro-Post von der Exilregierung*). Hier einige unzusammenhängende Auszüge; der geneigte Leser achte auf die Leerzeichen vor Punkten etc.:

> … Don’t forget also that at that time, Hobeika was head of the Lebanese Forces Intelligence section also and many officers in the Christian Lebanese Forces stayed loyal to him .
> Who ever wrote this piece is misleading .
> Other leaders stole from public funds millions of dollars over the dead bodies of Christian soldiers to pocket their own accounts in private banks and suit their needs .

The Lebanese Army was the de facto instrument of force behind this unfortunate incident .
There were no assassination intent in the affair; it was an unfortunate accident that happened on the ground with Abdel Noor .
It happened at a time when there was a political and military tension between 2 armed factions struggling in Beirut: the Lebanese Army and the Christian Lebanese Forces of Samir Geagea .
I thank you for bringing any clarifications you have on the Lebanese conflict , for any future reference do not hesitate to write or ask, I will be happy to answer you and help you find an adequate conclusion within my knowledge of the events...

Das regt natürlich die Gedanken an; ebenso der Beitrag „Das Massaker von Arafat in Damour von Joseph Hobeika. Lesen Sie über Arafat. PLO-Massaker in Libanon. Organisiert von Professor M. Kahl", den Professor Murray Kahl im Februar 2002, wenige Tage nach dem Tod von Elias Hobeika, veröffentlicht hatte und dazu einleitend schrieb:

[M. K. Anmerkung: Das Folgende wurde von Joseph Hobeika am 11. Juli 2001 ins Internet gestellt. Ich habe keinen rauchenden Colt, zu beweisen, dass dies von Elias Hobeika geschrieben wurde; der Autor war ein glühender Bewunderer von Elias Hobeika, bezeichnete ihn als Churchill von Libanon. Er hat auch eine Nachricht gepostet, in der er auf sich selbst Bezug nimmt als Elias und dann die Nachricht geändert hat, nachdem ich ihm geschrieben habe, dass ich das als ein Zugeständnis betrachtet habe, das es tatsächlich Elias Hobeika war, der unter dem Namen von Joseph gepostet hat. Ich habe beide Nachrichten. Mir wurde erzählt, dass Joseph auch der Name des Vaters und Sohnes von Hobeika ist und der Joseph, der diese Nachricht postete, war der Rechtsanwalt von Elias aus Paris. Da Elias oft in Paris war, nehme ich an, dass Joseph Elias erlaubt hat, seinen Internet-Account zu benutzen und das wird bestätigt vom Schreibstil, der sich dramatisch änderte].[173]

Auf eine Bitte vom 12. Mai 2005, die beiden E-Mails offen zu legen, reagierte Murray Kahl nicht. Aber weshalb sollte Kahl im Februar 2002 eine „smoking gun" zur Hand nehmen, um zu testen, ob der Absender denn nun Elias Hobeika oder Joseph Hobeika war? Wie hieß es doch in einem seiner Artikel, geschrieben Ende Juni 2000: „Ist Hobeika überhaupt zur Aufrichtigkeit fähig? Hier ist ein Statement von Hobeika an mich (Murray Kahl) vom 17. September 2000, die Episode von Sabra und Shatila betreffend: *hobeika@attglobal.net* schrieb in der Nachricht: ‚Ich weiß nicht, was sich WIRKLICH hier ereignete, ... [I don't know what REALLY happened here, ...]'".[174]

Alles reine Erfindung, um durch Desinformation die „Seriosität" von Elias Hobeika zu untergraben, durch einen verbalen Verleumdungsfeldzug den „Kronzeugen" gegen Sharon und die am Massaker von Sabra und Shatila beteiligten libanesischen Offiziere vor seinem Auftritt in Brüssel „fertig" zu machen? Ja, es sieht nicht nur danach aus; offenbar war es auch die Aufgabe der Herren, zumindest Najjar und Kahl betreffend, diesen Job zu erledigen. In Najjars Kurzbiographie sollte es dann im Jahr 2004 komprimiert heißen: „Er hat auch Ariel Sharon gegen *Human Rights Watch*, die libanesische und die syrische Regierung und Europa verteidigt, als die versuchten, den gegenwärtigen israelischen Premierminister in die Affäre um Sabra und Shatila hineinzuziehen."[175]

173 – http://www.free-lebanon.com/LFPNews/hobeika_damour/hobeika_damour.html

174 – A mail sent to Mr Najjar in reaction to his open letter to Human Rights Watch; http://www.chretiens-et-juifs.org/article.php?voir%5B%5D=573&voir%5B%5D=9138#_Toc518411454

175 – http://www.jerusalemsummit.org/eng/short.php?speaker=240&summit=31

Mordauftrag ausgeführt

Die Belgier ermitteln im Libanon · Israelische Kampfflugzeuge am libanesischen Himmel · Geheimtreffen zwischen Elias Hobeika und den Belgiern in Beirut · Hobeika wird mit 22 Pfund TNT in die Luft gejagt · Einheitsverdacht: Israel · Sprengstoffauto von den Guardians of the Cedars?

Das Jahr 2002 fing nicht gut an für Elias Hobeika. Adnan Addoum, Libanons Generalstaatsanwalt, eröffnete zu Beginn des Monats Januar eine Untersuchung wegen Korruption in den Ministerien für Elektrizität und Wasserressourcen. Bald wurde behauptet, „vier Lastkraftwagen der libanesischen Armee wurden in (Hobeikas) Zuhause nach Ostbeirut geschickt, um Teppiche, Möbel und persönliche Sachen im Wert von bis zu Millionen Pfund Sterling zurückzuholen, die aus den Staatssäckel geplündert waren."[176] Überhaupt, Mitri Ajram, einer seiner Bodyguards, soll gegenüber einem Freund in Frankreich ausgesagt haben, „dass die Dinge für Hobeika nicht gut laufen, und dass er Zuflucht in einem anderen Land suchen könnte".[177] In der Tat hatte sich Hobeika für diese Möglichkeit präpariert – sein Bruder, der nach Kanada ausgewandert war, holte offenbar einen großen Teil seines Vermögens schon mal ab.

Dann meinte es offenbar auch der Himmel nicht mehr gut.
Am 15. Januar 2002 verletzten zum wiederholten Male acht israelische Flugzeuge den libanesischen Luftraum, brachen über Beirut und Tripolis demonstrativ und mit lautem Krachen durch die Schallmauer und röhrten dann über den Südlibanon und die Bekaa-Ebene hinweg. Obwohl die UN die feindlichen Aktionen verurteilte, schossen am 17. Februar wieder Jagdflieger am libanesischen Himmel dahin; es war der fünfte Tag in Folge.

---

176 – Fisk, Robert: Elias Hobeika: lady-killer and blood-soaked war criminal, *Independent*, 25.1.2002; http://www.bintjbeil.com/articles/en/020125_fisk.html

177 – Gambill, Gary C. / Endrawos, Bassam: The Assassination of Elias Hobeika_ MEIB, Contributed by our staff members. Ziad K. Abdelnour President, U.S Committee for a Free Lebanon, Inc., Vol. 4. Nr. 1, Januar 2002; http://www.meib.org/articles/0201_l1.htm

Zwei Tage darauf, am Sonntag, den 19. Februar 2002, reiste eine dreiköpfige Delegation aus Belgien in Beirut an. Josy Dubie, Präsident des Justizkomitees des Belgischen Senats, und seine Komiteemitglieder Vincent Van Quickenborne und Jean Cornil bekundeten in der Hauptstadt ihre Solidarität mit den Opfern des Massakers von Sabra und Shatila aus dem Jahre 1982. Die Belgier hörten sich in Beirut die Aussagen von Überlebenden des Blutbades an, einschließlich der 23 Zivilkläger, die Sharon vor einem belgischen Gericht verklagt hatten. Nach dem Anhören einiger Zeugnisse erklärten sie, es gäbe vorläufig noch „keinen Beweis" für die „aktive Teilnahme der Israelis am Massaker". Dubie betonte jedoch, die Israelis hätten „(das Massaker) geschehen lassen, haben geholfen, es zu tun, aber taten es selbst nicht. Er fügte hinzu „für mich ist das keine Entschuldigung, es ist sogar schlechter. Wenn Sie jemand die schmutzige Arbeit für siech erledigen lassen, sind sie sogar noch verantwortlicher."

Am Nachmittag besichtigten die Senatoren das berüchtigte Gefängnis Khiam im Südlibanon und konsultierten sich mit ehemaligen Insassen. Das Gefängnis wurde dereinst von der *South Lebanon Army* (SLA) und den Israelis vor allem für Palästinenser und Libanesen errichtet, und Senator Dubie verurteilte die „Folterungen" von hunderten Libanesen, die dort über Jahre ohne Gerichtsprozess eingesperrt worden waren. Er differenzierte allerdings zwischen Israelis und Juden, sagte, Israelis „sind diejenigen, die für das Verüben der Blutbäder verantwortlich sind und nicht die Juden" und merkte an, dass es Juden gab, die an den Demonstrationen gegen Israels „Aggression" im Libanon teilnahmen. Und wieder rasten israelische Militärjets im Tiefflug über den Südlibanon hinweg und täuschten Überraschungsangriffe vor.

Am Montag, den 22. Januar 2002, wiederholte Senator Josy Dubie während einer Pressekonferenz die Feststellung seiner Delegation, dass Israel in das Massaker in Sabra und Shatila verwickelt war. „Wir sind sicher, dass die Verantwortlichkeit der israelischen Behörden und besonders die des damaligen Verteidigungsministers Ariel Sharon auf der Hand liegen. Er steckt in der Sache drin. Er erlaubte (die Blutbäder von Sabra und Shatila) nicht nur, er regte sie an", sagte Dubie.

Nach Gesprächen der Delegation mit Libanons Ministerpräsident Rafiq Hariri hob Dubie die Unabhängigkeit der belgischen Justiz hervor und erklärte, sie können als Senatoren die Frage nicht beantworten, ob Ariel Sharon verurteilt werden wird oder nicht. Dubie sagte auch, dass einige libanesische „Führer und Bewegungen", welche die Blutbäder angerichtet haben, vor Gericht zur Verantwortung gezogen werden sollen: „Aber das braucht Zeit." Der Senator erklärte, die Delegation sei nach dem Libanon gekommen, um „Informationen über die Verantwortlichkeiten für die Massaker in Sabra und Shatila zu sammeln im Rahmen des belgischen Gesetzes aus dem Jahre 1993, das Gerichten des Landes ermögliche, Verbrechen gegen die Menschlichkeit zu verfolgen." Dubie und Van Quickenborne betonten, die Verantwortlichkeit der israelischen Militärautoritäten an dem „schrecklichen" Massaker wäre „offensichtlich", und für van Quickenborne trug Sharon, damals Verteidigungsminister und Mastermind der israelischen Invasion im Libanon im Jahre 1982, die „kommandogebende Verantwortung" für das Abschlachten von beinahe 2000 unbewaffneten Palästinensern.

Am Dienstag, den 23. Januar 2002, kam es in Beirut zu einem geheimen Treffen zwischen Elias Hobeika und den beiden belgischen Senatoren. Hobeika informierte beide, dass er um sein Leben fürchte. Einer der Senatoren, Josy Dubie, sagte am Donnerstag, den 25. Februar, die Delegation war zu dem Zeitpunkt bereits wieder zurück in Brüssel, er habe Hobeika gefragt, ob er sich bedroht fühle und Hobeika habe geantwortet: „Ich fühle mich bedroht. Ich habe etwas zu enthüllen." Hobeika behauptete, genug Beweise zu haben gegen Sharon, um den Israeli wegen Genozids lebenslang in Ketten zu legen. Reportern gegenüber kicherte er: „Ich erwarte, umgebracht zu werden. Ich wundere mich, dass ich es so lange gemacht habe."[178]
Am Mittwoch, den 24. Januar 2002, gegen 9:30 Uhr morgens, verließ Hobeika samt den Bodyguards Fares Souweidan, Mitri Ajram und Waleed Zein sein Apartment in der Kamel-Asaad-Straße in Hazmieh, ein südöstlich von Beirut gelegener Vorort, um in sein Büro nach Sin al-Fil zu fahren. Kurz nach Beginn der Fahrt bremste der Fahrer den blauen Range Rover, in dem die vier Personen saßen,

178 – Moubayed, Sami: *Assassination of the Assassin*: Elias Hobeika (1956-2002), April 2002; http://www.bintjbeil.com/articles/en/020401_moubayed.html

ab, um an einem Mercedes vorbeizufahren, der in einer schmalen Straße an der Seite geparkt war. Urplötzlich explodierte der Mercedes mit großer Wucht. Unbekannte hatten offenbar per Fernbedienung schätzungsweise 22 Pfund TNT, die in dem Fahrzeug deponiert gewesen waren, gezündet. Die Explosion katapultierte sogar verkohlte Reste des toten Warlords bis in über sechzig Meter Entfernung. Bei dem Attentat kamen sämtliche drei Bodyguards und ein Passant ums Leben; sechs Menschen wurden verletzt. Die Explosion schwärzte die benachbarten Wohnanlagen, zerstörte Dutzende in der Nähe geparkte Autos und zerbrach selbst Glasfenster, die einen Kilometer entfernt von der Szenerie waren.[179]

Verblüffend die Tatsache, dass die Ermordung in unmittelbarer Nähe des Wohnsitzes von Hobeika stattfand. Das Areal wurde wegen der Nähe zum Präsidentenpalast und zum Verteidigungsministerium sehr stark bewacht; zudem wohnten dort viele hochrangige Militärs, und es war damals eine Feste des syrischen Geheimdienstes. Dort eine derartige Operation auszuführen, war nicht nur schwierig, sondern auch riskant. Außerdem war die Straße, in der das Attentat stattfand, bis kurz vorher wegen umfangreicher Bauarbeiten gesperrt, was bedeuten könnte, dass die Operation aufgrund kurzfristigen Entschlusses dann auch sehr schnell geplant worden ist. Und, das ist bemerkenswert, für den Fall, dass Hobeika eine andere Fahrtroute benutzt hätte, sollen in der Nachbarschaft zwei weitere mit TNT bestückte Fahrzeuge geparkt gewesen sein.[180]

Die Parallelen zum Attentat auf Rafiq Hariri vom 14. Februar 2005 sind nicht zu übersehen. Selbstverständlich kam bei der Tötung von Hariri wesentlich mehr Sprengstoff zum Einsatz als bei Hobeika; gezündet wurden beide Bomben offenbar über Fernbedienungen und, wie im Fall von Hariri wurden auch am späteren Tatort von Hobeika bis kurz vor dem Attentat umfangreiche Bauarbeiten in der Straße durchgeführt. In beiden Fällen hatten sich auch nach den Attentaten vorher völlig unbekannte Gruppen – bei Hobeika waren es die *Libanesen für einen freien und unabhängigen Libanon* – bei einer Nachrichtenagentur bzw. einem Sender zur Tat bekannt. Eine Anmerkung sei gestattet: Das US-Außen-

---

179 – Elias Hobeika Assassinated; http://www.lebaneseforces.com/hobeika.asp
180 – Madsen, Wayne: Karl Rove's White Houde „Murder Inc." 24.6.2004; http://www.fpa.org/thread_msg2464/thread_msg_list_flat.htm?thread_id=5016&page=1

ministerium erwähnte das Bombenattentat auf seiner Liste der weltweiten Terroranschläge für das Jahr 2002 mit keiner einzigen Silbe.

Drei Tage nach dem Mord eine seltsame Wendung: Arye Gus, der Korrespondent für arabische Angelegenheiten bei *Radio Israel*, berichtete dann am 27. Januar 2002, Elias Hobeika hätte dem belgischem Senator Vincent Van Quickenborne bei dem geheimen Treffen einen Tag vor seinem Tode erklärt, „dass er nicht plante, Premierminister Ariel Sharon als den Verantwortlichen für die Massaker in Sabra und Shatila zu identifizieren". Van Quickenborne erklärte das „Samstagnacht gegenüber dem Satellitenfernsehen *Al Dschasira* in einer Interviewsendung um 22:35 Uhr". Gus spielte die relevanten Teile des Interviews ab; Van Quickenborne sprach auf Englisch und es wurde so ins Arabische übersetzt, dass es möglich war, sowohl das englische Original und die Übersetzung zu hören.[181]

Präsident Émile Lahoud betonte nach dem Anschlag, er habe zwar keine konkreten Beweise, aber er verdächtige Israel des Mordes. „Wenn man in Betracht zieht, wer profitiert, ist es einfach zu erkennen", sagte Lahoud gegenüber *Reuters*. Der damalige Premierminister Rafiq Hariri bestätigte: „Jedermann ist davon überzeugt, dass das mit dem Fall gegen Sharon in Verbindung steht und Hobeika ist der Hauptzeuge ... Wie du es im Film sehen kannst; ehe der Zeuge den Gerichtssaal erreicht, wird er umgelegt." Drei Jahre später wurde er selbst umgelegt.

Marwan Hamada, Minister für Einwanderung, erklärte aus Amman: „Es ist klar, Israel möchte keine Zeugen gegen sich haben in dem historischen Prozess in Belgien, der sicherlich Ariel Sharon verurteilen wird für die Massaker in den palästinensischen Flüchtlingslagern in Sabra und Shatila. Wir haben bereits gelitten unter dem Verbrecher Sharon in Beirut, und Palästina macht heute dasselbe durch wegen ihm." Harte Worte Richtung Israel. Hamada wurde am 1. Oktober 2004 Opfer eines Autobombenattentates in Beirut; er überlebte, sein Fahrer starb.

---

181 – Lerner, Aaron: Hobeika said would not identify Sharon as responsible for massacre, 27.1.2002; http://www.chretiens-et-juifs.org/article.php?voir[]=341&voir[]=2314

Stunden nach der Ermordung hielt der libanesische Innenminister Elias Murr eine Pressekonferenz ab und verkündete, die Behörden haben die „Bestätigung, dass Israel und seine Agenten hinter diesem Terroristenakt stecken." Elias Murr wurde am 12. Juli 2005 bei einem Bombenattentat in Antelias, im östlichen Teil Beiruts, verletzt und überlebte wie durch ein Wunder. Ein Mensch wurde dabei getötet, dutzende verletzt.

Selbst Salim Al-Hoss, nach Angaben von Robert Maroun Hatem aka „Cobra" hatte Hobeika 1984 einen Mordversuch an ihm verübt, prangerte „Israel" für das Attentat an und beschuldigte den jüdischen Staat, den „Vorhang" über Sharons Involvierung in die Massaker von Sabra and Shatila decken zu wollen.

Die Kommunistische Partei, ein politischer Rivale von Hobeika, beschrieb Hobeikas Leben als „voll von Abenteuern. Den einen Tag gehörte er zu dem Lager, am anderen war er auf der anderen Seite", sagte die Partei in ihrem Statement und bezog sich auf dessen frühere Karriere mit Verbindungen nach Israel, später nach Syrien. Die Partei brandmarkte „den Sharon-Apparat an dem Mord, um ihren Boss von der Peinlichkeit" der Massaker zu erlösen. George Hrawi, vormals Chef der Kommunistischen Partei Libanons, kam am 21. Juni 2005 bei einem Bombenanschlag im Beiruter Distrikt Wata Musaitbi ums Leben.

„Das ist völlig unbegründet. Wir haben das Territorium des Libanon verlassen. Wir wollen dort keine Rolle mehr spielen", entgegnete der israelische Außenminister Shimon Peres auf die Beschuldigungen von Marwan Hamada. Ein Berater von Sharon bezeichnete die Behauptungen als Blödsinn und komplette Lügen.

Viele Theorien machten hernach die Runde, welche Parteien das Attentat ausgebrütet und verübt haben könnten; die Ermittlungen der libanesischen Sicherheitsbehörden waren zu keinem Ergebnis gekommen. Natürlich blieb Israel der absolute Topfavorit; daneben waren Syrien, die Palästinenser, die Hisbollah im Gespräch. Doch auch die *Forces Libanaises* (FL), insbesondere der radikale Flügel, geriet in Verdacht. Getreue von Samir Geagea hatten angeblich im Jahre 1991 ein Bombenattentat auf Hobeika verübt; Hobeika überlebte, doch einer seiner Leibwächter wurde getötet. Im Juni 1998 wurde durch die libanesischen Behörden eine Verschwörung

ehemaliger Geheimdienstmitarbeiter der FL aufgedeckt; die Herren hatten vor, Hobeika zu ermorden, ebenso Generalmajor Ghazi Kanaan, den Leiter des syrischen Heeresnachrichtendienstes im Libanon und den damaligen Innenminister Michel Murr.
Die beschuldigten Mitglieder der Zelle erhielten ihre Aufträge angeblich über das Internet von einem FL-Büro in Australien.[182]
Es ist tatsächlich möglich, dass ehemalige Angehörige der *Forces Libanaises* Hobeika ermordet haben, weil sie fürchteten, dass er über ihre Rolle während der Massaker aussagen werde.

Allerdings gab es tatsächlich zu Beginn der Ermittlungen eine Art „heiße“ Spur. Die *Internal Security Forces* hatten am Samstag nach dem Attentat den Autohändler Antoine Ruhayem aus Jezzine im Zusammenhang mit dem Verkauf des Mercedes verhaftet, der mit Sprengstoff gespickt zur Tötung Hobeikas verwendet worden war. Zuvor hatte die Polizei den ursprünglichen Besitzer des Fahrzeuges, George Hanna, sowie dessen Cousin in Ain al-Mir im südlichen Libanon arretiert. Zudem wurden am Freitag zuvor zwei weitere Männer aufgegriffen, offenbar Zeugen; die Polizei wollte keine Angaben machen.

George Hanna teilte den Ermittlern jedenfalls mit, er habe den dunkelblauen Mercedes einen Monat zuvor für 9.000 Dollar an zwei Männer verkauft, die ihm offenbar gefälschte Ausweispapiere vorgelegt hatten. Ruhayem hingegen war Eigner des Handelsunternehmens in Jezzine, wo George Hanna das Auto zum Verkauf plaziert hatte, und zugleich auch Zeuge des Handels zwischen Hanna und den beiden Männer. Charbel Hanna, der Cousin, lieferte seinerseits eine detaillierte Beschreibung der beiden Käufer.[183]
Als bekannt wurde, dass die Inhaftierten eine Verbindung zu den *Guardians of the Cedars* besaßen, wachte auch Nagi N. Najjars *Government of a Free Lebanon in Exile* schlagartig auf und salbaderte in einer Presseerklärung vom 6. Februar 2002: „Nach dem Fall des Südlibanons an die Hisbollah erfassten die Syrer und ihre Vertreter in Koordination mit den libanesischen Geheimdiensten

182 – Gambill, Gary C. / Endrawos, Bassam: The Assassination of Elias Hobeika_ MEIB, Contributed by our staff members. Ziad K. Abdelnour President, U.S Committee for a Free Lebanon, Inc., Vol. 4. Nr. 1, Januar 2002; http://www.meib.org/articles/0201_l1.htm

183 – ISF makes another arrest in Hobeika hit, *The Daily Star*, 28.1.2002

ausführliche Daten zu allen proisraelischen Elementen im Südlibanon, um sie unter Überwachung zu stellen. Der größte Teil der Überwachungen fokussierte sich auf die *Guardians of the Cedars* und die ehemaligen SLA-Patrioten, die häufig durch Bombardierung ihrer Anwesen und Autos belästigt und von Hisbollah und Geheimdiensten gedemütigt wurden. Diese Schritte hörten nicht auf, als der libanesische Geheimdienst in Zusammenarbeit mit der Hisbollah ihren Prügelknaben fand. Es war der Inhaber des blauen Mercedes aus Ein el Mir, ein armer Christ, der benutzt werden könnte, den Weg nach Jerusalem zu pflastern. Das zieht auch die Partei der *Guardians of the Cedars* mit hinein, die gegen die syrische Besetzung kämpft; somit könnte die libanesische Regierung den Mossad und Premierminister Sharon beschuldigen. In Ein el Mir gibt es eine starke Präsenz der *Guardians of the Cedars* … Die vier Festgenommenen sind Sympathisanten der *Guardians of the Cedars* und wussten nichts von dem Verbrechen.
Alles, was der Inhaber des blauen Mercedes wusste, war, dass er seinen Mercedes an einen ‚John Doe'[184] im Libanon verkauft hatte. Wer ist ‚John Doe'? Die libanesische Polizei vermutet hinter ihm einen israelischen ‚Geheimspion', der das blaue Auto mit einer gefälschten Identität kaufte. Die libanesische Regierung hält den Inhaber des blauen Mercedes für verantwortlich, der sein Auto an diesen ‚unbekannten' John Doe verkauft hatte.
‚John Doe' ist aber kein anderer als die gleiche Person, die der libanesische Geheimdienst in Koordination mit der Hisbollah geschickt hatte, um das Auto von diesem Sympathisanten der *Guardians of the Cedars* in Ein el Mir mit einer gefälschten Identität zu kaufen … Jetzt sucht die libanesische Intelligenz nach dem gleichen ‚John Doe', den sie sandten, um das blaue Auto zu kaufen."[185]
Da wären wir ja wieder bei unseren einschlägig Bekannten angelangt, die wir fast aus dem Auge verloren hätten. Aber es gibt ein wunderschönes Photo,[186] das die Erinnerung dauerhaft wach hält. Es befindet sich auf der Webseite der *Lebanon Foundation for Peace* und darauf sitzt Étienne Saqr, Vorsitzender der Partei *Guardians of the Cedars*, anlässlich einer „Konferenz" in Washington

---

184 – Synonym für „unbekannt" oder „Otto-Normalverbraucher", imaginärer Geheimagent, eine Art James Bond

185 – THE GOVERNMENT OF FREE LEBANON JERUSALEM, THE SECURITY CABINET, PRESS RELEASE: Iran, Syria and Lebanon: State Terrorism, 7.2.2002; http://www.free-lebanon.com/cgi-bin/Ultimate.cgi

186 – http://www.free-lebanon.com/achievements/achievements.html

‚DC einträchtig neben Nagi N. Najjar, Francois Maarawi, Murray Kahl und einigen anderen „Demokratisierern" des Libanon und des Mittleren Ostens; sämtlich mit eisigen Minen Widerstandsarbeit nachgehend.

Wie hieß es doch in der Erwiderung auf die Anfrage, ob denn Nagi N. Najjar 1993 den armen Shahid Nadim Abd el Noor hinterrücks ermurkst hatte:

> „Najjar war vor 15 Jahren einer der besten Offiziere von Elias Hobeika; das ist eine gut bekannte Tatsache in Libanon ... Vergessen Sie auch nicht, dass Hobeika zu jener Zeit Chef des Geheimdienstes der FL war und viele Offiziere der christlichen *Forces Libanaises* treu zu ihm standen.
> Jahre später, während des Krieges, schickte Hobeika ein Killerkommando in die libanesische Stadt Zahleh, um Najjar zu ermorden. Najjar wurde von vier Kugeln getroffen und entkam dem Mordversuch. Das ist der Grund, weswegen sich Najjar von Hobeika getrennt hatte und seinen eigenen Weg im libanesischen Kampf gegangen ist ... im Angesicht aller Herausforderungen und politischen Allianzen des libanesischen Krieges.
> Ich möchte diesen Herren fragen, warum Najjar in seiner Fachsprache ein Verräter ist? Weil er danach seiner Führung treu gefolgt ist? So wie Hobeika fuhr auch Geagea in den letzten Jahren seiner Macht nach Syrien. Was hatte Geagea in Kardaha in Syrien gemacht? Sollen wir ihn dafür zum Helden erklären oder ebenso für einen Verräter?"[187]

Elias Hobeika sandte ein Killerkommando, um Nagi N. Najjar zu töten? Da muss der Najjar wohl wer gewesen sein in den *Forces Libanaises*; bei dem Aufwand. Der aufmerksame Kriminalbeamte würde jetzt die Ohren spitzen: Da präsentiert sich nämlich ein klassisches Motiv für einen Mord aus Rache wie ganz von selbst. Allein, um Rache handelt es sich im Mordfall Hobeika nicht, und wenn einer der beteiligten Täter von einer solchen Gefühlsregung getrieben worden war, dann ist das lediglich als ein ihn „beglücken-

187 – E-Mail Murray Kahl vom 3.1.2006 mit Nachricht von Nagi N. Najjar

der" Nebeneffekt zu werten. Natürlich gab es für die am Verbrechen Beteiligten mehrere Motive, den Delinquenten Hobeika für alle Zeiten aus dem Wege zu räumen; allein das politische Motiv, Ariel Sharon vor einem Ehrverlust und den Staat Israel vor dem Vorwurf zu bewahren, für einen Genozid verantwortlich gewesen zu sein. Aber es würde sich selbstredend anbieten, dass von diesen militanten Kreisen, von denen in den letzten Kapiteln die Rede war, eine gewisse Mitbeteiligung in der Planung, Organisation und Durchführung des Verbrechens ausgegangen sein könnte. Ein verantwortungsbewusster und politisch neutraler Untersuchungsrichter würde das auf gar keinen Fall ignorieren wollen. Selbstverständlich wäre auch die Person Nagi N. Najjar eine wichtige Spur, der unbedingt nachzugehen wäre; im Fall Hobeika sowieso und selbstredend auch im Mordfall Hariri wegen der, sagen wir mal so, „Duplizität der Ereignisse". Bei der Gelegenheit fällt mir ein, dass Professor Murray Kahl, jener geheimdienstähnliche Schlingel, die Konversation so abrupt abgebrochen haben könnte, weil er sich in Sachen Hobeika und Najjar schlicht und einfach verplappert und ein Motiv geliefert hatte?

Unit 504 – die Fünfte Kolonne

Israel kauft sich die Kollaborateure für Geld · Die israelische Terroreinheit Unit 504 · Vorbereitung der Erstürmung des Libanon · Terroranschläge im Land der Zedern · Libanesische Behörden heben ein israelisches Spionage- und Terrornetzwerk aus · „Facility 1391": Israels Guantanamo – Folterhölle und Rekrutierungsanstalt für Spione und Verbrecher im Auftrag des Staates Israel

Eine erforderliche Rückblende

„Der Moment der Wahrheit ist da. Wir sind in der Mitte der Arena. Der Kampf wird einen Gewinner und einen Verlierer haben. Die Kapitulation ist leicht, aber der Erfolg ist ein Ding, das schwieriger zu erreichen ist: Wir werden dafür bürgen, dass die Prüfung gewonnen wird; Erfolg braucht Mut und Ausdauer. Ein guter Soldat wartet auf den Moment der Wahrheit, um die Augenblicke der Angst zu zerbrechen und an deren Stelle Ruhm zu erlangen.

Wenn Gott uns tot haben will, wird die Geschichte unsere Namen rot einfärben auf der unvergessenen Flagge mit den Zedern. Wenn wir aber siegen, werden wir die Augenblicke der Herrlichkeit gerecht, ehrlich und freundschaftlich teilen. Soldaten des Schicksals, bringt Libanon zurück nach Baabda, dorthin, wo unser nächstes Treffen sein sollte, um den zu ehren, der den Preis auf den Schlachtfeldern des Schicksals bezahlt hat und unserer Flagge die Würde zu erweisen."

Najjar01 am 4. Mai 2000
aus Escondido, CA, USA

Diese beinahe prosaischen Kampfparolen, die einen aufgeklärten Menschen der Neuzeit nicht mehr vom Hocker reißen und ihm höchstens ein verächtliches Hüsteln entlocken, sprudelten dem Chef der *Government of Free Lebanon in Exile*, Nagi N. Najjar, melancholisch über die Lippen, just als die israelische Armee im Mai 2000 aus dem Südlibanon abrückte, den Kollaborateur, die *South Lebanon Army* (SLA), zurückließ, und die treuen Kämpfer im allgemeinen Chaos die Flucht ergreifen mussten.

Nur zehn Monate sollten vergehen, bis Murray Kahl, Amerikaner, Israeli, Direktor der *Lebanese Foundation for Peace*, Freund der Geheimdienste und der Rechten, Najjars Stiefzwilling, „erfuhr", dass sich die Kollaborateure neu organisieren. In einem Bericht mit der vielsagenden Titelzeile *Wach auf Beirut, Sharon kommt* analysierte er im März 2001 die strategische Situation und zitierte aus „Quellen, die sagen, dass Sharon seine politische Kraft benutzen wird, um die Mitglieder der SLA (*South Lebanon Army*) zu unterstützen, die mit Israel zusammengearbeitet haben und dann mit ihren Familien zu Tausenden dem plötzlichen Rückzug aus dem südlichem Libanon folgend, geflohen waren. Sharon hat deutlich erklärt, das, was Israel mit Antoine Lahoud und seiner Armee gemacht hat, war ‚Verrat' … und, dass Israel den Mitgliedern der SLA einen sicheren Hafen bieten und sie anwerben soll für den zukünftigen Einsatz, um nach Hause zurückzukehren und den Libanon zu befreien." Tris Schuh berichtete kürzlich, „Jahre vor der Geburt der *Zedernrevolution* erkannte Israel den Soldaten der *South Lebanon Army*, die während des libanesischen Bürgerkrieges mit den *Israeli Defense Forces* kollaboriert haben, die Staatsbürgerschaft zu und Beihilfen bis zu 10.000 Dollar."[188]

188 – Schuh, Tris: America changing regimes in Lebanon, Syria; http://www.arabamericannews.com/newsarticle.php?articleid=4165

Die israelischen Sicherheitskräfte und die Armee rekrutierten tatsächlich etwa 1.500 ehemalige Mitglieder der SLA, die nachher das doppelte Gehalt von dem bekamen, was sie während der Besetzung der Sicherheitszone im Südlibanon erhielten; die Gehälter belaufen sich jetzt zwischen 1.000 Dollar für normale Soldaten bis zu 3.000 Dollar für Offiziersränge. Viel brisanter, deshalb lassen wir Kahl, den Mann an der Quelle, sprechen, ist, dass, wie er schrieb, „die Israelis bereits im Sommer 2000 die so genannte *Unit 504*, die auf Spionage innerhalb des Libanon spezialisiert ist, wieder reorganisierten und neu auszubilden begannen. Diese israelische Armeegruppe, bekannt als ‚Department of Special Operations' hatte dereinst Kommandoeinheiten, die aus Mitgliedern der SLA geformt wurden, präpariert und ausgebildet. Sie wurden für den Guerillakampf ausgebildet, für Mord, Infiltration und (man merke auf, d. V.) die Verwendung der modernsten Methoden beim Bau von Autobomben". Shin Bet, das in Israel für die innere Sicherheit verantwortliche Organ, warb zudem eine spezielle Einheit der SLA an, die aus mehr als 250 Mitgliedern bestand. Die Mitglieder wurden in den Dörfern des südlichen Libanon rekrutiert, da sie einen arabischen Dialekt benutzen, der dem der Palästinenser sehr ähnlich ist. Am Rande: Man erinnere sich an der Stelle an den seltsamen Dialekt des unbekannten Anrufers, der nach dem Attentat auf Rafiq Hariri bei *Al Dschasira* angerufen hatte. Weiter im Text; diese neuen Mitglieder sollten mit den „undercover"-Einheiten der Shin Bet verschmelzen, die bekanntermaßen auf Infiltration und „Zersetzung" der palästinensischen Städte spezialisiert sind.[189]

Kahls „westliche Sicherheitsquellen" wussten zudem schon im März 2000, dass Elemente der *Unit 504* nach Zypern gereist waren, um sich auf die Infiltration verschiedener libanesischer Areale vorzubereiten. Die „Quellen" deckten zudem Pläne von Étienne Saqr (sic), Führer der *Guardians of the Cedars*, auf, Zellen in den Reihen der christlichen Jugend zu erneuern, und – nur Kahl zugängliche – Sicherheitsberichte sprachen von einer Art „Mobilmachung" einer Abteilung der *Forces Libanaises* und über Kontakte mit den ehemaligen Mitgliedern, die nach Kanada, Australien, den Vereinigten Staaten und Europa ausgewandert waren. Geheimdienstberichte

189 – Kahl, Murray: Wake up Beirut, Sharon is Coming, 6.3.2001, http://www.freelebanon.com/Editorials/March6_2001/march6_2001.html

sollen zudem bestätigt haben, dass Ghassan Tuma, ein Kommandeur der *Forces Libanaises*, die Vereinigten Staaten Richtung Zypern verlassen hatte, um mit der Mobilisierung von Kontakten im Libanon zu beginnen.

Um zu verstehen, was es mit dieser Spezialeinheit, genannt *Unit 504*, die hauptsächlich aus Angehörigen der *South Lebanon Army* besteht, auf sich hat, macht sich ein Blick zurück in die jüngste Geschichte des Libanon erforderlich.
Im Juli 1998 feierten die libanesischen Sicherheitsbehörden einen Riesenerfolg. Sie hatten einen 77 Mann starken Spionagering, der für den südlichen Nachbarstaat und Erzfeind Israel gearbeitet hatte, ausgehoben. 17 Agenten wurden allein in der so genannten südlibanesischen Sicherheitszone an der Grenze zu Israel verhaftet. Wie der Ring entdeckt wurde, blieb am Ende unklar. Eine Quelle behauptete seinerzeit, ein Druse namens Raja Ward, der als Geheimdienstoffizier in der mit Israel kollaborierenden *South Lebanon Army* gedient hatte, habe sich gestellt und die Informationen geliefert. In einer zweiten Version wurde gestreut, libanesische Sicherheitskräfte hätten die Gruppe aufgedeckt, nachdem sie einen Anschlag auf die US-Botschaft in Beirut vereiteln konnten.

Tatsächlich hatten Unbekannte am Sonntag, den 21. Juni 1998 die Botschaft der Vereinigten Staaten in Beirut mit Granaten angegriffen. Libanons Außenminister Fares Boueiz betonte den Montag darauf, Israel stecke hinter dem Anschlag. Auf einer Pressekonferenz erklärte er, „die Geschosse, die das Umfeld der Vertretung angriffen, waren eine politische Botschaft die nur von Israel kommen konnte, mit dem Ziel, von der expansionistischen Besiedlungspolitik im okkupierten Jerusalem abzulenken und von seinen Praktiken in puncto Friedensprozeß im Mittleren Osten". Boueiz ergänzte, der Zwischenfall käme in Reaktion auf Libanons Ablehnung der israelischen Vorbedingungen zur Implementierung der UN-Resolution 425. Die Resolution war im März 1979 vom UNO-Sicherheitsrat verabschiedet worden und forderte seither den unverzüglichen Abzug der israelischen Truppen aus dem Libanon. Der stellvertretende Premier und Innenminister Michel Murr ließen verlautbaren, sein Land verdächtige Israel, in die „gegenwärtigen Störungen der Sicherheit" im Libanon verwickelt zu sein, die bereits den Tod zweier Menschen gefordert haben. In einem TV-Auftritt wurde er deutlicher: „Wir zweifeln nur an Israel, das versucht, Unordnung und Verwirrung im Libanon zu schaffen."[190] Richard Jones, der damalige amerikanische Botschafter in Beirut hielt fest, dass die Explosion nahe der Botschaft zum Ziel hatten, an der Stabilität und Sicherheit der Region zu rütteln und – man höre und staune, solche Töne gab es noch vor wenigen Jahren – Probleme in den Beziehungen zwischen den USA und dem Libanon zu verursachen.[191]

Der libanesische Verteidigungsminister Mohsin Dalloul machte nach all den erfolgten Festnahmen dieses ausgehobene Terrornetzwerk für eine ganze Serie von Explosionen verantwortlich, die damals den Libanon überzogen hatten. Spezielle Einheiten der libanesischen Armee unter Führung vom damaligen Oberbefehlshaber der libanesischen Armee und späteren Präsidenten des Landes, Generalleutnant Émile Lahoud, so zumindest Dalloul, wir kennen die andere Version, hätten die Mitglieder der israelischen Zelle dingfest gemacht. Und, jetzt kommt es: Die Agenten, die mit den aufgelösten *Forces Libanaises* verbunden waren, sollen auch in Morde verwickelt gewesen sein und in weitere Bombardements, die Beirut erschüttert hatten. Ein Teil des Sprengstoffes wurde als Beweismaterial sichergestellt. Die Beiruter Tageszeitung *The Daily Star* berichtete damals, einer der Verhafteten, ein gewisser Bassam Antoine Harb hätte ausgesagt, dass er in persona versucht hatte, Material zu beschaffen, aus dem er eine Bombe bauen wollte, mit der er den damaligen libanesischen Innenminister Michel Murr zu töten beabsichtigte.[192] Die gedungenen Agenten schossen auch auf einen syrischen Bus und warfen Handgranaten auf libanesische Soldaten.

Die Gruppe setzte sich aus Spionen unterschiedlicher ethnischer Herkunft zusammen, die sämtlich im Jahre 1995 von der berüchtigten *Unit 504* des israelischen Militärgeheimdienstes angeworben worden waren. Die rekrutierten Spitzel sollten insbesondere Informationen über syrische Truppenverschiebungen im Libanon, über die libanesische Armee und Militäreinheiten sammeln. Die Agenten lieferten aber auch Berichte über die Bewegungen der Hisbollah ab, über deren Führer und sogar über diverse Aktivitä-

---

190 – Lebanon accuses Israel of Beirut bomb blast, fighting continues, Lebanon-Israel, Military, 23.6.1998

191 – US: Explosion in Beirut aims at shaking US-Lebanese relations, 26. 6. 1998, Lebanon, Politics

192 – Terrorist network cracked in Lebanon, Lebanon, Local, 4. 7. 1998

ten libanesischer Parteien. Zudem war eine ihrer Aufgaben, so der libanesische Generalstaatsanwalt, Unruhe im Land zu stiften. Die Agenten sind in Israel ausgebildet worden, schrieb die Presse, unter anderem wurde ihnen dort beigebracht, wie man Informationen sammelt und mit unsichtbarer Tinte schreibt. Israelische Zeitungen berichteten entzückt, die Verhafteten hätten wie im Krimi elf Briefe mit solcherart Tinte geschrieben und an eine Tarnadresse nach Athen geschickt. Im Gegenzug erhielten sie dafür von den Israelis 7.300 US-Dollar.

Israel hatte in der Vergangenheit, vor allem während des Bürgerkrieges, Angehörige der *Forces Libanaises* (FL), die mit der israelischen Armee kollaborierten, in den beiden Küstenstädten Nahariya im Norden und Herzliya in der Mitte Israels „beherbergt", wo sie Spionagekurse, die vom Mossad oder anderen Zweigen des israelischen Geheimdienstes ausgerichtet wurden, besuchten und zu Agenten ausgebildet wurden. Ein Großteil der Kurse fand in den späten 70er Jahren statt, also noch vor der israelischen Invasion im Libanon, die 1982 begann.[193]

Einer der im Sommer 1998 im Libanon verhafteten Agenten gestand in der Vernehmung, dass er und sein Spionagekumpel zum Spezialtraining in die *Unit 504* nach Israel geschickt worden waren. Die Spezialeinheit des israelischen Militärgeheimdienstes war normalerweise für Ausbildung und Tätigkeit von Agenten in den arabischen Staaten konzipiert worden, die mit dem Staat Israel eine gemeinsame Grenze haben. Die *Unit 504* beschäftigte nie israelische Agenten, sondern „benutzte" ausschließlich aus dem jeweiligen Land stammende oder dort ansässige Personen, die dann die „Schmutzarbeit" für die Israelis übernehmen konnten. Die ausländische Presse schrieb, die Einheit habe ihre Agenten „mit Drogen, die sie von der (israelischen) Polizei erhalten"[194] hatte, bezahlt.

Die libanesischen Medien berichteten nach der Sprengung des großen Spionageringes, in dem, wie gesagt, Personen unterschiedlicher ethnischer Herkunft vereint waren, es sei „das erste Mal, dass solch ein Modus Operandi ans Tageslicht kommt. In der Vergangenheit

---

193 – More details on Israeli spy ring in Lebanon, Lebanon-Israel, Military, 9.7. 1998

194 – Melman, Yossi: Unexchanged Spies, *Ha'aretz*, 12.12.1997; http://www.jonathanpollard.org/1997/121297.htm

zum Beispiel, in solch bekannten Fällen wie dem des israelischen Spions Eli Cohen, wurden nur Juden zum Spionieren in der arabischen Welt rekrutiert; und manchmal auch in dem Land in dem sie lebten, ehe sie nach Israel auswanderten. Cohen wurde in den frühen 60er Jahren in Syrien verhaftet und in Damaskus gehängt". Wenige Jahre vor dem 1998er Coup hatte der libanesische Geheimdienst schon einmal ein anderes israelisches Spionagenetzwerk aufgedeckt; das stand damals direkt unter den Fittichen des Mossad. Auch diese Agenten waren ehemalige Mitglieder und Offiziere der *Forces Libanaises*, jener im Libanon geächteten christlichen Miliz. 1993 geriet die *Unit 504* in die Schlagzeilen, nachdem ein gewisser Major Yosef Amit in Israel inhaftiert worden war, weil er seine Dienste angeblich den Syrern und US-Geheimdiensten feilgeboten hatte; danach war von den „Spezialisten" nichts mehr zu hören.

Der Staat Israel unterhält seit Jahren ein Geheimgefängnis, ein „Bollwerk aus Beton, dem kein Sträfling entrinnen kann". Die sogenannte *Facility 1391* ist auf keiner Karte vermerkt und auch aus Luftaufnahmen weg retuschiert; es gibt wenig Anhaltspunkte, wo der Geheimknast genau positioniert sein könnte; allerdings ist bekannt, dass er Teil eines Militärlagers der *Israel Defense Forces* (IDF) ist, der regulären israelischen Armee. Dieses Lager ist zugleich die Basis jener berüchtigten *Unit 504*; Fotos davon gab es mal vor längerer Zeit im Internet, die sind aber mittlerweile verschwunden. Alles, „um zu gewährleisten, dass die Sicherheit des Landes nicht beeinträchtigt wird", sagte die israelische Regierung. Selbst das *Internationale Rote Kreuz* war noch nie da und darf auch nicht hin, eben, wegen der Sicherheit des israelischen Volkes. Deswegen waren auch die ersten Gefangenen Libanesen.

Die *Unit 504* selbst gehört zum Militärgeheimdienst und hat entsprechend ausländischen Quellen seinen Namen vor geraumer Zeit geändert. *Unit 504* sammelt vor allem Informationen mittels der „Arbeitsmethodik" HUMINT (human intelligence – Gewinnung von geheimen Informationen mit menschlichen Quellen). Die meiste Arbeit wird von Agenten erledigt, die von außerhalb Israels kommen, wie zum Beispiel den ehemaligen Angehörigen der *South Lebanon Army*, die dort seit Sommer 2000 nun auch im Bauen modernster Autobomben unterrichtet werden. Allerdings wird das Lager seit Beginn der Zweiten Intifada nach dem provokativen Besuch Ariel Sharons auf dem Tempelberg im September 2000, auch verstärkt von jener Shin Bet genutzt, die sich, wie bereits erläutert, einen Teil der *South Lebanon Army* einverleibt hatte.

Die Offiziere der kleinen Einheit, die unter der Führung eines Obersts arbeiten, sind als *Katamim* („Offiziere für spezielle Aufgaben") bekannt. Sie „arbeiten" zweispurig; einige führen Agenten und die anderen, die so genannten *Hakshabim*, die vernehmen. Aviv Lavie, Reporter von *Ha'aretz*, weiß zu berichten, dass sei „eine kleine, scheinbar elitäre Einheit, die sensitive Missionen durchführt", und andererseits, er zitierte ein Mitglied der Einheit, sei sie der „Stiefsohn des Militärgeheimdienstes. Manchmal blickst du auf einige der Offiziere und du fragst dich, ob das die Standards sind, welche die IDF auf diese Pfosten abkommandieren". So verwundert es auch nicht, dass Mitglieder in den letzten Jahren in die Schlagzeilen gerieten: Jean-Pierre Elraz wurde zum Mörder, er tötete einen Sicherheitskoordinator in einem Kibbuz, und Major Yosef Amit, er wurde schon erwähnt, mutierte zum Spion und nahm Kontakt mit dem „ausländischen Feind" auf.[195] Einige andere wurden kriminell.

Die *Unit 504* ist vor allem auf Verhöre spezialisiert und hat ein „hartes Renommee"; die Mitglieder stehen im Ruf, die ganze kriminelle Bandbreite vom Spionieren bis hin zum Mord „drauf zu haben". Ihre glorreichen Tage feierte die Spezialtruppe aber während der 18jährigen Besetzung des Libanon durch Israel, als sie gefangen genommene Kämpfer der Hisbollah verhörte und ein umfangreiches Netzwerk an Kollaborateuren im Libanon betrieb. In den späten 80er Jahren nahm die Einheit dann vor allem Personen gefangen, die als Geisel gehaltenen werden konnten, zwecks Austauschs mit gefangen genommenen israelischen Soldaten und Fliegern.[196]
Leah Tsemel, eine israelische Rechtsanwältin, die vor allem Palästinenser verteidigt, sagte: „In diesem Gefängnis können die Inhaftierten buchstäblich verschwinden – möglicherweise für immer." Jonathan Cook, ein britischer Journalist, der in Nazareth lebt,

---

195 – Lavie, Aviv: Inside Israel's secret prison, 20.8.2003; http://www.haaretz.com/hasen/pages/ShArt.jhtml?itemNo=331637

196 – Reinfeld, Moshe / Yoaz, Yuval: Court orders state to explain secrecy on prison Facility 1391, *Ha'aretz*, 1.12.2003

schrieb (man erinnere sich an die Anschuldigungen von Hatem aka „Cobra" gegenüber Elias Hobeika): „Auch etliche Fälle von Entführungen, vor allem auf libanesischem Boden, werden den Israelis zugeschrieben. So wurden zum Beispiel vier iranische Regierungsfunktionäre, die 1982 in Beirut ‚verschwanden', nie wieder aufgefunden."[197]

In der *Facility 1391* wird gefoltert und geschlagen; Häftlinge werden monatelang wie Tiere in Einzelhaft gehalten, bekommen niemanden zu Gesicht; ein Recht auf Verteidigung gibt es nicht, Anwälte dürfen nicht rein; dafür schlafen die Häftlinge auf muffigen, stinkenden Matratzen, und die Klimaanlage wird so eingestellt, dass sie vor Kälte zittern; dem wiederholten Schlagen folgt das Verbot, auf Toilette zu gehen; der mit Stricken am Stuhl Festgebundene wird mit kaltem Wasser übergossen, wenn er einschläft; wer nicht aussagt, muß sich ein Foto seiner Liebsten ansehen unter dem Hinweis, wenn er nicht den Mund aufmacht, holt man die auch noch rein. Das ist die Routine in einem Geheimgefängnis, das ein Staat bewirtschaftet, der von sich behauptet, der einzig demokratische im Nahen Osten zu sein; eben, eine Demokratie unter Fernen Oliven.

Jonathan Cook hat die armen Seelen befragt, die sich dem israelischen Strafvollzug stellen mussten und weiß zu berichten: „Die Ausländer in *Facility 1391* fallen dagegen in die Zuständigkeit einer Spezialabteilung des israelischen Militärgeheimdienstes, der so genannten Einheit 504 (*Unit 504*). Wie diese Gefangenen behandelt werden, wird aus einem Dokument deutlich, das die israelischen Anwälte im Fall Dirani als Beweismittel einbrachten.

Mustafa Dirani wurde ... im Mai 1994 aus seinem Haus im Libanon entführt, da die israelischen Agenten sich von ihm Informationen über den Verbleib des israelischen Piloten Ron Arad erhofften, dessen Flugzeug 1986 über dem Südlibanon abgestürzt war. Dirani hatte Arad zwei Jahre lang gefangen gehalten, anschließend soll er ihn an den Iran ‚verkauft' haben.

Zusammen mit Sheik Abdel Karim Obeid, einem anderen prominenten Hisbollah-Häftling, verbrachte Mustafa Dirani acht Jahre

---

197 – Cook, Jonathan: Israels Geheimgefängnis Anlage 1391, *Le Monde diplomatique,* Nr. 7208, 14.11.2003

in *Facility 1391*... In den ersten Monaten seiner Gefangenschaft, als die Israelis noch hofften, durch ihn Informationen über Arads Verbleib zu erlangen, wurde Dirani von einem hochrangigen Offizier der Armee, der nur unter dem Namen ‚Major George' bekannt ist, vernommen und gefoltert. Obwohl damals Folter in Israel gesetzlich erlaubt war, hat Dirani inzwischen gegen den israelischen Staat und gegen Major George wegen zwei Fällen von sexuellem Missbrauch Klage erhoben. In dem einen Fall soll Major George einem Soldaten befohlen haben, Dirani zu vergewaltigen, im anderen Fall soll er selbst einen Stock in das Rektum Diranis eingeführt haben.

Soldaten, die in dem Gefängnis Dienst taten, haben die Aussagen Diranis durch eidesstattliche Erklärungen untermauert. T. N., einer der Vernehmungsoffiziere, sagte aus: ‚Ich weiß, dass es üblich war, mit der Einführung eines Stocks zu drohen. Es war tatsächlich vorgesehen, den Stock einzuführen, wenn der Betreffende nicht reden wollte.' In einer Petition zugunsten von Major George, die 60 israelische Offiziere unterzeichneten, wird nicht bestritten, dass solche Praktiken angewandt wurden. Es wird lediglich beklagt, dass es unfair sei, George für die Anwendung von Methoden zu bestrafen, die in dem Gefängnis allgemein üblich waren. George selbst hat eingeräumt, es sei ganz normale Praxis gewesen, dass die Gefangenen während der Verhöre nackt waren.
Jihad Shuman, ein britischer Staatsbürger, dem Mitgliedschaft in der Hisbollah vorgeworfen wird, wurde nach seiner Verhaftung in Jerusalem im Januar 2001 drei Nächte lang in *Facility 1391* festgehalten. Er berichtet, Soldaten hätten ihn brutal geschlagen: ‚Sie nahmen mir die Augenbinde ab. Um mich herum sah ich 15 bewaffnete Soldaten, einige mit Keulen in der Hand. Ein paar von ihnen haben mich verprügelt, gestoßen und von hinten geschlagen.' Kurz darauf wurde er von einem Mann in Uniform verhört, der ihm eröffnete: ‚Du musst gestehen, oder du bist erledigt. Und niemand wird erfahren, was mit dir passiert ist. Geständnis oder Tod.'"[198]

Hören wir einen, der „Rekrutierten": „Maragas Familie gilt als Unterstützer der Volksbefreiungsfront von Palästina, und viele von ihnen verbrachten Jahre in den israelischen Gefängnissen; einige von ihnen, welche Ironie, wegen Attacken auf Kollaborateure.

198 – Cook, Jonathan: Israels Geheimgefängnis Anlage 1391, *Le Monde diplomatique,* Nr. 7208, 14.11.2003

Einer seiner Cousins wurde zu mehr als 100 Jahren Gefängnis verurteilt für die Ermordung von fünf Kollaborateuren, und sein Bruder wurde für sieben Jahre eingesperrt, weil er einen Kollaborateur angegriffen hatte … Nach anderthalb Jahren in der *Unit 504*, sagte er, begann er im Shin-Bet-Sicherheitsdienst zu arbeiten (Shin Bet sagte in der Erwiderung, dass er weder bestätigt noch verneint, welche Leute für ihn arbeiten). Geld, sagt Maraga, war nicht das Ding. In der *Unit 504* bekam er überhaupt kein Geld, und Shin Bet gab ihm nur 1.500 israelische Schekel pro Monat. Der Profit war anderen Ursprungs. 'Ich fühlte mich sicher, ich wusste, dass; komme was will, wenn ich ins Chaos gerate und meine Familie nicht helfen könnte, hatte ich die Hilfe der großen Leute in diesem Land', sagt er …"[199]

Die Palette der Tätigkeiten dieser Spezialeinheit *Unit 504* scheint wahrhaftig enorm zu sein; von Folter über Diversion, Spionage wird bis zum Mord alles abgedeckt, was ein Gesellschaftssystem so zum Überleben benötigt. Die Einheit scheint auch beachtliche Agentennetze aufzubauen; allein der eingangs erwähnte, 1998 im Libanon ausgehobene Spionagering zählte 77 Köpfe; im November wurden 57 davon in Libanon „wegen Kollaboration mit Israel über diese Einheit" zum Tode verurteilt. Aber im Sommer 2000 wuchsen die Köpfe der Hydra dank der Rekrutierung der Kräfte der *South Lebanon Army* (SLA) nach.

Der israelische De Sade

Ein unschlagbares Duo: der rechtsradikale Kahl und der Folterbefürworter Yigal Carmon · Vom Offizier der „Unit 504" zum Desinformanten · Zielankunft bei Daniel Pipes und Ziad K. Abdelnour

Zehn Jahre ist es schon wieder her, seit Murray Kahl, der israelisch-amerikanische Grenzgänger, den Staat „Israel vor dem totalen Zusammenbruch" gerettet hatte. Es sei an Jassir Arafats angebliche Geheimrede erinnert, damals am 30. Januar 1996 in Stockholm, im Spiegelsaal des *Grand Hotels*. Eine „Quelle" hatte dem unermüdlichen Professor einen heißen Tip gegeben, leider konnte er

---

199 – Rapaport, Merot: The selling of lot 62, 31.3.2005, *Ha'aretz*; http://www.jewishtribalreview.org/thisweek17.htm

die noch heißeren Pläne des Palästinenserführers aus unbekannten Gründen – Quellenschutz vielleicht – erst am 15. Februar 1996 dem israelischen Sender Arutz Sheva und somit reichlich abgekühlt servieren.

Hier noch einmal zum Rekapitulieren einige wenige Sentenzen, die Jassir Arafat angeblich in einer Geheimrede vor arabischen Diplomaten im frostigen Norden Europas gehalten haben soll, und die Murray Kahl mit Schneckendepesche an den Sender weitergab. Arafat: „Wir Palästinenser werden alles, einschließlich das gesamte Jerusalem, übernehmen ... All die reichen Juden, die Entschädigung erhalten, werden nach Amerika reisen ... Innerhalb von fünf Jahren werden sechs bis sieben Millionen Araber im Westjordanland und in Jerusalem leben ... Wir werden den Juden das Leben unerträglich machen durch psychologische Kriegführung und Bevölkerungsexplosion ... Juden werden nicht unter uns Arabern leben wollen ... Ich habe keine Verwendung für Juden, sie sind und bleiben Juden ... Wir brauchen jetzt alle Hilfe, die wir von ihnen in unserer Schlacht für ein vereintes Palästina unter der völligen Vorherrschaft der arabischen Muslime erhalten können ...“
Die Welt mochte das lausekalte Menü nicht; sogar die israelische Regierung lehnte es Nase rümpfend ab, weil es halt aus der ganz rechten Ecke serviert wurde. Plötzlich sprang ein Mann der Tat in die Bresche, und sandte der amerikanischen *The Jewish Week*, die nun völlig aus dem Rahmen gefallen war und sich erdreistet hatte, Kahls Story als totales Lügengebilde abzuschmettern, seinen Glauben auf Faxpapier zu. Der Mann hieß Yigal Carmon und teilte mit: Er glaube an die Story.[200] Nett geschrieben.

Wer ist denn dieser edle Famulus, der dem Professor Murray Kahl so hilfreich unter die Arme griff? Selbstredend, schon um den roten Faden in den Betrachtungen zu wahren, einer der ehemals führenden Offiziere dieser unrühmlichen *Unit 504*, die ausführlich im vorhergehenden Kapitel behandelt wurde. Der deutsche Autor Henner Kirchner (INAMO) hat eine ausführliche politische Biographie des Mannes zusammengetragen, die nicht ohne Erwiderung blieb. Yigal Carmon hatte über seine Anwälte versucht, die Verbreitung des Artikels zu verbieten. Herr Henner Kirchner stellt

---

200 – Atlas, Yedida: Stockholm Revisited; http://www.freeman.org/m_online/may96/atlas.htm

den Artikel freundlicherweise zur Verfügung.[201] Er sollte um keinen einzigen Buchstaben gekürzt werden.

Henner Kirchner

Yigal Carmon – Ein Leben für die Besatzung[202]
Die politische Biographie des MEMRI-Präsidenten und Gründers Yigal Carmon.

Yigal Carmon diente von 1977–1982 auf verschiedenen Posten in der Führung der israelischen Besatzungsverwaltung auf der Westbank.[203] Damit hatte er eine tragende Rolle im System der israelischen Politik gegenüber den Palästinensern.[204] Er diente mehrere Jahre im israelischen Militärgeheimdienst und war dort einer der führenden Offiziere der *Unit 504*,[205] welche für die Anwerbung von Informanten in arabischen Staaten zuständig ist und auch als „Mini-Mossad" bezeichnet wird.[206] Sie war nach Aussage des Kommandeurs der UN-Truppen im Südlibanon, Timur Göksel, für die Führung der „Südlibanesischen Armee", einer israelischen Hilfstruppe verantwortlich,[207] der zahlreiche Menschenrechtsverstöße wie Folterungen oder Ermordung politischer Gegner zur Last gelegt werden. Die angeworbenen Araber werden in der Regel mit Drogen bezahlt, welche die *Unit 504* von der israelischen Polizei erhielt.[208] Murray Kahl, ein amerikanisch-israelischer Rechtsradikaler, beschreibt die Arbeitsweise der von *Unit 504* trainierten Araber so: „Sie wurden für den Guerillakampf ausgebildet, für Mord, Infiltration und die Benutzung der modernsten Methoden beim Bau von Autobomben."[209]

---

201 – Yigal, Carmon – Ein Leben für die Besatzung, Die politische Biographie des MEMRI-Präsidenten und Gründers Yigal Carmon, INAMO 32, Ausgabe Winter 2002; http://www.henner-kirchner.de/carmon.htm

202 – Der Artikel erschien in leicht geänderter Fassung in INAMO 32, Ausgabe Winter 2002.

203 – Royer, Ismail: The Futility of Apology; http://www.ismailroyer.blogspot.com (21.10.02)

204 – November Axe, Palestine Report, 11-2002 (www.jmcc.org/media/reportonline/axe.htm, 5.11.02)

205 – Melman, Yossi: *Don´t confuse us with facts*, *Ha´aretz*, 16.8.2002

206 – Shahak, Israel: The Real Israeli Interest in Lebanon, *Washington Report on Middle East Affairs*, Juli 1996 (www.washington-report.org/backissues/0796/9607019.htm, 15.11.02)

207 – Interview with Timor Goksel, *Future TV* (www.futuretvnetwork.com/justice/back_unifil.htm, 15.11.02)

208 – An Israeli spies-and-drugs story, *Foreign Report,* 1.7.1993 (www.foreignreport.com, 19.11.02)

209 – Kahl, Murray: Wake up Beirut, Sharon is Coming. LFP, 6.3.2001

Spätestens seit dieser Zeit beim *Aman*, so das hebräische Akronym für den militärischen Geheimdienst Israels, unterhält Carmon gute Kontakte in die USA, zumeist zu Politikern und Journalisten vom äußersten rechten Rand. So unterhält er gute Kontakte zu Steven Emerson,[210] einem Journalisten in Florida, der bereits vor acht Jahren durch aufhetzende Beiträge gegen Muslime in den USA („Bande von Mördern") aufgefallen ist. Emerson, dem auch von anderer Seite gute Kontakte zu Geheimdiensten nachgesagt werden[211] betreibt eine Organisation namens *International Association of Counterterrorism and Security Professionals* (IACSP) bei der Carmon – so US-amerikanische Quellen – nicht nur Mitglied sein soll, sondern auch als *Mideast Regional Director* geführt werden soll.[212] Er wird bereits in jener Zeit als „rechter als selbst noch die gegenwärtige Likud-Regierung"[213] bezeichnet.
In seiner Zeit beim *Aman* verfasst Yigal Carmon seine Magisterarbeit an der *Hebrew-Universität* in Jerusalem. Thema seiner Arbeit ist die Person von Hajj Amin al-Husaini und dessen Zusammenarbeit mit Nazideutschland.[214]
Eine weitere Publikation aus seiner Geheimdienstzeit ist eine Studie aus dem Jahr 1985, in der er sich mit der Frage beschäftigt, ob und wie eine totale Kontrolle über die palästinensische Bevölkerung ausgeübt werden könne.[215] Die Studie ist öffentlich nicht zugänglich.

Anti-Terrorberater

Von 1988 an ist er unter Yitzhak Shamir als *Berater für Terrorismusfragen* dem Büro des Premierministers zugeordnet. Mit dieser Berufsbezeichnung wird er sich von nun an schmücken. In nahezu allen biographischen Bemerkungen von ihm und über ihn wird diese Bezeichnung benutzt. So z.B. auf einer Tagung des rechtso-

---

210 – US Newswire: Florida Editor responds to supporters of \`Jihad´-Journalist, 5.6.1998

211 – u.a. in der *Jerusalem Post* vom 17.9.1994: „…having close ties to Israeli Intelligence"

212 – Sugg, John: US Governments Secret Evidence against Mazan Al-Najjar has yet to produce indictments, *Washington Report on Middle East Affairs*, Juli 1998 (www.washington-report.org/backissues/0798/9807028.html, 6.11.02)

213 – US Newswire: Florida Editor responds to supporters of ‚Jihad'-Journalist, 5.6.1998

214 – Carmon, Yigal: The Mufti of Jerusalem, Haj Amin al-Huasyni and Nazi-Germany during the Second World War. M.A. Thesis – Hebrew University of Jerusalem 1987.

215 – Cockburn, Patrick: Arafat police hold 150 in hunt for bombers; *The Independent*, 11.4.1995.

rientierten US-amerikanischen *Center for Security Policy* in Washington am 17.9.1997, auf der er zusammen mit Martin Indyk, dem damaligen US-Sondergesandten für den Friedensprozess und späteren US-Botschafter in Israel und mit Daniel Pipes, einem pro-Likud-Lobbyisten, auftritt. Besonders die Kontakte zu Pipes wird Carmon weiter ausbauen.[216]

Da unter der Regierung Shamir alle Kontakte zu Arabern als eine Frage der Terrorbekämpfung gesehen werden, ist der Aufgabenbereich des ehemaligen Geheimdienstmanns sehr umfangreich. Er ist Mitglied eines geheimen Verhandlungsteams, welches Gespräche mit Syrien führt[217] und er ist Teil der israelischen Delegation bei den Verhandlungen von Madrid.

Anfang 1993, nur wenige Monate nach dem Amtsantritt von Yitzhak Rabin und kurz vor den Geheimverhandlungen von Oslo, scheidet Yigal Carmon aus dem Dienst im Büro des Premierministers aus. Er betont aber immer, auch Berater von Rabin gewesen zu sein; vermutlich um von dessen Nimbus zu profitieren.

„Schmerz kommt und geht ...“

Nach dem Ausscheiden aus seiner politischen Funktion widmet sich Carmon dem Artikel-Schreiben. Dabei scheint er einer Mission zu folgen: Alle seine Beiträge kreisen um die Ablehnung des Friedensprozesses und dessen vermeintliche Gefahr für die militärische Stärke Israels. Er präsentiert sich als ein Kritiker nicht nur von Rabin und Peres, sondern er wirft auch Netanjahu, der Blockadepolitik gegen den Frieden betreibt, vor, hierbei nicht konsequent genug zu sein.[218] ... In seinen Artikeln geht es nicht um Frieden und Verhandlungen, sondern um eine Lösung des „Palästinenserproblems“.[219] Artikel von ihm erscheinen in *Yedioth Ahronoth*, der auflagenstärksten Zeitung Israels[220] und in der rechts-orientierten *Jerusalem Post*.[221] Aber es fällt auch auf, dass er sich radikalen politischen Positionen und Organisationen aus dem Umfeld der

216 – Pipes betreibt zur Zeit unter www.campus-watch.org eine Website, mit der zur Denunziation von Äußerungen von Universitäts-Dozenten aufgerufen wird, die sich kritisch über die Besatzungspolitik äußern. Die Betroffenen werden in einer bislang beispiellosen Kampagne als vermeintliche Antisemiten im Internet an den Pranger gestellt.

217 – Tatro, Nicolas: Israels Lebanon policy under attack from left and right, AP, 8.9.1997.

218 – Carmon, Yigal: Same Policy – Same Results. Israel Resource Review, 4.8.97 (www.israelbehindthenews.com/Aug-04.htm, 5.11.02)

219 – so z.B. in einem Beitrag für die *Jewishpost of New York* vom 5.6.1999

220 – Carmon, Yigal: A Unilateral Concession. *Yediot Ahronot*, 16.1.1997

Nationalreligiösen annähert. Er ist in den Medien der extremen Rechten präsent, etwa in *Outpost*, einer Zeitschrift radikaler Siedler[222] oder im Sender der nationalreligiösen Siedler *Arutz Sheva*.[223] Er beginnt intensiv Kontakte zu westlichen Journalisten zu pflegen, zuerst in die USA, später mit deutschen Medienvertretern in Israel. So z.B. mit Martina Doering von der *Berliner Zeitung*, die ihn im März 1996 interviewt[224] und 2002 dann einen Lob-Artikel über das Berliner MEMRI-Büro verfasste.[225]

Am deutlichsten in seinen Aussagen wird Carmon jedoch in den US-Medien. Hier bekennt er sich offen zur Anwendung von Folter an palästinensischen Gefangenen zum Zwecke der Informationsgewinnung. So wird er in der *Washington Post* zitiert: „Als Carmon gefragt wurde, ob er jemand Schmerzen zufügen würde, um Informationen zu erhalten, antwortete er: ‚Schmerz nimmt dir nicht das Leben, Schmerz kommt und geht. Schmerz verschwindet ... jeder hat diese Erfahrung schon gemacht ...'" Folter ist für ihn – ganz im Sinne der in Israel offiziell vertretenen Sprachreglung – „physischer Druck".[226]

Yigal Carmon weiß offenbar wovon er spricht. Eine solche Aussage von einem hohen Ex-Offizier eines Dienstes, der erwiesenermaßen mit Folter arbeitet, ist mehr als die Verharmlosung der angewandten Methoden. Bei Carmon handelt es sich offenkundig um einen ausgesprochenen Befürworter von Folter. Inwieweit er selber in seiner Zeit bei den Besatzungsbehörden Folter angewandt oder angeordnet hat ist jedoch ungeklärt.

„Die Dreier-Bande"

In einem Beitrag in *Ha'aretz* über die Kontakte zwischen rechtsradikalen Israelis und christlich-fundamentalistischen Organisationen in den USA[227] findet auch Carmon und seine Seilschaft aus Geheimdienstzeiten unter der Bezeichnung *Gang of Three* Erwäh-

---

221 – Carmon, Yigal: There is another way. *Jerusalem Post*, 13.6.2001. Hier entwirft Carmon bereits das Szenario einer politischen Entmachtung der PLO und ihre Ausschaltung aus zukünftigen Verhandlungen wie dies knapp ein Jahr später von Sharon praktiziert wird.

222 – Ein Interview mit Yigal Carmon erscheint hier ohne Titel am 16.4.1997

223 – Interview with Yigal Carmon, 7.3.1996

224 – Doering, Martina: Nimm keinen Bus. *Berliner Zeitung*, 13.3.1996

225 – Doering, Martina: Sprudelnde Quellen. *Berliner Zeitung*, 2.10.2002

226 – Gellman, Barton: Tatality puts Focus on Israeli Methods. *Washington Post*, 4.5.1995

nung: Er arbeite seit langem an Kampagnen, welche die Vereitelung des Friedensprozesses zum Ziel hätten. Zu der *Dreier-Bande* zählt *Ha'aretz* neben Carmon auch Yossi Ben-Aharon und Yoram Ettinger. Diese mit allen Mitteln den Friedensprozess bekämpfende Gruppierung und ihre Verbindung zu Steven Emerson ist einige Jahre zuvor schon Robert Friedman in der US-Zeitschrift *The Nation* aufgefallen: „Yossi Ben-Aharon, Yoram Ettinger und Yigal Carmon sind ehemalige hochrangige Likud-Regierungsvertreter, denen Ministerpräsident Rabin – nachdem das Trio seine Lobbyarbeit gegen die Oslo-Vereinbarung im Capitol aufgenommen hatte –, den Spitznamen ‚Dreierbande' gab."[228]

Ettinger, Netanjahus Statthalter in der israelischen Botschaft in Washington, der Erfinder der Propagandabehauptung, die Palästinenser würden ihre Kinder als menschliche Schutzschilde benutzen,[229] hat eine leitende Funktion am *Ariel Center for Policy Research* (ACPR), einer Einrichtung der israelischen extremen Rechten. Wie MEMRI bezeichnet sich das ACPR als „non-profit, non-partisan organization", tritt jedoch – anders als MEMRI, welches sich als gemäßigt verkauft – offen gegen einen Frieden mit den Palästinensern ein.

Ben-Aharon, ehemaliger Generaldirektor des Büros des Premierministers unter Shamir und von Friedman als ein Zealot eingestuft,[230] hat den Likud verlassen, da dieser ihm unter Benjamin Netanjahu zu weit nach links gerückt sei.[231] Er gibt sich als Nationalreligiöser, für den jede Abgabe von besetzten Gebieten ein Verrat an „Eretz Yisroel" und jeder Araber schlimmer als ein Nazi sei.[232]

---

227 – AIPAC lobby comes out of the closet and challenges rightist opponents of Wye aid, *Ha'aretz*, 21.10.1999

228 – Friedman, Robert: One Man's Jihad. *The Nation* 656, 15.5.1995

229 – Ettinger, Yoram: Exploiting Children as a Human Shield – An Endemic PLO Norm! *Jerusalem Cloakroom* #92, 2.11.2000

230 – Friedman, Robert: Zealots for Zion: Inside Israel's West Bank Settlement Movement. New York 1992

231 – *Arutz-7 News*, 16.3.1999

232 – Gefen, Shai: If Only We Had Listened To The Rebbe. *Beis Moshiach* (http://www.beismoshiach.org/Shleimus%20HaAretz/shleimus_haaretz271.htm, 22.11.02)

Der „Ein-Personen-Geheimdienst“

Auch die Artikel, Interviews und Äußerungen von Carmon machen seine Einstellung zu einem Frieden mit den Palästinensern mehr als deutlich. Er beließ es jedoch nicht beim Publizieren. Bei Recherchen über den rechtsradikalen israelischen Politiker Benny Begin, Sohn des ehemaligen Ministerpräsidenten Menachem Begin und ehemals Führer der ultra-nationalistischen Herut-Partei, stieß Yossi Melman von der israelischen Zeitung *Ha'aretz* auf eine mehrere Jahre (1994–1996) währende Zusammenarbeit[233] von Begin mit Carmon. Die ideologische Nähe zwischen Benny Begin, der u.a. für eine „Groß-Israel-Lösung“ und in einer Koalition kleinerer rechtsradikaler Parteien arbeitet, welche für die Vertreibung der Palästinenser eintritt und Yigal Carmon, der zusammen mit MEMRI-Mitgründer Yoram Feldner einen ähnlichen Ansatz unter dem Deckmantel einer Möglichkeit oder Unmöglichkeit einer jordanisch-palästinensischen Konföderation und deren Akzeptanz in arabischen Kreisen diskutiert,[234] hat durchaus nachvollziehbare Aspekte. Wer von den beiden, Begin oder Carmon, in dieser Zusammenarbeit wen benutzt hat, ist offen. So schien Carmon mit Begin über eine Stimme in der Knesset zu verfügen und konnte so weiter an einer Behinderung des Friedensprozesses arbeiten. Begin hingegen profitierte in jedem Fall von dem Material, das Carmon ihm lieferte und das er für Kampagnen in den israelischen Medien und für Anfragen in der Knesset nutzte. Dies bestand zu einem Teil aus Material, das Begin selber als Geheimdienstmaterial bezeichnete.

Den Großteil des Materials, das Carmon zur Verfügung stellte, kam jedoch aus dessen eigenen Quellen. Melman, der Carmon „auf einem privaten Kreuzzug“ sieht, beschreibt seine Aktivitäten als „Ein-Personen-Geheimdienst“. So sammelt Carmon, laut Melman, auf eigene Initiative und vor allem auf eigene Rechnung Informationen in den palästinensischen Autonomiegebieten: „Er betrieb im Gebiet der PA ein Netzwerk von Informanten und bezahlte jedem Dutzende oder Hunderte Schekel für eine einzige Kassette.“[235]

---

233 – Melman, Yossi: Don't confuse us with facts. *Ha'aretz*, 16.8.2002

234 – Carmon, Yigal und Feldner, Yoram: Jordanian Policies on the Palestinian Problem. *Jewish Post of New York*, 5.6.1999

235 – Melman, Yossi: Don´t confuse us with facts. *Ha´aretz*, 16.8.2002; Der Autor meint hier den Militärgeheimdienst, dem auch Carmon angehörte.

Neben Engagement und guten Kontakten scheint Carmon in jener Zeit über große Geldmittel zu verfügen.
Und mit einigen der Kampagnen, die er gemeinsam mit Begin inszeniert, erreicht er auch weltweites Aufsehen: Die Aufregung um eine Rede von Jassir Arafat in Johannesburg im Mai 1994, bei der jener die Oslo-Vereinbarungen mit dem Vertrag des Propheten Mohammad mit den Quraish in Hudayba vergleicht, geht auf Carmon und seine Netzwerke zurück. Auch über das geheime Treffen in Kairo zwischen Vertretern der Autonomiebehörde und der Hamas-Bewegung im Dezember 1995, das zu einer Einbindung der Hamas in den Friedensprozess führen sollte, gibt sich Carmon so genau informiert, als habe er mit am Tisch gesessen.

MEMRI, Pipes & Co.

1998 gründet Carmon dann MEMRI. Damit scheint er offenbar seiner politischen Arbeit gegen einen Frieden mit den Palästinensern einen institutionellen Rahmen geben zu wollen. Interessant ist hierbei, mit wem er zusammenarbeitet. Eine Mitgründerin von MEMRI ist Meyrav Wurmser, eine Anhängerin von Ze'ev Jabotinsky,[236] einem der Väter der Idee einer vollständigen Vertreibung der Palästinenser und Vordenker eines ethnisch rein jüdischen Staates Israel.[237] Wurmser ist Leiterin der Nahostabteilung des *Hudson Institute*, dessen Führung auch Richard Perle angehört. Perle gilt als eine treibende Kraft hinter der Nahostpolitik der gegenwärtigen US-Regierung. Wurmser gehört auch einer weiteren Organisation an, dem *Middle East Forum* von Daniel Pipes. Gemeinsam mit Pipes, der sich mit anderen von einer PR-Beraterin, Eleana Benador, erfolgreich vermarkten ließ,[238] hat Carmon, dass er sich in den amerikanischen Medien als unabhängiger Experte für Nahostpolitik darstellt.[239]

---

236 – Wurmser, Meyrav: Can Israel Survive Post-Zionism? *Middle East Quarterly*, hrsg. von Martin Kramer (http://www.allenpress.com/mieq/issues/vol06/ftr-0601.html, 21.10.02)

237 – Eine weitere Schilderung der Gedanken von Jabotinsky findet sich auch in den *80 Thesen für ein neues Friedenslager* von Uri Avnery.

238 – Zu dem exklusiven und einflussreichen Kreis, der sich immer auf eine gegenseitige Expertise beruft, gehören neben Pipes, Carmon und Wurmser noch Michael Rubin und Martin Kramer.

239 – Whitaker, Brian: US thinktanks give lessons in foreign policy. *The Guardian*, 19.8.2002

Yigal Carmons größter Auftritt hierbei war mit Sicherheit seine Stellungnahme vor dem US-Kongress am 18. April 2002. Hierbei vertrat er eine Position, die sich fast ausschließlich auf den vermeintlich dominierenden arabischen Antisemitismus bezieht und diesen mit Antiamerikanismus gleichsetzt. Die Konzentration auf dieses in der arabischen Presse vorhandene, aber keineswegs tonangebende Phänomen ist etwas, das Carmon auch mit dem Kundenkreis von Frau Benador verbindet. Während Pipes daran arbeitet, jede Kritik am israelischen Vorgehen gegen die palästinensische Zivilbevölkerung als antisemitisch an den Pranger zustellen, scheint es Carmons Aufgabe zu sein, anhand einer selektiven Auswahl aus der arabischen Presse die öffentliche und veröffentlichte Meinung der arabischen Welt als antisemitisch darzustellen. Offenkundiges Ziel ist es, ein Bedrohungsszenario für Israel zu behaupten, das keineswegs der Realität entspricht. Vor dem Hintergrund der gegenwärtigen Konfrontation scheinen die Palästinenser als antisemitisch, fanatisch, irrational und zum Dialog unfähig dargestellt werden sollen.
Das Projekt MEMRI fügt sich nahtlos in die Biographie von Oberst Yigal Carmon ein. Er ist in seiner Haltung der Prototyp eines Kolonialoffiziers, wie es sie in anderen Besatzungsarmeen wie der britischen oder französischen gegeben hat; ein – nach übereinstimmender Meinung zahlreicher europäischer, israelischer und amerikanischer Beobachter – weit rechtsaußen stehender Aktivist sowie ein öffentlicher Befürworter von Folter. Sein gesamtes politisches Leben zeigen ihn im Auge des Betrachters als den, der er ist: Ein Feind des Friedens zwischen Israelis und Palästinensern, den er als „historisches Desaster" bezeichnet.

Willkommen im Club. Nach dem langen Ausflug sind wir doch wieder im sicheren Hafen des *Golden Circle* des *United States Committee for a Free Lebanon* (USCFL) gelandet, dort wo der Muslim-Hasser Daniel Pipes sein Unwesen treibt, wo der Banker Ziad K. Abdelnour den Präsidenten gibt, wo Abdelnour und Pipes im Jahre 2000 eine Schrift verfasst haben, die zum Krieg gegen Syrien zwecks Beseitigung dortiger Massenvernichtungswaffen und der Befreiung des Libanon aufruft, ein Waffengang, von dem David Wurmser seit Jahren Nacht für Nacht träumt.

Aber es träumen auch die anderen; die Kriegsverbrecher im Exil, die Mörder aus Bürgerkriegszeiten, die Kollaborateure, die in ihre

Heimat zurückkehren wollen, wenn es geht sogar an die Macht; die aber noch immer, trotz der so genannten *Zedernrevolution*, Geächtete sind.

Die Krieger des Bösen

Neben dem derzeitigen Generalverdacht Syrien, ein Land, das der westlichen und vorgeblich demokratischen Internationale gegenwärtig als Prellbock für alles politische und humanitäre Ungemach dient, das sie selbst im Nahen und Mittleren Osten angerichtet hat und weiterhin verbockt, gibt es ausreichend Hinweise, großenteils unübersehbare Winke mit dem Zaunspfahl, für jeden ehrenhaften Ermittler, so er nur könnte und dann auch dürfte, um im Mordfall Hariri objektiv in alle mögliche Richtungen und weniger einseitig ermitteln zu können.

Die Matrix

Spezialisten am Werk · Attentate auf Hobeika und Hariri tragen gleiche Handschrift · Attentatsserie im Libanon nach Hariri von Routiniers verübt · Der Generalmajor des Mossad Mei Dagan bläst zur Auslandsattacke · Dagan war Chef in der „Unit 504" · Geheimes Netzwerk zwischen Mossad und libanesischer „Résistance"? · Richard Perles „Intelligence Services Activity" · Tausende Guerillas warten im Libanon

Die Umstände des Attentates auf Rafiq Hariri am 14. Februar 2005 in Beirut lassen erahnen, welche logistische und strategisch-taktische Leistung die Planer und aktiv handelnden Verbrecher erbracht haben. Solch ein Attentat ist nicht von heute auf morgen und schon gar nicht auf die Schnelle durchzuführen. Es benötigt neben einem „Führungsstab", der materiell-technischen Vorbereitung, dem Bereitstellen von vertrauenswürdigem und „geschultem Personal" und vielem anderen mehr zum Beispiel auch eine längere Phase der Observation des Opfers, um dessen Gewohnheiten, im vorliegendem Falle besser, dessen bevorzugte Fahrtwege, auszukundschaften. Haben die Täter erst in Erfahrung gebracht, welche Routen vom Opfer privilegiert benutzt werden, fällt für sie auch die Wahl der Orte, an denen sie die mit Sprengstoff präparierten Fahrzeuge zum Einsatz bringen können, leichter aus. Damit wird die

Wahrscheinlichkeit des Aufeinandertreffens zwischen Opfer und Sprengstoffauto um ein wesentliches erhöht. Das wiederum benötigt eine aktive, mitunter über einen längeren Zeitraum verdeckt arbeitende, daher auch zahlenmäßig nicht gering bestückte Tätergruppe. Allein dieser eine und wahllos herausgegriffene Aspekt macht den Umfang der Vorbereitungen für die Tat deutlich.

Zudem kann sich auch nur der kleinste Fehler, sei es während der Observation des Mordopfers, beim Beschaffen des Sprengstoffes, der Tatfahrzeuge, während des Präparierens der Autobomben etc. verheerend auf die weiteren Planungen und somit die erfolgreiche Ausführung des Verbrechens auswirken. Die geringste Auffälligkeit könnte die Verbrecher in eine mißliche Lage bringen; sie könnten in ihrem gewählten Umfeld auffallen, gar zu Verdächtigen oder schlimmstenfalls entlarvt werden. Es sind viele Umstände, vor allem wenn die „Zelle“ groß und die vorbereitenden Handlungen umfangreich sind, welche die Durchführung des Tötungsverbrechens letztendlich in Gefahr bringen können: Sei es zum Beispiel die Wahl der vorübergehenden Quartiere, der konspirativen Treffpunkte oder der Lokalitäten, an denen die Fahrzeuge präpariert bzw. vorübergehend versteckt werden bis hin zum Verhalten und Auftreten der Täter in der Öffentlichkeit, um nur einige wenige Aspekte anzureißen. Es ist mit absoluter Sicherheit davon auszugehen, dass in den Mordfällen Hobeika und Hariri absolute „Profis“ am Werk waren, denen auch ein spitzentechnisches Know-how zur Verfügung steht, das eben nicht jedem beliebigen Geheimdienst oder irgendeiner Mafia zugänglich ist. Es sei nur an die Störsender erinnert, eine Technik, die nur schweizer und israelischen Spezialisten vertraut und zugänglich ist.

Wie behauptet wurde, standen am Tage des Attentates auf Elias Hobeika offenbar drei Bombenfahrzeuge zur Verfügung. Das bedeutet, es gab auch drei „Besatzungen“, die dafür verantwortlich waren, die einzelnen Fahrzeuge abzustellen, zu sichern, bei Bedarf in die Luft zu jagen. Zudem musste auf das Opfer gewartet, Funkverkehr aufrecht gehalten werden, um Informationen über die Bewegungen des Opfers respektive seines Fahrzeuges auszutauschen; Verstecke mussten bewacht, Fluchtfahrzeuge gesichert werden und so weiter und so fort; eine riesige Palette an Aufgaben. Bezieht man dann noch die Planer ein, die „Techniker“, die „Fluchthelfer“ etc., dann kommt schon eine ordentliche Anzahl von Personen zusammen, die im Fachjargon eine „Zelle“ bilden. Man kann über Anzahl und Zusammensetzung solcher Zellen spekulieren; allerdings sind zwei oder drei Personen, um ein Beispiel zu nennen, keinesfalls in der Lage, solch ein Kapitalverbrechen auch nur ansatzweise zu planen und auszuführen. Es sei denn, es gäbe einen „Maulwurf“; einen „Verräter“ oder Vertrauten, der dem Opfer sehr nahe steht und alle seine Aktivitäten intensiv verfolgen, beobachten und weitergeben kann.

Die allgemeine Vermutung der westlichen Politik, dass die syrischen Sicherheitsorgane in Kollaboration mit prosyrisch orientierten Diensten im Libanon das Verbrechen geplant und zur Ausführung gebracht haben, ist eine mögliche, allerdings bisher trotz aller erfolgten Untersuchungen unter Einsatz von beträchtlichem „Menschenmaterial“, sprich Ermittler und Spezialisten, nicht bewiesene. Das würde aber auch bedeuten, dass die Befähigung dieser beiden Dienste so enorm ist, das selbst hoch qualifizierte Geheimdienste wie Mossad oder CIA von den Sicherheitsleuten in Damaskus und Beirut sozusagen jederzeit und mit links in die Irre geführt werden können. Das ist stark zu bezweifeln; schon aufgrund des hohen Unterschiedes in der materiell-technischen Basis und Ausrüstung; wenn man allein bedenkt, welche Möglichkeiten den westlichen Diensten über Satellitenbeobachtungen zur Verfügung stehen. Davon träumen, wie man so landläufig sagt, die Syrer und ihre Verbündeten doch nur.

Das nur als Anriss am Rande. Das Attentat auf Elias Hobeika vom 24. Januar 2002 weist im Groben dieselben „Merkmale“ wie das Attentat auf Rafiq Hariri vom 14. Februar 2005 auf. Den Tätern war es in beiden Fällen gelungen, wichtige Sicherheitsmaßnahmen und technische Instrumentarien auszuschalten, welche die Opfer zu ihrem eigenen Schutz ergriffen und installiert hatten. Wir wollen hier nicht näher darauf eingehen, jedoch anmerken, dass Elias Hobeika, selbst Inhaber einer Sicherheitsfirma, wusste, worauf es in Sicherheitsfragen ankommt. Selbst diese Hürde konnten die Täter überwinden. Das gilt auch für Hariri, der ein stabiles Sicherheitsnetz um seine Person herum aufgebaut hatte. Das musste von den Tätern erst einmal erkannt, um dann auch durchbrochen werden zu können.

Dass es eine ausgezeichnet funktionierende und mit außergewöhnlich hoher krimineller Energie arbeitende Bande von Terroristen im Libanon gibt, steht spätestens seit dem Mord an Hariri außer Frage. Diese Terroristen sind gegenwärtig offenbar dazu in der Lage, zuzuschlagen, wann und wo es ihnen beliebt. Das heißt, es existiert ein größeres kriminelles Netz im Libanon, oder das dort in kurzer Zeit aktiviert oder zusammengezogen werden kann, dass seit Monaten unerkannt und mit äußerster Präzision Anschläge mit Bomben oder Autobomben ausführen kann. Hier eine Auflistung der Terrorakte:

1. 10. 2004
Attentatsversuch auf den Parlamentsabgeordneten Marwan Hamada:
Eine Autobombe explodiert neben seiner Fahrzeugkolonne. Hamada überlebt verletzt; sein Fahrer wird getötet. Hamada war ein Kritiker der Regierung in Damaskus und Angehöriger der Opposition.

14. 2. 2005
Attentat auf Rafiq Hariri

19. 3. 2005
Explosion eine Autobombe in Jdeideh, einem Vorort von Beirut; 11 Verwundete

23. 3. 2005
Explosion einer am Hintergang eines Shoppingcenters abgestellten Ledertasche; 6 Tote

26. 3. 2005
Explosion einer Autobombe zwischen zwei Betrieben in Sad el-Bouchrieh; 6 Verwundete

1. 04. 2005
Bombenexplosion in Broummana, 20 km östlich von Beirut, 12 Verletzte

6. 05. 2005
Autobombenexplosion in Jounieh; 22 Verletzte

2. 06. 2005
Tötung des antisyrischen Journalisten Samir Kassir durch eine in seinem Auto versteckte Bombe in Ashrafieh, Beirut

21. 06. 2005
Tötung des ehemaligen Chefs der libanesischen Kommunistischen Partei, George Hrawi; während er mit seinem Auto fuhr, explodierte eine darin deponierte Bombe
12. 07. 2005
Attentatsversuch auf den abgehenden und prosyrischen Verteidigungsminister Elias Murr; eine Autobombe explodierte, als er mit seiner Fahrzeugkolonne daran vorbeifuhr; Murr überlebt; 2 Tote
22. 07. 2005
Explosion einer Autobombe in der Monot-Straße in Beirut; 12 Verwundete
22. 08. 2005
Explosion einer zwischen Shoppingcenter und Hotel abgestellten Bombe in Zalka, 11 Verletzte
16. 09. 2005
Explosion einer Autobombe in Ashrafieh, Beirut, 1 Toter, 23 Verletzte
25. 09. 2005
Attentatsversuch auf die antisyrische Journalistin May Chidiac in Jounieh; eine Bombe explodierte, als sie in ihr Auto einsteigen wollte; Chidiac verlor einen Arm und ein Bein
12. 12. 2005
Tötung des antisyrischen Journalisten Gebran Tueni durch eine Autobombe; 30 Verletzte

Sämtlichen Anschlägen ist gemein, dass sie sich hauptsächlich in den christlichen Wohnbezirken und Vorstädten von Beirut ereignen, zudem meistens nachts und oft freitags.

Bei rechtem Licht betrachtet stehen natürlich nicht nur syrischen und libanesischen Geheimdiensten sondern auch dem israelischen Mossad geeignete Mittel und Möglichkeiten zur Verfügung, um zum Beispiel in Kollaboration mit der libanesischen „Résistance“ ein derartiges über längere Zeit gut funktionierendes kriminelles Unternehmen in Szene zu setzen; zum Beispiel über die *Unit 504* in Zusammenarbeit mit im Untergrund agierenden Widerständlern, den *Guardians of the Cedars* oder *Forces Libanaises*, um nur einige Möglichkeiten zu nennen. In den früheren Betrachtungen wurde deutlich, dass dort durchaus eine hohe kriminelle Energie vorhanden war oder ist; zudem ist vielen der ehemaligen Milizionäre die Heimkehr versagt, weil ihnen im Libanon eine Verurteilung wegen begangener Kriegsverbrechen oder Kollaboration mit dem Feind bevorstehen würde. Bekanntlich wurden sie nicht amnestiert, und daher könnte ihnen nur eine völlige politische Neuordnung des Libanon von Nutzen sein. Das ist ja auch genau der Grund, weshalb die libanesische „Résistance" im Exil existiert; nämlich gegen die bestehenden Verhältnisse zu arbeiten.

Wie die israelische Tageszeitung *Ha'aretz* enthüllt hatte, standen „führende Offizielle aus dem Büro von Ministerpräsident Ariel Sharon schon lange vor der gegenwärtigen Krise (im Libanon) mit libanesischen Führern in Kontakt".
Meinte das Blatt etwa Nagi N. Najjar zum Beispiel oder Étienne Saqr? Und die der rechten israelischen Szenerie verschworene Journalistin Caroline B. Glick zitierte am 9. März 2005 Nagi N. Najjar, den Geheimdienststrategen und Direktor der *Lebanese Foundation for Peace*, den sie gut kennt, nachdem der etwas unvorsichtig von „einem Konsortium antisyrischer Exillibanesen mit engen Verbindungen zur libanesischen Opposition, die innerhalb des Landes operiert"[240] gesprochen hatte. Das ist natürlich ein deftiger Hinweis. Erinnert man sich in diesem Zusammenhang an den dubiosen Colonel Yigal Carmon, der in leitender Funktion in jener Agenten und Bombenbauer ausbildenden Einheit tätig war, so erhält der Umstand, dass die Angehörigen der ehemaligen *South Lebanon Army* (SLA) und der *Forces Libanaises* (FL) im Exil in dieser von Najjar genannten „engen Verbindung" eine Rolle spielen können, eine besondere Bedeutung zumal sie ja auch zum Teil nach dem Jahr 2000 in der reaktivierten *Unit 504* tätig geworden sind.

Am 10. September 2002 wurde Generalmajor Meir Dagan zum neuen Chef des israelischen Geheimdienstes Mossad ernannt. Eben jener neue Geheimdienstchef hatte in den 80er Jahren unter Ariel Sharon im Libanon gedient und kommandierte dort die *Lebanon Liaison Unit* (Yakal) und eben auch die Spezialeinheit *Unit 504*.[241]

---

240 – Glick, Caroline B.: Pyromaniac fireman, 9.3.2005, *Jewish World Review*; http://www.jewishworldreview.com/0305/glick030905.php3

241 – NEW MOSSAD CHIEF GOES TO WASHINGTON, 30.9.2002; http://www.ww4report.com/53.html#palestine5

Dagan reaktivierte am 19. September 2002 eine Spezialeinheit mit dem Codenamen *Caeserea.* Agenten der *Caesarea* jagten und killten seinerzeit die Mörder, die elf israelische Athleten während der Olympischen Spiele in München umgelegt hatten; auch Adolf Eichmann hatten sie aus Argentinien zurückgeholt. Die Truppe besteht aus nicht mehr als 30 Agenten, deren Gesichter selbst den Mossad-Angehörigen nicht bekannt sein sollen. Sie leben oft als „Schläfer" im Ausland, machen über Jahre nichts und warten auf Order, einen Mord auszuführen, ein Auto für ein geheimes Kommandounternehmen zu besorgen etc., schrieb die *United Kingdom Sunday Times* am 15. September 2002. Am 22. April 2003 wurde bekannt, dass Dagan seinen Mossad auch wieder auf „Kommandooperationen in Übersee" einstimmen will, um den „internationalen Terrorismus" zu bekämpfen. Der 55jährige Dagan gehört zu den engsten Verbündeten von Premierminister Ariel Sharon, dem er während der Wahlkampagne im Jahre 2001 als Berater zur Seite stand.[242]

Dass Dagan auch ohne Skrupel im Libanon agiert, zerrte die israelische Tageszeitung *Yedioth Ahronoth* an den Tag und berichtete über zwei Zwischenfälle, die sich sofort nach Dagans Ernennung ereignet hatten. Das Blatt erwähnt den „mysteriösen Tod von Ramzi Nahra, einem Libanesen, der am 6. Dezember 2002 durch eine Autobombe getötet wurde". Ramzi Nahra hatte dem Blatt zufolge anfänglich als Informant für die Israelis gearbeitet, begann aber später damit, Informationen an die schiitische Hisbollah zu geben, was wiederum dazu führte, dass eine in Beirut agierende israelische Geheimdienstzelle aufflog. Der zweite Zwischenfall ereignete sich dann am 1. März 2003, als ein ägyptischer Fundamentalist im südlibanesischen Flüchtlingslager Ain El-Helweh durch eine Autobombe getötet wurde. Abdel Sattar al-Jad, auch als Faruq al-Masri bekannt, lebte seit zehn Jahren in dem Lager und war dafür bekannt, einst in Afghanistan gegen die Sowjets gekämpft zu haben. Der Mossad beschuldigte ihn, zu einer 200 Mann starken Gruppe von Sympathisanten von Osama bin Ladens Netzwerk Al Qaida zu gehören.

Im September 2004, wenige Tage vor dem Autobombenanschlag auf den libanesischen Parlamentsabgeordneten Marwan Hamada

242 – New Mossad Chief Revives Focus On ‚Overseas Operations'; http://www.islamonline.net/English/News/2003-04/23/article04.shtml

in Beirut, tötete der israelische Auslandsgeheimdienst Mossad in der syrischen Hauptstadt Damaskus Isseddin Subhi Scheich Khalil, einen hohen Funktionär der palästinensischen Organisation Hamas. Die Israelis hatten im Auto des 42jährigen einen Sprengsatz versteckt, der beim Anlassen explodierte. „Es war das erste Attentat gegen einen Hamas-Aktivisten in Syrien. Nach Angaben des syrischen Innenministeriums wurden durch die Explosion zudem drei Menschen verletzt. Der israelische Fernsehsender *Kanal 2* nannte den Autobombenanschlag eine ‚neue Taktik' im Kampf gegen militante Palästinenser. Behördenmitarbeiter bestätigten die staatliche Mordmission. Gegenüber der Nachrichtenagentur AP erklärten sie, der Getötete habe eben ‚ein gefährliches Leben' geführt. Die Operation zeige, dass Damaskus kein Rückzugsraum ‚für Terroristen' mehr sei."[243]
Es gibt aber noch eine andere Variante, in der die libanesische „Résistance" eine Rolle spielen könnte. Im Oktober 2002 wurde bekannt, dass die Bush-Administration eine paramilitärische Organisation reaktiviert hat – zeitgleich mit Dagans Ernennung –, die ursprünglich für die Unterstützung der Contras in Nicaragua gebildet worden war; die so genannte *Intelligence Services Acitivity*. Richard Perle war der Koordinator innerhalb der Organisation, deren Funktion darin bestand, sich in verdeckten Geheimdienstaktivitäten in befreundeten Ländern zu engagieren. Michael Ledeen und Marc Gerecht führten die Operationen im Mittleren Osten, Richard Secord die in Zentralasien. Das klingt interessant und würde eine verdeckte Zusammenarbeit bei Planung und Ausführung eines Anschlags zwischen Mossad, der reaktivierten einstigen Spezialtruppe von Perle in Kollaboration mit der libanesischen „Résistance" durchaus in den Bereich des Möglichen verschieben. Perle und Leeden gehören zum *Golden Circle* des *United States Committee for a Free Lebanon* (USCFL), dessen Präsident Ziad K. Abdelnour, schon im Jahre 2002 unter Hinweis auf die damalige Situation im Libanon sein Heimatland als „einen Gestapo-Staat … genau wie das von Nazideutschland besetzte Frankreich" beschrieb; aus diesem Grunde konnte Perle mit ruhigem Gewissen von Syrien als einem „schlimmeren Staat als Irak" sprechen,[244] der niedergemacht werden müsse.

243 – Göbel, Rüdiger: Mordauftrag ausgeführt, 27. 9. 2004, *Junge Welt*
244 – John Perazzo: Hell on Earth: The Other Occupied Territory, 30.10. 2002; http://www.frontpagemagazine.com/Articles/ReadArticle.asp?ID=4270

Michael Ledeen ist ein absoluter Hardliner unter den amerikanischen Neokonservativen, der am liebsten sofort in den Krieg gegen Iran, Syrien, Ägypten und Saudi-Arabien ziehen würde. Der Mann hat offenbar eine geringe Hemmschwelle gegenüber Gewalt. Ihm wird nachgesagt, enge Verbindungen zur berüchtigten italienischen P2-Freimaurerloge gehabt zu haben, eine gewaltsame rechte Gruppierung, die in den 70er und 80er Jahren in zahlreiche Terrorattacken in Italien verwickelt gewesen war. Als Berater des Nationalen Sicherheitsrates agierte er zudem in den 80er Jahren als Mittelsmann für Oliver North in der Anfangsphase der so genannten Iran-Contra-Affäre. Zusammen mit dem israelischen Agenten David Kimche arbeitete er einst an der Freilassung der US-Geiseln in Beirut mit Hilfe des iranischen Waffenhändlers Manucher Ghorbanifar. Am 8. August 2003 berichtete der *Sydney Morning Herald*, dass Leeden gemeinsam mit Feith (*Golden Circle* des USCFL), der im Stab des Pentagon tätig ist, die Verbindungen zu dem Waffenhändler auffrischen will, um den Widerstand im Iran zu unterstützen.

Lassen wir noch einmal Ziad K. Abdelnour zu Wort kommen, der offenbar mit all diesen Leuten Umgang pflegt und natürlich selbstredend an der wie auch immer gearteten Befreiung von Libanon und Syrien mit nachfolgender Transformation der Landstriche in einen kapitalistischen Wirtschaftsbereich interessiert ist. Abdelnour weiß daher auch immer recht gut Bescheid; wenigstens wohin es wann bald gehen könnte.

Interview mit Ziad K. Abdelnour

Im September 2003 klangen Sie sehr optimistisch: „ungefähr Tausend libanesische Guerillas warten im Libanon auf ein Startzeichen von (Ihnen) für einen Aufstand, um sowohl die Syrer, die seit einer Generation die Hebel der Macht in der libanesischen Politik in den Händen halten, als auch die Hisbollah, die schiitische Terrorgruppe, die sich im Süden eingenistet hat, aus dem schmalen Landstrich an der östlichen Küste des Mittelmeeres zu vertreiben. Alles was wir brauchen ist amerikanische Luftunterstützung.“ Sie erklärten, dass Sie die „gesamte Zeit über“ mit ihren Leuten in der Levante in Kontakt seien und erwähnten unter anderen die Leute aus der *Free Patriotic Movement*

(LFPM) von General Aoun und die *Forces Libanaises* (FL), die sich nach Ihren Worten aus Patrioten zusammensetzen, „die nichts weiter wollen als die Wiedereinführung der westlich orientierten, multikonfessionellen arabischen Demokratie". Ihre Beziehung zur LFPM ist zerbrochen. Warum?
A: Ich kann mich nicht erinnern, jemals solch ein Statement gegeben zu haben und offen gesagt, ich beginne mich wieder zu wundern, woher Sie diese verzerrten Informationen haben. Meine Kontakte zur LFPM sind weit davon entfernt, zerbrochen zu sein.

Zur selben Zeit, Herbst 2003, sagten Sie: „Es wird nicht wie im Irak drei Wochen dauern. Es wird 48 Stunden dauern. Das Auswischen (der Syrer) sollte weitere 48 Stunden dauern, und das ist ein Job entweder für die Israelis oder die Amerikaner. „Warum sollte es ein Job für die Israelis sein? Meinten Sie damit die *South Lebanon Army*, die IDF (israelische Armee) oder beide?
A: Warum ich gesagt habe, dass es eine Aufgabe für die Israelis ist; gut, es ist einleuchtend, dass es entweder die Amerikaner oder Israelis sind, die den Job zum Erledigen bekommen … eines Tages in Bälde.

Ihr 48-Stunden-Takeover ist eine falsche Einschätzung und basiert auf dem Modell „bewaffnete Einheimische plus Luftunterstützung", das Ahmed Tschalabi, der frühere Chef des *Iraqi National Congress*, bevorzugt hatte. Findet Ihr Modell ebenfalls die Unterstützung hochrangiger amerikanischer Politiker?
A: Mein 48-Stunden-Takeover? Worüber reden Sie, um was auf der Welt? Schreiben Sie einen Science-Fiction-Thriller, ein politisches Propagandabuch oder was? Das ist mir zu hoch, wirklich.[245]

Sie haben exakt diese Pläne in einem Interview im September 2003 ausgeplaudert, das Mr. Spencer Ackerman mit Ihnen geführt hat. Ich habe Ihnen das gesamte Interview[246] bereits zum Lesen zugeschickt.

245 – sämtliche Antworten bis dahin basieren auf persönlichen Mitteilungen per E-Mail am 24.12.2005

246 – Ackermann, Spencer: Ziad Abdelnour is plotting regime change in Lebanon from Park Ave., *News & Columns*, Volume 16, Issue 38, 17.9.2003; http://www.nypress.com/16/38/news&columns/feature.cfm

A: Alle diese Quellen (Zeitungsartikel) die Sie haben, stammen von gut bekannten liberalen und linken Journalisten, die die Dinge so biegen bis sie auf ihre Auftraggeber Anziehungskraft ausüben ... völliger Müll und Propaganda, mein Lieber ...[247]

Antwort Spencer Ackermann:
Es ist befremdlich, von Ziad zu hören, er habe keine Erinnerung an diese Zitate. Ich stehe vollkommen dazu. Tatsächlich, als das Stück 2003 bei *NY Press* erschien, schrieb er mir und sagte, er betrachte es als robust aber fair – so weit ich weiß, hat er nie ein Wort davon angefochten, weder bei mir noch bei irgendeinem von der Zeitung. Ich möchte auf alle Fälle klarstellen, dass der Ton meines Stückes ironisch war, aber während der Gelegenheiten in den Jahren 2002 und 2003, bei denen ich Ziad interviewte, war es sein ernsthaftes Verlangen, an der Spitze der Befreiung des Libanon von Syrien zu stehen.[248]

Auszüge aus der Post

From: „Ziad K. Abdelnour" <ziad@...>
Date: Mon Apr 26, 2004 2:44 am
Ich versichere Dir, diese Administration geht mit Volldampf gegen BEIDE, gegen Syrien und den Iran vor. Ich hatte wenigstens 3 private Diskussionen mit dem Präsidenten und Schlüsselleuten seiner Administration
Best, ZKA

From: „Ziad K. Abdelnour" <ziad@...>
Date: Sat Sep 4, 2004 7:34 pm
Syriens Tage im Libanon sind gezählt. Wie wir vom USCFL nun schon einige Zeit lang sagen, ist der einzige Weg Gewalt ... Gewalt ist auf dem Weg. Sowohl die Hisbollah als auch Syrien können beginnen, ihre ruhmreichen Tage im Libanon zu zäh-

247 – persönliche Mitteilung am 26.12.2005; mit diesem kurzen Statement reagierte Abdelnour zusammenfassend auf mehrere Quellen, die ihm vorgehalten wurden; diese Antwort taucht daher im Text auch mehrfach auf
248 – persönliche Mitteilung am 27.12.2005

len, weil sie sehr schnell vorüber ein werden. Passt auf, was sich ereignen wird und erinnert Euch meiner Worte.
ZKA

From: „Ziad K. Abdelnour" <ziad@...>
Date: Sun Sep 5, 2004 12:45 am
Beginnen mit dem Iran und dann die Linie runter bis zur Hisbollah und Syrien. Ich kann es wirklich nicht sagen, wer den Iran provozieren wird, ich würde die gesamte Überraschung verderben, aber ich kann euch versichern, dass alle drei zerlegt werden, angefangen mit dem Iran. Die Pläne wurden bereits entworfen.
Ja, wir werden ein sehr dunkles Szenario erleben, und das ist Kapitel II der Bush-Kampagne ... nicht überraschend, weswegen alle Linken und die Araber wütend sind ... sie wissen ... oder haben wenigstens ein gutes Gespür, was gespielt wird.
Frei heraus, es ist besser, einen zweiten Bürgerkrieg im Libanon zu haben, als einen Status quo.
... mit Bush an der Macht wird sich das 100 Prozent ereignen ...
Die Pläne sind bereits am Platz wie auch die Taktik und Strategie.

Die Gentlemen am Elektronenstrang

Ein Anonymus erklärt, Hariris Autokolonne war mit israelischen Störsendern ausgerüstet · Die Israelis verneinen und schieben den Konkurrenten den Schwarzen Peter zu · Die UN-Kommission mauert · Kein Produzent will an Hariri verkauft haben · Am Ende steht Aussage gegen Aussage: Die Vereinten Nationen sind am Zuge, das Rätsel zu lösen

Das *United States Committee for a Free Lebanon* hatte offenbar auch eine Vorliebe für die kleinen Details. Ziad K. Abdelnour verfasste im Juli 2001 gemeinsam mit seinem Redakteur Garry C. Gambill ein Dossier über Rafiq Hariri, und beide zeigten sich bestens über die intimen Sicherheitsvorkehrungen ihres politischen Widersachers informiert: „Wenn der Milliardär Premierminister durch Beirut fährt, nimmt jeder Notiz. Seine Limousine ist mit einem Gerät ausgerüstet, das dafür gedacht ist, mögliche Autoattentate zu vereiteln, indem es in der Nähe befindliche Mobiltelefone deaktiviert und einen ununterbrochenen Schweif verärgerter Betroffener in seinem Kielwasser hinterlässt. Wann immer er seinen Wohnsitz verlässt, durchstreifen drei motorisierte Eskorten zur Täuschung die Straßen, um seine möglichen Meuchelmörder zu verwirren."[249] Die deutsche Tageszeitung *Die Welt* repetierte die Abdelnour'sche Vorgabe sinngemäß drei Tage nach dem Anschlag und erklärte ihren Lesern, dass Hariris „schwergepanzerte Mercedes-Limousine ... mit modernster Technik zur Abwehr von Anschlägen ausgerüstet (war). Dazu gehörte auch ein starker Störsender, der Empfänger funkferngezündeter Bomben stören sollte. Hariris Störsender war so stark, dass seine Eskorte regelmäßig den Radio- und Fernsehempfang in Beirut störte, wenn sie vorbeifuhr."[250]

Hariris motorisierte Kolonne und die Limousinen waren tatsächlich mit Radar und Störsendern, selbstverständlich auf dem neuesten Stand der Technik, ausgerüstet, die hauptsächlich Mobiltelefone und Geräte innerhalb eines Radius von 500 Metern blockierten, eben um Attentatsversuche durch funkferngesteuerte Bomben zu verhindern. Hala Jaber, eine arabische Journalistin, die für die britische *Sunday Times* arbeitet, zitierte kurz nach dem Attentat einen namentlich nicht genannten Sicherheitsexperten aus Beirut, der darauf beharrte, dass, „wer auch immer die Explosivstoffe entwickelte, Hariris eigene hoch entwickelte Geräte überwunden hatte". Und das, so der Experte, sei ein Hinweis auf das technologische Wissen, das zugleich „die Verwicklung größerer Mächte außerhalb" des Libanon andeutet.[251]

Der politische Journalist Minhaj Qidwai aus Toronto, zudem Doktor in der Medizin, stellte wenige Tage nach dem Attentat eine These auf, die überaus interessant ist, indes allerorten auf taube Ohren stieß: „Wer die wahren Attentäter von Hariri sind, wird die Zeit mit sich bringen. Aber die Finger zeigen ... auf die Art und Weise, mit der das Fahrzeug in die Luft gejagt wurde, trotz dass es die absolut sichersten Störsender besaß – das schaut aus, wie eine

249 – Abdelnour, Ziad K. / Gambill, Garry C.: Dossier Rafiq Hariri, Prime Minister of Lebanon, *Middle East Intelligence Bulletin*, Vol. 3, Nr. 7, Juli 2001; http://www.meib.org/articles/0107_ld1.htm

250 – Heinen, Guido: Hariri wurde Opfer von Selbstmordattentätern, 17.2.2005, *Die Welt*; http://www.welt.de/data/2005/02/17/476169.html?prx=1

251 – Jaber, Hala: Sophisticated attempt to create chaos, *Sunday Times*, 14.2.2005; http://www.timesonline.co.uk/article/0,,3-1484636,00.html

von Leuten organisierte Aktion, die wissen, wie man Störsender stören kann.“[252]

Es sollten noch Wochen vergehen, ehe die Thematik Störsender überhaupt auf den Tisch kam. Peter Fitzgerald, Leiter der ersten Untersuchungskommission der UN, vermerkte zwar am 24. März 2005 lapidar in seinem Bericht für den UN-Sicherheitsrat unter Punkt 24, dass „drei der Mercedes-Fahrzeuge mit leistungsstarken Störsendern (4 GHz) ausgerüstet waren, die auf der letzten Fahrt in Betrieb waren“,[253] allerdings vermied er wie der Teufel das Weihwasser, auch nur eine winzige Angabe zu Typ oder Hersteller der Störsender zu machen. Fitzgerald ist Vizechef der *An Garda Síochána*, der irischen Polizei; eine vom Autor an die Presseabteilung der *Garda* gerichtete Anfrage mit der Bitte um Präzisierung wurde zwar von Sergeant Brendan Costello, Pressebüro im Hauptquartier der Polizei, weitergeleitet, blieb jedoch unbeantwortet.

Kurz vor Redaktionsschluss des Buches wurde dem Autor von einem anonym bleiben wollenden Experten mit Wohnsitz in der Schweiz mitgeteilt, „Hariri habe sich seinerzeit für den Kauf von Störsendern in Israel entschieden und gegen den Erwerb von Störsendern beim Schweizer Mitbewerber“. Der Informant brachte zum Ausdruck, dass „nur der Hersteller, der auch für den Mossad arbeitet, wisse, wie seine Störsender umgangen oder gänzlich ausgeschaltet werden können“.[254]

Tatsächlich zählt die Firma *NetLine Communications* aus Tel Aviv zu den in der Welt führenden zwei, drei Anbietern, die äußerst leistungsfähige elektronische Stör- und Blockierungssysteme herstellen. *NetLine* wurde 1998 von ausgeschiedenen Offizieren des israelischen Militärgeheimdienstes gegründet, und bediente bereits bis März 2001 über 3.000 Käufer weltweit, darunter, so Gil Israeli, Präsident des Unternehmens, „einige wenige sehr in der Öffentlichkeit stehende Käufer in den Vereinigten Staaten“. Einer der

---

252 – Qidwai, Minhaj Dr.: Cementing New World Order, 21. 2. 2005; http://icssa.org/nwo.html

253 – Report of the Fact-Finding Mission to Lebanon inquiring into the causes, circumstances and consequences of the assassination of former Prime Minister Rafik Hariri, 25 February – 24 March 2005; http://domino.un.org/unispal.nsf/0/79cd8aaa858fdd2d85256fd500536047?OpenDocument

254 – persönliche Mitteilung am 16. Februar 2006

Käufer ist die US-Administration: „Die Regierung benutzt meine Ausrüstung ...“, so Israeli. Zudem haben nach seinen Angaben „eine Anzahl großer Organisationen ... und eine Telekommunikationsgesellschaft“ das Equipment des Unternehmens gekauft, um einige sehr empfindliche Informationen, wie zum Beispiel Finanzberichte, vor „wissbegierigen Geistern“ außerhalb der Organisation abzuschirmen.[255]

Sehr geehrter Gil Israeli, eine Quelle aus der Schweiz teilte mir mit, Hariri oder sein Unternehmen hätte möglicherweise wenigstenss einen der Störsender bei *NetLine* erworben. Ich glaube, es ist angebracht, Ihnen die Möglichkeit zu geben, das Argument zu bestätigten oder zu korrigieren.[256]

A: Ich danke Ihnen, dass Sie mir diese überraschende E-Mail geschickt haben. Ich werde Ihnen Anfang nächster Woche eine angemessene Antwort zusenden. Gil Israeli,
Co-CEO, *NetLine*.[257]

Sehr geehrter Gil, bitte vergessen Sie mich heute nicht.[258]

A: *NetLine* ist seit 1998 ein in der Welt führender Hersteller von Ausrüstung zur Störung der Kommunikation. Unsere Produktlinie besteht aus zwei hauptsächlichen Sparten:
(a) Handelsübliche Arten von Störsendern, die hauptsächlich drahtlose Technologien des Mobiltelefons wie GSM/UMTS und andere Arten von Netztechnologien abdeckten. Handelsübliche Störsender werden normalerweise für den zivilen Gebrauch benutzt, wie Schutz vor Lärmbelästigung, Informationssicherheit gegen Lauschangriffe, Gefängnissicherheit etc.
(b) Störsender mit einem breiten Spektrum sind besonders für die Verhütung von per Funk ferngezündeten *Improvised Explosive Device* (IEDs – unbekannte Spreng- und Brandvorrichtun-

255 – Krakow, Gary: Illegal mobile phone blockers sold to frustrated Americans, 21.3.2001; http://www.comtrue.com/ver2000_2/html/english/news/article/article_6.html
256 – E-Mail an *NetLine* am 17.2.2006
257 – Antwort Gil Israeli am 17.2.2006
258 – E-Mail an *NetLine* am 22.2.2006

gen) entwickelt worden und gewöhnlich in Gebrauch bei VIPs und Militärkonvois in Konfliktgebieten.

Produkte der Kategorie B beinhalten sensible Technologie und werden von *NetLine* nur dann verkauft, nachdem eine Exportlizenz vom israelischen Verteidigungsministerium (MOD) eingeholt wurde, und das erfordert ein Endverbraucher-Zertifikat, das die Organisation und das Land des Endverbrauchers identifiziert. Weil das israelische MOD die Länder einschränkt, in die der Export israelischer Verteidigung gestattet ist, dürfen wir derartige Ausrüstung an keinen Endverbraucher im Libanon verkaufen. Derartige Ausrüstung kann nicht durch einen Weiterverkäufer oder Verteiler ohne unser Wissen verkauft werden. Das Mandat von *NetLine* besteht darin, solcherart Ausrüstung nur an politische Instanzen und nicht für den persönlichen Bedarf zu verkaufen. Aus diesem Grunde kann ich Ihnen mit Sicherheit sagen, dass kein Störsender von *NetLine*, der für die Verhütung von ferngezündeten IEDs geeignet ist, an den ehemaligen Mr. Hariri geliefert wurde. Handelsübliche, von *NetLine* hergestellte Produkte befinden sich in freier Zirkulation, aber ich nehme an, keine vernünftige Person würde versuchen, diese für Zwecke der Lebensrettung einzusetzen. Bitte zögern Sie nicht, mich zu kontaktieren, so Sie auch nur den leisesten Zweifel an der Genauigkeit der Information hegen.

Ich danke Ihnen für die Möglichkeit, weitere Fragen zu stellen. Haben Sie jemals Ausrüstung der Kategorie B an die Regierung im Libanon geliefert?

A: Negativ. Ich kann garantieren, dass der Konvoi von Hariri keinen Störsender der Kategorie B vom Typ VHP-ECM (Störsender mit breitem Frequenzband) enthielt, der für den Schutz gegen IEDs geeignet ist. Wir haben keinerlei Wissen, ob eines unserer serienmäßig produzierten Handelsprodukte für diesen Zweck aufgekauft worden ist oder nicht. Ich weiß nicht, welchen Beweis Ihre Quelle hat, und welches Motiv sie haben könnte. Wenn ich den konkreten Beweis sehe, würde ich glücklich sein, eine Beziehung zu finden. Ich sollte auch Ihr Interesse verstehen, pikanten Stoff zu finden, der dafür hilfreich ist, damit sich Ihr Buch besser verkauft.

Könnte Hariri über Saudi-Arabien in den Besitz eines Ihrer Störsender gekommen sein?

A: Libanon und Saudi-Arabien fallen unter dem Gesichtspunkt der israelischen Exportkontrolle in dieselbe Kategorie. Wenn Sie eine Seriennummer einer beliebigen Einheit von *NetLine* nennen können, so bin ich in der Lage, Ihnen mitzuteilen, wem wir wann geliefert haben.

Ich danke Ihnen. Es ist keine Frage, wie ich mein Buch besser verkaufen kann, sondern eine Frage der Wahrheit. Ich will Ihnen nicht in den Rücken fallen; wie sollte ich – Sie kommen vom Militärgeheimdienst (einige spanische Journalisten sagen, Sie beide seien Mossad-Leute) und daher mit allen Wassern gewaschen. Aber Spaß beiseite. Meine Quelle in der Schweiz erzählte, Hariri hätte seinerzeit entschieden, den Störsender vom israelischen Unternehmen zu kaufen und nicht von den Konkurrenten der Israelis. Das andere in der Welt führende Unternehmen ist *CPM Elettronica* in Italien; die haben mir mitgeteilt, sie hätten niemals irgendwelche Technik an Hariri verkauft. Sie, Mr. Israeli, antworteten mir, Sie hätten keinerlei Wissen, ob eines Ihrer serienmäßig produzierten Handelsprodukte von Hariri zu dem Zweck der privaten Sicherung aufgekauft worden ist oder nicht. Wollen sie damit sagen, dass sie nicht ausschließen können, dass Hariri einen von Ihrem Unternehmen produzierten Störsender über Umwege erworben haben könnte?

A: … (die Frage blieb unbeantwortet).

Intermezzo

Briefwechsel mit Marco Luciani, Besitzer der italienischen Firma *CPM Elettronica* mit Sitz in Rom; der zweite weltweit führende Hersteller von Störsendern.[259]

CPM Elettronica ist ein in der Welt führender Hersteller von Störsendern. Haben Sie jemals Störsender an Mr. Hariri oder an die libanesische Regierung verkauft? Ist Ihnen bekannt, welche

259 – http://www.cpmelettronica.com

Art von Störgeräten Mr. Hariri in seinen Fahrzeugen benutzte und wo er sie gekauft haben könnte?

A: Unser Unternehmen lieferte niemals Störsender an dieses Land oder an Unternehmen, die mit dem Sicherheitsdienst des Gentlemans verbunden sind; weder durch direkten Verkauf und/oder durch unsere Händler. Diese Art von Störsendern benötigen eine Exportlizenz der EU, und der Endverbraucher muss unserer Regierung angezeigt werden. Wir haben gegenwärtig auch keine Information darüber, ob dieser unglückliche Mann ein gleichartiges Gerät in seinem Auto installiert hatte. Vielleicht kann Ihnen Ihre Quelle helfen, Informationen über den Hersteller einzuziehen. Störsender für „Top VIP Klienten" werden auch von vielen amerikanischen Unternehmen produziert, doch das sollte Gegenstand streng vertraulicher Informationen sein.
Marco L. (Luciani d. V.), *CPM Elettronica*.[260]

Fortsetzung des Gespräches mit Gil Israeli von NetLine in Israel

Alle Kommissionen der UNO, die den Mordfall Hariri untersuchten, haben in ihren abschließenden Berichten weder Typ noch Hersteller der drei Störsender benannt, die von Hariris Konvoi benutzt worden sind.
Nur Fitzgerald, Leiter der ersten Kommission im Februar und März 2005, erwähnte in seinem Bericht vom 24. März 2005 einen „RF-Störsender 4 GHz", sonst nichts. Mehlis, Chef der zweiten Kommission, berichtet zwar über die Störsender, macht aber überhaupt keine technischen Angaben.

Hier Auszüge aus dem Bericht vom Oktober 2005:

148. Hariris Konvoi umfasste drei Autos, die mit Störgeräten ausgestattet waren, die entwickelt wurden, um ferngesteuerte Signale für IEDs zu zerstören.

260 – E-Mail von Marco Luciani, Eigner von *CPM Elettronica*, vom 21.2.2006

149. Obwohl UNIIIC (das offizielle Kürzel der Kommissionen) von einer Quelle die Information erhielt, dass ein zuverlässiger Mitarbeiter von Mr. Hariri vor der Explosion an den Störgeräten herumgepfuscht hat, war die Kommission nicht in der Lage, diese Information zu erhärten. Tatsächlich zeigen alle zur Verfügung stehenden Beweise an, dass diese Störgeräte funktionierten und zum Zeitpunkt des Attentates in gutem Betriebszustand waren.

Diejenigen, die für das Managen der Störgeräte verantwortlich sind, berichteten, sie hätten alle drei Monate eine genaue Überprüfung der Störgeräte vorgenommen, eine Überprüfung wurde letztmalig Anfang Januar durchgeführt, wo keine Probleme beobachtet wurden. Zusätzlich wurde das Störsystem von einem Mitglied von Mr. Hariris Sicherheitseinheit zwei Tage vor der Explosion gecheckt und wurde als in gutem Betriebszustand erachtet. Eines der drei Störgeräte wurde durch die Detonation völlig zerstört, ein anderes war verbrannt, wurde aber geborgen und als Beweis einbehalten, und ein drittes war noch in Betrieb und nach dem Test als gut arbeitend befunden … Letztlich berichteten die Telekommunikationsfirmen MTC Touch und ALFA, dass ihre Netzwerke am 14. Februar von ungefähr 12 bis 13 Uhr zwischen dem Place de l'Etoile und dem St. George Hotel unterbrochen wurden.
Die Ermittler von UNIIIC führten am 19. August 2005 in Kooperation mit MTC und ALFA eine Rekonstruktion mit drei dem Konvoi von Mr. Hariri denselben Fahrzeugen, die mit gleichartigen Störgeräten ausgerüstet waren, entlang der gleichen Route durch, die der Konvoi vom Place de l'Etoile zum St. George Hotel genommen hatte. Die Rekonstruktion produzierte verhältnismäßig ähnliche Resultate bezüglich der temporären Unterbrechung der Telekommunikation, wie sie sich am 14. Februar ereigneten … So kann angenommen werden, dass mindestens eines der drei Störgeräte zum Zeitpunkt der Explosion arbeitete und funktionierte.

150. Obwohl mindestens ein Störgerät funktionsfähig war, deckte die Untersuchung auf, dass es Wege gibt, sie zu überwinden, zu unterlaufen, ihnen auszuweichen oder Störgeräte zu verwenden. Die unterschiedlichen Möglichkeiten schließen einen Selbstmordattentäter ein: eine drahtlose Explosion, die Frequenzen verwen-

det, die sich von denen der Störgeräte unterscheiden oder die Frequenzen des Störsenders benutzt; eine drahtlose Explosion, welche die Störgeräte selbst benutzt; eine drahtlose Explosion, die ein Satellitentelefon von Thuraya verwendet, die einzige Telefonfirma, die auf libanesischem Territorium mit Satellitenverbindungen arbeitet; eine verdrahtete Explosion, die ein TNT-Kabel benutzt oder eine verdrahtete Explosion mit einer anderen Art installierten Kabels wie eine Telefonleitung als Verbindungskabel … Weitere Untersuchungen könnten Informationen liefern, wie IED aktiviert wurde.“
A: Der Text deutet an, dass der von Hariri benutzte Störsender ein breites Frequenzband bis zu 4 GHz abdeckt eher als ein handelsüblicher Typ von Störsendern, der nur GSM 900 und 1.800 MHz abdeckt. Das schließt grundlegend die Möglichkeit aus, dass Hariris Störsender ein handelsübliches Produkt von *NetLine* war, das von einem von (unseren) *NetLinern* ohne unser Wissen verkauft wurde. Ich wundere mich, weshalb Sie *CPM Elettronica* glauben, wenn die sagen, sie haben nicht an Hariri verkauft. Das Schweizer Unternehmen *SCG*[261] verkauft die von *CPM Elettronica* hergestellten Geräte wieder aus der Europäischen Union heraus, weil die Anti-IED-Störsender unter die Exportkontrolle nach EU-Gesetzen fallen. Vielleicht sind die Exporte aus der Schweiz heraus leichter als aus anderen Ländern der EU. Wenn ich Sie wäre, würde ich zudem einen Blick auf die französische Gesellschaft *Chatain-Blanchon* werfen, die auf dem libanesischen Markt aktiv ist.[262]

Anfrage an Nasra Hassan, Sprecherin der UN-Kommission UNIIIC, die das Attentat auf Hariri in Beirut untersucht.

War der Konvoi von Hariri mit einem oder mehreren Störsendern ausgerüstet, die in Israel produziert worden sind oder können Sie ausschließen, dass Hariris Konvoi Störsender aus Israel benutzte? Ich würde mich freuen, wenn Sie Hinweise hätten, denn ich möchte gern objektiv über das Problem berichten.
A: Unglücklicherweise kann ich Ihnen keine Informationen zu Ihren Anfragen liefern, da die Untersuchungen noch andau-

261 – Surveillance Consulting Group SCG, 86, rue des Bossons, 1213 Petit-Lancy / Geneva, Switzerland, Tel: +41 (0) 22 793 80 50, Fax: +41 (0) 22 793 80 57; http://www.surveillance-consult.com/index.php

ern. Tatsächlich gibt die UNIIIC keinen Kommentar und liefert keine Informationen oder Details zu keinem Aspekt der Untersuchung. Nasra Hassan, Sprecherin UNIIIC, Beirut.[263]

Anfrage an den Berliner Oberstaatsanwalt Detlev Mehlis:

Dieser Tage erhielt ich aus einer vertrauenswürdigen Quelle in der Schweiz, ein Fachmann auf dem Gebiet der Störsender, die Mitteilung, Rafiq Hariri habe sich seinerzeit für den Einbau von Störsendern (jammer) israelischer Bauart in seinen Konvoi und gegen andere Produkte entschieden. Die israelische Firma *NetLine*, die dafür in Frage kommt, verneint einen Verkauf an Hariri und die libanesische Regierung. Fitzgerald beschrieb in seinem Report einen RF-jammer 4 GHz, bei Ihnen taucht gar keine Angabe mehr auf; weder zum Typ noch zum Hersteller. Können Sie einen israelischen Hersteller ausschließen?

A: Ich hoffe für das Buch, dass Ihre übrigen Quellen deutlichst zuverlässiger sind als die „vertrauenswürdige Quelle in der Schweiz".[264]

Wenn die Quelle zuverlässig ist, bedeutet das noch lange nicht, dass die Aussage Wert besitzt; deswegen frage ich ja bei Ihnen an. Sie wissen doch am besten wie das mit den Zeugen so ist.

Und plötzlich interessierte sich auch Gil Israeli, CEO *NetLine*, wieder für das Problem und fragte an:

Ich freue mich, dass ich Ihnen assistieren konnte. Ich würde, so Sie zu einem endgültigen Schluss gekommen sind, eine Aktualisierung schätzen.[265]
Autor: Ich danke Ihnen wahrhaftig für die Kooperation. Es gibt keinen endgültigen Schluss, aber ich habe ein Zwischenergebnis.

- Die Quelle bestätigte ihr Statement.
- *GPM Elettronica* wies einen Verkauf zurück.
- *SCG* antwortete nicht.
- *Chatain Blanchon* SA (Mr. Luigi Longhi) antwortete nicht.
- Nasra Hassan, Sprecherin der UNIIIC in Beirut, sagte, da die Untersuchungen noch laufen, werden keine Details bekannt gegeben.
- Detlev Mehlis lehnte es ab, irgendeine Information über die Herkunft des Störgerätes zu geben.
- Mr. Fitzgerald antwortete nicht.

Das Problem bleibt ungelöst. Es steht Aussage gegen Aussage. Die UN-Kommission UNIIIC sollte des Rätsels Lösung offenbaren.

Eigentlich ist Gil Israeli doch nicht so zugeknöpft, wie es ein Kollege vor Jahren beschrieb: „*NetLine* hat Tausende Geräte verkauft, sagte Mr. Israeli, aber er war wortkarg, was seine Käufer betraf."[266] Israeli, „ein ehemaliger Experte für elektronische Kriegführung beim Militär"[267] hatte *NetLine Communications Technologies* gemeinsam mit seinem Kompagnon Ben Te'eni gegründet. Die beiden Mittdreißiger sind Absolventen einer Geheimdiensteinheit der Armee und arbeiteten für Israels staatliche Luftfahrtindustrie, nachdem sie das Militär verlassen hatten. Spanische Journalisten wissen es offenbar genauer und betiteln Ben Te'eni und Gil Israeli als ehemalige Angehörige des israelischen Geheimdienstes Mossad.[268]

262 – Chatain-Blanchon SA, 77 Avenue du General Leclerc, 94700 MAISONS ALFORT, France; http://www.cb-security.com/. Luigi Longhi, Präsident der Firma, reagierte nicht auf drei schriftliche Anfragen vom 22. und 23.2.2006.

263 – E-Mail von Nasra Hassan, Sprecherin der UNIIIC in Beirut vom 24.2.2006

264 – E-Mail von Oberstaatsanwalt Detlev Mehlis vom 22.2.2006

265 – E-Mail Gil Israeli vom 24.2.2006

266 – http://cache.zoominfo.com/cachedpage/?archive_id=0&page_id=1093758166&page_url=%2f%2fwww.media-ecology.org%2flist%2fmediaecology%2f2001-01.txt&page_last_updated=4%2f24%2f2005+3%3a01%3a12+PM

267 – Sandler, Neal: Israeli Firm Combats Nuisance Cell Phone Traffic, 22.4.1998; http://www.techweb.com/wire/29101471

268 – El teléfono móvil se convertiría en espía dentro de las empresas; http://www.iberindex.com/modules.php?name=News&file=article&sid=153

Als das Unternehmen 1998 anlief, „war die israelische Luftwaffe unser erster Kunde", sagte Loreen Haim-Cayzer, Marketingdirektor von *NetLine*.[269] Mittlerweile zählten die NATO, das US-Außenministerium,[270] US-Repräsentantenhäuser,[271] die israelische Armee, Regierungsorganisationen und zahlreiche militärische und polizeiliche Einheiten auf der ganzen Welt zu ihren Vertragspartnern.[272]

Nach dem 11. September 2001 brachte *NetLine* im Januar 2002 eine kleine Sensation, den C-Guard EXP, auf den Markt. Die Firma hatte sich unter anderem auf die missbräuchliche Benutzung von Mobiltelefonen spezialisiert, die als Übermittler von Signalen, die wiederum von elektronischen Geräten erzeugt werden, agieren: Ein als „tempest" bekanntes Phänomen, das Attentätern ermöglicht, eine Bombe zur Detonation zu bringen, indem sie ein Handy anrufen, das an einen Sprengsatz angebracht ist und ihn zur Explosion bringt. Das von *NetLine* entwickelte Gerät, so groß wie ein Aktenkoffer, war in der Lage, alle oder auch nur bestimmte Mobiltelefone innerhalb eines Radius von 1.000 Metern zu stören. „Es ist eine transportable Multifunktionseinheit", sagte Israeli seinerzeit und fügte stolz hinzu: „Eine Einheit macht alles. Wir haben kein vergleichbares Produkt gesehen."

Die NATO war sofort von dem Gerät überzeugt und kaufte als erster. Was für die NATO Recht ist, könnte für einen Multimilliardär und Staatsmann billig sein.[273]

---

269 – Brinn, David: Israeli cell phone-blocking system creates cellular firewall, 17.10.2004; http://www.israel21c.org/bin/en.jsp?enPage=BlankPage&enDisplay=view&enDispWhat=object&enDispWho=Articles%5El806&enZone=Technology&enVersion=0&

270 – Brinn, David: Israeli cell phone-blocking system creates cellular firewall, 17.10.2004; http://www.israel21c.org/bin/en.jsp?enPage=BlankPage&enDisplay=view&enDispWhat=object&enDispWho=Articles%5El806&enZone=Technology&enVersion=0&

271 – http://www.biznetonline.com/08-01/king.htm

272 – Netline Wins Contract to Provide Cellular Jamming Devices to Israeli Army, 3.2.2001; http://aerospace-defense.press-world.com/v/0-31.html

273 – Israel High Tech, Israelis to The Rescue, 24.3.2002; http://www.israelseed.com/press/pressroom_detail.asp?id=45

Jerusalem Summit I und II

Jerusalem Summit: Gespräche über die Einführung der Hölle im Nahen und Mittleren Osten · Demagogen, Politiker, „Wissenschaftler", Rechtsradikale, Neokonservative, Araberhasser, kurzum, der im Buch genannte Personenkreis an einem Tisch

Da gibt es eine jährliche Veranstaltung in Jerusalem, die dem Hirn des Belzebub entsprungen zu sein scheint. Der Klamauk schimpft sich *Jerusalem Summit*, was soviel wie Gipfel heißt und sollte eigentlich den geistig unverdorbenen Teil der Welt auf denselben treiben. Aber leider ist der Gestank dieses ideologischen Misthaufens noch nicht bis nach Europa vorgedrungen.

Der I. *Jerusalem Summit*[274] fand vom 12. bis 14. Oktober 2003 statt. „Hervorragende politische und akademische Führer haben sich dort getroffen", so die Teilnehmer über sich selbst, „um eine gemeinsame Strategie gegen den Totalitarismus des Ostens, repräsentiert vom radikalen Islam, wie auch gegen den moralischen Relativismus des Westens zu entwerfen, der unsere Entschlossenheit zerfrisst, gegen das Böse zu kämpfen".
Die Damen und Herren stellten fest, dass der radikale Islam nunmehr nach Faschismus und Kommunismus der dritte große Totalitarismus in den letzten hundert Jahren sei, der die gesamte Zivilisation bedrohe. Und der Staat Israel sei nun sowohl Symbol als auch Grenzlinie in jener Schlacht für unsere Zivilisation. Ein terroristischer PLO-Staat wird dagegen immer eine tödliche Gefahr für Israel und die gesamte freie Welt darstellen.

Der *Jerusalem Summit* will sich fortan bemühen, in der Hauptstadt von Israel die besten Geister und Seelen der ganzen Welt zu versammeln, um die innovativsten sozialpolitischen Ideen zu entwickeln; natürlich zum Wohle der gesamten Menschheit.

Beim II. *Jerusalem Summit* vom 27. bis 30. November 2004 im *King David Hotel* der Stadt ging es schon anders zur Sache. In einer speziellen Arbeitsgruppe wurde die Rolle der Vereinten Nationen

274 – http://www.jerusalemsummit.org/eng/index_js1.php

schon mal kritisch unter die Lupe genommen von Shabtai Shavit, der sich da auskennen muss, weil er bis vor wenigen Jahren Chef des Mossad war und von Dr. Rachel Ehrenfeld, zufällig Mitglied des *Golden Circle* des *United States Committee for a Free Lebanon* (USCFL) und Mitarbeiterin im *American Center for Democracy*. Israels früherer Botschafter bei den Vereinten Nationen, Dr. Dore Gold, spürte es in den Knochen, dass die UN den internationalen Frieden und die Sicherheit unterminiere. Die international anerkannte Expertin zu Fragen der Terrorfinanzierung, Dr. Rachel Ehrenfeld, beschuldigt die UN selbstverständlich der Korruption und der Finanzierung des Terrorismus.[275]

In einer zweiten Arbeitsgemeinschaft puzzelten, die USCFLer Dr. Daniel Pipes, ein krankhafter Muslim-Hasser, und Professor Barry Rubin über Alternativen zum Oslo-Prozess, während andere grübelten, wie Demokratie in die muslimische Welt transferiert werden könne.

Gold, Ehrenfeld und die ehrenwerte Baroness Caroline Cox, stellvertretende Sprecherin des britischen *House of Lords*, wollen den *Jerusalem Summit* unbedingt zu einem Rat der Zivilisation entwickeln, sozusagen eine praktische Alternative zur UN.
Ein besonderes Leckerchen hatte ein Mann, der tatsächlich einen Doktortitel trug, zu bieten: Dr. Martin Sherman, akademischer Direktor des Summit und Professor für politische Wissenschaften an der Universität zu Tel Aviv glaubt, dass 70 Prozent der Araber emigrieren würden, wenn sie materielle Anreize erhielten, wie zum Beispiel einen guten Job im Ausland oder substantiellen finanziellen Ausgleich. Damit könnte, weil die politischen Lösungen des arabisch-israelischen Konfliktes beiden Populationen nur Leid bringe, den Palästinensern geholfen werden, indem man ihnen ein besseres Leben durch finanzielle Avancen in Aussicht stellt, was wiederum zu deren freiwilligen Umzügen in arabische Länder führe. Der Eichmann-Verschnitt verteilte seine 20seitige Deportationsschrift unter dem klugen Personal.

Was soll man dazu sagen. Da bleibt einem die Spucke weg. Und hier sind die Teilnehmer der *Summits*; fettgedruckt wurden die klu-

---

275 – Balint, Judy Lash: Jerusalem Summit Suggests Alternative to UN, 3.12.2004; http://www.jerusalemdiaries.com/article/150

gen Köpfe hervorgehoben, die unsere Welt vor dem dritten Totalitarismus retten wollen und gleichermaßen auch Gegenstand näherer Betrachtungen in diesem Buch waren.

JERUSALEM SUMMIT-2003 TEILNEHMER

David Aikman
Morris J. Amitay
Dr. Yuval Arnon-Ohana
Christopher Barder
John Batchelor
Yossi Ben-Aharon
Dr. Alexander Bligh
Yossef Bodansky
Deborah Bodlander
Dr. Ron Breiman
Senator Sam Brownback (R-KS)
Dr. David Bukay
General (Ret.) Paul G. Cerjan
Rabbi Shear Yashuv Cohen
Dr. Rachel Ehrenfeld
Prof. Paul Eidelberg
Professor Talia Einhorn
Brig.-Gen. (Res.) MK Ephraim Eitam
Uri Elitzur
MK Benny Elon
Congressman (D-NY) Eliot Engel
Yoram Ettinger
Michael D. Evans
Dr. Rand H. Fishbein
Dr. Joel S. Fishman
Dr. Hillel Fradkin
Brig. General (Res.) Dr. Aharon Lev-Ran
Avigdor Liberman
Irit Linur
John Loftus
Mayor of Jerusalem U. Lupolianski
Professor Otto Luthar
Itamar Marcus
Daniel Mazin (Adam Ben-Israel)
Professor Michailo Michailow
Professor Wolf Moskovich
Minister Benjamin Netanjahu
Dr. Mordechai Nisan
Vice Prime Minister Ehud Olmert
Hon. Richard Perle
Dr. Daniel Pipes
Dmitri Radischewski
Dr. Justus Reid Weiner
Rabbi Dr. Shlomo Riskin
Steve Rodan
Yashiko Sagamori
Professor Shlomo Sharan
Dr. Martin Sherman
Ambassador Zalman Shoval
MK Dr. Uri Shtern
Arieh Stav
Bret Stephens

Dr. Frank Gaffney
Mandell I. Ganchrow
Dr. K.P.S. Gill
Attr. Elyakim Ha
Israel Harel
Reverend Malcolm Hedding
Prof. Raphael Israeli
Professor Eliyahu Kanovsky
Ambassador Dr. Alan Keyes
Morton A. Klein
Professor Joel Kotek
Minister Dr. Uzi Landau
Professor John W. Swails
Cal Thomas
Col. (Ret.) Y. Tsiddon-Chatto
Rijk Van Dam
Clarence H. Wagner
Laurence Weinbaum
Michael Widlanski
Dr. Aharon Yaffe
Professor Arieh Zaritsky
Herbert Zweibon

JERUSALEM SUMMIT-2004 TEILNEHMER

Gen. (Ret.) Mansour Abu Rashid (Jordan)
Lt.-Gen. (Ret.) Orit Adato (Israel)
Professor Joseph Agassi (Israel)
Marisa Albert (Philippines)
Gen. (Res.) Yaacov Amidror (Israel)
Dr. Uzi Arad (Israel)
Dr. Shmuel Bar (Israel)
Dr. Amatzia Baram (Israel)
John Batchelor (USA)
Prof. Anne Bayefsky (USA) (S. Africa)
Congressman Bob Beauprez (USA)
Dr. Avi Beker (Israel)
Maj. Gen. (Res.) Eitan Ben Eliahu (Israel)
MK Eti Livni (Israel)
John Loftus (USA)
Amnon Lord (Israel)
Mayor of Jerusalem U. Lupolianski (Israel)
Itamar Marcus (Israel)
Prof. John Marks (UK)
Dr. Shavit Matias (Israel)
Dr. Ephraim Meir (Israel)
Prof. David Menashri (Israel)
MP. Rev. Dr. Kenneth Meshoe
Prof. Khaleel Mohammed (USA)
Dr. Myles Munroe (Bahamas)
Nagi N. Najjar (USA)

Gen. (Res.)
Pr. Isaac Ben-Israel (Israel)
Yossef Bodansky (USA)
Dr. Konstantin Borowoi (Russia)
MK Ronnie Brizon (Israel)
Prof. Judith Buber Agassi (Israel)
Dr. David Bukay (Israel)
Baroness Lady Caroline Cox (USA)
Dr. Parvin Darabi (USA)
Nonie Darwish (USA)
Dr. Rachel Ehrenfeld (USA)
MK Benny Elon (Israel)
Prof. Yohanan Friedmann (Israel)
Dr. Hillel Frisch (Israel)
Dr. Boaz Ganor (Israel)
Dr. Manfred Gerstenfeld (Israel)
Dr. Willem Glashouwer (Holland)
Caroline Glick (Israel)
Amb. Dr. Dore Gold (Israel)
Prof. Mohanna Haddad (Jordan)
Ms. Issaaf A. Hawamdeh (Jordan)
Prof. Efraim Inbar (Israel)
Prof. Raphael Israeli (Israel)
Hon. Ramchand Jethmalani (India)
Lt.– Col. (Res.)
Dr. Yoram Kahati (Israel)
Prof. Murray Kahl (USA) (USA)
Prof. Moshe Kaveh (Isarel)

Dr. Emmanuel Navon (Israel)
Miriam Nofech-Mozes (Israel)
Foreign Minister (Frm.)
A. Palacio (Spain)
Amb. G. Parthasarathy (India)
Dr. Reuven Pedatzur (Israel)
Dr. Daniel Pipes (USA)
Dr. Vladimir Pollack (Israel)
Dennis Prager (USA)
David Pryce-Jones (USA)
Charles A. Radin (USA)
Dmitri Radischewski (Israel)
Pierre Rehov (France)
Prof. Barry Rubin (Israel)
Dr. Shimon Samuels (France)
Dr. Oleg Savelzon (Israel)
Gen. (Ret.) Yehuda Segev (Israel)
Prof. Yossi Shain (Israel)
Foreign Minister of Israel S. Shalom
Shabtai Shavit (Israel)
Col. (Res.) Dr. Shaul Shay (Israel)
Dr. Martin Sherman (Israel)
MK Dr. Uri Shtern (Israel)
Max Singer (Israel)
Robert Stearns (USA)
Professor John W. Swails
Prof. Karen Swassjan (Russia)

Dr. Mordechai Kedar (Israel)	Col. (Ret.) Y. Tsiddon-Chatto
(Israel)	
Amb. Sonmez Koksal (Turkey)	William Tucker (USA)
Sergei Kowalew (Russia)	Gen. Paul Vallely (USA)
Pres. (Frm.) L. A. Lacalle (Uruguay)	Rijk Van Dam (Holland)
Prof. Ella Landau-Tasseron (Israel)	Clarence H. Wagner (Israel)
Rabbi Israel Meir Lau (Israel)	Professor Xu Xin (China)
Isi Leibler (Israel)	Prof. Rivka Yadlin (Israel)
Avigdor Liberman (Israel)	Marc Zell (Israel)
Itzhak Livni (Israel)	

Pikantes Detail: Auf einer Teilnehmerliste des *Jerusalem Summit* 2004, datiert auf den 30.12.2005, die dem Verfasser vorliegt, steht zwischen den Namen Bukay und Cox der des Partizipanten Yigal Carmon; der Chef von MEMRI und der berüchtigten Terroreinheit *Unit 504*, die ihre Mörder und Spione in den Libanon schickt.

Dr. David Bukay (Israel)
Dr. Yigal Carmon (Israel)
Baroness Lady Caroline Cox (USA)

Der Name des Herrn „Yigal Carmon" ist seit kurzem von allen aktuellen Listen „ausradiert".

Globonder und der Impakt auf der Weltbühne

Abdelnour feiert den Sieg über den Libanon und lässt sich von seinesgleichen feiern · Der Kampf geht weiter: In vollem Vertrauen auf „Mister President Bush"

Globonder. Nein, keine extraterrestrische Spezies; das ist vielmehr die Selbstbezeichnung einer „hart arbeitenden Elite" von Menschen, die kein Hehl daraus macht, durch ihr Wirken die Welt um sich herum beeinflussen und verändern" zu wollen. Die enorme Zeit, die Mühe, die sie für den Zweck investiert, bleibt den Ahnungslosen, so meinen sie, vielfach verborgen oder erscheint „nach außen“ wie der Kampf des spanischen Schelmen Don Quichotte gegen die Windmühlen. Da die „Ergebnisse ihrer Anstrengungen (im Voraus) schwerlich zu ahnen“ sind, sie selbst nur auf das „Licht am Ende des Tunnels“ hoffen, schwingen sich die Globonder jedoch immer dann in höchste Ekstase, wenn sich irgendwann nach all der „harten Arbeit“ etwas „Großes“ eingestellt hat, das ihre „Ausdauer“ belohnt.

Wer sind die Edlen? Schwierig, denn „die im Dunklen sieht man nicht“, wusste schon Bert Brecht, und sie wollen anonym bleiben. Vielleicht denken sie, jemand will an ihr Geld. Bislang taten die Globonder jedoch immer gut daran, unter ihresgleichen zu bleiben; die Nähe zu profanen Menschen taugt nichts, das würde sie nur von ihren wie immer auch gearteten „großartigen“ Zielen ablenken. Aber wenn sich die Familie findet, dann knallen die 1.000-Dollar-Sektkorken nur so durch die milliardärsgeschwängerte Luft, denn die Art versteht es, Feste zu Feiern; koste es was es wolle. Eine dieser jüngsten Feten fand am 2. Juni 2005 in New York City statt. Vierzig solcherlei Globonder samt Freunden, die aus 19 Ländern – USA, Großbritannien, Frankreich, Tunesien, Brasilien, Bangladesh, Afghanistan, Chile, Russland, Indien, Deutschland, Japan, Korea, Türkei, Südafrika, Taiwan, Kanada und Ungarn – angereist kamen, trafen sich dort zu einem „eleganten, vertraulichen Dinner“. Gespeist und getrunken haben dort unter anderen neben einem harmlosen brasilianischen Opernsänger auch der Chef und Gründer der *World Trade University* (WTU) bei den Vereinten Nationen, kürzlich ein Gewinner einer berühmten TV-Geschäfts-Reality-Show, der Gründer und Präsident einer 750 Millionen Dollar schweren „Monster-Gesellschaft“, der Chefherausgeber eines Magazins für Autozubehör, der Gründer eines Sozialen Netzwerks, das sechs Millionen Nutzer sein eigen nennt, einige Pioniere für Wirtschaft und Erziehung im Internet, Investmentbanker, Risikokapitalanleger, japanische und koreanische Modedesigner, der Autor eines Top-Business-Magazins, der Gründer einer angesagten Gesellschaft für TV- und Medienproduktion, ein tunesischer Erfinder, ein brasilianischer Schuhmogul, ein

267 – http://www.surgetrade.com/glonews/news.php?newsid=5

politischer Aktivist aus Afghanistan, Dokumentarfilmer sowie ein Tangoliebhaber.[267]

Drei Wochen nach der Fete, am 24.6.2005, hatten die Globonder endlich wieder einmal Anlass, etwas „Großes“ in ihren Reihen zu bejubeln, etwas das ganz ihren „verborgenen“ Neigungen entspricht, denn der New-York-City-Globonder Ziad Abdelnour hatte seinen Durchbruch. „In seinem Land“, schrieben die Globonder, „dem Libanon, fand soeben eine historische Wahl statt, in der zum ersten Mal nach 30 Jahren die politische Opposition ... die ‚Supermehrheit‘ von 72 aller 128 Sitze im Parlament gewann. Die Opposition ist vereint gegen die syrische Präsenz und Dominanz in ihrem Land und besitzt nun die Macht, einen Premierminister zu wählen und Libanon zu befreien. Ziad ist zu einem einflussreichen Insider in der Bush-Administration geworden und berät (die Regierung) in ihrer Politik für den Mittleren Osten. Er ist Gründer und Präsident des *US Committee for a Free Lebanon* und hat für dieses Ziel seit 1997 Lobbyismus betrieben und gearbeitet. Das Komitee ist die größte libanesisch-amerikanische Basisorganisation in den Vereinigten Staaten mit 13.000 Mitgliedern und 24 Ortsverbänden. Zum Durchbruch in den Wahlen sagte Ziad: ‚Ich fühle mich gerade jetzt sehr bestätigt. Schaut: Die Syrer sind draußen, die libanesische Opposition hat die Parlamentswahlen gewonnen, sie werden einen neuen Präsidenten wählen und das ist unglaublich. Alles was ich in den letzten 8 Jahren dafür getan habe, zahlte sich aus.‘“ Die Globonder quollen vor Glückseligkeit über und reagierten getreu den Vorbildern in allen erdenklichen Seifenopern amerikanischer Machart: „Ziad, wir sind so stolz auf dich und deinen Sieg.“[268]

Abdelnours Sieg? Eigentlich sollte man annehmen, der Libanese mit dem amerikanischen Pass habe nur Geld im Kopf, gehört er doch zu denen, die in der Akkumulation von Kapital das persönliche Glück suchen. Der Mann ist ein so genannter Powerbroker, ein Geschäftemacher an der Wall Street, ein Privatinvestor, der in Öl und Technologie finanziert, Risikokapital anlegt und Kapitalgeber ist. Und er ist Vorstandsvorsitzender der *Blackhawk Partners*, weiß der Teufel, was in diesem Unternehmen geköchelt wird; Eintritt für Fremde verboten.

---

268 – http://www.surgetrade.com/glonews/news.php?newsid=6

Interview Ziad K. Abdelnour[269]

Die meisten Ihrer persönlichen Freunde vom *Golden Circle* und dem *Middle East Forum* haben an den so genannten *Jerusalem Summits* in den Jahren 2003 und 2004 teilgenommen – ein Who is Who der Experten in Sachen Mittlerer Osten. Ich habe Sie dort vermisst. Sind Sie raus aus der Politik?
A: Nein, ich bin nicht aus der Politik, ich habe Geschäfte zu laufen und kann nicht auf jede Konferenz gehen, zu der ich eingeladen bin.

Waren Sie eingeladen?
A: Ja, ich war eingeladen.

Libanon ist nun nach der so genannten *Zedernrevolution* und den ersten demokratischen Wahlen im Mai und Juni 2005 zu einem freien Land avanciert. Sie und all die anderen können doch nun zurückgehen und ihre geschäftlichen Pläne in Angriff nehmen!
A: Libanon ist seit Mai, Juni ein freies Land? Sind Sie sicher, dass wir über denselben Libanon sprechen? Da gibt es noch Syriens Geheimdienstleute im Arrangement mit Präsident Lahoud. Das geht hinunter bis zu jedem kleinen Leutnant im libanesischen Geheimdienst; sie kontrollieren jede einzelne Facette von Libanons politischer Szene und orchestrieren große Attentate ohne Ende … von Premierminister Hariri bis Samir Kassir, Gebran Tueni usw. Und sie nennen das frei? Gleichwohl die Hisbollah, die das Land nach ihren Launen als Geisel hält und das ganze Land mit Einschüchterungsversuchen und falscher Propaganda übersät. Solange das syrische Regime nicht ausgewechselt ist und die militärische Infrastruktur der Hisbollah ‚zur Ruhe gebettet ist', fürchte ich, wird Libanon niemals frei sein. Ich habe das schon vor über zehn Jahren gesagt ehe es noch irgendein libanesischer Machthaber gesagt hatte. Heute beginnen Sie alle, es zu begreifen; unglücklicherweise mit sehr großen menschlichen und finanziellen Opfern. Ich habe jedoch noch immer einen großen Glauben an den libanesischen Geist und ich bin überzeugt, dass wir siegen … viel früher, als mancher erwartet. Gott schütze die Vereinigten Staaten von Amerika."

269 – Ziad K. Abdelnour per E-Mail am 24., 25. und 27.12.2005

Sie antworteten mir, „die (Aounisten) können glauben was sie wollen und ich schätze, wären wir nicht so erfolgreich, wären sie nicht so besessen von uns, wie sie es sind“. Was verstehen Sie unter „so erfolgreich“?
A: Sie wissen so gut wie ich, dass Syrien in seiner Geschichte niemals in einer schlechteren Situation gegenüber den USA, Frankreich, Ägypten, Saudi-Arabien, Russland etc. war als heute, und die Dinge werden noch schlechter werden. Garantiert. Nun glauben Sie, dass würde sich zufällig ereignen, ohne dass größere Gewalt(en) dahinter steckt? Wenn Sie jetzt noch keinen Fortschritt im Libanon und gegen Syrien sehen, so lesen Sie nicht zwischen den Zeilen und hören unglücklicherweise noch immer auf die libanesische und syrische Propaganda. Aber Sie werden es bald und viel früher als erwartet (tun).

Zeigen Sie mir einen Weg, wie Libanon all seine Probleme lösen kann. Das Land hat eine „neue“ Regierung nach der so genannten „Zedernrevolution“; Es ist die alte Crew, etwas gewendet, keine neuen Gesichter, auf der anderen Seite eine narzisstische Opposition. Wollen Sie die alle ins Meer jagen? Wer soll Ihr Land in eine bessere Zukunft führen? Dschumblat, Aoun, Siniora, Nasrallah, Berri, Greenhorn Saad Hariri, Geagea, Pakradouni. Ich habe keine Idee. Sie?
A:
1. Libanon wird nicht FREI sein, bis das syrische Regime ausgewechselt und die militärische Infrastruktur der Hisbollah eingefroren ist.
2. Libanon wird nicht FREI sein, bis die korrupte und alte Klasse libanesischer Politiker entmachtet ist; beginnend mit Präsident Émile Lahoud.
3. Libanon wird nicht FREI sein, bis es ein parlamentarisches Gesetz gibt, dass den Libanesen in der Diaspora erlaubt, wählen zu gehen.
4. Libanon hat Hunderte und Tausende kompetenter Geschäftsleute und Politiker mit dem Know-how und den Mitteln, das Land umzuformen, aber diese Leute werden nicht auftauchen ehe es nicht wahre demokratische Wahlen frei von syrischen und Zwängen seitens der Hisbollah gibt, was uns zurück bringt zu Punkt 1, dem Startpunkt von allem.

Sie schrieben: „Ich habe noch immer großes Vertrauen in den libanesischen Spirit und die Entschlossenheit, und ich bin sicher, dass wir uns durchsetzen werden, viel früher als mancher erwartet.“ Das ist sehr interessant, was wollen Sie damit avisieren?
A: Wir arbeiten nur auf der „Grundlage des Mindestwissens“ ... solide Prinzipien, gelernt von der CIA.

Sind Sie in die gegenwärtigen politischen Entwicklungen im Libanon involviert oder sind Sie nur noch privater Geschäftsmann?
A: Meine politische Arbeit hat sich verzehnfacht aber jetzt, so hat es mir die Vergangenheit gelehrt, gibt es keinen Grund, jeden Libanesen wissen zu lassen, was wir tun. Die wahren Powerbroker sind nicht immer im Scheinwerferlicht. Schauen Sie sich die Tätigkeit der Syrer im Libanon an und lernen Sie. Sie möchten Ihren Feind schlagen? Spielen Sie sein Spiel besser als er. Jedem, der unseren Untergang wünscht schlage ich vor, sie sollten eher eine mächtigere Organisation erwarten, die ihr „schlimmster Alptraum“ werden wird.

Das Spiel ist doch vorbei. Die USA sind müde wegen des Iraks, Was kann Israel alleine tun? Ich weiß es nicht. Was meinen Sie?
A: Bush hat noch zwei Jahre zu erledigen. Nichts ist vorbei bis es vorbei ist. Ich fürchte, Ihr Wunschdenken wird nicht in Erfüllung gehen. Aber es steht Ihnen frei zu träumen.

Ölspuren

Wie man trotz beinahe angeborenen Hanges zum Verbrechen seine weiße Weste einigermaßen sauber hält und zu Ruhm, Ansehen und Macht gelangt und somit auch als russischer Mafioso, der die Zahl seiner Straftaten längst nicht mehr überblicken kann, vorzüglich und zweifelsfrei für die große, weite, insbesondere gegenwärtige amerikanische Politik und Weltausbesserung geeignet zu sein scheint. Das merkwürdige Aufeinandertreffen eines Oligarchen aus Taschkent mit purem Öl und einem Geschäftspartner des Libanon-Befreiers Ziad K. Abdelnour. Und Dick Cheney wie immer hinter den Kulissen.

The winner is … ein Lump!

Moral war schon immer für andere da · Die krummen Dinger des „Fürsten der Finsternis" · Wie der Lehrer so der Schüler · Ein Russe im Neokontaumel · Einige Ausdünstungen rechtsradikalen israelischen Grobzeugs

Zurück in das Vorzimmer des Teufels. Auf dem so genannten ersten *Jerusalem Summit*, der vom 12. bis 14. Oktober 2003 stattfand, und auf dem sich „die Oberfalken der Regierung Sharon und politisch-religiöse Extremisten aus Israel mitsamt ihren amerikanischen Unterstützern aus den Kreisen der ‚christlichen Zionisten' und führenden Neokonservativen … in den USA" ein Stelldichein gaben, begrüßte der Theoretiker des Imperium America, Richard Perle, ausdrücklich einen israelischen Angriff auf Syrien: „Präsident Bush hat die Reaktionsweise der USA auf den Terrorismus am 11. September 2001 geändert, als er sagte, er werde nicht unterscheiden zwischen Terroristen und den Staaten, die sie beherbergen. Ich bin glücklich, dass Israel jetzt einen ähnlichen Schritt als Reaktion auf Terrorakte unternommen hat, die von libanesischem Territorium ausgingen, und gegen die libanesischen Herrscher in Damaskus vorging." Sharon hatte damals nach dreißigjähriger Unterbrechung wieder Luftangriffe gegen syrische Ziele fliegen lassen, und Perle hoffte, das würde eine neue israelische Politik reflektieren, die Israel zu weiteren Angriffen, auch gegen Ziele in Damaskus, motiviere. „Wir haben Probleme mit den Syrern, die immer noch Terrorismus unterstützen. Wir müssen einen Weg finden, sie zu stoppen", sagte Perle.[270]

Finanziert wurde der Kriegstreibergipfel von der *Michael Cherney Foundation*, offenbar „eine Frontorganisation der russischen Mafia in Israel". Der Stiftung steht Michael Cherney vor, ein russischer Oligarch jüdischer Abstammung mit israelischem Pass, der im Lande Sharons residiert, weil ihn mehrere internationale Haftbefehle am Reisen behindern. Dem suspekten Gentleman oblag es nun, den ebenso suspekten Eiferer Perle, gegen den sich in den USA ein Verfahren wegen Veruntreuung von mehreren Millionen Dollar anbahnt, mit dem *Senator Henry Jackson Award for Moral Principles and Vision in Politics* „auszuzeichnen". Perle, der als junger Mann als Berater von Senator Jackson gearbeitet hatte, erhielt den erstmalig vergebenen „Preis", weil „er in seiner Karriere den moralischen Prinzipien seines Lehrers" gefolgt war.

Da wir gerade bei Richard Perles Moral sind, bietet sich ein kleiner Exkurs an. Gegen den kanadischen Medienmogul Conrad Black, ehemals Chairman der Mediengruppe *Hollinger International* wird gegenwärtig in Chicago eine Anklage wegen Betrugs in acht Fällen verhandelt. „Es geht um 84 Millionen Dollar an Kommissionen für Zeitungsverkäufe, die *Hollinger* an Blacks Firma *Ravelston* ausgeschüttet hat, sowie um Geld, mit dem der 61jährige Pressebaron seinen ausschweifenden Lebensstil – und den seiner Frau – finanziert hat. Black drohen bis zu 40 Jahre Gefängnis."[271] Der Staatsanwalt Patrick Fitzgerald, sagte, „das hier ist der krasseste Fall von Missbrauch durch Manager und Aufsichtsräte, die beschlossen haben, sich ihre Taschen zu füllen".

„Black, der sich im kanadischen Toronto aufhält, ließ mitteilen, er sei unschuldig, die Vorwürfe seien eine ‚massive Schmierkampagne von A bis Z'. Zeitgleich mit der Anklageerhebung erklärten sechs der elf Aufsichtsräte, sie wollten nicht mehr zur Wiederwahl antreten. Darunter sind der frühere US-Außenminister Henry Kissin-

---

270 – Israelischer Generalstabschef droht mit Atomkrieg – Jerusalem Summit: http://www.bueso.de/seiten/aktuell/27-10-03.htm#3

271 – Schweitzer, Eva: Eine Reparatur für den Rolls Royce, 30.11.2005, *Frankfurter Rundschau*

ger, Richard Perle, einer der Architekten des Irakkrieges, James Thompson, der ehemalige Gouverneur von Illinois, sowie Richard Burt, der frühere US-Botschafter in Deutschland. Auch gegen die sechs Aufsichtsräte wurde Anzeige erstattet, sie sollen untätig zugesehen haben, wie Black und sein Stellvertreter David Radler die Firma geplündert haben. Radler wurde bereits zu 29 Monaten Haft verurteilt."[272] Die in New York arbeitende deutsche Journalistin Eva Schweizer schrieb, „so viel ich weiß, gibt es gegen Perle und andere Aufsichtsräte von *Hollinger* (noch) kein Gerichtsverfahren, es sei denn, mir wäre das entgangen, was sehr unwahrscheinlich ist. Es gibt aber *Hollinger*-Aktionäre, die vor allem Perle gerne vor Gericht sehen würden. Ich denke aber, dass erst einmal der Prozess gegen Conrad Black zu Ende gehen wird, was wohl noch einige Monate dauern kann."[273] Randall Samborn, Sprecher von Staatsanwalt Fitzgerald, teilte auf Anfrage mit: „Es steht keine öffentliche Information zur Verfügung", welche die Frage beantworten könnte, ob eine Anklage gegen Perle in Aussicht steht. „Unsere Regeln verbieten es, derartige Angelegenheiten zu kommentieren, ehe nicht eine öffentliche Information zur Verfügung steht – daher lautet die Antwort ‚kein Kommentar'."[274]

Der Saubermann Perle mit dem Spitznamen „Fürst der Finsternis", den er erhielt, weil er sich seinerzeit unter Ronald Reagan gegen Rüstungskontrolle aussprach, kann wahrhaftig auf eine seit Jahren ihm eigene stabile Moral zurückblicken; hier ein Extrakt aus einem eigentlich längeren Strafregister:

- Ende März 2003 musste Perle als Vorsitzender des *US Defense Policy Board* zurücktreten, weil er
  1. einen Deal mit der bankrotten Telekommunikationsgruppe *Global Crossing* eingefädelt hatte. Er wollte die Zustimmung der US-Regierung gewinnen, um den Konzern teilweise an asiatische Investoren verkaufen zu können, wobei er 750.000 Dollar eingestrichen hatte. Das Pentagon war strikt gegen den Verkauf, weil somit „unschätzbare Optikfasertechnologie" in den Besitz einer chinesischen

272 – Schweitzer, Eva: Eine Reparatur für den Rolls Royce, 30.11.2005, *Frankfurter Rundschau*

273 – E-Mail von Eva Schweitzer vom 16.12.2005

Firma gelangt wäre. Perle wies jedes mögliche Vergehen zurück.[275]

2. versucht hatte, über *Trireme* Aufträge von der saudiarabischen Königsfamilie im Umfang von 100 Millionen Dollar zu erpressen, worin auch der saudische Geschäftemacher Adnan Kashoggi verwickelt war.

- Im Dezember 2003 wurde es noch enger: Ein Vertrag zwischen dem Flugzeughersteller *Boeing* und der *US Air Force* über die Belieferung mit 100 Boeing-767-Tankflugzeugen musste wegen korrupter Geschäfte gestoppt werden. *Boeing* hatte 20 Millionen Dollar in die Firma *Trireme Partners LLC* investiert, an der Perle mit fünf Prozent beteiligt ist. Die Firma ist Partner von *Trireme Partners LP*, ein von Perle verwalteter Kapitalfonds. *Boeing* sagte, es habe im Rahmen seiner Strategie in Unternehmen mit Rüstungstechnologien investiert und behauptete, niemand habe gewusst, dass Perle Boeing bei dem Leasingvertrag in Höhe von 18 Milliarden Dollar beraten hatte. Zwei Mitglieder des *US Defensive Policy Boards* wurden bei Boeing in einer internen E-Mail als Berater des Unternehmens genannt; darin hieß es, beide würden Pentagonkreise in Bezug auf das Geschäft mit den Tankflugzeugen „engagieren".[276]

Am 26. Februar 2004 verließ der Weiße-Kragen-Kriminelle, der sich während seiner Zeit als aktiver Politiker in der US-Administration sogar Interviews, die seine „Arbeit" betrafen, mit mehreren hundert Dollar versüßen ließ, dann endlich das *US Defense Policy Board*, um seine kriminellen Kreise auf das zivile Leben auszudehnen.

Um den Russen und Oligarchen Michael Cherney, der dem Übeltäter Perle die Auszeichnung verpasst hatte, steht es allerdings keinen Deut besser. Doch ehe die Vita des russischen Juden und Milliardär umrissen wird, einige Bemerkungen zur Auszeichnung,

274 – E-Mail Randall Samborn vom 15.12.2005

275 – Top US hawk Perle resigns, 28.3.2003; http://news.bbc.co.uk/1/hi/world/americas/2894059.stm

276 – USA: Perle-Skandale bei Boeing und Hollinger, 12.12.2003; http://www.bueso.de/seiten/aktuell/12-12-03.htm

die den hochtrabenden Namen *Senator Henry Jackson Award for Moral Principles and Vision in Politics* trägt.

Der Preis ist nach Henry Martin „Scoop" Jackson (geb. 31. Mai 1912, gest. 1. September 1983) benannt, ein besessener Antikommunist und Kalter Krieger par excellence. Erst die politische Philosophie und das gesellschaftliche Wirken des Mannes eröffneten in den 70er Jahren der obskuren Denkart des Neokonservatismus, die bis dato in den Vereinigten Staaten lediglich als irrelevanter ideologischer Sumpf vor sich hin blubberte, Türen und Tore in die große Politik. Jackson, Mitglied des US-Kongresses und Senator für den Staat Washington von 1941 bis zu seinem Ableben, scharte 1972 in der *Coalition for a Democratic Majority* (CDM) Gesinnungsgenossen aus seiner Demokratischen Partei, ihnen nahe stehende Intellektuelle und bedingungslose Unterstützer der Politik Israels gegen den gemäßigten Flügel seiner Partei und die damalige Außenpolitik von Präsident Richard Milhous Nixon (1969 bis 1974) und Henry Alfred Kissinger um sich. Beide hatten den Befürwortern einer direkten Konfrontation mit der Sowjetunion einen Korb gegeben und setzten sich stattdessen für eine Strategie der Abrüstung und eine Politik der „Entspannung", vor allem gegenüber der UdSSR, ein. Kissinger, 1969 bis 1975 Sicherheitsberater von Nixon und 1973 bis 1977 Außenminister, führte daneben unter anderem Verhandlungen über die Annäherung an China, die Beendigung des Vietnamkrieges und des Nahostkonflikts.

Der Unterstützer antisozialistischer Opponenten und fanatische Israelfreund Jackson, der über ausgezeichnete Beziehungen zur Rüstungsindustrie verfügte, weswegen er vielfach öffentliche Kritik über sich ergehen ließ und den Beinamen „Senator von *Boeing*" erwarb, trat als ein entschiedener Gegner von derartigen Rüstungskontrollvereinbarungen auf. Stattdessen favorisierte er sogar Handelssanktionen gegen Moskau. Ende der 60er, Anfang der 70er Jahre emigrierten zunehmend mehr russische Juden aus der damaligen UdSSR. Seit August 1972 forderte die sowjetische Regierung von den Ausreisewilligen nunmehr eine „Diplomsteuer", um dem Staat die entstandenen Ausbildungskosten zu ersetzen und beschränkte zugleich auch die Möglichkeiten zur Emigration. Jüdische Organisationen in den USA stachelten daraufhin den israelfreundlichen Senator Jackson und den demokratischen Kongressabgeordneten Charles Vanik an, energisch Druck auf die

Verantwortlichen in Moskau auszuüben, so dass die der „Diplomsteuer“ zügig ein Ende machen und die Juden ihres Weges ziehen lassen. Nach hartnäckigen Verhandlungen mit Außenminister Kissinger sicherte die sowjetische Regierung die freie Ausreise zu und stellte schon für 1973 einen Anstieg der Genehmigungen in Aussicht. Jackson wollte allerdings eine Ausreise von 60.000 Juden pro Jahr durchsetzen und co-sponsorte daher 1974 mit Vanik und weiteren prominenten Mitgliedern des Kongresses das so genannte *Jackson-Vanik-Amendment*, die im Oktober 1974 als Supplement zum US-Handelsgesetz beschlossen wurde und normale Handelsbeziehungen zwischen den Vereinigten Staaten und nichtmarktwirtschaftlich organisierten Ländern von der Einhaltung der Menschenrechte abhängig machte.

Tatsächlich handelt es sich bei der Klausel um ein direkt gegen die ehemalige UdSSR gerichtetes Gesetz, denn die USA machte ihre Handelsbeziehungen mit Moskau nunmehr von der ungehinderten und kostenfreien Emigration sowjetischer Juden und anderer Minderheiten nach Israel abhängig. Das Gesetz ist bis heute gegenüber Russland nicht aufgehoben und verhindert die Aufnahme des Landes in die Welthandelsorganisation (WTO). Es gilt ebenso formal weiter gegen alle Nachfolgerepubliken der ehemaligen UdSSR. Am 27. September 2003 bezeichnete der russische Präsident Wladimir Putin das Jackson-Vanik-Amendment vor amerikanischen Geschäftsleuten bei einer Besichtigung der *New Yorker Wertpapierbörse* (NYSE) als „archaisch“ und sagte, es füge dem Zusammenwirken Russlands und der USA einen „moralischen Schaden“[277] zu.

Im Jahre 1974 war die Begeisterung in Israel über das *Jackson-Vanik-Amendment* allerdings grenzenlos, und der damalige Ministerpräsident Yitzhak Rabin und sein Außenminister Yigal Allon verfassten Dankesbriefe an US-Präsident Gerald Ford, Außenminister Kissinger und selbstredend an Jackson und Vanik. Das *Jackson-Vanik-Amendment* wird zum großen Triumph für die Juden: Ab 1975 emigrieren 573.000 Menschen, die meisten jüdischen Glaubens, darunter aber auch evangelische und katholische Christen aus der UdSSR in die USA; davon etwa 235.000 allein während der Regierungszeit von Michael Gorbatschow.

---

277 – http://russlandonline.ru/rukurz0012/morenews.php?iditem=284; 27.9.2003

Jackson und sein damaliger Assistent Richard Perle, der sich zu einer der anrüchigsten Gestalten innerhalb der neokonservativen Seilschaft in den späten 90er Jahren mausern sollte, setzten sich persönlich für die Ausreise einiger dieser Leute ein, darunter auch für den Russen Anatoli Scharanski, vormals Mathematiker am Moskauer *Institut für Physik und Technologie*. Nachdem Scharanski 1973 das Visum für die Ausreise nach Israel aus Gründen der nationalen Sicherheit verwehrt wurde, arbeitete er als Englischübersetzer für den Physiker und Dissidenten Andrej Sacharow und trat als Aktivist für Menschenrechte in Erscheinung. Im Juli 1978 verurteilten ihn die gesetzgebenden Organe der UdSSR wegen Landesverrates und Spionage für die USA zu dreizehn Jahren Arbeitslager. Nachdem er 1986 im Austausch gegen einen sowjetischen Spion freikam, emigrierte er nach Israel, wo er den hebräischen Vornamen Nathan annahm. Schon zwei Jahre später wurde er dort Präsident des *Zionist Forum*, eine Dachorganisation ehemaliger sowjetischer zionistischer Dissidenten und betätigte sich als mitwirkender Herausgeber des *Jerusalem Report*. Schließlich verlieh ihm US-Präsident Ronald Reagan 1989 die *Medal of Freedom*. Scharanski ist heute Vorsitzender der von ihm 1995 gegründeten politischen Partei *Yisrael BaAliya*, die eine Aufnahme sowjetischer Juden in die israelische Gesellschaft fördert. Die Partei gewann 1996 sieben Knesset-Sitze, und Scharanski war von 2003 bis 2005 Mitglied des Kabinetts der Regierung Israels. Allerdings trat er am 2. Mai 2005 aus Protest gegen den Plan von Ariel Sharons regierender Likud-Partei zurück, israelische Siedler aus dem Gaza-Streifen abzuziehen. Scharanskis Truppe hat sich am rechtsradikalen Rand der israelischen Gesellschaft etabliert; bereits bei den Wahlen im Februar 2003 trat er mit seiner Einwandererpartei mit der Parole „Rechts, vernünftig, sauber!" an und hielt sich zu Gute, entscheidend am Scheitern des Friedensprozesses zwischen Israelis und Palästinensern mitgewirkt zu haben. Offenbar Vorlage genug für die im Januar 2005 noch designierte Außenministerin Condoleezza Rice, sich während der Senatsanhörung über Irakkrieg und Folterskandal in Abu Ghraib, die fragwürdigen Visionen des rechtsradikalen Scharanski der Weltöffentlichkeit an den Kopf zu werfen: „Die Welt sollte anwenden, was Nathan Scharanski den Stadtplatztest genannt hat. Wenn ein Mensch sich nicht in die Mitte eines Stadtplatzes begeben und seine Ansichten ohne Angst vor Festnahme, Gefängnis und körperliche Bedrohung äußern kann, dann lebt dieser Mensch in einer Furchtgesellschaft. Und wir dürfen nicht ruhen, bis nicht jeder Mensch, der in einer Furchtgesellschaft lebt, schließlich seine Freiheit erlangt hat."[278] Grund für Rice, den Iran als „Außenposten der Tyrannei" zu bezeichnen und ohne zu zögern, Amerikas Berufung Nachdruck zu verleihen, nämlich die „Freiheit und Demokratie auf der ganzen Welt zu verbreiten", denn „das ist der Auftrag, den Präsident Bush Amerika in der Welt gegeben hat, und das ist der große Auftrag der gegenwärtigen amerikanischen Diplomatie".

„In der gesamten Geschichte des Staates Israel hat es immer wieder politische Parteien gegeben, die die ganz spezifischen Interessen einer Gruppe von Neueinwanderern in der Knesset und als Koalitionspartner diverser Regierungen auftraten. Jüngste Beispiele sind *Israel Beitenu* und *Yisrael BaAliya* als Sprachrohr der russischen Juden in Israel. Ihr Führungspersonal, Avigdor Liebermann und Nathan Scharanski, sind zwei Beispiele, wie rasch Einwanderer es nach nur wenigen Jahren Anwesenheit im Lande verstanden haben, zu Schlüsselfiguren der Politik aufzusteigen. Im Vergleich zu anderen westlichen Demokratien darf Israel in dieser Hinsicht wohl als einzigartig bezeichnet werden. Fakt ist aber auch, dass alle Parteien, die nur als Interessensvertretung einer bestimmten ethnischen Gruppe auftraten, über kurz oder lang mit dem Fortschreiten der Integration ihres Klientel in die israelische Gesellschaft wieder verschwanden."[279]

Einzigartig sind allerdings auch die Auffassungen der Herren. Liebermann gehört zu den ganz schrägen Vögeln innerhalb der extremistischen Randgruppen. Unter Ariel Sharon als Infrastrukturminister tätig, der Mann hat tatsächlich einen Regierungsposten, setzt er sich bekanntermaßen dafür ein, Teheran und Kairo zu bombardieren und dürstete seinerzeit danach, Jassir Arafat umzubringen. Schon allein das macht ihn als einen Kampfgenossen auf den *Jerusalem Summits* unabkömmlich. Michael Cherney, zu dem wir gleich kommen, finanziert die Partei dieses Terrortheoretikers nicht nur; beide sind eng miteinander befreundet.[280] Über-

278 – Rötzer, Florian: „Wir werden Freiheit und Demokratie auf der ganzen Welt verbreiten" 19.1.2005; http://www.heise.de/tp/r4/html/result.xhtml?url=/tp/r4/artikel/19/19267/1.html

279 – Balke, Ralf: Probleme und Charakter der israelischen Gesellschaft; http://www.anti-defamation.ch/index.php?id=19&section=3

280 – http://www.corkpsc.org/db.php?auid=4356

haupt, der Mann ist freizügig: Der Republikaner Bob Beauprez aus Colorado reiste zum letzten Summit mit seinem Weib Claudia an. Nachdem er vor den Herrschaften geschwafelt hatte, zog sich das reisende Pärchen ins sonnige Spanien zurück. Für die Reise, die den November und Dezember 2004 über dauerte, fielen Kosten in Höhe von 21.226 Dollar an; zumindest der Trip nach Jerusalem wurde von der *Michael Cherney Foundation* finanziert.[281]

Der Tycoon Michael Cherney kratzt für die *Jerusalem Summits* offenbar alles zusammen, was sich da am rechten Rand in den USA und in Israel tummelt und nach eigenen Angaben, mit ihrer gegen die Palästinenser und den Islam gerichteten Politik eine „gesunde Moral" vertreten will. Die Vorstellung der so genannten „gesunden Moral", sei angemerkt, stammt von Israels amtierenden Ministerpräsidenten Ehud Olmert, der unverrückbare Fakten schaffen will anstelle Vereinbarungen mit den Palästinensern. „Die beste Art und Weise, mit Terroristen umzugehen, sei, sie zu töten," sagte der „Politiker", den die Welt als einen Demokraten ernst nehmen soll und der als „Geldsammler" des Likud berüchtigt und dafür bekannt ist, im Ausland Hunderttausende Dollar an Spenden von „christlichen Zionisten" und rechtsgerichteten zionistischen Organisationen einzutreiben. Deswegen stand er schon wegen Bestechlichkeit vor dem Kadi.[282]

Der Unschuldige mit den blutigen Händen

Ein mordender Buchhalter · Die Mafia-Familien unter sich · In Russland wird der Boden zu heiß · Große Geschäfte in Bulgarien · Ausbürgerung innerhalb von 24 Stunden · Israel löscht alle Strafregister und befördert den Verbrecher zum Waffenlieferant der Armee

Cherney, der „enge Verbindungen zu dem dubiosen Finanzier und Steuerflüchtling Marc Rich unterhalten soll, dessen Anwalt Lewis Libby (bis vor kurzem) Stabschef von US-Vizepräsident Cheney" war, teilt sich die Kosten der *Jerusalem Summits* zudem mit der „fundamentalistisch-christlich/zionistischen" *National Unity Coa-*

281 – http://www.usatoday.com/news/washington/2005-05-31-lawmakers-trips_x.htm?POE=click-refer

282 – Israelischer Generalstabschef droht mit Atomkrieg - Jerusalem Summit: http://www.bueso.de/seiten/aktuell/27-10-03.htm#3

lition for Israel (NUCI) aus den USA, eine Dachorganisation von 200 christlich-fundamentalistischen Vereinigungen, die wohl an die 40 Millionen christliche Fundamentalisten in den USA repräsentiert; eines der ehemals wichtigsten Standbeine in der Wahlkampfstrategie Cheneys. Doch ehe Cherney in diese Kreise „aufstieg", hatte er einiges zu erledigen.

„Der Aufstieg der Juden im postsowjetischen Russland ist eines der verblüffendsten Phänomene. Sechs von sieben der reichsten Männer Russlands sind Juden und sie sind einflussreich in den Medien, im Bankwesen und in der Kontrolle über die natürlichen Ressourcen. Es ist nicht leicht, zu erklären, wie Cherney, ein jüdischer Buchhalter aus Taschkent mit einem monatlichen Salär von einhundert Rubeln, Eigentümer der russischen Aluminiumindustrie wurde."[283] Cherney war noch 1985 tatsächlich ein Buchhalter, der monatlich mit 100 Rubel auskommen musste. Heute ist er mindestens fünf Milliarden Dollar schwer und lebt in Israels Beverly Hills.

Die Cherney-Brüder Lew, David und Michael haben sich international „einen Namen" als Supergangster gemacht: Sie wurden des Drogenhandels, der Kuppelei, des Mordes, der Geldwäsche, des Diebstahls, der Erpressung, und was die Strafgesetzbücher sonst noch so hergeben, beschuldigt. Die Brüder waren zwar jahrelang im Visier von amerikanischen, schweizerischen, österreichischen, französischen und russischen Spezialeinheiten, doch, es soll gleich zu Anfang konstatiert werden, zu einer Verurteilung hat es nie gereicht.

Russland ist der zweitgrößte Aluminiumproduzent in der Welt, und nach dem Zusammenbruch der Sowjetunion stand die Aluminiumindustrie im Zeichen regelrechter Kämpfe um die Herrschaft. Gewalt und Betrug auf höchstem Niveau waren an der Tagesordnung und Mafiabanden kämpften um ihre Anteile. Die Zahl der in jenem, damals ausgetragenen, so genannten „Aluminumkrieg" ermordeten Manager wird auf etwa 100 beziffert. Lew Cherney, schon zu Sowjetzeiten ein erfolgreicher Schwarzmarkt-

283 – Shamir, Israel: Success and Failure (An Interview given to Mr Kostas Karaiskos, editor of the Greek weekly on Partition, the Rise of Jews in Russia, and the duty to resist Zionism), o.A.: http://www.israelshamir.net/English/success_and_failure.htm

händler, nutzte nach der Perestroika seine Finanzmittel zum Aufkauf von Vouchers im Metallbereich. In der Periode zwischen 1992–1996 stellten die Cherney-Brüder letztendlich die Kontrolle über 70 Prozent der russischen Aluminiumindustrie her, kauften die Majoritätsanteile in den großen Aluminiumbetrieben, 68 Prozent von Sajanogorsk, 52 Prozent von Bratsk und 20 Prozent von Nowokusnetzk und von Krasnojarsk auf und galten mit der *Trans World Group* (TWG) als die mächtigsten Männer in der Aluminiumindustrie. Während dieser „Pionierzeit" zog TWG einen Profit von 30 Milliarden Dollar aus seinen Geschäften in Russland; das Firmengeflecht setzte 1997 auf dem Höhepunkt sechs Milliarden Dollar um und produzierte 50 Prozent des russischen Aluminiums und 20 Prozent des russischen Stahls. In der Regel wurde Aluminium aus den Werken zu Spottpreisen an Offshorefirmen verkauft, die dann wiederum steuergünstig zu Weltmarktpreisen weiterverkauften. Auf diese Weise wurden Milliarden Dollar Gewinn am Fiskus vorbei geschleust.

Offenbar kümmerte sich Lew Cherney um die Beziehungen zu den Produzenten, während Michael Cherney für die politische Unterstützung der Projekte verantwortlich war. 1994 wurde eine Untersuchung gegen die zwei Brüder in Gang gebracht; Sie wurden der Bestechung des stellvertretenden Premierministers Oleg Soskowez beschuldigt, der Mitte der 90er Jahre als Erbe Boris Jelzins galt. Eine Untersuchung der russischen Geheimdienste entlastete Soskowez, aber Zweifel über seine Beziehungen zu den Brüdern bleiben. 1997 erwähnte die russische Zeitschrift *Ogonjok* die Namen einflussreicher Leute aus dem Kreml, die mit den Cherney-Brüdern kungelten; darunter waren der ehemalige Tenniscoach von Jelzin und Sportminister Schamil Tarpischew. Michael Cherney, vermutlich Sponsor des Tennis Cup im Kreml, wurde damals bei einem Turnier in Begleitung des notorischen Gangsterchefs Alik Tochtachunow und den Anführern der kriminellen Ismailowskaja-Gruppe Anton Malewski und Tarpischew gesehen. Eine Untersuchung der Schweizer Polizei ergab im Jahre 1996, dass Michael Cherney zudem mit der russischen Verbrechergruppe Solnzewskaja und deren Chef Sergej Michailow liiert war. Ende 1998 gab es eine Klage gegen Michailow, in der es dann auch noch hieß: „Wjatscheslaw Iwankow (Spitzname Japontschik) ist eng mit folgenden Personen verbunden … Michael Cherney, geboren am 16. Januar 1952 und seinen Brüder Lew und David. Cherney ist Japontschiks

Partner in *Trans Commodities*, die als Abschirmung dient für die Kontrolle der Geldwäsche durch die *Blond Management Group*, eine Firma, die in New York registriert ist und deren Präsident Alik Kislin ein Mitglied der Kislin-Familie (Bande)" ist. Der Russe Wjatscheslaw Iwankow (Spitzname Japontschik) ist ein weiterer Anführer einer Mafiagruppe. Angeblich sicherte sich er über die „Kislin-Familie" die Kontrolle über die organisierten russischen Banden in den USA. Japontschik verbüßt derzeit eine Haftstrafe in einem amerikanischen Gefängnis.

1996 fällt Michael Cherney bei den russischen Behörden in Ungnade und setzte sich nach Israel ab. Zahlreiche Verfahren in Russland, in den USA, Deutschland, der Schweiz und England wurden gegen ihn in Gang gesetzt, und die Verdächtigungen reichten, wie gesagt, von Geldwäsche, Erpressung, Kontakten zu Mafiosi, Rauschgifthandel über Betrug bis zu Mord. Die Übernahme der Aluminiumbetriebe durch die Cherneys waren nämlich von einer Reihe von Morden an den jeweiligen Direktoren der Fabriken begleitet, die offensichtlich von Auftragsmördern ausgeführt wurden. Kurzum, die Behörden ermittelten gegen Michael Cherney wegen vierunddreißig Morden[284], und in zahlreichen Ländern galt er längst als Persona non grata.

„Ausgedehnte kriminelle Geschäfte wurden zum Thema der Verhöre in der Duma der Russischen Föderation von 1996 bis 1997. Der stellvertretende Ministerpräsident der Russischen Föderation, der Minister für Innere Angelegenheiten Russlands, Armeegeneral A. Kulikow kam auf den Boden der Realität zurück und referierte über die Kriminalfälle mit den gefälschten Avisos und über Geldwäsche. Um die Situation zu korrigieren, schlug der stellvertretende Ministerpräsident die Bildung einer vertikal gegliederten Holding Company vor, welche die Produktion von allen Arten von Aluminiumprodukten einschließen würde. Dieser Besitz sollte vom Staat kontrolliert und der Umsatz von den privaten Strukturen ausgeführt werden. Bald haben einige russische Medienquellen General Kulikow beschuldigt, zu versuchen, einen ‚Polizeistaat' aufzubauen und danach, ohne irgendeine vernünftige Erklärung, wurde er vom Präsidenten Jelzin entlassen. Alle krimi-

284 – Shamir, Israel: Bis zu einem gewissen Punkt, 20.7.2001; http://www.israelshamir.com/German/German16.htm

nellen Fälle gegen die Cherney Brüder, den Chef der organisierten kriminellen Gruppe ‚Ismailowskaja', Anton Malewski, und gegen andere Teilnehmer am ‚Aluminiumkrieg' wurden geschlossen."[285]

Michael Cherney, der Jude aus Taschkent mit dem israelischen Pass, ging nach Bulgarien. Dort wurde er einer der größten „Investoren". Im Sommer 1997 kaufte er die Anteile des bulgarischen G/M Operators *MobilTel* von *Globus International.* Ein Jahr später kaufte er sich in die neue Bank *Rosexim* ein. In einem Interview für *24 Tschassa Zeitung (*24 Stunden*)*, sagte der Eigentümer des Geldunternehmens, dass Cherney 15 Millionen Dollar in die neue Finanzanstalt investierte und dass er bereit war, weitere 150 Millionen Dollar in Bulgarien zu investieren. Vorher hatte Cherney bereits eine andere bulgarische Bank, die *Neftinvest*, übernommen. Der russische Geschäftsmann Michail Tschorni kaufte dann beispielsweise noch die Zeitung *Standard*, den *Levski Fußballclub* und erschien dann auch allmählich auf den High-Life-Partys der einflussreichsten bulgarischen Politiker. Cherney selbst sagte in einem Interview für die russische Presse, dass er in Bulgarien viel investiert habe und dem bulgarischen Fußball „helfe". Irgendwann kaufte er dann noch die Schulden des Unternehmens *Sunimex* von der *Bulgarischen Investment Bank* zu dem Preis von 1,5 Millionen Dollar auf. *Sunimex* ist ein Unternehmen mit einer großen Gänsefarm, die auch Gänseleberpastete produziert. Gerüchte von Cherneys Interesse an *Kremikovtsi* und *Bulgartabac* bestanden fort.[286]

Im März 1999, so schrieb Theodora Peewa in der bulgarischen Tageszeitung *Sega*, dass *Jukos Petrol* einen Monat zuvor in einem Bericht des Innenministeriums erwähnt wurde; es sei involviert in gefakte Erdölexporte, in das Verschwinden von sechs Millionen Dollar aus der *Zentralen Genossenschaftsbank*, die dem umstrittenen russischen Millionär Michael Cherney gehören und in andere Reibereien. Offensichtlich funktioniert *Jukos Petrol* mit sehr viel frischem Geld, schlussfolgerte Peewa. Allerdings blieb die herkunft des Geldes unklar.[287]

---

285 – SATCOR REPORT ON INTERNATIONAL CONFERENCE „STOP MONEY LAUNDERING" (Money Laundering International Conference in London UK, 26.2.2002): http://www.antimoneylaundering.ukf.net/papers/ensatcor.htm

286 – The World against the Cherney Family; http://www.capital.bg/weekly/99-41/17-41.htm

Im Sommer 2000 machte der damalige Direktor der CIA, George Tenet, auf seinem Flug nach Moskau einen Zwischenstopp in der bulgarischen Hauptstadt Sofia und übergab den Behörden eine Namensliste von Personen, die er gern aus dem Land ausgewiesen sähe. Bei den aufgeführten Personen handelte es sich nach Angaben der CIA hauptsächlich um Größen aus der organisierten Kriminalität, die Bulgarien auf Wunsch der Amerikaner innerhalb von 24 Stunden zu verlassen hatten und denen jedes Recht auf Wiederbetreten des Landes verwehrt werden sollte. Einer von ihnen war Michael Cherney, der Besitzer mehrerer Pässe, dem nun auch schon ein Radiosender und drei Zeitungen gehörten.[288] Die Regierung in Sofia gehorchte, zeigte ihn im August 2000 wegen Verschwörung gegen die Sicherheit des Staates an und verbot ihm den Aufenthalt in Bulgarien. Bald titelten die Tageszeitungen: „Cherney in Geldwäsche in Bulgarien verwickelt", „Hat Cherney über 30 Millionen Dollar aus Bulgarien abgesogen?". Finanzminister Muraweji Radew sagte, da wäre eine Verbindung zwischen den Ringen, die sich an Geldwäsche und dem Export von Geldern ins Ausland beteiligten, der im Jahr zuvor zerschlagen worden war und zu den Leuten um den Geschäftsmann Michael Cherney.[289] Cherney wurde offiziell zum Sicherheitsrisiko für den Staat Bulgarien erklärt, doch genaue Details, um was es damals ging, liegen noch immer nicht vor.

Der Schock saß tief. Nach dem Rausschmiss aus Bulgarien dachte Cherney über eine Staatenlosigkeit nach und wollte ein Land kaufen, das nur ihm gehört.[290] Auf die Frage, ob „ihm jemand konkret gesagt habe, wessen er beschuldigt werde", die er sich von seiner bulgarischen Zeitung *Standart News* stellen ließ, antwortete er: „Sie wissen, wenn mir solch eine Frage gestellt wird, erinnere ich mich immer an eine Fabel, die mir bereits als Schüler in der ehemaligen UdSSR gelehrt worden war: Die Schuld liegt deswegen bei mir, weil jemand sehr gierig ist. Sie sehen, das ist es, wo das

287 – BULGARIAN MEDIA ON CORRUPTION, WEEKLY REVIEW, March 13–19, 1999; http://www.online.bg/coalition2000/eng/preview/Summary-W5.html

288 – Dillon, Martin: East Europe – Bulgaria's Fast Track To NATO Membership, Part 1, 20.8.2002; http://www.rense.com/general28/easteuropebulgaria.htm (Bulgaria Seeks To Join The European Union By Martin Dillon)

289 – Michael Tschorni's expulsion, 2.9.2000; http://www.b-info.com/tools/miva/newsview.mv?url=news/2000-09/text/sep02.bta

290 – Mikhail Chyorny Looks for Land to Call His Own, 11.11.2000; www.themoscowtimes.com/ indexes/2000/11/11/01.html

große Problem liegt. Und ich bin mir nicht bewusst, wessen ich schuldig bin. Sie müssen diejenigen fragen, die ich Wölfe oder eher Schakale nenne."[291]

Er flüchtete nach Israel, wohin er bereits einen Teil seines Vermögens übertragen hatte. Es dauerte nicht lange, da stand er dort wieder vor Gericht wegen Schmiergeldzahlung und anderer Delikte. Das Verfahren zog sich über Jahre hin, in denen Cherney einen Imagewechsel zum Philantrophen zu vollziehen trachtete und mittendrin bei den durchgeknallten und brandgefährlichen US-Neocons samt der rechtsdrehenden israelischen Kohorten landete. Vierzehn Tage nach dem Attentat auf Rafiq Hariri in Beirut hob die israelische Strafverfolgung alle anstehenden Klagen gegen den Geschäftsmann Michael Cherney auf. Shimon Dolan, Leiter der Abteilung Wirtschaftskriminalität beim israelischen Generalstaatsanwalt, gab am 1. März 2005 bekannt: „Wir haben nicht behauptet, dass Cherney in das organisierte Verbrechen verwickelt war, wir haben keinen Beweis, das zu prüfen."[292] Dolan und Generalstaatsanwältin Edna Arbel wurden von den israelischen Medien beschuldigt, aus ihrem Büro heraus eine politisch-inspirierte Vorverurteilung inszeniert zu haben. Beide räumten ihren Platz. General Atanas Atanasow, der Ende der 90er Jahren Anklage gegen Cherney in Bulgarien erhoben hatte, landete im Gefängnis. Ihm wurde vorgeworfen, gefälschtes Material lanciert zu haben, was zur Überwachung und zum Abhören der Telefonate sowohl in Bulgarien als auch in Israel geführt habe. Moshe Mizrahi, Atanasows Amtskollege in Israel, der das polizeiliche Material in den Untersuchungen benutzte, wurde gefeuert.[293] Im Jahre 2001 witzelte Cherney, dass die „Medien kein Geschäft seien, sondern Politik und Einflussnahme". Er benutzt sein Medienimperium dazu, so sagte er zumindest, jegliche Kritik an Israel in Russland im Keim zu ersticken.[294]
„Mit ihrem kolossalen Vermögen können sie alles kaufen; man hat innerhalb des israelischen Innenministeriums ein Netz von Komplizen entlarvt, das ihnen erlaubte, falsche Papiere zu bekommen",

291 – Chernoy, Mikhail: I'm Leaving „Levski", 7.2.2003; www.standartnews.com/archive/2003/02/07/english/

292 – Chernoy Cleared of All Charges, 1.3.2005; www.standartnews.com/archive/2005/03/01/english/

293 – Israel: no charges against Michael Cherney, *FINANCIAL TIMES*, 24.2.2005

294 – Israel Shamir: Bis zu einem gewissen Punkt, 20.7.2001; http://www.israelshamir.com/German/German16.htm

erklärt der entlassene Brigadegeneral der israelischen Polizei, Moshe Mizrahi, der glaubt „nicht sicher sein zu können, ob Israel verhindern kann, dass sie eines Tages ihre Netze auf die israelische Politik ausdehnen.“[295]

„Westliche Geheimdienste haben lange geglaubt, dass Israels Bereitschaft, osteuropäischen Juden wie Cherney zu helfen, auf einem quid-pro-quo-Arrangement basiert, wobei die Cherneys dieser Welt belohnt werden im Gegenzug für ihre Unterstützung, die sie dem israelischen Geheimdienst Mossad gaben oder weiterhin geben“, schrieb Fred Lingel, als ein anderer russischer Mörder und Ölmilliardär in Israel untergekrochen war.[296] Bei Cherney ist es wohl nicht nur der Mossad, der ihm Triebfeder für Moral und Geschäft geworden ist: Der Magnat ist mittlerweile Hauptrüstungslieferant von *Tsahal* (Tsava Haganah Leisraël), der israelischen Armee.[297]

Die Erdöl-Kabale

Die Geschäfte von TerraNova Capital Partners · Abdelnours Geschäftspartner Barnabel · Der Finanzchef von Access Industries kauft sich bei den Russen ein · Ein kriminelles Erdölunternehmen · Halliburton mischt mit · Alles in einem Topf

Sein Ziel, so schrieb Ziad Khalil Abdelnour in seinem akademischen Profil auf der Webseite der „ecademy connecting business people“, wäre die „Demokratisierung der 22 Länder des Mittleren Ostens, angefangen mit dem Libanon, indem sie angespornt werden, den Weg des Kapitalismus zu gehen, der in den USA praktiziert wird. Dazu zählt auch das Zurückbringen von über 1,5 Billionen Dollar in die Region, das sich überall auf der Welt infolge der Ausbürgerung ‚der Besten der Art‘ stapelt. In zwei Worten: Ich glaube, der beste Weg, den Terrorismus heute auszurotten, funktioniert durch die ‚Demokratisierung des Kapitals‘. Und wenn das

295 – Furet, Frank: La mafia Russe dans le monde, november 2004; http://www.bancpublic.be/PAGES/134Mafiarusse3.htm

296 – Lingel, Fred: Israel Offers Sanctuary to Accused Billionaire-Murderer, 16.8.2004; http://libertypost.org/cgi-bin/readart.cgi?ArtNum=63569

297 – Fondation d'un „Axe de la guerre des civilisations“, 29.2.2004; http://www.inreallife.be/PAGES/GDCaxe01.php

298 – http://www.ecademy.com/index.php

zur Folge hat, sich von einigen Diktatoren und privaten Milizen zu befreien, soll es so sein.“[298]

Zu dem hehren Zweck akkumuliert er schon mal Kapital. Eines der Unternehmen, in denen er mitwirkt, ist *Drinis Holdings Inc.* in 9923 South Ridgeland Ave, Suite 263, Chicago Ridge, IL 60415. Die Holding handelt mit Lebensmitteln wie Weizen, Bohnen, Zucker und mischt auch bei Rohöl, Gas, Technologien, Immobilien und Bergbau mit. Abdelnour ist aber auch noch Generaldirektor bei *TerraNova Capital Partners*, eine Risikokapitalfirma mit Sitz in New York und San Francisco, die Interessenten „beim Aufbau und der Finanzierung schnell wachsender Geschäfte, die auf talentiertem Management, innovativen Produkten, gesunden Grundlagen und finanzieller Integrität beruhen“, unter die Arme greifen will. Zu den ausgewählten Transaktionen der Firma, die sich zwischen Biotechnologie und Waffenproduktion bewegen, gehörten:

2005	15,5 Millionen Dollar in *New Dragon Asia Corporation*, Lebensmittel
	35,975 Dollar Millionen in *Velocity Express Corporation*, Transport und Logistik
	50 Dollar Millionen in *Ronco Corporation*, Einzelhandel
2004	5 Dollar Millionen in *DSL.net Inc.*, Internet-Services
	2,5 Dollar Millionen in *Fulmer Logistics Corporation*, Transport und Logistik
	5,5 Dollar Millionen in *AirNet Communications Corporation*, Kommunikationstechnologie
2003	7,5 Millionen Dollar in *AXM Pharmaceuticals, Inc.*, Arzneimittel
	10 Millionen Dollar in *JMAR Technologies Inc.*, Industrieausrüstung
	10,25 Dollar Millionen *Transgenomic Inc., Biotechnologie*
2003	1 Million Dollar *NexMed Inc.*, Biotechnologie
	1,1 Millionen Dollar *FOCUS Enhancements Inc.*, Kommunikationstechnologie
	5 Millionen Dollar *Artemis International Solutions Corporation*, Software
	2,5 Dollar *American Ammunition Inc., Munition*

Im Verwaltungsrat von *TerraNova Capital Partners* sitzt auch ein gewisser Jack A. Barnabel. In der Selbstdarstellung heißt es, er verfüge über „25 Jahre Erfahrung in führenden Firmen an der Wall Street, wie *Rothschild, Investment Banking Group, Goldman Sachs* und *Solomon Smith Barney*". Zudem ist er Geschäftsführer der Moskauer *Nikoil Investment Bank*, dem Risikokapitalarm für *Lukoil*, Russlands größte Erdölgesellschaft.[299] Barnabel, Mitglied der *Akademie für Politische Wissenschaften*, des *Foreign Policy Council* und zahlreicher Anwaltsvereinigungen, besitzt einen Hochschulabschluss der *University of Maryland* in Außenpolitik und Russisch, einen Abschluss an der *Delaware Law School* (1975) und ein Zweites Staatsexamen in „Multinational Corporate Law" der New Yorker *University School of Law* (1979). Der Mann, der fließend Russisch und Polnisch spricht und dessen Visitenkarte größer als eine Tapetenrolle sein muss, hat seine geschäftstüchtigen Finger in allerlei Richtungen ausgestreckt. Er agiert als vielfacher Geschäftsführer, begehrter Interviewpartner für Fernsehen und Presse, regelmäßiger Teilnehmer am *World Economic Forum* und Berater in zahlreichen Projekten, die ein Direktinvestment erfordern; seine Spezialität sind Geldanlagen in aufstrebenden Märkten, in High Tech, Konsumwaren und in die Luxus- und Modeindustrie.

Hier der Versuch einer Visitenkarte:[300]

- Präsident und Hauptgeschäftsführer der *Strategic Investment Group* (SIG), eine private Management Company, die in Russland und der Ukraine agiert.
- Mitbegründer und Präsident der *Nikoil Strategic Investment Group*, eine Joint-Venture-Handelsbank, die im März 1999 gemeinsam von SIG und der *Nikoil Investment Bank* (NSIG) gegründet worden war.[301] Nikoil ist eine der größten allgemein bekannten russischen Banken mit kommerziellem und finanziellem Service für industrielle und private Klienten.

299 – http://www.terracap.com/team.html

300 – die Angaben basieren auf einem Porträt Barnabels, das SIG bis Herbst 2005 unter http://www.sigrussia.com/obj/barbanel im Internet veröffentlicht, dann jedoch gelöscht hatte

- 1997 bis 1999 Finanzberater von *Access Industries*, eine große Holdinggesellschaft mit Interessen in *Tjumen Oil, Access Telephone, Ural Aluminum* und im Kohlebergbau in Bogatyr, Kasachstan
- Präsident des *Sector Capital Fund*, einer der ersten privaten Aktienfonds Russlands (anfangs von der *Europäischen Bank für Wiederaufbau und Entwicklung* und der *Internationalen Finanz-Corporation* (IFC) protegierter Anlagefond mit Investoren wie *Capital International* aus den USA und *Siemens* aus Deutschland)
- Präsident von *EPIC-Russland*, eine spezialisierte Investmentbank mit österreichischer Unterstützung
- Generaldirektor von *Rothschild's Emerging Markets in* New York (von Dezember 1994 bis Frühjahr 1997)
- Generaldirektor von *Croesus Capital Management Corporation* in New York und London. Bei *Rothschild* und *Croesus* war Barnabel für Investmentbanking und Strategien für Direct Investment für Zentral- und Osteuropa sowie die ehemalige Sowjetunion verantwortlich.
- Generaldirektor der *East-West Group, Inc.* (von 1988 bis Dezember 1994); dort spezialisiert auf Investmentbanking, Projektfinanzierung, Joint-Venture-Entwicklung in Mitteleuropa, der früheren Sowjetunion und China.
- vor 1988 ranghöchster Vizepräsident und Berater von *Gruntal & Co., Inc.*, eine New Yorker Investmentbank; Vizepräsident und Chefsyndikus von *Commodities Corporation Princeton*, New Jersey (ein Unternehmensbereich von *Goldman Sachs Asset Management*), Vizepräsident, Berater und Direktor der „Operations for the Futures Division" bei *Smith Barney Solomon (Citigroup)*; und Prozessbevollmächtigter der Regierungsbehörde *US Securities and Exchange Commission Division of Enforcement*[302], deren fünf Kommissionsmitglieder gewöhnlich vom Präsidenten der USA ernannt werden.

301 – NIKoil acquires the Strategic Investment Group, Alexander's Gas & Oil Connections, Volume 4, issue 10, 28.5.1999; http://www.gasandoil.com/goc/company/cnr92282.htm

302 – http://www.sec.gov/index.htm

Barnabels Brötchengeber *Access Industries* machte genau zu dem Zeitpunkt, als der Multikapitalist in jener Firma als Finanzberater tätig war, einen epochemachenden Deal und kaufte eine der größten russischen Erdöl- und Erdgasgesellschaften auf, die *Tjumen Oil Company* (heute TNK-BP).

Am 29. Mai 1965 hatte ein russischer Ölsuchtrupp im Ural nahe des Samotlar Sees Erdöl entdeckt. Dreißig Jahre später, am 9. August 1995, wurde die dort agierende *Tjumen Oil Company*, genannt TNK-A, per Beschluss Nummer 802 der russischen Regierung im Zeichen der neuen Zeit als Aktiengesellschaft eingetragen. Im Januar 1994 finanzierte die *US Export-Import Bank* (Ex-Im) einen 279-Millionen-Dollar-Vertrag, der es *Halliburton Energy Services* (HES) gestattete, die *Tjumen Oil Company* (TNK-A) mit Ölbohrausrüstung zu beliefern, um das Rohöl in Samotlar zu fördern. Die Ausrüstung wurde an *Nischnewartowskneftegas*, ein Subunternehmen von TNK-A, verkauft.

Russland war bis Mitte 1997 führender Aktionär der TNK-A. Im Juni 1997 schrieb die Regierung dann 40 Prozent der Anteile der Firma im Rahmen eines Privatisierungsprogrammes zum Investitionswettstreit aus. Dabei erwarben die Aktionäre der *New Holding* – die *Alfa Group* und die *Access Industries Renova Group*, eine amerikanische Gruppe mit Sitz in New York – neun Prozent der Anteile von privaten Aktionären und über ein Prozent bei einer anderen Auktion. Die *Alfa Group* hatte die zur TNK-A gehörige *JSC Rjasan* Ölraffinerie aufgekauft. Die Übernahme gestaltete sich „schwierig" und voller „Ungehörigkeiten". Allerdings gelang es der *New Holding*, sich auf diesem Weg die Kapitalmehrheit zu verschaffen. Im Februar 1998 besaß die *Alfa Group* bereits 51 Prozent. Eigner der *Alfa Group* ist der ehemalige Moskauer Fensterputzer Michael Friedman, der später zu den neun reichsten Männern unter allen Vierzigjährigen in der Welt avancieren sollte; sein Vermögen wird auf 5,2 Milliarden Pfund geschätzt. Im August 2001 wurde dann die *Alfa Bank* Friedmans nomineller Eigner mit 89,8 Prozent, ebenso wie die *Bank Credit Suisse First Boston* mit 10,07 Prozent. TNK erweiterte danach mittels eines Modernisierungsprogramms das Feld seiner Tätigkeiten.

Im Jahre 2003 schloss sich TNK-A mit der multinationalen Gesellschaft *British Petroleum* (BP) zu TNK-BP zusammen – Insider feierten das als das „erste Ereignis von solcher Größe in der modernen Wirtschaftsgeschichte Russlands". Mit potentiellen Ressourcen in einem Umfang von 3,4 Milliarden Tonnen Öl (24,8 Milliarden Barrel)[303] gehört die *Tjumen Oil Company* heute gemeinsam mit *LUKOIL, Surgutneftegaz, Sidanco, JUKOS* und *Rosneft* zu den sechs führenden russischen Ölfirmen. Unter allen russischen Ölgesellschaften belegt TNK-BP in Produktion und Export den vierten und in der primären Ölverarbeitung den fünften Platz. Im Jahre 2004 wurde die Höchstmarke von annähernd 72 Millionen Tonnen Öl produziert, und mittlerweile besitzt die Company sechs Hauptraffinerien in Russland und der Ukraine. Die Kapazität der Rohölverarbeitung beläuft sich durchschnittlich auf etwa 50 Millionen Tonnen pro Jahr, und noch immer lagern riesige Reserven, nachgewiesen sind bis jetzt 1,8 Milliarden Tonnen, unter der Krume Westsibiriens. Die Firma verwaltet zudem über 2.100 Gasstationen in Russland und der Ukraine und beschäftigt insgesamt 100.000 Menschen.

Dick Cheneys *Halliburton Energy Services* (HES) hatte der *Tjumen Oil Company* seit Beginn der 90er Jahre, also bereits vor der Zeit des Ölpolitikers in der Firma, „kräftig unter die Arme gegriffen". Im April 1999 begann HES dann auch selbst, nach Abschluss eines Dreijahresvertrages in Samotlar tätig zu werden. Einen Monat später zeigte HES an, die Allianz mit TNK-A „bewege sich vorwärts"; das Unternehmen richtete seine Anstrengungen auf die Erschließung der vier westsibirischen Ölfelder und ab 2001 auf die Beratung für Bohrstrategien. Dann kam der seltsame Wandel. 1999 ging die Ölgesellschaft *Tschernogreft*, die enge Verbindungen zu *BP-Amoco*, der größte Öl- und Gaserzeuger in den Vereinigten Staaten, hatte, auf mysteriöse Weise bankrott. *Tschernogreft* hatte sich ein sibirisches Ölfeld mit TNK-A geteilt, und letztere erwarb den Anteil für nur 176 Millionen Dollar.[304]

Daraufhin klagten westliche Investoren und Gesellschaften, dass sie von *Tjumen Oil Company* ungerecht behandelt worden waren. *BP-Amoco* und die anderen behaupteten, TNK-A hätte durch Schwindel und andere geschmacklose Methoden in einem russi-

303 – sämtliche Angaben nach: *Tjumen Oil Company* (TNK-BP): http://www.alfaeco.ru/en/project/tnk_vp/

304 – Royce, Knut / Heller, Nathaniel: Cheney Led Halliburton To Feast at Federal Trough, 2.8.2000, http://www.apfn.org/enron/halliburton.htm

schen Konkursverfahren ein ausgedehntes Ölfeld „gestohlen“, in denen sie substantielles Kapital haben. *Halliburton* hatte sich kurz zuvor bei der *Ex-Im Bank* der USA für eine Anleihe stark gemacht, um ein massives Ölfeld in Sibirien instand zu setzen, das der russischen Gesellschaft *Tjumen Oil Company* gehört, die von dem Konglomerat *Alfa Group* kontrolliert wurde.

BP-Amoco ließ einen Untersuchungsbericht über TNK-A erstellen, der der CIA untergeschoben wurde und auf 2 1/2 Seiten eine „kriminelle Situation“ beleuchtete. Die CIA klassifizierte den Report als ‚geheim‘, gab ihn an die *Ex-Im Bank* weiter und teilte ihr mit, der Bericht von *BP-Amoco* „decke“ sich mit eigenen Informationen. Marsha E. Berry, Vizepräsident für Kommunikation der *Ex-Im Bank*, sagte, die Bank „war sich der Verbindungen von *Tjumen* mit dem Gesindel nicht bewusst“. Ein Anwalt der *Ex-Im Bank*, der über *Tjumen* gearbeitet hat, konterte jedoch, die Bank habe alles sowohl mit der CIA als auch der US-Botschaft in Moskau geprüft und geschlussfolgert, es gäbe „keinen Beweis, der die Behauptungen stütze“, die *BP-Amoco* erhob; das Unternehmen zeigte organisiertes Verbrechen und Drogentätigkeiten, in welche die Muttergesellschaft der *Tjumen Oil Company*, die *Alfa Group*, verwickelt gewesen sein soll, an.

Aber es gab polizeiliche Dokumente in Russland, die behaupten, die *Alfa Bank*, eine der größten und rentabelsten Banken in Russland, sowie die *Alfa Eko*, eine Handelsfirma, wären in den frühen neunziger Jahre in die Wäsche russischen und kolumbianischen Drogengeldes und in den Handel mit Drogen aus dem Fernen Osten nach Europa verwickelt gewesen. Der Chefs der *Alfa Group*, die Oligarchen Michael Friedman und Pjotr Awen, hätten „angeblich am Transport der Drogen von Südostasien durch Russland und nach Europa teilgenommen“. Zudem, so die Dokumente, hätten Top-Offizielle der *Alfa Group* mit einer Anzahl von russischen Gangsterorganisationen „kooperiert“, besonders mit dem „Mob der Solnzewskaja-Familie in Moskau“. In dem Zusammenhang sei an die enge Beziehung von Michael Cherney zu dieser Bande erinnert.[305]

305 – Royce, Knut / Heller, Nathaniel: Cheney Led Halliburton To Feast at Federal Trough, 2.8.2000; http://www.apfn.org/enron/halliburton.htm

Die Übernahme der *Tjumen Oil Company* durch die *Alfa Group* gestaltete sich damals schwierig. Zur Erinnerung: Im Juli 1997 kauften *New Holdings*, ein Joint Venture, das die *Alfa Group* einschloss und die in New York ansässige russisch-amerikanische Unternehmen *Acces Industries*, 40 Prozent der Anteile von TNK-A von der russischen Regierung für ungefähr 810 Millionen Dollar. Vizepräsident der *Tjumen Oil Company* und dort verantwortlich für Fragen der Finanzierung wurde der Amerikaner Alan S. Bigman. Wie Barnabel arbeitete auch er zwischen 1996 bis 1998 bei *Access Industries*, Inc. und war dort Vizepräsident. Bigman hatte zwischen 1984 und 1989 an der *Yale-Universität* Wirtschaft sowie Russische und Osteuropäische Studien studiert, erhielt dann ein Stipendium der US-Regierung für ein Studium an der *Staatlichen Universität Moskau* und erwarb 1996 einen Abschluss an der *Harvard Graduate School of Business Administration*, Boston. Zwischen 1992 und 1994 war er als Berater der Weltbanktochter *Internationale Finance-Corporation* (IFC) (zur Erinnerung: Jack Barnabel ist Präsident des *SECTOR CAPITAL FUND*, der mit der IFC zusammenarbeitete) in Nishni Nowgorod und Moskau tätig. Später beriet er den Vorstandsvorsitzenden des russischen Elektrizitätskonzerns UES.

Westsibirien ist das bedeutendste Erdölbassin in Russland. Dort werden 75 Prozent des russischen Öls und Gas produziert und es ist das zweitreichste Bassin in der Welt nach dem Mittleren Osten sowie mit großen Reserven und sehr substantiellen unentdeckten Ressourcen. Das Samotlar-Feld ist nun Teil des Ölimperiums von BP in Russland. TNK-BP hält die Lizenzen bis 2013 und *Halliburton* ist sein Öldienstleister, der über 300 Mann vor Ort und einen Langzeitvertrag hat.[306]

Am 10. August 2001 verkündete Michael Cherney seiner eigenen Zeitung, dem bulgarischen *Standart News*: „Vor einiger Zeit habe ich die *TNK Oil Company* in Tjumen für 375 Millionen Dollar verkauft.“[307] Nach seinen Angaben war das 1997, nach der großen Bankenkrise in Russland. Dann sind ja Cherney und Barnabel

306 – Meyer, Sarah: Halliburton, BP and Russian Black Gold, 1.11.2005; http://www.globalresearch.ca/index.php?context=viewArticle&code=MEY20051101&articleId=1174

307 – Gentelev, Alexander / Adler, Alex: The nuances of Chernoy, 10.8.2001, Standart; http://www.standartnews.com/archive/2001/08/10/english/interview/

sozusagen Geschäftspartner. Ob Abdelnour von dem Deal etwas weiß oder Cheney? Kann sein; zumindest ist der Weg nicht lang: Cheneys damaliger Stabschef Libby und Cherney teilen sich einen gemeinsamen Freund: den Ganoven und Milliardär Marc Rich, ein Geschäftsmann, der nachweislich für den Mossad arbeitet, auf den aber hier nicht eingegangen werden soll. Man kennt sich, sei es eben auf geschäftlicher Ebene oder eben bei Bedarf auf der politischen, die den Weg für den Mammon freimachen soll.

Anstelle eines Nachwortes

Die Untersuchungskommissionen der Vereinten Nationen zur Aufklärung des Mordes am ehemaligen libanesischen Ministerpräsidenten Rafiq Hariri gehen im Einklang mit UNO-Generalsekretär Kofi Annan stringent der „Spur Syrien" nach. Während der Untersuchung jedes beliebigen Kriminalfalles überprüfen die Ermittler allerdings und gewöhnlich mehrere Versionen, die zu dem oder den Tätern führen könnten. Das vorliegende Buch versuchte zumindest im Ansatz, in eine völlig andere als in die offizielle Untersuchungsrichtung einzusteigen und ohne großartig zu werten, das sollte dem Leser überlassen bleiben, Material in Form von Fakten und Indizien anzuhäufen.

Trotz allem sei ein kurzes Fazit zu dieser einen Version, welcher der Autor nachgegangen ist, gestattet. Nach dem Ende des libanesischen Bürgerkrieges Ende der 80er Jahre formierte sich im Ausland eine so genannte „Résistance", die, hauptsächlich aus christlichen Maroniten bestehend, vor allem in den Vereinigten Staaten Lobbyarbeit im US-Kongress betrieb, um die Unterstützung der US-Administration für die „Befreiung des Libanon von der syrischen Vorherrschaft" und den „Regimewechsel" in Syrien zu erzwingen. Die niedergeschriebenen „Ermittlungen" zeigten auf, in welchem „Netzwerk" sich diese „Résistance", die durchaus selbst über ein aggressives Potential verfügt, noch immer bewegt; die Verbindungen reichen bis in die Spitzenpolitik in den USA und in Israel, weit hinein in die undurchsichtige Sphäre der Geheimdienste und tangieren zudem globale, sprich neokoloniale Wirtschaftsinteressen.

Daher darf ein der Wahrheitsfindung verpflichteter Untersucher nicht ausschließen, dass die Ermordung des Politikers und Geschäftsmannes Hariri von „Schlüsselfiguren“ auch aus diesem Konglomerat heraus geplant und exekutiert worden sein kann. Die politischen Interessen der gegenwärtigen US-Administration im Nahen und Mittleren Osten, „nation building“ durch „Demokratisierung“, fallen mit den politischen Interessen der im Exil lebenden libanesischen „Résistance“ durchaus zusammen; ebenso verhält es sich, wie dargelegt, mit den ökonomischen Absichten. Diesen Kreisen ist es zudem ein Leichtes, kriminelle Figuren, sei es zum Beispiel innerhalb der „Résistance“, zu rekrutieren, und sie, da ja die Beziehungen zur Spitzenpolitik vorhanden sind, durch Geheimdienste in Planung und Ausführung des Attentates logistisch zu unterstützen zu lassen. Doch derartige Schlüsse sollen dem geneigten Leser überlassen bleiben. Allerdings übernehme ich für alle Fehlinterpretationen und sachlichen Irrtümer die Verantwortung.

Jürgen Cain Külbel

ZEITTAFEL

25.4.1920	Verkündung des französischen Mandates über Syrien/Libanon
1.11.1920	Bildung des Staates Groß-Libanon
1925-1927	syrischer Volksbefreiungskrieg
23.5.1926	die französische Kolonialmacht verkündete eine Verfassung für Libanon; durch diesen Schritt wurde die Trennung von Syrien und Libanon endgültig
1936	Pierre Gemayel gründet nach dem Besuch in Hitlerdeutschland die Partei der *Phalange*
30.11.1936	Vertrag über die Beendigung des französischen Mandats im Jahre 1939
Juli 1941	die „Freien Franzosen" unter Führung des Generals G. Catroux und britische Truppen besetzen den Libanon; Aufhebung des Völkerbundsmandates und Erklärung der formellen Unabhängigkeit
1.11.1944	Rafiq Hariri in Sidon geboren
14.5.1948	Israel proklamiert auf der Grundlage des Beschlusses der UN vom 29. November 1947 auf einem Teil des Territoriums von Palästina seinen eigenen Staat
Sommer 1958	Sturz der Regierung Camille Chamoun
31.12.1961	ein von den USA inszenierter Putsch gegen Libanon wird niedergeschlagen
18.8.1964	das Parlament wählt C. Helou zum Präsidenten des Libanon
31.12.1964	die letzten französischen und britischen Truppen verließen den Libanon
5.6.1967	Sechs-Tage-Krieg; israelische Aggression gegen die arabischen Nachbarstaaten, die zur Flucht und Vertreibung von Hunderttausenden Palästinensern führte
13.2.1969	Jassir Arafat, Gründer und Chef der militant-revolutionären Al-Fatah, übernimmt die Leitung der *Palästinensischen Befreiungsorganisation* (PLO)

6.12.1971	die UNO erkennt den Kampf der Palästinenser als Befreiungskampf an und die PLO errichtete Hauptquartiere in Beirut und in Damaskus
13.4.1975	Beginn eines 15 Jahre dauernden Bürgerkrieges im Libanon
1975	Étienne Saqr gründete die *Guardians of the Cedars*
18.1.1976	Christliche Milizen verüben ein Massaker in den Palästinenserlagern Karantina und Maslakh; 1.000 Menschen kommen zu Tode
20.1.1976	Rachefeldzug der Palästinenser in Damur; sie töten über 300 Menschen
Mai/Juni 1976	Intervention von 20.000 syrischen Soldaten im Libanon
22.6.1976	die Arabische Liga entsandte eine Friedenstruppe in den Libanon
1977	Israel rüstet im Süden des Libanon die Truppen von Saad Haddad, ehemaliger Major der regulären libanesischen Armee, aus und stellte sie als *South Lebanon Army* (SLA) unter israelisches Oberkommando
14.3.1978	PLO-Kommandos führen vom Südlibanon aus eine Kommandoaktion in der Nähe der israelischen Hafenstadt Haifa durch
15.3.1978	*Operation Litani*: Die israelische Armee entsendet zur „Vergeltung" 25.000 Soldaten in den Südlibanon
19.3.1978	der UN-Sicherheitsrat fordert Israel zum Abzug der Truppen auf
12.8.1987	die *Phalange* und die *Guardians of the Cedars* verüben ein Massaker im Palästinenserlager Tel al-Zaatar; 3.000 Tote
1978	Hariri erhält die saudiarabische Staatsbürgerschaft
6.6.1982	*Operation Galiläa*: Ein Attentat auf den israelischen Botschafter in London diente Israel als Vorwand, um den Libanon erneut mit 60.000 Soldaten anzugreifen
21.8.-1.9.1982	die Kämpfer der PLO ziehen unter internationaler Kontrolle aus Beirut ab und wurden vom

	Sudan, von Syrien, Jordanien und Tunesien aufgenommen
23.8.1982	Bashir Gemayel, Chef der *Phalange* und enger Verbündeter Israels, wird Präsident des Libanon
14.9.1982	Bashir Gemayel wird bei einer gewaltigen Explosion im Hauptquartier der *Phalange* getötet
16.9.1982	die israelische Armee unter Ariel Sharon entsendet einige hundert christliche Milizionäre in die von ihr abgeriegelten Flüchtlingslager Sabra und Shatila in Westbeirut; etwa 1.000 Palästinenser wurden abgeschlachtet
28.9.1982	die israelische Kahane-Kommission beginnt mit Untersuchungen zu dem Massaker in Sabra und Shatila
16.12.1982	die Generalversammlung der Vereinten Nationen verurteilte das Massaker von Sabra und Shatila als Akt des Genozids mit 147 Stimmen gegen jeweils eine aus Israel und eine aus den USA
Frühjahr 1983	die Kahane-Kommission spricht von „keiner direkten Beteiligung“ Israels am Massaker in Sabra und Shatila
April 1983	die US-Botschaft in Beirut samt der dort untergebrachten CIA-Zentrale für den gesamten Nahen Osten wird bei einem Bombenanschlag zerstört
17.5.1983	Israel und Libanon unterzeichnen ein von den USA vermitteltes Abkommen über den Abzug aller fremden Truppen
23.10.1983	US-amerikanische und französische Militäranlagen in Beirut wurden durch schwere Sprengstoffanschläge dem Erdboden gleich gemacht; 241 US-Marines und 56 französische Fallschirmjäger starben
November 1983	Verhandlungen über das Ende des libanesischen Bürgerkrieges in Genf
1984	Verhandlungen über das Ende des libanesischen Bürgerkrieges in Lausanne

1987	Libanons Ministerpräsident Karameh forderte Syrien zum Einmarsch in Beirut auf; 7.000 syrische Soldaten erzwangen dort eine Waffenruhe
September 1988	Staatspräsident Amin Gemayel ernannte den christlichen Armeechef General Michel Aoun zum Chef einer militärischen Übergangsregierung; dieser startet eine „Schlacht zur Befreiung des Landes von den Syrern“
22.9.1989	ein von der Arabischen Liga vermittelter Waffenstillstand tritt in Kraft
22.10.1989	Unterzeichnung der „Versöhnungscharta von Taif“, die das Ende des libanesischen Bürgerkrieges einleitete
5.11.1989	René Moawad wird Libanons neuer Staatspräsident; Aoun erkennt die Wahl nicht an
22.11.1989	Moawad kommt bei einem Bombenanschlag ums Leben
1990	Gründung des neokonservativen Think Tank *Middle East Forum*
21.9.1990	Staatspräsident Elias Hrawi proklamiert die „Zweite Republik Libanon“
1992-1998	Rafiq Hariri ist Ministerpräsident des Libanon
1993	First Lieutenant Shahid Nadim Abd el Noor wird in Ashrafieh erschossen
1993	Start der Bemühungen um den *Syria Accountability and Lebanese Sovereignty Restoration Act*
1996	die *Study Group on a New Israeli Strategy Toward 2000* publiziert „A Clean Break: A New Strategy for Securing the Realm“
1996	Bombardierung der Khobar-Türme in Saudi-Arabien, bei der 23 Amerikaner getötet würden
15.1.1996	angebliche „Geheimrede“ von Jassir Arafat in Stockholm
1997	die Neocons William Kristol und Robert Kagan gründen das *Project for the New American Century* (PNAC)
22.11.1997	Gründung des *United States Committee for a Free Lebanon* (USCFL) durch Ziad K. Abdelnour
1998	Ariel Sharon wird israelischer Außenminister unter Premier Benjamin Netanjahu

1998	Murray Kahl, Nagi N. Najjar und Emile Kather werden Direktoren der *Lebanese Foundation for Peace*
1998	Gründung der israelischen Sicherheitsfirma *NetLine Ccommunications Technologies*
Sommer 1998	die libanesischen Sicherheitsbehörden heben einen 77 Mann starken Spionagering, der für Israel gearbeitet hat, aus
Januar 1998	in einem Brief an Präsident Clinton fordert das PNAC den Sturz von Saddam Hussein
1999	Gründung des *Middle East Intelligence Bulletin* (MEIB), die monatliche Online-Publikation des *United States Committee for a Free Lebanon* (USCFL)
1999	Robert Maroun Hatem aka „Cobra" veröffentlicht das Buch „From Israel to Damascus"
Mai 1999 bis April/Mai 2000	Murray Kahl sitzt im Beratergremium des *Middle East Intelligence Bulletin* (MEIB)
September 1999	Ariel Sharon wird Vorsitzender der israelischen Likud-Partei
2000-2004	Rafiq Hariri ist Ministerpräsident des Libanon
Mai 2000	Abdelnour und Pipes verfassen die Studie „Ending Syria's Occupation of Lebanon: The U.S. Role"
24.5.2000	die israelische Armee zieht aus dem Südlibanon ab
Sommer 2000	Die israelische Armee reaktiviert die *Unit 504*, die auf Spionage und Terrorakte im Libanon spezialisiert ist
2001	Najjar betreibt mit dem Mossad-Agenten Yossef Bodansky Lobbyarbeit im US-Kongress gegen die Hisbollah
17.6.2001	der britische Fernsehsender *BBC-1* sendet „The Accused"[308], die sich mit den Verantwortlichkeiten für das Massaker von Sabra und Shatila auseinander setzt

308 – Transcript – The Accused – Panorama, *BBC*, 17 June 2001; http://eletronicintifada.net/forreference/keyfigures/200112617panorama.html

23.6.2001	*Human Rights Watch* in New York forderte eine strafrechtliche Untersuchung von Sharons Rolle in Sabra and Shatila
26.6.2001	Offener Brief zur Entlastung Sharons von Nagi N. Najjar, Chef der *Government of Free Lebanon in Exile* und *Human Rights Watch*
20.9.2001	das PNAC fordert erneut den Sturz von Saddam Hussein
1.12.2001	„Wharton 2001 Global Business Forum"
24.1.2002	Elias Hobeika wird in Beirut durch ein Autobombenattentat getötet
25.3.2002	*Lebanese Foundation for Peace*, USCFL, *Guardians of the Cedars* forderten in einem offenen Brief an US-Präsident Bush, im Anti-Terrorkampf gegen Syrien vorzugehen
10.9.2002	Generalmajor Meir Dagan wird zum neuen Chef des israelischen Geheimdienstes Mossad ernannt
12.-14.10.2003	I. *Jerusalem Summit*
15.10.2003	das US-Repräsentantenhaus genehmigt den *Syria Accountability and Lebanese Sovereignty Restoration Act*
12.12.2003	US-Präsident Bush ratifiziert den *Syria Accountability and Lebanese Sovereignty Restoration Act*
29.8.2004	Hariri auf der Website des USCFL als „Lebanon's Top Syrian Agent"
September 2004	der UN-Sicherheitsrat fordert per Resolution 1559 von Syrien, seine im Libanon stationierten Truppen abzuziehen und Libanon „freie" Präsidentschaftswahlen zu ermöglichen
1.10.2004	Autobombenattentat in Beirut auf den libanesische Oppositionspolitiker Marwan Hamadeh; Hamadeh überlebt verletzt
Oktober 2004	Rafiq Hariri tritt vom Amt des Ministerpräsidenten zurück
27.-30.11.2004	II. *Jerusalem Summit*
14.2.2005	Attentat auf Rafiq Hariri in Beirut
14.2.2005	Petition des USCFL an das Weiße Haus betreffs „Regimewechsel" in Syrien

19.3.2005	Explosion einer Autobombe in Jdeideh, einem Vorort von Beirut; elf Verwundete
23.3.2005	Explosion einer Bombe an einem Shoppingcenter; sechs Tote
24.3.2005	Fitzgerald-Report
Frühjahr 2005	sogenannte *Zedernrevolution* im Libanon
1.4.2005	Bombenexplosion in Broummana, 20 km östlich von Beirut, zwölf Verletzte
Mai/Juni 2005	erste „demokratische Wahlen“ im Libanon
6.5.2005	Autobombenexplosion in Jounieh, Libanon; 22 Verletzte
2.6.2005	Tötung des antisyrischen Journalisten Samir Kassir durch eine in seinem Auto versteckte Bombe in Ashrafieh, Beirut
21.6.2005	George Hrawi, vormals Chef der Kommunistischen Partei Libanons, kommt bei einem Bombenanschlag im Beiruter Distrikt Wata Musaitbi ums Leben
12.7.2005	Attentatsversuch auf den abgehenden und prosyrischen Verteidigungsminister Elias Murr in Antelias im östlichen Teil von Beirut
22.7.2005	Explosion einer Autobombe in der Monot-Straße in Beirut; zwölf Verwundete
22.8.2005	Explosion einer zwischen Shoppingcenter und Hotel abgestellten Bombe in Zalka, elf Verletzte
16.9.2005	Explosion einer Autobombe in Ashrafieh, Beirut, ein Toter, 23 Verletzte
25.9.2005	Attentatsversuch auf die antisyrische Journalistin May Chidiac in Jounieh, Libanon
12.12.2005	Tötung des antisyrischen Journalisten Gebran Tueni in Beirut durch eine Autobombe
20.1.2006	Verurteilung von Lawrence A. Franklin, ehemals Analyst im US-Verteidigungsministerium zu zwölf Jahren und sieben Monaten Gefängnis wegen Verletzung des *Espionage Act*

PERSONENREGISTER

Wer mitdenkt, abonniert ...

Beispiel Widerstand gegen die »Globalisierung«.
Ob Demos gegen den Irak-Krieg, ob Aktionen gegen die Privatisierung bei uns oder eine Landbesetzung in Argentinien: Es steht in *junge Welt*!

... die Zeitung für soziale Bewegung

Ja, ich möchte die *junge Welt* drei Wochen kostenlos lesen. Das Testabo ist unverbindlich und verlängert sich nicht automatisch.

.... Name/Vorname

.... Straße/Nr.

.... Telefon

.... PLZ/Ort

.... E-Mail

.... Datum/Unterschrift

Den Coupon schicke oder faxe ich an:
Verlag 8. Mai GmbH, Karl-Liebknecht-Straße 33, 10178 Berlin;
Fax: 0 30/53 63 55-44; E-Mail: redaktion@jungewelt.de
Für Rückfragen: Tel. 0 30/53 63 55-80/-81